Repase y escriba

Curso avanzado de gramática y composición

Sexta edición

María Canteli Dominicis

St. John's University, New York

John J. Reynolds

St. John's University, New York

WILEY

John Wiley & Sons, Inc.

VICE PRESIDENT AND EXECUTIVE PUBLISHER	Jay O'Callaghan
DIRECTOR, WORLD LANGUAGES	Magali Iglesias
ASSISTANT EDITOR	Lisha Perez
ASSOCIATE DIRECTOR OF MARKETING	Jeffrey Rucker
MARKETING MANAGER	Tiziana Aime
MARKET SPECIALIST	Elena Casillas
SENIOR PRODUCTION EDITOR	William A. Murray
PHOTO MANAGER	Hilary Newman
PHOTO RESEARCHER	Sara Wight
SENIOR MEDIA EDITOR	Lynn Pearlman
MEDIA PROJECT MANAGER	Margarita Valdez
DIRECTOR, CREATIVE SERVICES	Harry Nolan
SENIOR DESIGNER	Kevin Murphy
COVER DESIGN	David Levy
COVER IMAGE	Tiles depicting Don Quixote and Sancho Panza (ceramic) by Spanish School, Private Collection/Ken Welsh/Bridgeman Art Library/NY

This book was set in Times Roman by PreMedia Global and printed and bound by Hamilton Printing.

This book is printed on acid free paper. ∞

Founded in 1807, John Wiley & Sons, Inc. has been a valued source of knowledge and understanding for more than 200 years, helping people around the world meet their needs and fulfill their aspirations. Our company is built on a foundation of principles that include responsibility to the communities we serve and where we live and work. In 2008, we launched a Corporate Citizenship Initiative, a global effort to address the environmental, social, economic, and ethical challenges we face in our business. Among the issues we are addressing are carbon impact, paper specifications and procurement, ethical conduct within our business and among our vendors, and community and charitable support. For more information, please visit our website: www.wiley.com/go/citizenship.

Evaluation copies are provided to qualified academics and professionals for review purposes only, for use in their courses during the next academic year. These copies are licensed and may not be sold or transferred to a third party. Upon completion of the review period, please return the evaluation copy to Wiley. Return instructions and a free of charge return shipping label are available at: www.wiley.com/go/returnlabel. Outside of the United States, please contact your local representative.

Literary Credits We are grateful to the following persons and publications: Antonio Muñoz Molina and Revista *Muy interesante* for «Nuestros semejantes»; Revista *Mampato* for «El Hombre de Plata»; Herederos de Mario Benedetti for «Réquiem con tostadas» © Mario Benedetti c/o Guillermo Schavelzon & Asociados, Agencia Literaria; Revista *Semana* for «Calvario de un fumador»; Agencia Literaria Carmen Balcells for Julio Cortázar «La puerta condenada», *Final del juego,* © Herederos de Julio Cortázar, 2010; Revista *Época* for «Diez argumentos contra la eutanasia»; Manuel Méndez Román for «Las telenovelas»; Dr. José María Méndez, hijo, for «Espejo del tiempo»; Helena Paz Garro and Patricia Rosas Lopátegui for «La factura»; Doménico Chiappe and *Letras Libres* for «Mensajes de texto, un nuevo lenguaje»; Periódico *El Mundo* for «La ruta de los mercados mayas»; Periódico *La Nación* for «La amenaza latina».

ISBN: 978-0-470-90414-5

Printed in the United States of America

10 9 8 7 6 5 4 3

PREFACE

Repase y escriba is designed for advanced grammar and composition courses. It can be most effectively used in the third or fourth year of college study and can be covered in two semesters or, by judicious selection, in one semester.

We have taken into account the fact that some institutions add a conversation component to their composition courses. In such cases, the ***Comprensión, Interpretación***, and ***Intercambio oral*** sections following the ***Lectura*** will be especially useful. In addition, the themes for composition lend themselves to oral discussion.

This text has the following notable features:

- It emphasizes the everyday usage of educated persons rather than the more formal, literary Spanish.

- Significant differences between Peninsular and New World Spanish are pointed out. Whenever possible, the usage that is most widespread is given preference.

- ***Repase y escriba*** covers the grammar in an orderly fashion. We feel that an in-depth, though not exhaustive, coverage of the grammar is essential at this level. We have gone back to a traditional approach in grammar explanations, which we have combined with numerous examples and exercises based on everyday life. In this way the rules are not fossils from another age, but rather, they are appropriately treated as the guidelines of a rich, ever-changing living thing: language.

- The text offers a multitude and a variety of exercises that involve creativity, completion, substitution, and matching. Almost all the exercises are contextualized.

- ***Repase y escriba*** takes into consideration the special needs of the ever-increasing number of Hispanics in the classrooms of our universities. Spelling and the placement of accents create serious problems for these students as they strive to improve their writing skills. Accordingly, many exercises deal with those matters.

- An appendix contains a series of charts showing certain less advanced grammar topics not included in the body of the text. Instructors are urged to point out the practical value of this appendix.

- Spanish-English and English-Spanish glossaries.

Highlights of the 6th Edition

- Seven of the *Lecturas* have been replaced with new ones. We have honored the requests of many evaluators for more contemporary, nonliterary readings. The book now has seven nonliterary readings and seven readings from literary sources. Two of the new *Lecturas* come from the Internet.

- Additional readings are available on the Book Companion Site.

- Numerous grammar explanations and exercises have been revised.

- In response to the criticism of some reviewers concerning the absence of commands and perfect tenses, we have added an explanation of the formation of commands in the

Appendix and some exercises to practice them in the body of Chapter 4. We have also added perfect tenses to Chapter 3.

- Three of the *Ampliaciones* (Chapters 2, 4, 10) are new. The *Ampliación* formerly in Chapter 4 has been moved to Chapter 1 for greater appropriateness. The *Distinciones* in Chapters 8 and 10 are new.

- The evaluators have been divided 50/50 for a long time on the *Traducción* at the end of the chapters. In order to please everybody, we have eliminated the *Traducción* from the textbook and placed it in the Book Companion Site on the Internet so that those professors who like it can keep using it. On the other hand, we have made translation one more topic of *Para escribir mejor*, together with narration, description, and so forth. Making room for this additional topic has required some rearrangement in the order of presentation of the topics of *Para escribir mejor*.

Organization

Lectura

The *Lectura* is preceded by an *Introducción* on the author and the reading selection, and is followed by:

- *Vocabulario.* Exercises of different types to review the new vocabulary introduced in the reading.
- *Comprensión.* Comprehension questions.
- *Interpretación.* Personal reactions related to the reading.
- *Intercambio oral.* Designed to stimulate conversation among students.

Sección gramatical

The grammar rules are explained in English to facilitate the students' comprehension while doing their home preparation. A great variety of exercises are interspersed among the grammatical explanations.

Sección léxica

- *Ampliación.* Proverbs, idioms, word families, commercial language, etc.
- *Distinciones.* English words with more than one Spanish equivalent and Spanish words with more than one meaning in English.

The *Ampliación* and *Distinciones* sections are largely self-contained so that either or both may be skipped if time does not permit the instructor to cover them.

Para escribir mejor

These sections deal with the mechanics of writing, punctuation, written accents, etc., as well as the art of writing narratives, dialogue, descriptions, letters, and reports.

- *Temas para composición.* Topics for creative compositions, with guidelines.

Ancillaries

- The workbook complements and expands upon material presented in the textbook. The *Lectura* section provides activities to enhance comprehension of each chapter's reading as well as to practice the vocabulary introduced. The *Sección gramatical* contains numerous exercises, some related to the chapter's reading, others not explicitly related to it, for additional practice of the grammatical points reviewed in the text. The *Sección léxica* is comprised of exercises allowing additional practice of the material presented in the corresponding section of the textbook, and the *Para escribir mejor* section provides students the opportunity to apply the various guidelines for good writing in Spanish as indicated in the textbook. An answer key for all sections is included at the end of the workbook so that students may correct their own work.

- The online self-tests allow students to practice vocabulary and grammar structures from each chapter and receive instant feedback. These will provide excellent review practice and preparatory work for tests.

- Tests for all chapters as well as an answer key are available to instructors on the Internet by logging on to *www.wiley.com/college/dominicis*. The answer key contains answers to exercises that involve translation from English to Spanish as well as answers for all discrete points.

Acknowledgments

We wish to express our gratitude to Magali Iglesias, Director of Modern Languages; Lisha Perez, Assistant Editor; William Murray, Senior Production Editor; Hilary Newman, Photo Manager; and Kevin Murphy, Senior Designer, at John Wiley & Sons, who contributed to this edition with their expertise and diligence and to Anne Cantú and Katy Gabel for their thorough editorial work.

We are also indebted to the following reviewers, friends and colleagues for their encouragement and helpful observations: Scott Alvord, *Brigham Young University;* Elizabeth Calvera, *Virginia Polytechnic Institute and State University;* José Cardona-López, *Texas A&M International University;* Lissette Castro, *Mt. San Jacinto College—Menifee Valley Campus;* Joseph Cussen, *Iona College, New Rochelle, N.Y.;* Mark Darhower, *North Carolina State University;* Jabier Elorrieta, *Arizona State University—Tempe;* Aarnes Gudmestad, *Virginia Polytechnic Institute and State University;* Michael Handelsman, *University of Tennessee—Knoxville;* Larry King, *University of North Carolina at Chapel Hill;* Sharon Knight, *Presbyterian College;* Patricia Lestrade, *Mississippi State University;* Marta Loyola, *Eastern Mennonite University;* Patricia Marshall, *Worcester State College;* Joanne Mitchell, *Denison University;* Ximena Moors, *University of Florida—Gainesville;* Bridget Morgan, *Indiana University—South Bend;* David Motta, *Miami University;* Bernice Nuhfer-Halten, *Southern Polytechnic State University;* Christine Núñez, *Kutztown University;* Jodie Parys, *University of Wisconsin—Whitewater;* Nicolás Poppe, *Denison University;* Anne Prucha, *University of Central Florida;* Laura Ramírez, *University of Redlands;* Jacqueline Ramsey, *Concordia University Wisconsin;* Alfredo Sosa-Velasco, *University of North Carolina at Chapel Hill;* Tina Ware-Walters, *Oklahoma Christian University.*

CONTENTS

Salvador Dalí, «Mujer en una ventana (La muchacha de Figueras)» (1926). Como Águeda, la protagonista de la lectura, una joven hace encaje en el balcón y mira de vez en cuando la plaza triste y vacía. Se dice que Dalí admiraba mucho el cuadro de Vermeer «La encajera» (1669) y lo imitó en esta pintura, usando como modelo a su hermana Ana María. (Mujer en la ventana de Figueras (Woman at the window, Figueras, Spain) 1926, oil; The Art Archive /Juan Casanelles Collection Barcelona/The Picture Desk/Artists Rights Society, NYC)

Lectura

Introducción

La historia de la lectura, «Águeda», fue escrita por Pío Baroja (1872–1956), un español nacido en el País Vasco y miembro de la llamada Generación del 98. Baroja era médico, pero dejó esta carrera para dedicarse al periodismo y la literatura. Fue un gran novelista, autor de más de 50 novelas y dos volúmenes de cuentos. Entre sus novelas se destacan las de la trilogía *La tierra vasca*, *Camino de perfección*, *Paradox Rey* y, sobre todo, *El árbol de la ciencia*, su novela más perfecta y más famosa.

Baroja tiene influencias de los grandes realistas, como Dickens, Poe y Balzac, y también de Pérez Galdós, aunque él siempre negó ésta última.

Sus novelas son más bien novelas de ideas y la mayoría de sus personajes novelescos carecen de ternura, sentimientos y voluntad para luchar contra su destino. Baroja es un narrador vigoroso y original y su estilo es seco y cortado, pero claro. Fue un hombre agnóstico, pesimista y amargado, que nunca formó una familia y vivió con su madre hasta la muerte de ésta. Estas características de su personalidad se reflejan frecuentemente en sus personajes, como vemos en el caso de Águeda.

El cuento que va Ud. a leer tiene un argumento sencillísimo. Águeda es una muchacha fea y con un defecto físico, que se ve condenada por esto a una vida de soledad.

Águeda es muy tímida y nadie en su familia la comprende, pero sueña con encontrar a un hombre ideal y con ser madre. Por un tiempo cree que un joven amigo de su familia está interesado en ella, pero sufre un gran desengaño al saber que el joven está en realidad enamorado de su hermana Luisa.

La narración sigue una trayectoria circular, y al final vemos a Águeda en la misma posición en que la encontramos al principio, mirando la plaza triste desde su balcón y con un futuro sin amor.

Águeda

Sentada junto a los cristales, con la almohadilla° de hacer encaje apoyada° en una madera del balcón, hacía saltar los pedacillos de boj° entre sus dedos. Los hilos se entrecruzaban con fantásticos arabescos sobre el cartón rojo cuajado° de alfileres, y la danza rápida de los trocitos° de madera entre sus manos producía un ruido de huesos claro y vibrante.

Cuando se cansaba de hacer encaje, cogía un bastidor° grande, cubierto con papeles blancos, y se ponía a bordar° con la cabeza inclinada sobre la tela.

Era una muchacha rubia, angulosa°. Tenía uno de los hombros más alto que el otro; sus cabellos eran de un tono bermejo°[1]; las facciones° desdibujadas° y sin forma.

El cuarto donde estaba era grande y algo oscuro. Se respiraba allí dentro un aire de vetustez°. Los cortinones°

Glosses:
- pequeño cojín
- *resting*
- *spindle*
- lleno
- pequeños pedazos
- *stretcher for embroidering*
- *embroider*
- angular
- rojo / *features* / borrosas
- vejez / cortinas pesadas y anticuadas

---

[1] Es común en España llamar rubias a las personas de pelo rojo.

15 amarilleaban°, las pinturas de las puertas y el balcón se   se habían puesto amarillos
habían desconchado° y la alfombra estaba raída° y sin brillo.   *chipped / worn out*

    Frente al balcón se veía un solar°, y hacia la derecha de   lote vacío
éste una plaza de un barrio solitario y poco transitado del
centro de Madrid. El solar era grande, rectangular; dos de
20 sus lados los constituían las paredes de unas casas vecinas,
de esas modernas, sórdidas, miserables°, que parecen viejas a   muy pobres
los pocos meses de construidas.

    La plaza era grande e irregular; en un lado tenía una
tapia° de un convento con su iglesia; en otro una antigua casa   pared exterior
25 solariega° con las ventanas siempre cerradas herméticamente;   ancestral
el tercero lo constituía la empalizada del solar.

    En invierno el solar se entristecía; pero llegaba la
primavera y los hierbajos° daban flores y los gorriones°   hierbas silvestres / *sparrows*
hacían sus nidos entre las vigas° y los escombros°, y las   *beams / rubble*
30 mariposas blancas y amarillas paseaban por el aire limpio y
vibrante las ansias° de sus primeros y últimos amores.   ansiedades

    La muchacha rubia se llamaba Águeda y tenía otras dos
hermanas.

    Su padre era un hombre apocado°, sin energía; un   débil, cobarde
35 coleccionador de bagatelas°, fotografías de actrices y   cosas sin valor
estampas° de cajas de fósforos. Tenía una mediana renta° y   dibujos / una...a *moderate*
un buen sueldo.   *income from properties*

    La madre era la dueña absoluta de la casa, y con ella
compartía su dominio Luisa, la hermana mayor.

40   De los tres dominados de la familia, Matilde, la otra
hermana, protestaba; el padre se refugiaba° en sus colec-   **se...** encontraba refugio
ciones y Águeda sufría y se resignaba. No entraba ésta nunca
en las combinaciones de sus dos hermanas mayores, que con
su madre iban, en cambio°, a todas partes.   **en...** *instead*
45   Águeda tenía esa timidez° que dan los defectos físicos,   característica de ser tímido
cuando el alma no está llena de rebeldías°. Se había   rebelión
acostumbrado a decir que no a todo lo que trascendiera a°   significara
diversión.

    —¿Quieres venir al teatro? —le decían con cariño, pero
50 deseando que dijera que no.

    Y ella, que lo comprendía, contestaba sonriendo:

    —Otra noche.

    En visita° era una de elogios° para ella que la turbaban°.   **En...** During visits / **una...**
Su madre y sus hermanas a coro° aseguraban que era una   *a lot of praising /*
55 joya, un encanto, y la hacían enseñar sus bordados y tocar   ponían nerviosa /
el piano, y ella sonreía; pero después, sola en su cuarto,   **a...** unánimemente
lloraba...

    La familia tenía muchas relaciones, y se pasaban los
días, la madre y las dos hijas mayores, haciendo visitas,
60 mientras la pequeña disponía° de lo que había que hacer   se encargaba
en la casa.

    Entre los amigos de la familia había un abogado joven, de
algún talento. Era un hombre de inteligencia sólida y de una
ambición desmesurada°. Más amable o menos superficial   excesiva

65 que los otros, le gustaba hablar con Águeda, que cuando
le daban confianza° se mostraba tal como era, llena de
ingenuidad° y de gracia.

le... eran amistosos con ella
naïveté

El abogado no advertía° que la muchacha ponía toda su
alma cuando le escuchaba; para él era un entretenimiento
70 hablar con ella. Al cabo de° algún tiempo comenzaron a
extrañarse°; Águeda estaba muy alegre, solía cantar por las
mañanas y se adornaba con más coquetería.

no... no se daba cuenta de

Al... Después de
miss each other

Una noche el abogado le preguntó a Águeda sonriendo,
si le gustaría que él formase parte de su familia; Águeda, al
75 oírlo, se turbó°; la luz de la sala dio vueltas ante sus ojos y se
dividió en mil y mil luces...

se... *felt embarrassed*

—He pedido a tu papá la mano de Luisa —concluyó
el abogado.

Águeda se puso muy pálida y no contestó.

80 Se encerró en su cuarto y pasó la noche llorando.

Al día siguiente, Luisa, su hermana, le contó lo que había
pasado, cómo habían ocultado su novio y ella sus amores,
hasta que él consiguió un puesto que ambicionaba.

La boda sería en otoño; había que comenzar a preparar
85 los ajuares°. La ropa blanca° se enviaría a que la bordase
una bordadora, pero quería que los almohadones y la colcha
para la cama del matrimonio se los bordara su hermana
Águeda.

trousseau / **ropa...** sábanas
    y toallas

Ésta no se opuso y comenzó con tristeza su trabajo.

90 Mientras junto al balcón hacía saltar los pedacillos de
boj entre sus dedos, cada pensamiento suyo era un dolor.
Veía en el porvenir su vida, una vida triste y monótona.
Ella también soñaba en el amor y la maternidad, y si no
lloraba en aquellos momentos al ver la indiferencia de los
95 demás, era para que sus lágrimas no dejasen huellas° en el
bordado.

marcas

A veces una esperanza loca le hacía creer que allá, en
aquella plaza triste, estaba el hombre a quien esperaba;
un hombre fuerte para respetarle, bueno para amarle, un
100 hombre que venía a buscarla, porque adivinaba° los tesoros
de ternura° que guardaba en su alma; un hombre que iba
a contarle, en voz baja y suave, los misterios inefables° del
amor.

podía ver
tenderness
que no se pueden expresar
    con palabras

Y por la plaza triste pasaban a ciertas horas, como seres
105 cansados por la pesadumbre° de la vida, algunos hombres
cabizbajos° que salían del almacén o del escritorio° pálidos,
enclenques°, envilecidos° como animales domesticados,
y el hombre fuerte para respetarle, bueno para quererle,
no venía, por más que° el corazón de Águeda le llamaba a
110 gritos°.

tristeza, dolor
con la cabeza baja / oficina
sin vigor / degradados

por... *no matter that*
a... *loudly*

Y en el solar, lleno de flores silvestres°, las abejas y
los moscones° revoloteaban° sobre los escombros, y las
mariposas blancas y amarillas paseaban por el aire, limpio y
vibrante, las ansias de sus primeros y últimos amores.

wild
moscas grandes / volaban

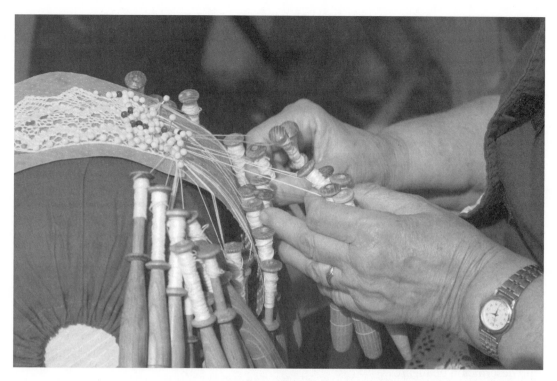

Esta señora española hace encaje hoy con la misma técnica que utilizaba Águeda a principios del siglo **XX** y que se ha utilizado mundialmente por muchos siglos. En España hay festivales todos los años donde las personas que hacen encajes exponen sus trabajos. (alimdi/Jozef Sedmak/Age Fotostock America, Inc.)

A. Vocabulario.

Encuentre en la columna de la derecha la definición o sinónimo de cada palabra de la columna izquierda.

1. advertir	a. excesivo
2. ajuar	b. terreno en la ciudad donde no hay casas ni edificios
3. bagatelas	c. con la cabeza inclinada
4. bermejo	d. darse cuenta de algo
5. cabizbajo	e. cosas de poco valor
6. desmesurado	f. pared exterior de una propiedad
7. elogio	g. de color rojo
8. enclenque	h. alabanza
9. envilecido	i. marca
10. huella	j. degradado
11. pesadumbre	k. persona débil físicamente
12. porvenir	l. dolor espiritual, pena
13. solar	m. ropa de cama, toallas, etc. de una mujer que va a casarse
14. tapia	n. futuro

B. Comprensión.

Conteste según la lectura.

1. ¿Qué hacía Águeda en el balcón?
2. ¿Cómo era Águeda físicamente?
3. ¿Cómo era el solar que ella veía desde el balcón?
4. ¿Qué miembros tenía la familia de Águeda y cómo eran?
5. ¿Cómo trataba la familia a Águeda cuando había visita?
6. ¿Qué sentía Águeda por el abogado?
7. ¿Con quién iba a casarse el abogado?
8. ¿Cuál fue la reacción de Águeda cuando el abogado le dio la noticia de la boda?
9. ¿Qué clase de hombre soñaba con encontrar Águeda?
10. ¿Cómo eran los hombres que Águeda veía desde el balcón?

C. Interpretación.

Conteste según su opinión personal.

1. El autor nos presenta a la protagonista haciendo encaje y bordando. ¿Cuál es la imagen inmediata de ella que recibe el lector?
2. ¿Cómo consigue el autor dar un tono pesimista y decadente al cuento por medio de la descripción de lugares?
3. En esta familia hay dos personas fuertes y tres débiles, pero no todos los débiles reaccionan igual ante la opresión. ¿Cómo se diferencian entre sí las reacciones de los débiles?
4. Cuando había visitas, todos en la familia elogiaban mucho a Águeda. En su opinión, ¿por qué lo hacían?
5. ¿Por qué lloraba la protagonista en su cuarto después que terminaba la visita?
6. ¿Cree Ud. que el abogado se dio cuenta de que Águeda lo amaba? ¿Por qué (no)?
7. ¿Por qué, en su opinión, aceptó Águeda bordar la ropa de cama de su hermana?
8. Este cuento tiene una descripción de la plaza al principio y al final. ¿Con qué intención hace esto Baroja?

D. Intercambio oral.

Use los temas en un intercambio oral con sus compañeros de clase.

1. **Habla la madre.** ¿Cómo describiría ella a su esposo y a sus tres hijas? En especial, ¿qué diría de Águeda?
2. **La timidez.** La timidez tiene causas diferentes. ¿Cuáles son algunas de sus causas? ¿Cómo puede vencerse? ¿Cree Ud. que la timidez de la protagonista es motivada por su poco atractivo y su defecto físico? Explique.
3. **Antes y ahora.** Este cuento se escribió en la primera mitad del siglo XX, y la sociedad ha cambiado mucho desde entonces. ¿De qué manera sería diferente la vida de Águeda si viviera en nuestra época? ¿Serían iguales algunas circunstancias?
4. **Los sueños de las chicas de hoy.** La protagonista sueña con conocer al hombre ideal, casarse y ser madre. ¿Son éstos los sueños de las chicas de hoy? ¿Es tan importante para una mujer hoy casarse como lo era en la época de Baroja? ¿Por qué (no)?
5. **Cómo conocer a esa persona especial.** Es más fácil hoy que los jóvenes se conozcan de lo que era en la época de Baroja. ¿Por qué? ¿Dónde y cómo puede conocerse la gente? ¿Es buena idea chatear en Internet? ¿Qué ventajas y qué desventajas hay en tratar de conocer a esa persona especial por medio de Internet?

Sección gramatical

The Preterite and the Imperfect

The correct use of the two simple past tenses, the preterite and the imperfect, is one of the most challenging facets of Spanish grammar. Fortunately, Spanish and English usage coincide in some cases. For example, compare *Last night Miguel arrived from his trip while we were having supper* and **Anoche Miguel llegó de su viaje mientras cenábamos**. In this case, the different past tenses in English are clues to the different past tenses in Spanish.

It can be said, in general, that the English simple past corresponds to the preterite while a past progressive (*was/were* + *-ing* form) or the combination *used to* + infinitive in English are represented in Spanish by the imperfect. In many instances, however, the English verb form gives no hint about the possibilities in Spanish. For example, compare *We were in Spain in 2008* and **Estuvimos/Estábamos en España en el 2008**. The use of **estuvimos** implies that the speaker and his/her companions visited Spain in 2008 while **estábamos** stresses their stay there for an indefinite period of time during 2008.

The rules given in this chapter on the uses of the preterite and the imperfect will help you determine which tense you must use in Spanish when the English sentence doesn't provide a definite clue.

THE PRETERITE

The preterite tense narrates events in the past. It refers to a single past action or state or to a series of actions viewed as a completed unit or whole.*

1 The preterite is very often used to express past actions that happened and ended quickly.

Águeda salió al balcón para ver la plaza.	*Águeda went out to the balcony to see the town square.*
El abogado le preguntó a Águeda si le gustaría que él formase parte de su familia.	*The lawyer asked Águeda if she would like him to be part of her family.*
El abogado pidió la mano de Luisa.	*The lawyer asked for Luisa's hand in marriage.*

---

*In the central region of Spain, and especially in Madrid, the present perfect is used in cases where the preterite has traditionally been regarded as the correct form; for example: **El sábado pasado la hemos visto** instead of **El sábado pasado la vimos**. The opposite phenomenon also occurs in certain areas of Spain and in most of Spanish America: the preterite is frequently found in cases where the present perfect would be more usual according to traditional usage. For example: **¿No tienes apetito? No comiste nada** is used instead of **No has comido nada**. For a more complete discussion of this problem, see Charles E. Kany, *Sintaxis hispanoamericana* (Gredos), pp. 199–202. On the tendency in informal American English to use the simple past (*I did it already*) in place of the perfective (*I have already done it*), see Randolph Quirk and Sidney Greenbaum, *A Concise Grammar of Contemporary English* (Harcourt Brace Jovanovich), p. 44.

2 The preterite can be used regardless of the length of time involved or the number of times the action was performed, provided that the event or series of events is viewed as a complete unit by the speaker.

Te esperamos media hora.	*We were waiting for you for half an hour.*
Águeda pasó la noche llorando.	*Águeda was crying all night.*
Leí tu carta tres veces.	*I read your letter three times.*

3 The preterite also refers to the beginning or ending of an action.

Apenas llegó la visita, sirvieron los tragos.	*As soon as the visitor arrived, they served the drinks.*
La reunión terminó a las cinco.	*The meeting ended at five.*

APLICACIÓN

A. El desengaño de Águeda.

Complete con el pretérito de los infinitivos que se dan, fijándose en el uso del pretérito. Conviene que repase los pretéritos irregulares en el Apéndice, pues en este ejercicio hay muchos verbos irregulares. Note también que algunos verbos son reflexivos.

1. Águeda (suponer) _____ que el abogado se casaría con ella y (ponerse) _____ muy triste cuando (saber) _____ que en realidad a él le interesaba su hermana Luisa. Como no (poder) _____ contener su dolor, (abstenerse) _____ de seguir conversando, (despedirse) _____ del joven y (huir) _____ a su habitación para llorar. A su madre y a sus hermanas les (decir) _____ que le dolía la cabeza.

2. Los padres no (oponerse) _____ al matrimonio de Luisa con el abogado, al contrario, (estar) _____ de acuerdo; tal vez en esto (influir) _____ el hecho de que el padre de Luisa y el del abogado (ser) _____ compañeros de colegio.

3. El padre (sentir) _____ sorpresa cuando (oír) _____ que los jóvenes iban a casarse; él no (sospechar) _____ que se amaban y (creer) _____ al principio que el abogado se casaría con Águeda. Pero cuando el joven (pedir) _____ la mano de su hija mayor, (preferir) _____ aceptar la situación y (bendecir) _____ la unión.

4. Águeda (aceptar) _____ bordar la colcha de la pareja. Este desengaño (destruir) _____ su vida, pero su nobleza le (impedir) _____ rebelarse.

(Predecir) _Predijo_ que los novios serían muy felices y lo (desear) _deseó_ de corazón. Desde entonces, sentada en el balcón, (entretenerse) _se entretuvo_ mirando la plaza, triste como ella.

B. ¿Qué hizo Ud. ayer?

Prepare una lista y resuma en ella sus actividades del día de ayer usando el tiempo pretérito.

C. Mi fin de semana.

Un estudiante que no conoce las formas del tiempo pretérito, escribió la siguiente composición usando sólo el presente. Corríjala cambiándola al pretérito.

> Este fin de semana duermo en casa de mis primos. El sábado ando perdido por la ciudad y el domingo estoy muy ocupado todo el día. Por la mañana hago la maleta para mi viaje de regreso, pero tengo un problema, porque mis zapatos no caben en ella. Los pongo en una bolsa y luego me dirijo al hospital, porque una amiga mía sufre un accidente. Lo siento muchísimo, y así se lo digo apenas llego. Escojo claveles rojos para llevárselos y le gustan mucho. Por la tarde, mis primos y yo vamos a un restaurante muy bueno. Carlos les traduce el menú a sus hermanos. Los otros piden bistec, pero Carlos y yo preferimos arroz con pollo. Nos sirven un arroz delicioso. Yo quiero pagar la cuenta, pero Carlos me lo impide. Por supuesto, que no me opongo.

THE IMPERFECT

The imperfect is the past descriptive tense. It takes us back to the past to witness an action or state as if it were happening before our eyes. The action or state is not viewed as a whole and its beginning and termination are not present in the mind of the speaker.

Compare **Mi amigo estaba enfermo la semana pasada** and **Mi amigo estuvo enfermo la semana pasada**. Both sentences mean in English **My friend was sick last week**. In the first Spanish sentence, however, the state of being sick is viewed as a description of the friend's condition at some time last week and the speaker is not concerned with the beginning, end, or duration of that condition. In the second sentence the condition is viewed as a unit and as terminated, the clear implication being that the friend is no longer sick.

The imperfect often is used combined with the preterite in the same sentence. In such cases the imperfect serves as the background or stage in which the action or actions reported by the preterite took place or it expresses an action in progress at the time something else happened.

Era tarde y hacía frío cuando llegamos a Chicago.	_It was late and it was cold when we arrived in Chicago._
Loli chateaba por Internet cuando su madre entró en su cuarto.	_Loli was chatting on the internet when her mother entered her room._

The imperfect is used:

1 As the Spanish equivalent of the English past progressive (_was, were_ + _-ing_) to tell what was happening at a certain time.

Hablábamos mientras ella escribía.	_We were talking while she was writing._
—**¿Qué hacías en la cocina?**	_"What were you doing in the kitchen?"_
—**Fregaba los platos.**	_"I was washing the dishes."_

2 To express repeated or customary past actions, as the equivalent of *used to, would* + verb.*

Íbamos a la playa con frecuencia en esa época.	*We would go to the beach often then.*
Rosita nos mandaba correos electrónicos todos los días.	*Rosita used to send us e-mails every day.*

3 To describe and characterize in the past.

La muchacha se llamaba Águeda, era rubia y tenía un hombro más alto que el otro.	*The girl's name was Águeda, she was blonde, and one of her shoulders was higher than the other.*
El cuarto estaba oscuro y silencioso y olía a rosas.	*The room was dark and quiet and it smelled of roses.*

There was, there were have a descriptive character and are used in the imperfect generally. **Hubo** means in most cases *happened* or *took place*.

Había sólo tres casas en esa cuadra.	*There were only three houses on that block.*
Hubo tres fiestas en esa cuadra anoche.	*There were three parties on that block last night.*

Because of the descriptive character of the imperfect, Spanish speakers frequently employ it when recounting a dream they had or the plot of a movie they saw, even in cases that would call for a preterite in normal usage. Note Pérez Galdós' use of imperfects in *Doña Perfecta*, in the passage that describes Rosario's dream:

> *Oía* el reloj de la catedral dando las nueve; *veía* con júbilo a la criada anciana, durmiendo con beatífico sueño, y *salía* del cuarto muy despacito para no hacer ruido; *bajaba* la escalera... *Salía* a la huerta... en la huerta *deteníase* un momento para mirar al cielo, que estaba tachonado de estrellas... *Acercábase* después a la puerta vidriera del comedor, y *miraba* con cautela a cierta distancia, temiendo que la vieran desde dentro. A la luz de la lámpara del comedor, *veía* de espaldas a su madre...

In a narration of real events, the verbs in italics above would be in the preterite: **oyó, vio, salió**, etc.

4 To express emotional, mental, or physical states in the past. Thus, verbs that describe a state of mind, such as **amar, admirar, creer, estar enamorado (alegre, preocupado, triste,** etc.), **gustar, pensar, querer, odiar, temer,** and **tener miedo,** are generally used in the imperfect.

A mi tío le gustaba mucho ese postre.	*My uncle used to like that dessert very much.*
Isabel tenía miedo de ese perro porque ladraba continuamente.	*Isabel was scared of that dog because it barked all the time.*
Ella creía en Dios y lo amaba.	*She believed in God and loved Him.*

---

* Note, however, that *used to* does not always refer to customary actions, for it sometimes emphasizes that something was and no longer is. When this is the case, the stress is on the ending of the action and the preterite must be used.

Mi padre fue profesor de español, pero ahora es comerciante.	*My father used to be a Spanish teacher but he is now a merchant.*

All the preceding sentences use the imperfect because they describe mental attitudes and feelings. In the case of sudden reactions, however, the preterite is used, since the emphasis is on the beginning of the state of mind of feeling. (See rule 3 of the preterite.)

Mi tío probó ese postre, pero no le gustó.	*My uncle tried that dessert but he didn't like it. (My uncle's dislike for that dessert started when he tried it.)*
Cuando oyó ladrar al perro, Isabel tuvo miedo.	*Isabel was scared when she heard the dog barking. (Isabel's fear started upon hearing the dog barking.)*
En aquel momento, ella creyó en Dios.	*At that moment she believed in God. (Her belief in God began as a result of what happened at that moment.)*

The following two stanzas by Bécquer provide some examples of how a state of mind or feeling, normally expressed by the imperfect, requires the preterite when the speaker emphasizes its beginning. The poet describes here what he felt upon hearing that his beloved had betrayed him:

> Cuando me lo *contaron sentí* el frío
> de una hoja de acero en las entrañas,
> me *apoyé* contra el muro, y un instante
> la conciencia *perdí* de dónde estaba.
> *Cayó* sobre mi espíritu la noche;
> en ira y en piedad *se anegó* el alma...
> ¡Y entonces *comprendí* por qué se llora,
> y entonces *comprendí* por qué se mata!

5 To express in the past: time of day, season, etc.

Aunque eran sólo las seis, ya era de noche.	*Although it was only six o'clock, it was already dark.*
Era primavera y todos nos sentíamos jóvenes.	*It was springtime and we all felt young.*

THE PRETERITE AND THE IMPERFECT USED TOGETHER

Observe the use of the preterite and the imperfect in the following passages.

Me *levanté* sobresaltado, me *asomé* a la ventana, y *vi* desfilar mucha gente con carteles gritando: ¡Muera el tirano! ¡Viva la libertad! *Salí* a la calle y *observé* por todas partes gran agitación y alegría. En la plaza central de la ciudad, se *apiñaba* la multitud escuchando el discurso que, desde una plataforma, *improvisaba* un exaltado ciudadano. Cuando el hombre *terminó* de hablar, un grupo de gente *entró* en el ayuntamiento. Alguien tiró a la calle el retrato del Presidente, que se *hallaba* en el salón principal del edificio, y el populacho se *apresuró* a hacerlo pedazos.

The first five verbs in italics are preterites. They are a summary of the actions completed by the speaker: He got up, he looked out the window, he saw the people parading, and then he went out in the street and observed certain activities. At this point the imperfect is used to describe what was going on: people were crowded together and a citizen was improvising a speech. Once the speech ended (preterite, end of an action) a group of people entered (a completed action) city hall. Someone threw out into the street (a completed action) the portrait of the president that was (imperfect, to describe location) in the main room of the building and the populace rushed to tear it to pieces (preterite, beginning of an action).

> Aquel día *cené* mejor de lo que *pensaba,* porque el hombre me *llevó* a su casa y su familia, que se *componía* de los hijos y una vieja cocinera, me *recibió* con hospitalidad.

The preterites **cené, llevó,** and **recibió** refer to completed actions. **Pensaba** and **componía** are imperfects: the first one refers to a mental action; the second one has a descriptive nature.

APLICACIÓN

A. Recuerdos de la niñez.

¿Cómo era su vida cuando era niño/a? ¿Dónde vivía? ¿Quiénes eran sus amigos? ¿Qué deportes practicaba? ¿Qué le gustaba hacer? ¿Cuáles eran sus comidas favoritas?

B. Descripciones.

De las frases y verbos que se dan en la parte (a), escoja los que le parezcan más apropiados para describir cómo se sentían las diez personas de la parte (b), y forme oraciones con ellos, añadiendo algo original.

(a)

amar, detestar, dudar, estar confuso/a (emocionado/a, exhausto/a, nervioso/a, orgulloso/a, sorprendido/a), imaginar, planear un viaje de vacaciones, querer llorar, querer vengarse, sentir una gran pena, sentirse optimista, soñar, tener dolor de cabeza, tener miedo, tratar de decidir

(b)

1. un muchacho a quien otro chico le había dado dos puñetazos
2. un estudiante que recibió un premio de excelencia
3. un importante hombre o mujer de negocios que tenía muchas reponsabilidades y tensión en su trabajo
4. una madre cuyo hijo había muerto
5. dos novios que se reunieron después de una separación
6. una señora que acababa de comprar un billete de lotería
7. una joven que estudió por más de seis horas consecutivas para un examen
8. dos jovencitas que escogían un vestido elegante para una fiesta
9. un chófer que iba de noche por una carretera que no conocía
10. una niña que accidentalmente rompió una de las copas finas de su madre

C. Soy un cobarde.

Complete con el pretérito o el imperfecto de cada infinitivo según el caso.

1. Cuando (llegar) _____ a Santo Domingo, un taxi me (llevar) _____ al hotel Paraíso. (Bajar) _____ del taxi, y el portero me (saludar) _____ amablemente y (cargar) _____ mis maletas.

2. El hotel (ser) _____ un edificio grande y blanco y (tener) _____tenía_____ preciosos jardines a su alrededor.

3. (Subir) _____ la escalinata de mármol, (entrar) _____ en el vestíbulo y me (inscribir) _____ en la recepción.

4. Mi habitación (estar) _____ en el tercer piso. Mi primera impresión (ser) _____ negativa, porque (tener) _____ muebles muy antiguos y las paredes (estar) _____ pintadas de marrón.

5. (Estar) _____ muy cansado y (sentir) _____ enormes deseos de tirarme en la cama, pero como (ser) _____ temprano, (decidir) _____ sentarme antes un rato en la terraza del café.

6. En aquella época yo (padecer) _____ de insomnio y (pensar) _____ que si me (acostar) _____ a esa hora, (ir) _____ a pasar la mitad de la noche despierto.

7. En la terraza (haber) _____ varias personas. Me (sentar) _____ en una mesa apartada y (pedir) _____ un vaso de leche.

8. (Mirar) _____ hacia una mesa cercana, donde (estar) _____ una muchacha delgada y un hombre alto y feo. La muchacha (llorar) _____ y el hombre la (mirar) _____ indiferente.

9. La muchacha y el hombre se (levantar) _____. Ella (andar) _____ de una manera extraña.

10. De pronto, (saber) _____ por qué andaba así la muchacha. El hombre la (empujar) _____. (Notar) _____ que (llevar) _____ un revólver bajo el impermeable y le (apuntar) _____ a la chica con él.

11. Sé que (deber) _____ haber hecho algo, pero no lo (hacer) _____ porque soy un cobarde.

12. Me (quedar) _____ inmóvil en la mesa hasta que los dos se (ir) _____. (Esperar) _____ unos diez minutos, y entonces (subir) _____ a mi habitación.

13. (Estar) _____ todavía impresionado por la escena del café. Por eso, (mirar) _____ debajo de la cama y dentro del ropero. (Suspirar) _____ aliviado cuando (comprobar) _____ que no (haber) _____ nadie.

14. (Cerrar) _____ la puerta con doble llave y me (acostar) _____.

15. La cama (ser) _____ demasiado dura y por horas (dar) _____ vueltas y vueltas tratando de dormirme.

16. (Sentir) _____ vergüenza y remordimiento por no haber ayudado a la chica. No (poder) _____ dormir en toda la noche.

D. **Del presente al pasado.**

Cambie las siguientes oraciones al pasado escogiendo entre el pretérito y el imperfecto.

1. La niña está jugando en el patio cuando oye que su madre la llama.
2. El gato duerme. Me acerco a él y le paso la mano varias veces por el lomo.
3. El barco se hunde cuando está cerca de Veracruz.
4. La maestra me mira las orejas y en ese momento me alegro de habérmelas lavado.
5. De pronto, una nube negra cubre el sol y se oye un trueno.
6. Su corazón late muy rápido cada vez que mira a su vecina.
7. El niño llora a gritos y la madre tiene una expresión triste en la cara.
8. Desde la ventana contemplamos los copos de nieve que se acumulan en las ramas.
9. Los soldados que suben por el sendero van pensando en su familia.
10. Detesta esas reuniones y siempre que lo invitan da la misma excusa para no ir.
11. Son tantas las dificultades con el coche que lo dejan allí, y allí permanece dos días.
12. El recepcionista pone cara de sorpresa cuando ve tanta gente.
13. El enfermo está muy grave. El médico que lo atiende no me da esperanzas.
14. Don Pepe es un viejecillo simpático, que sonríe constantemente y les cuenta cuentos fantásticos a los chicos del barrio.

E. ¿Cuándo sucedió y cuándo sucedía?

Sustituya las palabras en cursiva por las que están entre paréntesis, y cambie el verbo principal si es necesario.

Modelo: *Siempre* comíamos a las seis de la tarde. (el martes pasado)
→ *El martes pasado comimos a las seis de la tarde.*

1. Hablábamos con él *a menudo*. (la semana pasada)
2. Estabais en su casa *en aquel momento*. (poco tiempo)
3. Fuimos al cine *ayer*. (a veces)
4. *Cuando ella era niña* recibía muchos regalos. (en su último cumpleaños)
5. Pérez tuvo mucho dinero *en su juventud*. (cuando lo conocí)
6. Pepe la amó en silencio *por muchos años*. (toda la vida)
7. *Frecuentemente* me sentía optimista. (de repente)
8. Tú no pensabas *nunca* en mí. (una sola vez)
9. *Ayer* trajiste el libro de español a clase. (todos los días)
10. Doña Esperanza era maestra de mi hijo *entonces*. (algunos meses)
11. *Siempre* llegábamos tarde a clase. (frecuentemente)
12. *De pronto*, pensé que ese chico no era tan temible. (a veces)

F. El cuento de Águeda.

En el cuento que leímos predomina el tiempo imperfecto. Explique por qué. Hay un pasaje, sin embargo, de la línea 73 a la 89, donde se usan pretéritos. Explique el uso en este pasaje de los verbos: preguntó, se turbó, dio vueltas, se dividió, concluyó, se puso, no contestó, se encerró, pasó, contó, consiguió, no se opuso, comenzó.

G. Ahora y entonces.

Cambie al pasado.

1. **Habla el padre de Águeda** Mi mujer y yo *somos* muy jóvenes cuando nos *casamos.*

   Nuestras familias *son* amigas, y casi se puede decir que nuestro matrimonio *es* un arreglo entre nuestros padres, aunque también *es* verdad que yo me *enamoro* profundamente. Yo *soy* un joven introvertido; mi mayor defecto *consiste* en mi falta de carácter. En cambio, mi mujer, Eulalia, siempre *es* ambiciosa y un poco mandona. Pero *tengo* veinte años y yo no me *doy* cuenta de sus defectos; sólo *veo* sus atractivos, porque, como *digo* arriba, *estoy* enamorado.

   Tenemos tres hijas, dos se *parecen* a mí y una a su madre. Mi hija mayor, Luisa, *es* la que más se *parece* a su madre; en cambio, mi hija menor, Águeda, *tiene* mi timidez y mi resignación, aunque no le *gusta* coleccionar bagatelas como a mí. Ella *borda* y *hace* encaje.

   Con el tiempo, Eulalia y yo *perdemos* la ilusión de nuestro matrimonio. Ella no *significa* ya nada para mí; *es* sólo la madre de mis hijas. A ella le *pasa* lo mismo, porque una vez me *amenaza* con separarse de mí.

   Cuando *comienza* a visitarnos Adalberto, el hijo de un amigo mío, yo *pienso* que *viene* por Águeda, porque los *veo* varias veces conversando y riéndose. Pero me *equivoco.* Adalberto me *pide* ayer la mano de Luisa. Él se *gradúa* de abogado recientemente y me *explica* que *consigue* un empleo muy bueno y por eso *quiere* casarse. *Es* una sorpresa para mí. No *imagino* que Adalberto y Luisa se *aman.* Sinceramente, yo *pienso* que él sería más feliz con Águeda, pero *tengo* que aceptar la situación. Águeda, como yo, se *sorprende* del romance de su hermana. Y se *pone* triste. *Deja* de cantar y de adornarse con coquetería; sólo *mira* la plaza.

2. **Mi viaje a Santa Rosa.** El despertador *suena* y *suena* mientras yo *escondo* la cabeza debajo de la almohada resistiéndome a despertar. *Estoy* soñando que *soy* bombera y que la alarma *anuncia* un fuego que mis compañeros y yo *debemos* apagar, pero que *estoy* paralizada y no *puedo* mover los pies. *Tardo* más de cinco minutos en darme cuenta de que el sonido *viene* de mi mesa de noche y no de una alarma de incendios.

   Me *lavo* y me *visto* precipitadamente. No *tengo* tiempo para preparar el desayuno. *Viajo* muy temprano a Santa Rosa porque mi tía, que *vive* sola, me *escribe* que *está* enferma y me *necesita.* Por fin lista, *miro* mi reloj de pulsera. El autobús *sale* a las siete y sólo *faltan* veinte minutos. *Es* tarde para llamar un taxi, pero vivo a sólo cinco cuadras de la estación, así que *tomo* mi maleta—que afortunadamente no *pesa* mucho—, *cierro* con llave la puerta de entrada y *echo* a correr.

   No *hay* nadie en la calle tan temprano porque *es* domingo. *Es* otoño y *amanece* tarde; todavía el cielo *está* oscuro. Yo *ando* tan rápido como me lo *permiten* mis piernas. Cuando *estoy* a mitad de camino, un gato madrugador *cruza* veloz frente a mí. En el patio de una casa, un gallo *canta* tres veces.

   Llego antes de las siete a la estación terminal de autobuses, pero *estoy* tan agitada por la carrera, que apenas *puedo* respirar. *Consulto* el horario que *está* en la pared. Efectivamente, allí *dice* que el autobús para Santa Rosa *sale* a las siete de la mañana. *Miro* a mi alrededor. *Hay* un autobús estacionado en el otro extremo de la estación terminal y cerca de él *veo* a cuatro o cinco pasajeros que *esperan* en los bancos. Un niño *duerme* en el regazo de su madre y ella *inclina* la cabeza, un poco dormida también. En mi sección de la estación, sin embargo, *estoy* yo sola, y esto me *parece* muy extraño.

Junto a mí *pasa* un viejecillo pequeño y delgado, que *lleva* un uniforme azul desteñido y *aprieta* en la mano derecha un llavero enorme. «Un empleado», me *digo*, y le *pregunto* al viejo si el autobús para Santa Rosa *viene* retrasado.

—No, señorita —*contesta*, y *consulta* la hora en un reloj antiguo que *saca* del bolsillo de su pantalón.

Pero el anciano *añade* que mi espera *va* a ser larga porque apenas *son* las seis. ¡Las seis! *Dirijo* la vista a mi muñeca. Yo *tengo* las siete. El viejecillo *sonríe* y *aclara* mi confusión. Me *recuerda* que la hora de verano *ha* terminado la noche anterior y que *hay* que atrasar una hora los relojes. Todo *va* a tener un final feliz, después de todo. Pero ¡qué lástima! A causa de mi error con respecto a la hora, no *puedo* apagar el fuego.

SPANISH VERBS WITH DIFFERENT ENGLISH MEANINGS IN THE IMPERFECT AND THE PRETERITE*

IMPERFECT		PRETERITE	
conocía	*I knew, I was acquainted with*	conocí	*I met, made the acquaintance of*
costaba	*it cost (before purchasing)*	costó	*it cost (after purchasing)*
podía	*I could, was able to (I was in a position to)*	pude	*I was able to (and did)*
no podía	*I was not able to, could not*	no pude	*I tried (but couldn't)*
quería	*I wanted to, desired to*	quise	*I tried to*
no quería	*I didn't want to*	no quise	*I refused, would not*
sabía	*I knew, knew how to, had knowledge that*	supe	*I learned, found out*
tenía	*I had (in my possession)*	tuve	*I had, received*
tenía que	*I had to (but did not necessarily do it)*	tuve que	*I had to (and did do it)*

---

* Sometimes the preterites of these verbs retain their original meanings.

Siempre supe que ibas a triunfar.	*I always knew that you were going to succeed.*

No conocía a Miguel; lo conocí ayer en el chat.	*I didn't know Miguel; I met him yesterday on the chatroom.*
Carmen no quiso comprar las entradas, porque costaban mucho.	*Carmen refused to buy the tickets because they cost too much.*
No pude venir el lunes a clase porque tuve que acompañar a mi madre al médico.	*I couldn't come to class on Monday because I had to accompany my mother to the doctor.*
Compré los libros que tenía que comprar, pero me costaron $160.	*I bought the books I had to buy (was supposed to buy), but they cost me $160.*

(Note that when Spanish speakers say **tenía que comprar** they are not thinking of the completion, only of the obligation.)

APLICACIÓN

A. Situaciones y explicaciones.

Escoja la forma verbal correcta en cada oración según la situación que se describe.

1. Ud. hizo un viaje a España y su amigo Enrique le dio dinero para que le trajera un diccionario Espasa-Calpe.

   a. Ud. no lo trajo y le explica a Enrique: Lo siento; me diste $80 y el diccionario (costaba / costó) $95. Yo (tenía / tuve) poco dinero y no (podía / pude) poner la diferencia de mi bolsillo.

   b. Ud. compró el diccionario y le explica: (Podía / Pude) comprar el diccionario porque llevaba mi tarjeta de crédito. Pero me debes $15 porque (costaba / costó) $95.

2. El padre de su mejor amigo murió recientemente. Ud. se encuentra a su amigo en la calle y le dice:

   a. Siento mucho no haber ido al entierro de tu padre, pero no (sabía / supe) que había muerto; lo (sabía / supe) ayer por Jaime.

   b. ¡Cómo siento la muerte de tu padre! (Sabía / Supe) la noticia antes del entierro, pero no (podía / pude) ir porque (tenía que / tuve que) hacer un trabajo de urgencia ese día en mi oficina y no (quería / quise) tener problemas con mi jefe.

3. Como presidenta del Club de Español, Ud. va al aeropuerto a recibir a Consuelo Jordán, una joven escritora sudamericana que va a dar una ponencia en su universidad. Ud. regresa del aeropuerto y comenta con los otros miembros del club:

   a. ¡Qué tragedia no haber encontrado a la señorita Jordán! Como no la (conocía / conocí) y (sabía / supe) que no (podía / pude) encontrarla fácilmente entre tanta gente,

La Plaza Mayor de Madrid está atestada de gente joven por las tardes. Allí todos se reúnen a conversar, beber y comer algo. ¡Una gran diferencia con la vida solitaria de Águeda y con la plaza triste que ella contemplaba desde su balcón! Es evidente que las cosas han cambiado mucho. (Krzysztof Dydynski/Lonely Planet Images/ Getty Images, Inc.)

(quería / quise) que la llamaran por el altavoz, pero el empleado de información no (quería / quiso) hacerlo.

b. ¡Qué persona tan encantadora es Consuelo Jordán! Cuando la (conocía / conocí) en el aeropuerto, me pareció que éramos viejas amigas. Me dijo que (podíamos / pudimos) almorzar juntas un día y que (podía / pude) llamarla Consuelo en vez de Srta. Jordán.

4. Carmita cumplió ocho años ayer. Conversa con su amiguita Lucía y le dice: (Tenía / Tuve) muchos regalos de cumpleaños, pero yo (quería / quise) una bicicleta nueva y mi padre no (quería / quiso) comprármela. Dijo que la bicicleta que yo (tenía / tuve) todavía estaba en muy buenas condiciones.

Sección léxica

Ampliación: Formación y uso de diminutivos, aumentativos y despectivos

En la lectura de esta lección encontramos las palabras: **almohadilla**, **pedacillos**, **trocitos**, que son diminutivos; **cortinones**, **almohadones**, **moscones**, que son aumentativos y **hierbajos**, que es despectivo.

La formación de palabras diminutivas, aumentativas y despectivas (*pejorative*) por medio de sufijos es una característica importante del español, y el estudiante debe tener esto en cuenta si quiere hablarlo y escribirlo con naturalidad. Aunque la frecuencia con que se emplean esta clase de palabras depende de la región y hasta de la preferencia personal, su uso es muy común, especialmente el de los diminutivos.

Los sufijos diminutivos, aumentativos y despectivos se añaden a los sustantivos y adjetivos, y en el caso de los diminutivos, también a los adverbios: Se perdió el **papelito**, Era un joven **delgaducho**, Tiene un perro **grandote**, Habla **bajito**, Lo hizo **rapidito**. Si la palabra termina en vocal, ésta se quita antes de añadir el sufijo: mesa > **mes-ita**. A veces, al añadir los sufijos se producen cambios ortográficos: lápiz > **lapicito**, lago > **laguito**, chico > **chiquitín**; otras veces, se intercalan una o más letras entre la palabra y el sufijo: pez > pec-(**ec**)-ito, pan > pan-(**ec**)-illo.

Estos sufijos, sin embargo, no se pueden añadir a todas las palabras y no existen reglas exactas sobre esto; la mejor manera de aprenderlo es la observación.

DIMINUTIVOS

1. El sufijo diminutivo más común es **-ito/ita: una banderita, muchas florecitas, dos perritos**. En algunas regiones de España y en Colombia, Costa Rica, Cuba, la República Dominicana y Venezuela, se prefiere el sufijo **-ico/ica** cuando hay una **t** en la sílaba anterior: gato > **gatico**, libreta > **libretica**, momento > **momentico**.* Otros sufijos diminutivos preferidos en algunas regiones son:

-illo/illa, -ín/ina y **-ete/eta: una chiquilla** (niña), **una vaquilla** (vaca pequeña), **un pequeñín** (niño pequeño), **un pillín** (*little rascal*), **una camiseta** (*undershirt, T-shirt*).

2. Además de indicar que algo es pequeño, los diminutivos pueden expresar afecto, simpatía y otros sentimientos e intensificar el sentido de una palabra. Si digo: **La casita** donde

---

*A los costarricenses se les llama *ticos* porque usan mucho este sufijo.

crecí, el diminutivo no indica necesariamente que la casa era pequeña, sino que la recuerdo con cariño y nostalgia. Cuando Don Quijote se enfrenta a los leones, exclama: «¡**Leoncitos** a mí!», indicando, no que los leones sean pequeños, sino que son un peligro insignificante para un caballero valiente como él.

El diminutivo puede también expresar ironía: **¡Qué viajecito!** (*What a lousy trip!*)

Muchos apodos (*nicknames*) se forman con sufijos diminutivos: Luis > **Luisito**, Jorge > **Jorgito**, Marta > **Martica**, Miguel > **Miguelín**.

Es común usar diminutivos para hablarles a los niños: Dame un **besito**, Tómate tu **lechita**, Estate **tranquilito**. También se usan mucho los diminutivos en la vida diaria para ofrecerle comidas o bebidas a alguien: ¿Quieres un **traguito** (*drink*) / un **cafecito** / un **juguito** / una **sopita**? El diminutivo expresa en este caso que lo que se ofrece es apetitoso (*appetizing*) y también que se quiere convencer a la otra persona para que acepte.

En el caso de los animales, el diminutivo es el equivalente a *kitten, puppy, cub o baby*: La gata tuvo cuatro **gatitos**, Me regalaron un **perrito** de seis semanas, La leona juega con su **leoncito**, La mona carga a su **monito**. Existe la palabra **cachorro**, que es equivalente de *cub*, pero aun ésta se usa frecuentemente en diminutivo: La leona juega con su **cachorrito**.

3. Algunas palabras cambian de significado cuando se les añaden sufijos diminutivos:

boca > **boquete** (*hole, narrow entrance*), botica (*drugstore*) > **botiquín** (*medicine cabinet*), cabeza > **cabecilla** (*leader of a revolt or gang*), cama > **camilla** (*stretcher*), camisa > **camiseta** (*undershirt, T-shirt*), carro > **carreta** (*wagon*), **carretilla** (*wheelbarrow*), maleta > **maletín** (*overnight bag; briefcase*), peine > **peineta** (*comb used as a hair ornament*), pera > **perilla** (*doorknob*), ventana > **ventanilla** (*car window, teller's window*).

AUMENTATIVOS

1. Los aumentativos se usan con mucha menos frecuencia que los diminutivos. Indican tamaño grande o intensidad, pero pueden expresar también otras ideas, inclusive cariño.

2. Los sufijos aumentativos más comunes son:

-ón/ona, -azo/aza y **-ote/ota**: mujer > **mujerona, mujerota**; rico > **ric(ach)-ón**; voz > **voz(arr)-ón**; bigote > **bigotón, bigotazo**; perro > **perrazo, perrote**; grande > **grandote**.

3. Algunos nombres femeninos se hacen masculinos y cambian de significado cuando se les añade un sufijo aumentativo:

la caja > **el cajón** (*crate; drawer*), la calle > **el callejón** (*alley*), la cama > **el camarote** (*cabin in a ship*), la camisa > **el camisón** (*nightgown*), la colcha (*bedspread*) > **el colchón** (*mattress*), la cuchara > **el cucharón** (*laddle*), la isla > **el islote** (*key, [small island]*), la jarra (*pitcher*) > **el jarrón** (*large vase*), la puerta > **el portón** (*front gate*), la rata > **el ratón** (*mouse*), la silla > **el sillón** (*armchair*), la tabla (*board*) > **el tablón** (*wooden plank*), la taza > **el tazón** (*bowl*), la tela (*cloth*) > **el telón** (*theater curtain*).

DESPECTIVOS

Los despectivos, como su nombre lo indica, expresan poco aprecio por la cosa o persona que se menciona. El sufijo despectivo más común es: **-ucho/ucha**, pero hay varios otros como **-uco/uca** y **-ejo/eja**: **tienducha** (*dingy store*), **casuca** (*shack*), **viejuco** (*annoying old man*), **caballejo** (*nag*). A veces, los aumentativos y hasta los diminutivos pueden tener sentido despectivo: **un bravucón** (*a bully*), **una mujerona** (*a rude, unpleasant woman*), **palabrotas** (*bad words*), **un hombrecillo** (*an insignificant guy*).

APLICACIÓN

A. Encuentre los diminutivos, aumentativos y despectivos que se han usado en los siguientes párrafos y explique su uso.

Modelo: *En el callejón, un perrazo de largas orejotas perseguía a un gatito, pero no pudo atraparlo, porque el pillín se escapó metiéndose en un boquete que había en la pared de una casucha.*

callejón	Aumentativo, pero no indica tamaño grande; al contrario, es una clase de calle, pequeña y sin salida.
perrazo	Aumentativo. Indica no sólo que el perro era grande, sino también que inspiraba miedo.
orejotas	Aumentativo. Expresa el gran tamaño de las orejas.
gatito	Diminutivo. El gato puede ser pequeño, pero es más probable que el diminutivo refleje la simpatía de quien habla.
pillín	Diminutivo. Equivale a *little rascal*, pero expresa simpatía.
boquete	Diminutivo. Deriva de boca y se refiere a un hoyo o una entrada pequeña.
casucha	Despectivo. Indica que la casa era pobre y mala.

1. Hijito, deja al gatico en paz y quédate un ratico quietecito, porque papito quiere dormir una siestecita en su sillón.

2. Las callejuelas de aquel pueblucho estaban llenas de chiquillos flacuchos y descalzos, que alargaban los bracitos para pedirles unas moneditas a los turistas. Las mujerucas se asomaban silenciosas a las puertas de sus casuchas cuando pasábamos.

3. No fui al trabajo esta mañana, porque mi hijita estaba enfermita. Tiene un catarrazo bárbaro. Iré a trabajar cuando esté mejorcita.

4. Una canción mexicana que me gusta mucho dice: «Han nacido en mi rancho dos arbolitos / dos arbolitos que parecen gemelos / y desde mi casita los veo juntitos...»

5. En el salón, sentada en un almohadón junto al arbolito de Navidad, la niñita movía sus deditos sobre el teclado del pianito de juguete que le habían traído los Reyes Magos.

6. Aquel muchachón de brazotes musculosos era un bravucón que abusaba de los más chiquitos.

7. El pajarito se cayó del nido. ¡Pobrecito!

8. Mi tío José era un hombre grandote, tenía un bigotazo negro y un vozarrón impresionante; sin embargo, todos lo llamaban Pepín.

9. —Carmencita, hace frío. —¿Quieres una sopita caliente o prefieres un cafecito?

10. Los Bernal tienen diez hijos. ¡Qué familión! Viven frente a una plazoleta, en un caserón antiguo que parece la casa de los Munsters. Un paredón con un portón de hierro separa el jardín de la calle.

B. Creación.

Utilice los siguientes pares de palabras en oraciones o parrafitos originales.

Modelo: botica / botiquín
Cuando vi que no tenía aspirinas en mi botiquín, fui a la botica a comprar un frasco.

1. caja / cajón
2. calle / callejón
3. cama / camarote
4. camisa / camiseta
5. colcha / colchón
6. cuchara / cucharón
7. isla / islote
8. maleta / maletín
9. palabra / palabrota
10. puerta / portón
11. taza / tazón
12. ventana / ventanilla

Distinciones: Soler, acabar de, por poco

El verbo **soler** se usa sólo en los tiempos presente e imperfecto y sus dos significados básicos son:

1. con referencia a seres vivos, **tener costumbre**.
2. con referencia a hechos o cosas, **ser frecuente**.

Observe en los ejemplos siguientes los equivalentes de este verbo en inglés.

Solemos estudiar antes de un examen.	*We generally (usually) study before a test.*
Antes solíamos ir mucho al cine, pero ahora vamos poco.	*We used to go (we were in the habit of going, we were accustomed to going) to the movies a lot before but now we seldom go.*
En Suiza suele nevar mucho en invierno.	*In Switzerland it generally (frequently, usually) snows a lot in winter.*

Presente de **acabar de** + infinitivo = *have (has) just (done something)*
Imperfecto de **acabar de** + infinitivo = *had just (done something)*

Acaban de recibir el paquete que les envié.	*They have just received the package I sent them.*
Acabábamos de salir cuando empezó a llover.	*We had just left when it began to rain.*

Por poco + verbo en el presente = *almost* + past-tense verb

Al volver a verlo por poco me desmayo.	*On seeing him again I almost fainted.*

APLICACIÓN

A. Lo que suele y solía pasar.

Complete de una manera original.

1. Tengo un amigo que es muy distraído. Suele...
2. Es extraño que esté nevando hoy. Aquí no suele...
3. Le gustaban mucho los deportes y solía...
4. Cuando estábamos en la escuela secundaria solíamos...
5. Los sábados, si tengo dinero, suelo...
6. ¿Sueles tú...?
7. Antes Ud. solía...
8. Mi familia solía...

B. Lo que acaba de suceder.

Conteste las preguntas de manera afirmativa usando **acabar de** en el presente.

1. ¿Ya repartió el cartero la correspondencia?
2. ¿Llegó la cuenta del mes pasado de tu celular?
3. ¿Han visto Uds. esa película?
4. ¿Ya inauguraron el nuevo edificio?
5. ¿Terminó tu hermano su carrera?
6. ¿Le dijiste al profesor que no puedes venir el día del examen?

C. Lo que acababa de suceder.

Vuelva a escribir los siguientes pasajes, reemplazando el pretérito pluscuamperfecto con la construcción **acabar de** + infinitivo en el pasado.

1. Me había tirado en la cama para ver cómodamente la televisión, cuando mi compañero de cuarto entró, muy nervioso, y me contó que el pescado que habíamos comido en la cena estaba malo y que habían llevado a seis estudiantes al hospital. De repente, di un grito. Había sentido una punzada terrible en el estómago.

2. El piloto había quitado el anuncio de abrocharse el cinturón de seguridad y yo había respirado, aliviada. ¡Estábamos en el aire! Entonces una voz dijo: «¡No se mueva!». Mis ojos buscaron a la persona que había hablado, pensando que se trataba de un secuestrador de aviones. Pero no, era el señor sentado detrás de mí, que había visto una avispa cerca de mi cabeza.

D. Lo que no sucedió.

Haga un comentario original usando **por poco** y basándose en los datos que se dan en cada caso.

1. Había llovido y la carretera estaba resbaladiza.
2. Tomábamos un examen y yo miraba el papel de Gonzalo, cuando el profesor levantó la cabeza del libro que leía.
3. Ayudaba a mi madre a poner la mesa y llevaba varios platos, cuando tropecé.
4. Yo no quería decirle la verdad a Joaquina, pero ella me seguía preguntando.
5. Él tenía el número 585 en la lotería y salió el número 584.
6. Josefina estuvo muy grave. Pasó tres días en la sala de cuidado intensivo.

7. Salimos de la oficina a las cinco y a las seis estalló un terrible incendio.
8. Los niños jugaban a la pelota en la acera y Ud. pasó en ese momento.

Para escribir mejor

Observaciones sobre la ortografía española

Usted evitará muchos errores ortográficos si tiene en cuenta los siguientes datos:

1. Las consonantes dobles son muy raras en español, en tanto que abundan en inglés. Ejemplos: **asesinar**/*to assassinate,* **atención**/*attention,* **apreciar**/*to appreciate*

2. Una **n** doble ocurre en algunas palabras como **innovación, perenne,** y en formas verbales como **den** + **nos** (que se escribe **dennos**). En estos casos generalmente se pronuncian las dos enes.

3. La **c** doble ocurre sólo antes de **i** or **e** y cada **c** tiene un sonido distinto: **accidente** (**k** + **th** o **k** + **s**).

4. La ortografía de ciertos sonidos consonánticos difiere según la vocal que les sigue:

Sonido de	A	E	I	O	U
k	ca	que	qui	co	cu
g	ga	gue	gui	go	gu
gw	gua	güe	güi	guo	
j	ja	ge, je	gi, ji	jo	ju
th, s	za	ce	ci	zo	zu

Lea estos ejemplos en voz alta, fijándose en la relación sonido/grafía.

casa	queso	quinta	como	cuna
gato	guerra	guitarra	goma	gula
guasa	Camagüey	pingüino	antiguo	jilguero
jamón	gema, jeta	giro, ají	jovial	ginebra
zapato	cena	cinco	zócalo	zumo

Las combinaciones **z** + **e** y **z** + **i** son sumamente raras en español. Por esta razón, las normas ortográficas requieren cambios tales como **lápiz** > **lápices; cruzar** > **cruce Ud.**

Las normas anteriores producen algunos de los cambios ortográficos que se dan en la conjugación de muchos verbos. Las tablas que siguen resumen los cambios más frecuentes.

ANTES DE *E*			
Los verbos cuyos infinitivos			
TERMINAN EN	**CAMBIAN**	**EN**	**EJEMPLOS**
-car	c > **qu**	1.ª persona	mascar > **masqué**
-gar	g > **gu**	sing. pret.	pagar > **pagué**
-guar	gu > **gü**	y todo el	atestiguar > **atestigüé**
-zar	z > **c**	presente de subjuntivo	avanzar > **avancé**

OTHER IRREGULARITIES

Los verbos cuyos infinitivos

TERMINAN EN	CAMBIAN	EN	EJEMPLOS
-ger	g > j	1.ª persona	proteger > **protejo**
-gir	g > j	sing. presente	fingir > **finjo**
-quir	qu > c	de indicativo	delinquir > **delinco**
-guir	gu > g	y todo el	extinguir > **extingo**
consonante + **cer**	c > z	presente de	convencer > **convenzo**
consonante + **cir**	c > z	subjuntivo	zurcir > **zurzo**
vocal + **cer**	c > zc		nacer > **nazco**
vocal + **cir**	c > zc		traducir > **traduzco**

Las mismas reglas se ven en la formación de ciertos superlativos absolutos.

Adjetivos o adverbios que

TERMINAN EN	CAMBIAN	ANTES DE AGREGAR	EJEMPLOS
-co	c > qu		rico > **riquísimo**
-go	g > gu	-ísimo	largo > **larguísimo**
-z	z > c		feliz > **felicísimo**

ALGUNAS CORRESPONDENCIAS ORTOGRÁFICAS FRECUENTES

INGLÉS	ESPAÑOL	EJEMPLOS
1. *ph*	**f**	*philosophy*/**filosofía**
2. *th*	**t**	*theology*/**teología**
3. *mm*	**nm**	*immobile*/**inmóvil**
4. *s* + consonante al principio de palabra	**es** + consonante	*school*/**escuela**
5. *-tion*	**-ción**	*nation*/**nación**
6. *chl*	**cl**	*chlorine*/**cloro**
7. *(s)sion*	**-sión**	*passion*/**pasión**
8. *psy*	**si***	*psychology*/**sicología**
9. *trans*	**tras**	*transplant*/**trasplantar**

* Algunos hispanohablantes conservan la **p** (por ejemplo, **psicología).**

APLICACIÓN

A. Escriba el mandato formal (**Ud**.) de los siguientes verbos: **sacar, alcanzar, llegar, averiguar**.

B. Escriba el imperativo negativo (**tú**) de los verbos que siguen: **coger, distinguir, vencer, lucir, delinquir, dirigir, conocer, esparcir**.

C. Dé el superlativo absoluto de los adjetivos y adverbios contenidos en las frases siguientes.

vendedor tenaz	niño precoz	¿lejos o cerca?
pescado fresco	discursos parcos	sábanas blancas
mujeres flacas	poco dinero	palabras vagas
joven audaz	medicina amarga	detective sagaz

D. Escriba los equivalentes en español de las siguientes palabras.

immediate	space	chlorophyll	phonology
psychopathic	mission	choleric	sclerosis
chloroform	pharmacy	spectator	transmutation
schizophrenic	immigration	thyroid	commission
transcendence	psychosis	Philadelphia	immunization

TEMAS PARA COMPOSICIÓN

Escriba una composición sobre uno de estos temas, fijándose en el uso del pretérito y el imperfecto.

1 **Mi primer amor.** Casi todos nosotros hemos tenido un amor, a veces platónico, cuando éramos muy jóvenes y hasta niños de escuela primaria. ¿Tuvo Ud. uno? ¿Cómo era esa persona física y espiritualmente? ¿Fueron novios o él/ella nunca supo que Ud. lo/la amaba? ¿En qué circunstancias se conocieron? ¿Vivían Uds. cerca? ¿Cuándo se veían? ¿Cuánto tiempo duró ese amor? ¿Cómo terminó? ¿Ve Ud. a esa persona todavía?

2 **Las confesiones de Águeda.** Escriba un relato en primera persona en el que la protagonista nos cuente lo mismo que Pío Baroja en el cuento, pero desde su punto de vista. ¿Qué sentía ella hacia los otros personajes? ¿Cómo veía ella la situación que había en su casa? ¿Tenía ella complejo por su falta de atractivo y su defecto físico? ¿Cómo fue la decepción que sufrió con el abogado? ¿Por qué aceptó al final la situación sin rebelarse? ¿Cómo veía ella su futuro? ¿Tenía, a pesar de todo, algunos planes y esperanzas?

Esta joven trabaja en un bastidor haciendo encaje ñandutí, un encaje muy fino típico del Paraguay. La palabra «ñandutí» significa «tela de araña», y según la leyenda, una abuela indígena imitó el tejido de este insecto para que su nieto tuviera un regalo único que darle a la joven de la que estaba enamorado. (Carl Frank/Photo Researchers, Inc.)

3 **Doña Rosita la Soltera.** El drama de Águeda, soltera sin esperanzas de casarse en una sociedad en la que el destino de la mujer era el matrimonio, es similar al de la heroína de la obra de García Lorca *Doña Rosita la Soltera*. El novio de doña Rosita se fue a Sudamérica y ella pasó años escribiéndole cartas y esperándolo, y perdió así su juventud. Todas sus amigas se casaron y ella seguía sola. Busque información en la red sobre la obra de Lorca y haga un paralelo entre estas dos mujeres. ¿Qué tienen en común? ¿En qué se diferencian? ¿Hay diferencias en su vida familiar? ¿Qué papel juega la sociedad en esta clase de drama? Cuando se enteró de que su novio se había casado con otra, Rosita mintió y fingió (*she pretended*) que seguía recibiendo sus cartas. ¿Habría hecho esto Águeda?

CAPÍTULO 2

WHAT THE MONKEYS' RIDE TELLS US
AND PLANS FOR MAN IN SPACE

BIG RIDDLE FOR THE U.S. FAMILY:
WHERE DOES THE MONEY GO?

AMERICA'S SPACE
TRAVELERS:
ABLE AND BAKER

JUNE 15, 1959

La revista *Life* dedicó una de sus portadas a Miss Able y a Miss Baker, que sobrevivieron a un vuelo en él cohete Júpiter en 1959. Miss Able murió en la mesa de operaciones cuando le quitaban los electrodos que le implantaron para el viaje; Miss Baker, una monita ardilla de la selva peruana, vivió hasta 1985. Ese año sus riñones fallaron y no fue posible salvarla. Miss Baker, que posee un récord de longevidad para monos de su raza —27 años— está enterrada en Huntsville, Alabama. (Hank Walker/Time & Life Pictures/Getty Images, Inc.)

Lectura

Introducción

El artículo que va Ud. a leer fue publicado por la revista *Muy interesante*. Se titula «Nuestros semejantes» (*Our fellow beings*) y su autor es el escritor español Antonio Muñoz Molina.

Antonio Muñoz Molina nació en Jaén en 1956. Estudió Historia del Arte en la Universidad de Granada y periodismo en Madrid. En 1980 comenzó su labor periodística y unos años después publicó la primera colección de sus artículos bajo el título *El Robinson urbano*. Muñoz Molina es autor de numerosas novelas, la primera, *Beatus Ille* (1986) y la más reciente, *El viento de la luna* (2006). Sus novelas han ganado importantes premios, como el Premio Nacional de Narrativa, concedido a *El invierno en Lisboa* (1987) y a *El jinete polaco* (1992). Esta última recibió además el Premio Planeta. Su obra es conocida y apreciada en otros países a través de múltiples traducciones.

Antonio Muñoz Molina es miembro de la Real Academia Española desde 1995 y fue en el período 2004–2005 Director del Instituto Cervantes* de Nueva York, ciudad donde vive actualmente.

«Nuestros semejantes» no es una obra de ficción, sino un ensayo, basado en un documental que vio el autor por televisión. Este documental es una denuncia del estado deplorable de multitud de monos usados en el pasado en viajes espaciales, en experimentos médicos, como payasos en los circos, etc. El escritor narra con un vigor y una emoción que convencen y conmueven. En el fondo del problema ético que el artículo plantea está presente en todo momento el tema de la libertad, la cual no es sólo un derecho del ser humano, sino de los animales que con él comparten el planeta.

Nuestros semejantes

Un pueblo invisible de desterrados° sobrevive en celdas° oscuras de cemento y mira con una tristeza sin fondo° al muro que suele haber al otro lado de los barrotes°. Son los centenares, los miles de chimpancés que fueron cazados
5 en África en la primera infancia para servir de sujetos de experimentos médicos, o de payasos peludos° en los circos, o como mascotas que nadie quiere ni soporta° una vez que han empezado a volverse adultos.

Un programa reciente de la admirable televisión
10 pública americana cuenta las historias de algunos de ellos: empezaron a volverse más valiosos cuando en los programas de vuelos espaciales hizo falta° experimentar las posibilidades de supervivencia del cuerpo humano en órbita en torno a° la Tierra y en condiciones de ingravidez°.
15 Se ven rancias° imágenes documentales de los primeros años sesenta en los que un chimpancé está atado a un asiento anatómico con expresión de miedo mientras le conectan electrodos al corazón y a la cabeza. Rodeado de aparatos°

outcasts / cells

sin... muy profunda

barras, rejas

payasos... *hairy clowns*

resiste, tolera

hizo... fue necesario

en... alrededor de /**de...** sin
gravedad / anticuadas

máquinas

*El Instituto Cervantes es una organización mundial creada por el gobierno español en 1991 para promover el estudio de la lengua y la cultura españolas en países que no son de habla hispana. Cuenta con 54 centros en más de veinte países.

y de batas° blancas, el animal tiene una desarmada°
inocencia infantil, una mezcla de pasiva aceptación y de
alarma. Algunos de aquellos viejos veteranos de la carrera
espacial están vivos todavía, pero su destino ha sido mucho
más oscuro que el de los astronautas humanos. Demasiado
viejos para ser de ninguna utilidad, languidecen en jaulas
alineadas° en galpones° inmundos°, enloqueciendo poco a
poco de soledad y de aburrimiento, aprietan con desesperación
inmóvil los barrotes con sus dedos extrañamente expresivos
o se golpean contra los muros y chillan° dando vueltas en el
espacio sofocante de unas celdas que ni en el más punitivo
de los sistemas penitenciarios se considerarían adecuadas
para albergar° a un hombre.

    Difícilmente se pueden sostener° esas miradas° de
angustia abismal, brillando con una expresión que nos
parece demasiado cercana a nosotros como para no
sobrecogernos° con la intuición de una espantosa° injusticia.
Genéticamente, la diferencia entre un ser humano y un
chimpancé es de un escaso dos por ciento. Pero basta° la
simple observación para confirmar un parentesco en el que
preferimos no pensar para que nuestra conciencia no
quede abrumada° por una culpabilidad irrespirable°. Los
chimpancés son son inteligentes, sensibles° a la amistad
y a los lazos familiares, propensos por igual a la alegría
y al abatimiento°. Aprenden con facilidad un número
considerable de costumbres humanas —entre ellas el manejo
de utensilios y herramientas— y establecen formas sofisticadas
de comunicación. Una cría° de chimpancé que se abraza a
su madre porque tiene miedo o ganas de mamar° mira
con un desamparo° y una viveza° idénticos a los de un
bebé humano. ¿Dónde está la diferencia que nos autoriza a
invadir sus vidas y cazarlos? ¿En virtud de° qué superioridad
los condenamos a trabajar como bufones indignos°, los
sometemos a experimentos de una crueldad perfectamente
innecesaria, los condenamos a cautiverios° en celdas de
aislamiento° que sólo terminan con la muerte?

    En el sombrío documental carcelario que vi hace unas
semanas surge° de pronto el alivio de la bondad humana.
Personas generosas, veterinarios con una vocación de
misericordia° y justicia que va más allá de los límites de
la propia° especie, fundan organizaciones particulares°
destinadas a recoger a los chimpancés y a construir para
ellos refugios en los que puedan llevar una vida lo más
parecida posible a aquella de la que fueron arrancados°
en la primera infancia. En un paraje boscoso° de Canadá,
en una isla de la costa de Florida, algunos cientos de
chimpancés que han sobrevivido a los laboratorios, a los
circos, a las jaulas inmundas, tienen la ocasión de encontrarse

---

lab coats / vulnerable

en fila / *sheds* / muy sucios

screech

acomodar
hold / *gazes*

darnos miedo / horrible

es suficiente

overwhelmed / opresiva
sensitive

depresión

bebé
suckle
helplessness / *liveliness*

En... Basados en
sin dignidad

prisión
de... incomunicadas

aparece

mercy
own / privadas

sacados a la fuerza
paraje... región con
  bosques

en espacios comunes en los que pueden descubrir el regocijo
de la vida social e incluso° aventurarse en lo que no recuerdan *even*
haber conocido, la libertad de caminar al aire libre.

70 Pero no es fácil habituarse a un modesto paraíso después
de tantos años de estar en el infierno. A los chimpancés
que trabajan en los circos, lo más normal es arrancarles
los dientes. Muchos de los que llegan a los refugios sufren
enfermedades que les fueron inoculadas para experimentar
75 en ellos el efecto de las medicinas: un grupo numeroso
de los veteranos lo forman los seropositivos°. Y también infectados por algún virus
abundan los que se mueren de pánico ante la presencia de sus
semejantes, después de pasar en soledad una vida entera.

El momento decisivo es cuando a un chimpancé
80 llegado al refugio se le abre la puerta de la jaula. Algunos
ni se atreven a aproximarse° a ella. Otros dan unos pasos, acercarse
asoman° la cabeza, se vuelven asustados, incapaces ya sacan
de abandonar la protección de las rejas. Uno de ellos, ya
muy viejo, que en los años sesenta voló en órbita alrededor
85 de la Tierra, sale con pasos torpes° de la jaula, mira a su *clumsy*
alrededor, atraviesa un prado, se aproxima a un árbol, lo
mira como si no hubiera visto nunca nada parecido. Pero
algo más antiguo que su memoria se despierta ante la visión
del árbol, y el chimpancé viejo da un salto, y poco a poco
90 asciende hasta la copa°, y se acomoda en ella mirando hacia parte superior
la hermosa lejanía°, gimiendo° de felicidad. distancia / *whining*

En noviembre de 1957 los rusos enviaron al espacio a la perra Laika, la primera criatura viva que voló en
órbita alrededor de la Tierra. Laika era una perra de la calle y fue capturada para este propósito. Como los
rusos no tenían la tecnología necesaria para rescatar al ocupante del cohete cuando éste regresara, pusieron
en la nave comida para siete días y envenenaron la última ración. Según los partes oficiales del gobierno
ruso, los signos vitales de Laika se recibieron en la Tierra por siete días, pero en el año 2002, un científico ruso
confesó que Laika había muerto realmente entre cinco y siete horas después del lanzamiento. Las causas de
su muerte fueron probablemente el pánico y el recalentamiento de la nave. (NASA/©AP/Wide World Photos)

APLICACIÓN

A. Vocabulario.

Encuentre en la lista las palabras apropiadas para sustituir las palabras en cursiva.

aproximan / arrancados / asoman / barrotes / basta / cautiverio / copa / de aislamiento / distancia / en torno a / espantosa / inmundos / parajes / particulares / rancias / sobrecoge / soportan / surgen / torpes

1. Las jaulas tienen *rejas* y están en galpones *muy sucios*.
2. Algunas personas no *resisten* a sus mascotas cuando crecen y se vuelven adultas.
3. Aquellas *anticuadas* imágenes nos muestran la nave espacial volando en órbita *alrededor de* la Tierra.
4. La mirada de esos animales nos *da miedo* porque sabemos que se ha cometido con ellos una *horrible* injusticia.
5. La simple observación *es suficiente* para comprobar nuestro parentesco con los monos.
6. Están condenados a *prisión* en celdas *incomunicadas*.
7. *Aparecen* por suerte algunas organizaciones *privadas* y fundan refugios para los chimpancés parecidos a los *lugares* de donde fueron *sacados a la fuerza* en su infancia.
8. Algunos chimpancés tienen miedo y no se *acercan* a la puerta de la jaula; otros *sacan* la cabeza, pero no se atreven a salir.
9. Un mono viejo sale de su jaula con pasos *inseguros* y sube a la *parte superior* de un árbol.
10. Desde allí, el mono mira feliz el horizonte en la *lejanía*.

B. Comprensión.

Conteste según la lectura.

1. ¿Para qué fueron cazados miles de chimpancés en África?
2. ¿Cuándo comenzaron a volverse más valiosos los chimpancés?
3. ¿Qué le hacen al chimpancé que aparece en los viejos documentales de televisión?
4. ¿Dónde están los chimpancés veteranos de la carrera espacial que todavía viven?
5. ¿Cómo describe el autor su condición presente?
6. ¿Por qué nos da miedo la expresión en la mirada de los monos?
7. ¿Cómo son los chimpancés en el aspecto emocional?
8. ¿Cómo aparece la bondad humana en el documental que vio el autor?
9. ¿En qué lugares están los refugios?
10. ¿Qué problemas físicos tienen estos chimpancés?
11. ¿Cómo reaccionan ellos cuando les abren las puertas de las jaulas?
12. ¿Qué hace el chimpancé viejo cuando ve el árbol?

C. Interpretación.

Conteste según su opinión.

1. ¿Por qué (no) cree Ud. que el título de este artículo es apropiado? ¿Qué otro título le pondría Ud.?
2. ¿Por qué crea un impacto en el lector el comienzo del artículo?

3. En su opinión, ¿era necesario usar estos monos en los vuelos espaciales? ¿Por qué (no)?

4. ¿Qué datos y qué palabras utiliza el autor para conmovernos ante la situación de estos chimpancés?

5. ¿Hay razones para que nos sintamos abrumados de culpabilidad ante los chimpancés? Explique.

6. El autor nos dice que los veterinarios que aparecen en el documental tienen una vocación de misericordia y justicia. ¿Por qué dice él esto?

7. En su opinión, ¿es cruel o es justificable arrancarles los dientes a los chimpancés? ¿E inocularles enfermedades? Explique su opinión.

8. ¿Qué mensaje o mensajes nos da la imagen final del viejo chimpancé subido al árbol?

D. Intercambio oral.

Use los temas en un intercambio oral con sus compañeros de clase.

1. **El uso de animales en experimentos.** ¿Por qué (no) es justificable? ¿Se ha conseguido algo usando animales de esta manera? ¿Conoce Ud. algún invento o adelanto de la medicina que se haya beneficiado del uso de animales?

2. **Los monos y los vuelos espaciales.** El autor compara la suerte de los monos que fueron al espacio y la de los astronautas humanos. ¿Por qué son diferentes? En su opinión, ¿hay alguna justificación para que estos monos hayan permanecido en celdas tanto tiempo? ¿Qué podría haberse hecho por ellos?

3. **Los animales exóticos como mascotas.** ¿Qué animales son adecuados como mascotas y cuáles no lo son? ¿Qué animales es ilegal tener en casa? ¿Cuáles son los problemas de tener como mascotas monos, ardillas, cocodrilos, serpientes, tigres, arañas y otros animales no domésticos?

4. **El ser humano y su dominio sobre el resto de la creación.** El hombre es el más inteligente de los animales. ¿Le da esto derecho a dominar a sus inferiores? ¿Hasta qué punto puede usarlos para su servicio? Dé ejemplos. ¿Puede matarlos en algunas circunstancias? Explique.

5. **Los animales como entretenimiento.** ¿Cuáles son algunos espectáculos que usan animales? ¿Por qué (no) deberían abolirse? En su opinión, ¿cuáles son más crueles: los circos, los rodeos, las peleas de perros, las peleas de gallos o las corridas de toros? Explique su opinión.

Sección gramatical

Uses of ser

1 **Ser** means *to be* in the sense of *to exist*. Its primary function is to establish identity between the subject and a noun, a pronoun, or an infinitive used as a noun, in order to indicate who someone is or what something is.

Los chimpancés son el tema de la lectura.	*The chimpazees are the theme of the reading.*
El destino de los chimpancés cazados era servir de sujetos en experimentos.	*The destiny of the hunted chimpanzees was to serve as the subjects of experiments.*
El veterinario que fundó esa organización fui yo.	*I was the veterinarian who founded that organization.*

2   **Ser** is also used to indicate origin, ownership, material, or destination.

—¿**De qué parte de Sudamérica eres?**	*"From what part of South America are you?"*
—**No soy de Sudamérica. Soy de México.**	*"I am not from South America. I am from Mexico."*
La bata era del científico.	*The lab coat was the scientist's.*
Los barrotes de las jaulas son de hierro.	*The bars on the cages are [made of] iron.*
¿Para quién son esos plátanos?	*For whom are those bananas?*

3   **Ser** has the meaning of *to take place, happen.*

La exposición es en otra ciudad.	*The exhibit is in another city.*

4   **Ser** is the equivalent of *to be* in most impersonal expressions (i.e., when *it* is the subject of the English sentence). Thus, **ser** is used to tell the time of day, season, month, etc.

Es tarde, son ya las siete y tengo que escribir una composición.	*It's late. It's already seven o'clock and I have to write a composition.*
Era verano y todas las ventanas estaban abiertas.	*It was summertime and all the windows were open.*
Es suficiente observar a los monos para comprobar que son muy inteligentes.	*It's enough to observe the monkeys to verify that they are very intelligent.*

5   **Ser**, combined with a past participle, is used to form the passive voice when an agent is expressed or strongly implied.*

Esa nave espacial será diseñada por ingenieros alemanes.	*That spaceship will be designed by German engineers.*
Los chimpancés fueron capturados en África.	*The chimpanzees were captured in Africa.*

This true passive is used in Spanish less often than in English. (For a more complete discussion of the passive voice, see Chapter 12.)

6   **Ser**, combined with an adjective, tells us some essential, inherent characteristic of a person or thing.

Las jaulas donde viven esos monos son muy incómodas.	*The cages where those monkeys live are very uncomfortable.*

---

* Past participles are in the Appendix, pp. 414. Reviewing them will help you do correctly some of the exercises of this lesson.

Los chimpancés son sensibles a la amistad y a los lazos familiares.	*Chimpanzees are sensitive to friendship and to family bonds.*
Este escritor es muy compasivo.	*This writer is very compassionate.*

7 **Ser** indicates the social group to which the subject belongs. Examples of social groups are: **joven, rico, pobre, viejo, millonario, católico, socialista.** Trades and professions also fall into this category.

Aunque sus padres son millonarios, Julián es socialista.	*Although his parents are millionaires, Julián is a socialist.*
En mi familia, todas las mujeres son médicas.	*In my family all the women are medical doctors.*
El novio de mi amiga es muy viejo.	*My friend's boyfriend is very old.*

APLICACIÓN

A. Entrevista.

Hágale las siguientes preguntas a un/a compañero/a, quien contestará con oraciones completas.

1. ¿Quién eres? ¿Qué eres? ¿De dónde eres? ¿Cómo eres?
2. ¿Eres pobre o rico/a? ¿Eres extranjero/a? ¿Eres millonario/a?
3. ¿Qué es tu padre? ¿Qué es tu madre? ¿Son jóvenes tus padres o son de mediana edad? ¿Quién es el más joven de tu familia?
4. ¿De quién es la casa donde vives? ¿De qué es tu casa? ¿Cómo es? ¿En qué año, aproximadamente, fue construida?
5. ¿Qué hora es? ¿Qué día de la semana es? ¿Qué mes es? ¿Qué estación es?
6. ¿En qué año fuiste aceptado/a como estudiante por esta universidad? ¿Es difícil o es fácil ser aceptado aquí?
7. ¿Quién es la persona a quien admiras más? ¿Qué es lo que admiras de esa persona?
8. ¿Cuándo será nuestra próxima clase? ¿Dónde será?

B. Conversaciones incompletas.

Complete lo que Ud. le diría a un/a amigo/a, usando **ser.**

1. A Gloria le gustan mucho las matemáticas, por eso trabaja con números; ella...
2. La blusa de mi amiga es de seda, pero la mía...
3. Hoy es el cumpleaños de mi amigo y este pastel...
4. Soy muy diferente de mi hermano: él es bajo y gordo y yo...
5. Mi casa tiene un jardín muy hermoso y, si el sábado hace buen tiempo, la fiesta...
6. Mi familia es protestante, pero yo...
7. ¿Sabes quién llamó antes? Sospecho que...
8. Siempre ayudo a mis amigos todo lo que puedo, porque...
9. Los muebles de mi habitación son de mi hermano, pero el televisor...
10. ¡Qué extraño! Hoy hace calor, aunque...

C. Yo y mis circunstancias.

Complete de manera original con un mínimo de tres palabras.

1. Es evidente que...
2. Mis abuelos eran de...
3. El coche en el cual ando es de...
4. Nuestro próximo examen será...
5. Las flores que compré eran para...
6. Lo que más me gusta hacer en el verano es...
7. En el futuro, quisiera ser...
8. Mi profesor/a de español es de...
9. Creo que este libro es...
10. Mi actor y actriz favoritos son...

Uses of *estar*

Unlike **ser, estar** never links the subject with a predicate noun, pronoun, or infinitive. **Estar** may be followed by a preposition, an adverb of place, a present participle (**gerundio**), a past participle, or an adjective.

1 **Estar** expresses location, in which case it is usually followed by a preposition or an adverb.*

Cancún está en México.	*Cancún is in Mexico.*
La ropa está en la gaveta.	*The clothes are in the drawer.*
La playa está lejos de nuestra casa.	*The beach is far from our home.*

2 **Estar** combined with the present participle (-**ndo** form) forms progressive tenses.**

Estuvimos ensayando todo el día.	*We were rehearsing the whole day.*
Estás hablando más de la cuenta.	*You are talking too much.*

3 Combined with adjectives or past participles, **estar** refers to a condition or state of the subject.

No pude filmar la escena, porque mi cámara estaba rota.	*I couldn't film the scene because my camera was broken.*
Anita está triste y enferma.	*Anita is sad and sick.*
A pesar de la operación, estaba peor.	*In spite of the operation, she was worse.*

---

* Exception: Occasionally **ser** is combined with adverbs of place to refer to location. Such is the case, for instance, of the person who gives directions to the taxi driver saying:

Es allí en la esquina.   *My destination is (that place) there, at the corner.*

** Avoid using the progressive form with verbs implying movement: **ir, venir, entrar, salir.** They are in the progressive only in very special cases. Also do not use the progressive when the English expression is equivalent to a future: *We are buying (We will buy) a new car next fall.* (See Chapter 13.)

4 Used with an adjective or past participle, **estar** may also refer to a characteristic of the subject as viewed subjectively by the speaker or writer. In this case, **estar** often conveys the idea of: *to look, to feel, to seem, to act.*

Ud. está muy pálida hoy.	*You are very pale today. (You look pale to me.)*
Ayer vi a tu niño; está muy alto.	*I saw your child yesterday; he is very tall. (In the speaker's opinion, the child has grown a lot.)*
Sarita estuvo muy amable con nosotros en la fiesta.	*Sarita was (acted) very nice to us at the party.*
Hace frío hoy, pero ¡qué calientita está el agua de mi piscina!	*It's cold today but the water in my swimming pool is (feels) nice and warm.*

5 **Estar** + past participle refers to a state or condition resulting from a previous action.

El espejo está roto; lo rompieron los niños.	*The mirror is broken; the children broke it.*
La puerta estaba cerrada; la había cerrado el portero.	*The door was closed; the doorman had closed it.*
Estuvieron casados varios años, pero ahora están divorciados.	*They were married for several years but they are now divorced.*

Observe that **ser** + past participle = action; **estar** + past participle = resulting state or condition. (For further discussion of **estar** + past participle [the apparent passive], see Chapter 12.)

APLICACIÓN

A. ¿Dónde están?

Señale, con oraciones completas, la situación de objetos y personas en la clase: libros, tizas, las mochilas de los estudiantes, los estudiantes, el/la profesor/a, las ventanas, la puerta, etc.

B. Escena mañanera.

Cambie los verbos en cursiva al presente del progresivo.

Son las siete y la pequeña ciudad *despierta* con el bullicio acostumbrado pero, como es sábado y no hay escuela, los niños todavía *duermen*. Paula *riega* las plantas del jardín. *Canturrea* una tonada popular. *Mira* a Francisco, que *poda* el seto junto a la calle. «Las plantas *crecen* mucho últimamente» piensa Paula. En el caminito de piedra que conduce a la casa, el gato negro *se lame* las patitas delanteras. Al fondo del jardín, el perro *mueve* con gran agitación la cola porque acaba de divisar a una ardilla que *construye* su nido en la rama de un árbol. Ahora el perro le *ladra* a la ardilla con insistencia. Paula lo llama, porque es temprano y los ladridos *molestan* a los vecinos.

C. Situaciones y estados.

Combine **estar** con los adjetivos de la parte (b) para expresar cómo se sentiría Ud. en las circunstancias que se explican en la parte (a). Use más de un adjetivo en cada caso si es posible. Añada además una breve explicación.

(a)

1. Ud. se ha preparado con cuidado para una entrevista de empleo, pero cuando llega al lugar, le dicen que ya contrataron a otra persona.

2. Ud. va a ver por primera vez a una persona a quien conoció charlando por Internet.

3. Acaba de mudarse solo/a y ha pintado su nuevo apartamento sin ayuda de nadie. Ha sido un trabajo muy arduo, pero cuando termina, piensa que todo quedó muy bonito.

4. Está en una fiesta. Tropieza con un/a joven, y la bebida que llevaba en la mano se derrama sobre el traje de él/ella.

5. ¡Por fin va a realizar el sueño de su vida! Como premio por sus buenas notas, sus padres le han regalado un viaje al Japón.

6. Ud. está en un banco haciendo un depósito, y la cajera le dice que los cuatro billetes de $50 que Ud. acaba de darle son falsos.

7. Hace dos semanas le prestó un libro de la biblioteca a un amigo, quien le prometió devolverlo al día siguiente. Ahora Ud. ha recibido una carta de la biblioteca que le informa que el libro no ha sido devuelto y que tiene que pagar una multa.

8. Su novio/a le ha prestado su coche nuevo. En una esquina se descuida, no ve el semáforo en rojo, y choca con otro auto. Por suerte, Ud. está ileso/a, pero el precioso coche de su novio/a parece un acordeón.

(b)

ansioso/a, alegre, avergonzado/a, cansado/a, confundido/a, contento/a, decepcionado/a, defraudado/a, desesperado/a, emocionado/a, enojado/a, exhausto/a, frustrado/a, furioso/a, ilusionado/a, nervioso/a, orgulloso/a, satisfecho/a, temeroso/a, triste

D. Los estados resultantes del huracán.

Su familia tiene una casa de verano en el campo. Hubo un huracán y Uds. van a inspeccionar los daños en la propiedad. Exprese el estado resultante en cada caso con el verbo **estar**. Haga los cambios necesarios para que la oración sea lógica.

Modelo: El sótano de la casa se inundó.
     → *El sótano de la casa **está inundado**.*

1. Una sección del techo se hundió.
2. Varios árboles cayeron al suelo.
3. Al caer, un árbol hirió a uno de los peones.
4. El caballo y dos de las vacas murieron.
5. Las bisagras de la puerta se zafaron.
6. Algunas paredes se rajaron.
7. El río se desbordó.
8. Se rompieron los vidrios de las ventanas.
9. El agua destruyó el jardín.
10. El viento derribó las cercas.

E. Los comentarios de doña Amparo.

Doña Amparo es una señora muy criticona. Asiste a la boda de una sobrina y hace comentarios sobre el acto y los invitados. Exprese Ud. la opinión personal de doña Amparo usando **estar** + adjetivo.

Modelo: A todos les gustó el pastel de boda, pero a mí no.
→ *El pastel no **estaba bueno.***

1. Josefina tiene mi edad, pero parece tener diez años más.
2. La novia no es fea, pero en la ceremonia no se veía bien.
3. El traje que llevaba mi cuñada parecía antiguo.
4. No me gustaron las flores que llevaba la novia.
5. La fiesta no me pareció muy divertida.
6. No sirvieron suficiente comida.
7. Mi sobrina actuó un poco fríamente conmigo.
8. Pero, a pesar de tantas cosas negativas, la boda me gustó.

F. Complete con el tiempo y la forma apropiados de **ser** o **estar**.

1. Hablando de los chimpancés.

El pueblo invisible del que habla el autor de la lectura _____ los centenares de chimpancés que _____ cazados en África en su infancia. _____ necesario experimentar antes de enviar hombres en los vuelos espaciales, y los chimpancés _____ los sujetos ideales.

El documental que vi _____ de los años 60. La imagen _____ de una nave espacial. Vi en el centro a un chimpancé que _____ rodeado de aparatos y de científicos y _____ atado a su asiento.

Muchos monos murieron en la carrera espacial; otros _____ vivos todavía, pero su destino ha _____ más oscuro que el de los astronautas humanos. Ahora ya no _____ útiles para la ciencia porque _____ demasiado viejos, y por eso _____ viviendo en jaulas.

El tratamiento que damos a los animales _____ basado en nuestra supuesta superioridad, pero esta premisa _____ falsa. Los chimpancés _____ muy inteligentes, y como nosotros, a veces _____ alegres y a veces _____ deprimidos.

Muchos de los monos que _____ ahora en los nuevos refugios _____ enfermos porque _____ inoculados con distintas enfermedades para hacer experimentos. Muchos _____ aterrorizados, porque después de tantos años de _____ encerrados en jaulas no saben _____ fuera de ellas. Pero todos _____ ahora libres y pronto aprenderán a vivir en libertad.

2. Manzanillo.

Antes de la llegada de los españoles, Manzanillo _____ un pequeño pueblo de agricultores y pescadores. En 1825, cuando México _____ ya independiente, Manzanillo _____ nombrado puerto oficial. En aquella época, la mercancía que traían los buques _____ enviada a las ciudades del interior por medio de mulas. Hoy Manzanillo _____ el puerto principal del Pacífico mexicano. Manzanillo _____ en la llamada «Costa Dorada» de México y su clima _____ cálido todo el año. El lugar _____ conocido sobre todo por el hotel Las Hadas, que _____ construido hace más de treinta y cinco años por el magnate Antenor Patiño, quien _____ de Bolivia. El sueño de Patiño _____ hecho realidad en un edificio de estilo único donde _____ representados elementos moriscos, españoles y mexicanos. En Manzanillo _____ el Rancho Majahua, un verdadero paraíso ecológico, que _____ lleno de jaguares, armadillos, mapaches y aves. Las villas de este rancho _____ construidas de materiales primitivos y _____ rodeadas de árboles. El atractivo mayor de unas vacaciones en este rancho _____ el contacto con la naturaleza.

3. La finca La Esmeralda.

Llegamos a La Esmeralda y nos dijeron que la finca _____ de don Abundio Vargas. Don Abundio _____ un hombre de setenta años, pero _____ bastante conservado y parecía _____ diez años más joven. De joven _____ en la revolución; _____ general y _____ condecorado varias veces por su valor. _____ un hombre alto y recio; su cara _____ expresiva y _____ tostada por el sol. Don Abundio _____ viudo. Sus hijos _____ ya casados y _____ viviendo en la ciudad; sólo _____ con el padre Clotilde, que _____ la menor. Aunque nos habían dicho que don Abundio _____ un hombre callado, _____ muy hablador con nosotros esa tarde. Le explicamos que _____ buscando a Cirilo Cruz, que _____ capataz de La Esmeralda por muchos años. Don Abundio no sabía dónde _____ Cruz, ni qué _____ haciendo en esos días. Dijo que Cruz había _____ un excelente capataz, pero que _____ viejo y achacoso y por eso había dejado el empleo.

SER / ESTAR + _CALIENTE, FRÍO, FRIOLENTO,_ **AND** _CALENTURIENTO_*		
	ANIMATE REFERENCE	**INANIMATE REFERENCE**
1. **ser caliente**	_hot_ (vulgar), _passionate_ (sexual connotation; characteristic)	_warm_ (normally of warm temperature)
2. **ser frío**	_cold_ (having a cold personality)	_cold_ (normally of cold temperature)
3. **ser friolento**	_sensitive to the cold_	(not applicable)
4. **estar caliente**	_hot_ (to the touch); _hot_ (vulgar) (sexual connotation; condition)	_hot_ (to the touch), (having a high temperature at a given time)
5. **estar frío**	_cold_ (to the touch)	_cold_ (to the touch), (having a low temperature at a given time)
6. **estar calenturiento**	_feverish_	(not applicable)

* Remember that _to be hot_ and _to be cold_ when they refer to how the subject reacts to the temperature at a given moment are expressed in Spanish with **tener** + noun: **Préstame tu suéter; tengo mucho frío** (_Lend me your sweater; I am very cold_), **Me quité el abrigo porque tenía calor** (_I took off my coat because I was hot_).

Examples:

Animate reference

Arturo es muy frío y no nos recibió con afecto.	*Arturo has a cold personality and he didn't receive us warmly.*
Lucía siempre lleva un abrigo de pieles porque es muy friolenta.	*Lucía always wears a fur coat because she is very sensitive to the cold.*
—Estás caliente, creo que tienes fiebre —dijo mi madre.	*"You're hot; I think you have a fever," said my mother.*
Cuando la ambulancia llegó, el hombre estaba frío y pálido; parecía muerto.	*When the ambulance arrived, the man was cold and pale; he looked dead.*
Creo que tengo gripe. Estoy calenturiento y me duele la cabeza.	*I think I have the flu. I'm feverish and my head aches.*

Inanimate reference

Mi habitación es muy caliente porque le da el sol por la tarde.	*My room is very warm because the sun hits it in the afternoon.*
Tierra del Fuego es fría e inhóspita.	*Tierra del Fuego is cold and inhospitable.*
Cuidado. No te quemes. La sopa está caliente.	*Be careful. Don't burn yourself. The soup is hot.*
No puedo planchar con esta plancha porque está fría.	*I can't press with this iron because it's cold.*

CHANGES IN MEANING OF SOME ADJECTIVES

Some adjectives (and past participles) have different meanings depending on whether they are combined with **ser** or **estar**.

	WITH **SER**	WITH **ESTAR**
aburrido	*boring*	*bored*
borracho	*a drunk(ard)*	*drunk*
bueno	*good**	*good (inanimate reference)**
callado	*quiet*	*silent*
cansado	*tiring*	*tired*
completo	*exhaustive, total*	*not lacking anything*
consciente**	*conscientious*	*aware of, conscious*
despierto	*alert, bright*	*awake*
divertido	*amusing*	*amused*
entretenido	*entertaining*	*occupied (involved)*
interesado	*(a) mercenary (person)*	*interested*
listo	*witty, clever*	*ready*
malo	*bad*	*sick*
nuevo	*brand-new*	*like new*
seguro	*sure to happen, safe (reliable)*	*certain, sure (about something)*
verde	*green (in color)*	*unripe*
vivo	*lively, witty; bright (color)*	*alive*

***Estar bueno/a** when referring to a person has a sexual connotation: *S/he is hot.*
** In Spain and some Spanish American countries like Colombia, **ser consciente de** is used to mean *to be aware of.*

Do not confuse *hot* referring to temperature with *hot* meaning *spicy* (= **picante**).

Si le pones tanto chile a la comida, quedará muy picante.	*If you put so much hot pepper in the food it will be too hot.*
La chica no es callada, pero estaba callada en la fiesta porque no conocía a nadie y estaba aburrida.	*The young girl is not a quiet person, but she was silent at the party because she didn't know anyone and she was bored.*
El padre es borracho e interesado, pero los hijos son buenos y listos.	*The father is a drunk and a mercenary person but the children are good and clever.*
El chófer del coche no estaba consciente, aunque el médico estaba seguro de que estaba vivo.	*The driver of the car wasn't conscious, although the doctor was sure that he was alive.*

APLICACIÓN

A. ¿Ser o estar?

Decida qué forma verbal completa correctamente cada oración.

1. El examen médico de los astronautas (fue / estuvo) completo; necesitábamos (ser / estar) seguros de que (eran / estaban) listos para el vuelo espacial.
2. Mi habitación (es / está) muy fría y, como (soy / estoy) friolento, sufro mucho en el invierno.
3. Esa fruta (es / está) verde de color, pero no (es / está) verde; (es / está) lista para comer.
4. Un individuo que (es / está) consciente no maneja si (es / está) borracho.
5. Debes (ser / estar) seguro de que el horno (es / está) caliente antes de meter el pastel.
6. El niño (es / está) muy malo hoy, (es / está) calenturiento, pero (es / está) consciente.
7. A veces (soy / estoy) aburrido en esa clase porque, aunque el profesor (es / está) bueno, (es / está) un poco aburrido.
8. (Soy / Estoy) cansado de ver paredes blancas; mis colores favoritos para mi habitación (son / están) vivos.
9. El negocio (es / está) muy seguro y, como doña Alicia (es / está) una persona interesada, la garantía de ganar dinero la hará invertir en él.
10. La abuela de Irene (es / está) viva, aunque tiene ya noventa años; sus otros abuelos (son / están) muertos.
11. El chico (era / estaba) callado y tímido y siempre (era / estaba) entretenido haciendo crucigramas.
12. La fiesta (fue / estuvo) muy divertida, pero bailé tanto que ahora (soy / estoy) muy cansada.
13. —José, ¿(eres / estás) despierto?
    —No, porque sé lo que vas a decirme y no (soy / estoy) interesado en oírlo.
14. El juego de herramientas que vende Toño (es / está) completo, no le falta ni una pieza, y como Toño es muy cuidadoso con sus cosas, (es / está) nuevo.
15. Esta computadora (es / está) nueva, pero no (es / está) buena, o tal vez yo no (soy / estoy) bastante listo para usarla.

ADJECTIVES, PAST PARTICIPLES, AND IDIOMATIC EXPRESSIONS THAT ARE USED WITH *ESTAR* ONLY	
asomado (a la ventana)	*looking out (the window)*
arrodillado*	*kneeling*
ausente	*absent*
colgado*	*hanging*
contento**	*in a happy mood*
de acuerdo	*in agreement*
de buen (mal) humor	*in a good (bad) mood*
de guardia	*on duty, on call*
de moda (pasado de moda)	*fashionable (out of style, unfashionable)*
de pie, parado*	*standing*
de vacaciones	*on vacation*
descalzo	*barefoot*
escondido*	*hiding*
presente	*present*
satisfecho	*satisfied*
sentado*	*sitting*

* Notice that the English equivalents of these past participles are usually present participles (*-ing* forms).
** Unlike **contento**, the adjective **feliz** is normally used with **ser**. However, in the spoken language in some Spanish American countries, **estar** may be used with **feliz.**

APLICACIÓN

A. Comentando las situaciones.

Invente un comentario adecuado para cada una de estas afirmaciones, utilizando expresiones de la tabla anterior.

Modelo: Trato de hacer bien las cosas, pero mi jefe es demasiado exigente.
  → *Es verdad. Nunca **está satisfecho** con el trabajo de sus empleados.*

1. En este catálogo hay muchas chaquetas de gamuza.
2. Tengo un Picasso en la sala de mi casa.
3. Cuando lo vimos, caminaba por la calle sin zapatos.
4. Mi esposa y yo nunca discutimos.
5. Don Jesús tiene muy mal carácter.
6. El acusado no permanece sentado cuando leen la sentencia.
7. Espero con ansiedad el final del año escolar.
8. La policía lleva tres días buscando al ladrón, pero no lo encuentra.
9. A mi abuela le gusta mirar a los que pasan por la calle.
10. Todos fuimos testigos de lo que sucedió.
11. ¡Saqué una A en el último examen!
12. Susita frotaba con una toallita la mancha de la alfombra.
13. El soldado no puede salir esta noche con su novia.
14. Bebita no vino hoy a clase.

COMMON COMBINATIONS OF PAST PARTICIPLE/ADJECTIVE AND PREPOSITION THAT REQUIRE *SER*			
aficionado a	*fond of*	**idéntico a**	*identical to*
amigo de	*fond of*	**parecido a**	*similar to*
(in)capaz de	*(in)capable of, (un)able to*	**(im)posible de** + inf.	*(im)possible to*
difícil de + inf.	*hard, difficult to*	(def. art.) + **primero en**	*the first one to*
enemigo de	*opposed to*	**responsable de**	*responsible for*
fácil de + inf.	*easy to*	(def. art.) + **último en**	*the last one to*

Mi hermano es muy aficionado al boxeo, pero yo soy enemigo de los deportes violentos.	*My brother is very fond of boxing but I am opposed to violent sports.*
Si eres capaz de convencer a Pablo de que vaya de compras, yo seré la primera en felicitarte.	*If you are able to convince Pablo to go shopping, I'll be the first one to congratulate you.*
No soy amigo de los dulces, prefiero lo salado.	*I am not fond of sweets; I prefer salty things.*

Observe the difference between **difícil (fácil, imposible,** etc.) + infinitive and **difícil (fácil, imposible) de** + infinitive:

Sus instrucciones eran siempre difíciles (fáciles, imposibles) de seguir.	*His instructions were always hard (easy, impossible) to follow.*

Difíciles (fáciles, imposibles) de seguir are adjectival phrases referring to **sus instrucciones.**

But:

Siempre era difícil (fácil, imposible) seguir sus instrucciones.	*It was always difficult (easy, impossible) to follow his instructions.*

In Spanish, **seguir sus instrucciones** is the subject of **era difícil (fácil, imposible,** etc.)

A useful rule regarding these constructions: **de** is not used when the infinitive is followed by an object or clause.

COMMON COMBINATIONS OF PAST PARTICIPLE/ADJECTIVE AND PREPOSITION THAT REQUIRE *ESTAR*			
acostumbrado a	*used to*	**enemistado con**	*estranged from, an enemy of*
ansioso por (de)	*anxious to*	**libre de**	*free from*
cansado de	*tired of*	**listo para**	*ready to*
cubierto de	*covered with*	**loco de**	*crazy with*
decidido a	*determined to*	**loco por**	*most anxious to*
(des)contento de (con)	*(un)happy with*	**lleno de**	*filled with*
disgustado con	*annoyed with*	**peleado con**	*not on speaking terms with*
dispuesto a	*willing to, determined to*	**rodeado de**	*surrounded by*
enamorado de	*in love with*	**vestido de**	*dressed in, dressed as*
encargado de	*in charge of*		

Estoy loca por terminar esta lección.	*I am anxious to finish this lesson.*
Yo estaba loca de alegría cuando mi padre me regaló un coche nuevo.	*I was crazy with joy when my father gave me a new car.*
Ese científico está encargado de los experimentos con los monos.	*That scientist is in charge of the experiments with the monkeys.*
Los chimpancés que están acostumbrados a sus jaulas no están dispuestos a salir.	*The chimpanzees that are used to their cages are not willing to get out.*
¿Viste la foto de Miss Baker? Estaba vestida de astronauta y rodeada de periodistas.	*Did you see Miss Baker's picture? She was dressed as an astronaut and surrounded by journalists.*

APLICACIÓN

A. Cosas fáciles y difíciles.

Clasifique las siguientes cosas de acuerdo con su opinión personal, usando en oraciones completas las expresiones: fácil (difícil/casi imposible) de hacer; fácil (difícil/casi imposible) de comprender; fácil (difícil/casi imposible) de resolver.

1. Hacer un acto en un trapecio.
2. Usar correctamente **ser** y **estar**.
3. Ahorrar suficiente dinero para ser millonario.
4. Montar en bicicleta.
5. Ser astronauta de la NASA.
6. La teoría de la relatividad.
7. Las explicaciones de nuestro/a profesor/a.
8. Las complicaciones de la política de los Estados Unidos.

B. Mi familia y yo.

Complete de manera personal.

1. La casa donde vivo con mi familia está rodeada de...
2. Todos en mi familia están contentos de...
3. En mi familia (no) estamos acostumbrados a...
4. ... es responsable de ...
5. Yo siempre soy el/la primero/a en... y ... es el/la último/a en ...
6. Mi padre es aficionado a ... y es enemigo de ...
7. Mi madre es amiga de ...
8. Yo soy incapaz de ...
9. ... está encargado/a de ...
10. Mi familia es fácil/difícil de ...
11. Yo siempre estoy dispuesto/a a ...
12. Estoy loco/a de ... cuando ...
13. Y a veces estoy loco/a por ... , pero ...
14. ... es parecido/a a ...

Los viajes al espacio son hoy mucho más seguros de lo que eran cuando se enviaban animales en los cohetes. Ésta es Ellen Ochoa, destacada astronauta de la NASA y la primera astronauta de ascendencia hispana. Después de participar en cuatro vuelos espaciales, Ellen decidió no volar más, pero todavía participa del programa espacial. Actualmente es directora del Johnson Space Center. (Courtesy NASA)

C. Mis amigos.

Complete de manera original.

1. Tengo amigos interesantes. Por ejemplo, mi amigo ... está peleado con ... porque los dos están enamorados de ... ... está lleno de ... y decidido a ...

2. Mi amiga ... no es puntual; es siempre la última en ... Yo estoy disgustado/a con ... y no quiero reunirme más con ella. Estoy cansado/a de ... y no estoy dispuesto/a a ...

3. Mi amigo ... es muy excéntrico. Es muy aficionado a ... Ayer, cuando lo vi en la calle, estaba vestido de ... Llevaba una chaqueta cubierta de ... Parecía estar listo para ...

Sección léxica

Ampliación: El género de los nombres de animales

No hay reglas para decidir qué nombres de animales tienen formas masculinas y femeninas y cuáles tienen una forma común para ambos sexos. Esto debe aprenderse a través del uso y la observación.

1 Muchos nombres de animales cuya forma masculina termina en **–o** tienen también una forma femenina que termina en **–a:**

el búfalo/la búfala	el cordero/la cordera	el lobo/la loba	el palomo/la paloma
el camello/la camella	el ganso/la gansa	el mono/la mona	el pato/la pata
el canario/la canaria	el gato/la gata	el mulo/la mula	el perro/la perra
el ciervo/la cierva	el jilguero/la jilguera	el oso/la osa	el ternero/la ternera
el conejo/la coneja	el lagarto/la lagarta	el pájaro/la pájara	el zorro/la zorra

2 Otros forman el femenino añadiendo una **–a** a la **–n** final y eliminando el acento, o tienen una palabra diferente para el femenino:

el caballo/la yegua	el hurón/la hurona	el ratón/la ratona
el carnero/la oveja	el jabalí/la jabalina	el tigre/la tigresa
el elefante/la elefanta	el león/la leona	el toro/la vaca
el gallo/la gallina		

3 Un tercer grupo de animales cuyos nombres terminan en **–o** o en **–a** usan artículos y adjetivos masculinos o femeninos según su terminación y tienen una forma común para ambos sexos. Estos sustantivos se consideran del género **epiceno** y en ellos se distinguen los sexos añadiendo la palabra **hembra** o **macho** al final. Algunos son:

el búho	el mosquito	la ballena	la grulla	la mosca
el canguro	el pingüino	la cebra	la hiena	la pantera
el cocodrilo	el sapo	la grulla	la hormiga	la pulga
el cuervo	el topo	la jirafa	la jirafa	la rana
el gusano	el águila (f.)	la cotorra	la llama	la tortuga
el milano	la ardilla	la gacela	la mariposa	la víbora

4 También hay nombres epicenos de animales que no terminan ni en **–o** ni en **–a** cuyo género es arbitrario, como es el caso de **el chimpancé** que vimos en la lectura. Algunos ejemplos:

el avestruz	el gorrión	el puercoespín
el buitre	la liebre	el rinoceronte
el cisne	el lince	el ruiseñor
el colibrí	la lombriz	la serpiente
el cóndor	la perdiz	el tiburón
el delfín	el pez	

Observaciones: 1) Algunos nombres epicenos de animales, como **el gorila**, **el chimpancé** y **el orangután**, no cambian su terminación para las hembras, pero pueden utilizar artículos y adjetivos femeninos: **La orangután era muy protectora de su cría**. 2) La palabra **loro** es del género epiceno para mucha gente, pero en algunos países hispanoamericanos se usa la forma femenina **lora**. 3) **El mosco** no es el masculino de **la mosca**, sino el sinónimo de **el mosquito**. 4) **El rato** es el macho de **la rata**, aunque su uso es raro. 5) **La caracola** no es la hembra del **caracol**, sino su concha.

APLICACIÓN

A. El femenino.

Dé la forma femenina de las siguientes palabras. Si no la hay, use la palabra **hembra**.

el cordero	el carnero	el tigre	el caballo
el pájaro	el ratón	el zorro	el gallo
el canario	el búho	el león	el toro
el jilguero	el mosco	el jabalí	el gusano
el camello	el elefante	el cuervo	el conejo

B. Artículos.

Ponga el artículo correspondiente sin consultar las listas que se dan arriba.

1. _____ delfín   5. _____ colibrí   9. _____ ruiseñor   13. _____ rinoceronte

2. _____ pez   6. _____ serpiente   10. _____ caracol   14. _____ liebre

3. _____ avestruz   7. _____ perdiz   11. _____ gorrión   15. _____ lombriz

4. _____ cisne   8. _____ lince   12. _____ puercoespín   16. _____ cóndor

C. El masculino.

Dé el masculino de las palabras que lo tengan. Añada la palabra **macho** si es necesario.

la rana	la víbora	la vaca	la mona
la paloma	la ternera	la cebra	la jirafa
la pantera	la lora	la rata	la gacela
la mosca	la loba	la osa	la caracola
la gansa	la langosta	la grulla	

Distinciones: Equivalentes de *to know*

1. Cuando *to know* significa «tener conocimientos o información sobre algo», su equivalente es **saber**.

¿Sabes el camino?	*Do you know the way? (Do you know which is the right way?)*
Sé que tengo que estudiar mucho para pasar este curso.	*I know that I have to study a lot in order to pass this course.*
No sabíamos a qué hora empezaba la función.	*We didn't know at what time the show was supposed to begin.*

2. **Saber** + infinitivo significa *to know how*.

A los tres años de edad, ya Rubén Darío sabía leer y escribir.	*At three years of age, Rubén Darío already knew how to read and write.*

En inglés, cuando uno se refiere a destreza o habilidad, *to know how* se expresa a veces con *can*. En español no es así, pues hay una distinción clara entre **saber** y **poder.**

Yo sé tocar la guitarra pero hoy no puedo por el dedo roto.	*I can play the guitar but today I can't because of my broken finger.*
Ellos no hablaron con el hombre porque no saben hablar portugués.	*They didn't speak to the man because they can't speak Portuguese.*

3. **Saber(se) (de memoria)** significa *to know very well* o *to know by heart*.

Cuando yo era niño, todos (nos) sabíamos de memoria los Diez Mandamientos.	*When I was a child we all knew the Ten Commandments by heart.*
Pepito tiene diez años y todavía no se sabe la tabla de multiplicar.	*Pepito is ten years old and he still doesn't know the multiplication tables.*

4. Como se vio en el Capítulo 1, el pretérito de **saber** significa frecuentemente *learned* o *found out.*

¿Cuándo supo Ud. que había ganado el premio?	*When did you learn that you had won the prize?*

5. **Saber** con referencia a una comida significa *to taste.** **Saber a** + nombre significa *to taste of (like).*

Este puré de manzana sabe muy bien.	*This applesauce tastes very good.*
Esta carne sabe a cerdo.	*This meat tastes like pork.*

Saber a gloria y **saber a rayos** son dos expresiones comunes para indicar que algo sabe muy bien o muy mal.

Preparó un postre para sus invitados que sabía a gloria.	*She prepared a dessert for her guests that tasted wonderful.*
La medicina que el médico me recetó sabe a rayos.	*The medicine the doctor prescribed for me tastes awful.*

6. Cuando *to know* significa *to be acquainted or familiar with,* su equivalente es **conocer.**

¿Conoces este camino?	*Do you know (Are you familiar with) this road?*
La mayoría de las personas que conozco son pobres.	*Most of the people I know (I am acquainted with) are poor:*
Conozco bien la música de Chopin.	*I know well (I am quite familiar with) Chopin's music.*

7. **Conocer** puede ser sinónimo de **reconocer** (*to recognize*).

Pasé junto a él pero no me conoció.	*I passed next to him but he didn't recognize me.*
Conocí a don Pablo por las fotografías que había visto de él.	*I recognized Don Pablo from the photographs of him I had seen.*
Apenas vi el sobre conocí tu letra.	*As soon as I saw the envelope I recognized your handwriting.*

8. Como se vio en el Capítulo 1, el pretérito de **conocer** significa generalmente *met (was / were / introduced to).*

Julio y yo nos conocimos el año pasado en la Argentina.	*Julio and I met last year in Argentina.*

---

* Si el sujeto es una persona, *to taste* es **probar.**

Siempre pruebo lo que estoy cocinando para saber si tiene bastante sal.	*I always taste what I am cooking to find out if it has enough salt.*

APLICACIÓN

A. Nombrando cosas.

Nombre algunas cosas que...

1. Ud. sabe hacer
2. no sabe hacer, pero le gustaría saber hacer
3. Ud. supo recientemente
4. Ud. se sabe de memoria
5. en su opinión, saben a gloria
6. en su opinión, saben a rayos

B. Nombrando lugares.

Nombre algunas ciudades o lugares que (a) conoce, (b) le gustaría conocer.

C. Nombrando personas.

Nombre algunas personas que (a) conoció recientemente, (b) le gustaría conocer.

D. Necesito un intérprete.

Traduzca.

1. He knows the novel but he doesn't know who wrote it.
2. This water tastes of chlorine. Do you know why?
3. If you can't drive, I know a school where they teach you in a week.
4. Would you like to meet that journalist? I know her well.
5. Do you know any other remedy for a cold? This medicine tastes awful.
6. I don't know the neighborhood nor do I know the name of the street where Pepe lives but I know how to get to his house.
7. I know a guy who has seen that movie so many times that he knows the dialogue by heart.
8. I recently learned that Amanda was sick but I didn't know that she was so thin. I didn't recognize her yesterday.
9. When I met Lolita, I didn't know she could cook but the first food she prepared for me tasted wonderful.
10. "I didn't know you could sing." "Yes, but I only sing when I know the lyrics of a song well and I am among people I know."

Para escribir mejor

La acentuación

Para aplicar las reglas de acentuación, es importante saber dividir bien las palabras en sílabas. Las reglas del silabeo están en el Apéndice, páginas 406–407. Le recomendamos que repase estas reglas antes de estudiar las reglas de los acentos.

El acento ortográfico o tilde indica qué vocal lleva la fuerza de la pronunciación (*stress*) una palabra. La tilde se usa en aquellas palabras que son excepciones a las reglas 1 y 2 que se dan a continuación.

1. Las palabras que terminan en vocal o en consonante **n** o **s** llevan la fuerza de la pronunciación en la penúltima sílaba: **sa**-le, an-ti-ci-**pa**-do, con-**vie**-nen, **jue**-ves.

2. Las palabras que terminan en consonante que no sea **n** o **s** llevan la fuerza de la pronunciación en la última sílaba: a-tra-**par,** ciu-**dad,** cla-**vel,** pe-sa-**dez.**

3. Muchas palabras no siguen las reglas 1 y 2 en cuanto al lugar donde recae la fuerza de la pronunciación, y esto se indica con una tilde: a-**é**-re-o, fre-**né**-ti-co, co-ra-**zón, miér**-co-les, **Víc**-tor, **ás**-pid, in-**mó**-vil, **lá**-piz.

4. La combinación de una o más vocales fuertes **(a, e, o)** y una o más vocales débiles **(i, u)** forma un diptongo o triptongo. Pero cuando la fuerza de la pronunciación recae sobre una vocal débil, el diptongo o triptongo se rompe. Esto se indica con una tilde: **Ma**-rio, Ma-**rí**-a; a-cen-tuar, a-cen-**tú**-a; des-viar, des-**ví**-a; co-**mí**-ais; ba-**hí**-a.

APLICACIÓN

A. Añada los acentos donde se necesiten. La vocal subrayada es la que lleva la fuerza en la pronunciación. No todas las palabras llevan un acento escrito.

1. En el jardin, en medio del verde cesped salpicado de treboles, surgian, como un milagro multicolor, amapolas, azaleas y siemprevivas.

2. El doctor Cesar Fornes es psiquiatra y muchos de sus pacientes son cleptomanos, esquizofrenicos o sufren de panico o depresion.

3. Al final de la verja se erguia el porton, junto al cual varios chicuelos escualidos pedian limosna.

4. La habitacion del bohemio era miserrima y lugubre, y estaba cerca de una alcantarilla donde pululaban las sabandijas.

5. En el deposito de la fabrica, una miriada de recipientes metalicos e impermeables protegian las substancias quimicas y volatiles de la evaporacion y la humedad ambiental.

6. La hipotesis hace hincapie en que el planeta tiene una orbita eliptica.

7. Benjamin Pages fue elegido alcalde de un pueblo de Aranjuez.

8. El vastago primogenito de la victima fue el culpable del robo.

9. El peligro nuclear es una cuestion de primordial importancia.

10. Felix era farmaceutico en la ciudad de Durango.

11. La timida e ingenua heroina de la pelicula realiza un salvamento heroico.

12. En Xochimilco platicamos con los mariachis y les compramos orquideas y gardenias a los vendedores ambulantes.

13. Mario les garantizo a Maria y a Mariana que la mansion quedaba en optimas condiciones.

14. Son caracteres opuestos: Cayetano es un celebre cosmonauta y Dario es un asceta mistico.

15. Ese zangano no tiene vocacion y es un imbecil y un farsante.

16. Esas reglas de trigonometria no son utiles para calcular volumenes.

17. Sanchez, Marques, Carvajal y Aranguren son mis huespedes.

18. El ruido continuo de la grua y los vehiculos continua molestandome.

19. Asdrubal asevera que quiere ser quimico y no arqueologo.

20. No es verosimil que la mujer que llevaba la cantara cantara antes, pero pienso que cantara pronto.

B. Acentuar.

En los siguientes pasajes se han suprimido los acentos gráficos. Póngalos.

1. El hombre se tendio boca abajo junto al alambrado. Protegido del calor brutal del mediodia, escuchaba el correr de la acequia, y atento al levisimo agitarse de las hojas, vigilaba el jardin. A lo lejos, quiza brotada espontaneamente como parte de la vegetacion, vio a la niña...

José Donoso, *Ana María*

2. En la segunda edicion de esta guia practica, usted encontrara ejemplos fehacientes de la grandeza arquitectonica prehispanica, lo mas representativo de su cultura y su historia, asi como los servicios con que cuenta cada lugar, mapas de ubicacion, vias de acceso y consejos para disfrutar y conservar los sitios arqueologicos.

México desconocido

El acento diacrítico

1. La tilde o acento gráfico se utiliza en algunas palabras que normalmente no se acentuarían, para diferenciarlas de otras palabras similares que tienen diferente significado o función gramatical.

aun	*even*	**aún**	*still, yet*
de	*of*	**dé**	*give* (subjuntivo e imperativo)
el	*the*	**él**	*he*
mas	*but*	**más**	*more*
mi	*my*	**mí**	*me*
se	*himself/herself*	**sé**	*I know; be* (imperativo)
si	*if, whether*	**sí**	*yes; himself/herself*
te	*you* (complemento directo)	**té**	*tea*
tu	*your*	**tú**	*you*

2. Los interrogativos y exclamativos (**qué, cómo, cuál, cuándo, cuánto, dónde, quién**) llevan el acento gráfico para diferenciarlos de los relativos de la misma forma:

¡Cómo extraño el lugar donde nací!   *How I miss the place where I was born!*
Y ¿dónde naciste?   *And where were you born?*

En preguntas indirectas también se usa el acento.

Como ese estudiante es nuevo, voy a   *Since that student is new, I am going to ask*
preguntarle cómo se llama y dónde vive.   *him what his name is and where he lives.*

3. La conjunción **o** (or) se escribe con tilde cuando aparece entre cifras para evitar la posible confusión con el cero.

¿Había 150 ó 200 personas en la   *Were there 150 or 200 people at*
reunión?   *the meeting?*

4. Los demostrativos **este, ese, aquel** —con sus respectivos femeninos y plurales— pueden escribirse con tilde cuando son pronombres, aunque esta acentuación no es obligatoria.

No quiero esta fotografía; prefiero que me dé ésa.	*I don't want this photograph; I prefer that you give me that one.*

5. La palabra sólo debe llevar tilde únicamente cuando se usa en el sentido de **solamente** y hay posibilidad de ambigüedad. Por ejemplo, en la oración **El abogado está solo en su bufete los viernes**, **solo** podría significar **sin compañía** o **solamente**. Para evitar la posibilidad del primer sentido, hay que escribir **sólo**.

6. ¿Deben usarse las tildes con las letras mayúsculas? A esta pregunta le contesta la Real Academia Española: «Se recomienda que cuando se utilicen mayúsculas, se mantenga la tilde si la acentuación ortográfica lo exige».

APLICACIÓN

A. Acentos diacríticos.

Ponga acentos diacríticos en las palabras que lo necesiten.

1. —He reñido a un hostelero. —¿Por que? ¿Cuando? ¿Donde? ¿Como? —Porque cuando donde como sirven mal, me desespero.
2. ¿Que trabajo es el que haces y para que lo haces?
3. Como el es un mentiroso, no creeré que no sabe donde está el dinero, aun si me lo jura.
4. Mi madre me dijo: —Se buen hijo y recuerda que se lo que se dice de ti.
5. Si, te pregunté si quieres que te de este diccionario o prefieres ese.
6. Aun no he leído *El si de las niñas* y no se cuando tendré tiempo para leerla.
7. Me gusta oír música, mas solo la oigo cuando estoy solo.
8. —¿Sabes tu si este regalo es para mi? —No, este es mi regalo, tu regalo es aquel.
9. Eso fue hace mas de diez años, pero aun no he olvidado el viaje aquel. ¡Cuantos hermosos momentos!
10. No explicó que quería, pero cuando llegó me preguntó cual era tu número de teléfono y cuando podía llamarte.

B. El accidente de Tomás.

Añada los acentos necesarios.

Hablan Laura, Javier (su marido) y Elena (su amiga).

JAVIER: ¿Que vas a servirles a las visitas cuando vengan esta noche? Recuerda que Tomas bebe solo te.

LAURA: Si, a el le dare te, aunque no se si vendra. Tal vez le de un poco de pena. Aun me acuerdo de lo que paso la ultima vez. ¿Te acuerdas tu?

JAVIER: Si, por supuesto. Se que no te gusta repetir la historia pero, como Elena no la conoce, se la contare. Esa tarde Laura les habia servido a todos, aun a mi prima, que le cae mal. De pronto, Tomas se levanto para servirse a si mismo diciendo: «Necesito mas te».

LAURA: Y yo le dije: «Se paciente, que yo te servire ahora». Mas el se lanzo a la bandeja donde estaba la tetera. Se cayo la bandeja y se hizo pedazos mi tetera de porcelana.

ELENA: ¡Que horror! ¡Tu mejor tetera destrozada!

LAURA: Javier me compro esta, pero aquella era insustituible para mi, porque era un recuerdo de familia.

TEMAS PARA COMPOSICIÓN

Escriba una composición sobre uno de estos temas.

1   **Animales en el espacio.** En la lectura se habla de los monos que sobrevivieron a los viajes espaciales, pero no de los muchos que murieron en esos experimentos. No sólo monos fueron al espacio, sino también perros, gatos y hasta ratas. Busque información en internet y escriba su composición con los datos que encuentre allí. Por ejemplo, puede contar quién fue el primer mono en el espacio, quién fue Miss Baker, qué países enviaron animales al espacio, qué animales enviaron y lo que pasó con ellos. Dé también su punto de vista con respecto a todos estos proyectos.

2.   **Los animales usados como entretenimiento.** ¿Sufren los animales que participan en espectáculos que nos entretienen? Por ejemplo, ¿de qué manera sufren los animales en las corridas de toros? ¿Y en los circos? ¿Son crueles los entrenadores? ¿Es normal que un perro baile, monte en bicicleta, camine en dos patas? ¿Es lógico que a un tigre le guste balancearse sobre una pelota o saltar a través de un anillo de fuego? ¿Puede justificarse el uso de animales como entretenimiento? (Sobre este tema puede encontrar información en el blog de PETA: Circuses.com)

En un circo de Sevilla, España, estos tigres obedecen las órdenes de sus domadores para entretenimiento del público. Muchos amantes de los animales están en contra de los circos porque piensan que el proceso de entrenamiento al que se someten los animales es cruel. En el caso de los tigres, además, existe el argumento de que son una especie en peligro de extinción y que, en vez de capturarlos, debemos dejarlos vivir en su hábitat natural y protegerlos allí. ¿Qué otras especies a punto de extinguirse puede nombrar Ud? (Nigel Dickinson/Peter Arnold, Inc.)

3. **El maltrato individual de los animales.** ¿Qué motivos existen para que una persona sea cruel con un animal? ¿Es posible que una persona que maltrata a los animales sea buena en otros sentidos? ¿Qué podemos hacer para resolver el problema del maltrato a los animales? ¿Qué diferencias hay entre el tratamiento que reciben los animales en los Estados Unidos y el que reciben en otras culturas?

4. **El experimento de Tuskegee.** Nos parece cruel inocular enfermedades a los animales en nombre de la ciencia, pero es más cruel aun experimentar con seres humanos. Busque en internet información sobre los estudios realizados en Tuskegee, Alabama, con personas de raza negra que tenían sífilis en una etapa avanzada. ¿Dónde y cuándo se realizaron estos estudios? ¿Cuál era su propósito? ¿Cuál fue su resultado final? ¿En qué año salieron estos experimentos a la luz pública? ¿Por qué (no) pueden justificarse estas acciones en nombre de la ciencia? ¿Qué dijo el Presidente Clinton cuando pidió perdón a los sobrevivientes? ¿Podría repetirse un caso así hoy día? ¿Por qué (no)?

CAPÍTULO 3

La descripción que se hace en la lectura «El Hombre de plata» coincide con la imagen que tiene de los extraterrestres la mayoría de la gente que cree en su existencia: sus ojos son muy grandes y no tienen boca, nariz ni orejas. No hablan y se comunican con los humanos poniendo ideas en su mente. (V. Habbick Visions/Photo Researchers, Inc.)

Lectura

Introducción

La lectura de este capítulo es un cuento de la famosa escritora chilena Isabel Allende, pero el mismo no está en las ediciones de sus obras, porque la novelista lo escribió en 1969 para *Mampato*, una revista chilena para niños en la cual colaboraba. «El Hombre de Plata» es un magnífico ejemplo de literatura infantil, pero aunque se trata de una narración destinada a gente muy joven, el cuento tiene también atractivo para personas de todas las edades a quienes les gusten las historias de ciencia ficción.

Isabel Allende es la novelista hispanoamericana más conocida mundialmente. Algunos de sus libros, como *La casa de los espíritus, De amor y de sombra* y *Eva Luna*, han sido traducidos a más de 25 idiomas. Esta escritora jugó un papel importante en el despertar del feminismo literario en Hispanoamérica. En *La casa de los espíritus*, la novela que la hizo famosa, la escritora emplea la técnica del realismo mágico, popularizada por el novelista colombiano Gabriel García Márquez, que consiste en mezclar lo real con lo sobrenatural y fantástico. *La casa de los espíritus* presenta la historia de Chile a través de distintas generaciones femeninas de una familia. Estas mujeres son personajes activos y se hacen poderosas usando su intelecto, sus relaciones, su moralidad y algo de magia. La inmoralidad está representada en esta novela por los personajes masculinos.

El estilo de Isabel Allende ha evolucionado con los años, pero en «El Hombre de Plata», cuento escrito en su juventud, ya se insinúan las características que van a dominar su obra posterior, sobre todo, esa mezcla de lo real y lo sobrenatural, propios del realismo mágico.

Este cuento se puede dividir en cuatro partes. En la primera, que va hasta la línea 50, la autora nos presenta a Juancho, un niño campesino, y a su perra Mariposa, que van camino a su casa al regreso de la escuela. Tanto el niño como la perra tienen mucho miedo, y esto nos prepara para el encuentro con un extraterrestre que van a tener en la segunda parte, la cual llega hasta la línea 147. En la tercera parte, Juancho y Mariposa, que se han quedado dormidos, despiertan y regresan a su casa. En la cuarta parte, de la línea 173 al final, Juancho va con su padre al lugar donde el niño tuvo su encuentro.

Explicando su proceso creador, Allende ha dicho que, a diferencia de las novelas, los cuentos llegan a su mente casi hechos. También ha dicho que en un cuento la manera en que se narra es más importante que lo que se narra y que le gustan los finales abiertos, porque confía en la imaginación del lector. El final de «El Hombre de Plata» es abierto y se presta a múltiples interpretaciones.

El Hombre de plata

El Juancho y su perra Mariposa hacían el camino de tres kilómetros a la escuela dos veces al día. Lloviera o nevara, hiciera frío o sol radiante, la pequeña figura de Juancho se recortaba° en el camino con la Mariposa detrás. Juancho le había puesto ese nombre porque tenía unas grandes orejas voladoras que, miradas a contra luz, la hacían parecer una enorme y torpe° mariposa morena. Y también por esa manía que tenía la perra de andar oliendo las flores como un insecto cualquiera.

se... sobresalía

poco ágil

5

La Mariposa acompañaba a su amo a la escuela y se
sentaba a esperar en la puerta hasta que sonara la campana.
Cuando terminaba la clase y se abría la puerta, aparecía un
tropel de niños desbandados como ganado despavorido°, y
la Mariposa se sacudía la modorra° y comenzaba a buscar
a su niño. Oliendo zapatos y piernas de escolares°, daba
al fin con su Juancho y entonces, moviendo la cola como
un ventilador a retropropulsión°, emprendía el camino de
regreso°.

Los días de invierno anochece muy temprano. Cuando
hay nubes en la costa y el mar se pone negro, a las cinco
de la tarde ya está casi oscuro. Ése era un día así: nublado,
medio gris y medio frío, con la lluvia anunciándose y olas
con espuma° en la cresta.

—Mala se pone la cosa, Mariposa. Hay que apurarse o
nos pesca el agua y se nos hace oscuro°... A mí la noche por
estas soledades me da miedo, Mariposa —decía Juancho,
apurando el tranco° con sus botas agujereadas° y su poncho
desteñido.

La perra estaba inquieta. Olía el aire y de repente se
ponía a gemir° despacito. Llevaba las orejas alertas y la cola
tiesa. —¿Qué te pasa? —le decía Juancho—. No te pongas a
aullar, perra lesa°, mira que vienen las ánimas a penar*.

A la vuelta de° la loma, cuando había que dejar la
carretera y meterse por el sendero de tierra que llevaba
cruzando los potreros° hasta la casa, la Mariposa se puso
insoportable, sentándose a gemir como si le hubieran pisado
la cola. Juancho era un niño campesino, y había aprendido
desde pequeño a respetar los cambios de humor en los
animales. Cuando vio la inquietud de su perra, se le pusieron
los pelos de punta.

—¿Qué pasa, Mariposa? ¿Son bandidos o son
aparecidos°? Ay... ¡Tengo miedo, Mariposa!

El niño miraba a su alrededor asustado. No se veía a
nadie. Potreros silenciosos en el gris espeso° del atardecer
invernal. El murmullo lejano del mar y esa soledad del
campo chileno.

Temblando de miedo, pero apurado en vista que° la noche
se venía encima°, Juancho echó a correr por el sendero,
con el bolsón° golpeándole las piernas y el poncho medio
enredado. De mala gana°, la Mariposa salió trotando detrás.

Y entonces, cuando iban llegando a la encina torcida°, en
la mitad del potrero grande, lo vieron.

Era un enorme plato metálico suspendido a dos metros
del suelo, perfectamente inmóvil. No tenía puertas ni
ventanas, solamente tres orificios brillantes que parecían
focos, de donde salía un leve resplandor° anaranjado.

terrified
se... *shook off her
    drowsiness*
niños de escuela
ventilador...*jet
    propulsion fan*
emprendía... comenzaba a
    andar hacia su casa

foam

se... se hace de noche

apurando... caminando
    rápido / llenas de
    agujeros

llorar
tonta (Chile)
A... Al doblar

terrenos con hierba

fantasmas

thick

en... ya que
se... llegaría pronto
mochila
De... Sin ningún
    entusiasmo
encina... *twisted
    evergreen oak*

luz

---

*Existe la superstición entre algunos hispanos de que las ánimas o almas que están en el purgatorio vienen a la
tierra a penar, o sea, a hacer penitencia por sus pecados.

El campo estaba en silencio... no se oía el ruido de un motor
ni se agitaba el viento alrededor de la extraña máquina.
El niño y la perra se detuvieron con los ojos desorbitados°.   muy abiertos
60   Miraban el extraño artefacto circular detenido en el espacio,
tan cerca y tan misterioso, sin comprender lo que veían.
El primer impulso cuando se recuperaron fue echar a
correr a todo lo que daban°. Pero la curiosidad de un niño y   a... lo más rápido posible
la lealtad° de un perro son más fuertes que el miedo. Paso a   fidelidad
65   paso, el niño y el perro se aproximaron, como hipnotizados,
al platillo volador° que descansaba junto a la copa° de   platillo... nave espacial /
la encina.   parte superior
Cuando estaban a quince metros del plato, uno de los
rayos anaranjados cambió de color, tornándose° de un azul   volviéndose
70   muy intenso. Un silbido agudo° cruzó el aire y quedó   Un... *A sharp whistling*
vibrando en las ramas de la encina. La Mariposa cayó al   *sound*
suelo como muerta, y el niño se tapó los oídos con las manos.
Cuando el silbido se detuvo, Juancho quedó tambaleándose°   sin equilibrio
como borracho.
75   En la semioscuridad del anochecer, vio acercarse un
objeto brillante. Sus ojos se abrieron como dos huevos fritos
cuando vio lo que avanzaba: era un hombre de plata. Muy
poco más grande que el niño, enteramente plateado, como
si estuviera vestido en papel de aluminio, y una cabeza
80   redonda sin boca, nariz ni orejas, pero con dos inmensos ojos
que parecían anteojos de hombre rana.
Juancho trató de huir, pero no pudo mover ni un
músculo. Su cuerpo estaba paralizado, como si lo hubiesen
amarrado con hilos° invisibles. Aterrorizado, cubierto de   *strings*
85   sudor frío y con un grito de pavor° atascado° en la garganta,   miedo / *stuck*
Juancho vio acercarse al Hombre de Plata, que avanzaba
muy lentamente, flotando a treinta centímetros del suelo.
Juancho no sintió° la voz del Hombre de Plata, pero de   oyó
alguna manera supo que él le estaba hablando. Era como
90   si estuviera adivinando sus palabras, o como si las hubiera
soñado y sólo las estuviera recordando.
—Amigo... Soy amigo... no temas, no tengas miedo, soy
tu amigo. —Poquito a poco el susto fue abandonando al
niño. Vio acercarse al Hombre de Plata, lo vio agacharse
95   y levantar con cuidado y sin esfuerzo a la inconsciente
Mariposa y llegar a su lado con la perra en vilo°.   en... en el aire
—Amigo... Soy tu amigo... No tengas miedo, no voy a
hacerte daño. Soy tu amigo y quiero conocerte. Vengo de lejos,
no soy de este planeta.... Vengo del espacio. —Las palabras sin
100   voz del Hombre de Plata se metieron sin ruido en la cabeza de
Juancho y el niño perdió todo su temor. Haciendo un esfuerzo
pudo mover las piernas. El extraño hombrecito plateado estiró
una mano y tocó a Juancho en un brazo.
—Ven conmigo... Subamos a mi nave°... Quiero   embarcación
105   conocerte... Soy tu amigo...

Y Juancho, por supuesto, aceptó la invitación. Dio un paso
adelante, siempre con la mano del Hombre de Plata en su
brazo, y su cuerpo quedó suspendido a unos centímetros del
suelo. Estaba pisando el brillo azul que salía del platillo volador,
110 y vio que sin ningún esfuerzo avanzaba con su nuevo amigo
y la Mariposa hasta la nave. Sintió como si pasara a través
de las paredes y se encontrara despertando de a poco° en el   **de...** al poco rato
interior de un túnel grande, silencioso, lleno de luz y
tibieza°. Sus pies no tocaban el suelo, pero tampoco tenía la   *warmth*
115 sensación de estar flotando.

—Soy de otro planeta... Vengo a conocer la Tierra...
Descendí aquí porque parecía un lugar solitario... Pero
estoy contento de haberte encontrado... Estoy contento de
conocerte... Soy tu amigo...
120 Así sentía Juancho que le hablaba sin palabras el Hombre
de Plata. La Mariposa seguía como muerta, flotando
dulcemente en un colchón de luz

—Soy Juancho Soto. Soy del fundo° La Ensenada. Mi   finca (Chile)
papá es Juan Soto —dijo el niño en un murmullo, pero su
125 voz se escuchó profunda y llena de eco, rebotando° en el   *bouncing*
túnel brillante donde se encontraba. El Hombre de Plata
condujo al niño a través del túnel y pronto se encontró
en una habitación circular, amplia y bien iluminada, casi
sin muebles ni aparatos. Parecía vacía, aunque llena de
130 misteriosos botones y minúsculas pantallas.

—Este es un platillo volador de verdad —dijo Juancho
mirando a su alrededor.

—Sí... Yo quiero conocerte para llevarme una imagen
tuya a mi mundo... No quiero asustarte... No quiero que los
135 hombres nos conozcan, porque todavía no están preparados
para recibirnos... —decía silenciosamente el Hombre de Plata.

—Yo quiero irme contigo a tu mundo, si quieres llevarme
con la Mariposa —dijo Juancho, temblando un poco, pero
lleno de curiosidad.
140 —No puedo llevarte conmigo... Tu cuerpo no resistiría
el viaje... Pero quiero llevarme una imagen completa de
ti... Déjame estudiarte y conocerte. No voy a hacerte daño.
Duérmete tranquilo. No tengas miedo... Duérmete para que
yo pueda conocerte...
145 Juancho sintió un sueño profundo y pesado subirle
desde la planta° de los pies y, sin esfuerzo alguno, cayó   la parte de abajo
profundamente dormido.

El niño despertó cuando una gota de agua le mojaba la
cara. Estaba oscuro y comenzaba a llover. La sombra de la
150 encina se distinguía apenas° en la noche, y tenía frío, a pesar   **se...** casi no se podía ver
del calor que le transmitía la Mariposa dormida debajo de su
poncho. Vio que estaba descalzo.

—¡Mariposa! ¡Nos quedamos dormidos! Soñé con... ¡No!
¡No lo soñé! Es cierto, tiene que ser cierto que conocí al

155 Hombre de Plata y estuve en el platillo volador. —Miró a su alrededor, buscando la sombra de la misteriosa nave, pero no vio más que nubes negras. La perra despertó también, se sacudió, miró a su alrededor espantada°, y echó a correr en dirección a la luz lejana de la casa de los Soto. Juancho la 160 siguió, sin pararse a buscar sus viejas botas de agua°, y chapoteando° en el barro, corrió a potrero abierto° hasta su casa.

   —¡Cabro de moledera°! ¡Adónde te habías metido! —gritó su madre cuando lo vio entrar, enarbolando° la 165 cuchara de palo° de la cocina sobre la cabeza del niño. ¿Y tus zapatillas de goma? ¡A pata pelada° y en la lluvia!

   —Andaba en el potrero, cerca de la encina, cuando... ¡Ay, no me pegue, mamita!... cuando vi al Hombre de Plata y el platillo flotando en el aire, sin alas...

170   —Ya mujer, déjalo. El cabro se durmió y estuvo soñando. Mañana buscará los zapatos. ¡A tomarse la sopa ahora y a la cama! Mañana hay que madrugar° —dijo el padre.

   Al día siguiente salieron Juancho y su padre a buscar leña°.

   —Mira hijo... ¿Quién habrá prendido fuego cerca de la 175 encina? Está todo este pedazo quemado. ¡Qué raro! Yo no vi fuego ni sentí olor a humo... Hicieron una fogata° redondita y pareja, como una rueda grande —dijo Juan Soto, examinando el suelo, extrañado°.

   El pasto se veía chamuscado° y la tierra oscura, como si 180 estuviera cubierta de ceniza. El lugar quemado estaba unos centímetros más bajo que el nivel del potrero, como si un peso enorme se hubiera posado° sobre la tierra blanda.

   Juancho y la Mariposa se acercaron cuidadosamente. El niño buscó en el suelo, escarbando° la tierra con un palo. 185   —¿Qué buscas? —preguntó su padre.

   —Mis botas, *taíta*... Pero parece que se las llevó el Hombre de Plata. El niño sonrió, la perra movió el rabo y Juan Soto se rascó° la cabeza, extrañado.

Glosses (right margin):

con mucho miedo

de... para el agua
splashing / **a...** atravesando el potrero
Cabro... *Damned kid!*
levantando / madera
A... Descalzo

levantarse temprano
firewood

campfire

intrigado
scorched

se... hubiera descansado

digging

scratched

Un fundo chileno típico en la región del sur del país, cerca de la Patagonia. Observe a lo lejos la cordillera de Los Andes, con nieve en la cumbre. (Ken Gillham/Robert Harding Picture Library/Age Fotostock America, Inc.)

APLICACIÓN

A. Vocabulario.

La aventura de Juancho. La siguiente narración vuelve a contar la historia que Ud. acaba de leer, pero de manera un poco diferente. Sustituya las palabras en cursiva por sus equivalentes de la lista.

agujereadas / atascado / a todo lo que daba / bolsón / chamuscado / de mala gana / desorbitados / enarboló / escarbar / espantada / gemía / hilos / lealtad / leña / madrugaron / pavor / palo / potrero / recortaba / se extrañó / se les haría oscuro / se tambaleó / una fogata / una nave espacial / un resplandor

La figura del niño se *destacaba* en el horizonte. Venía de la escuela, atravesando el *amplio terreno con hierba,* con su *mochila* y sus botas *llenas de agujeros.* Caminaban *muy de prisa,* porque pronto *sería de noche.* Tanto Juancho como Mariposa sentían *mucho miedo,* porque el lugar era muy solitario. Mariposa seguía a su amo con *fidelidad,* pero *sin entusiasmo.*

De pronto, vieron *una luz*: era *un platillo.* La perra, *horrorizada, lloraba* y Juancho tenía los ojos *muy grandes* y sentía un grito *trabado* en su garganta. Cuando oyeron un silbido, el niño *perdió el equilibrio.* Después no podía moverse, parecía que lo habían amarrado con *cuerdas* invisibles.

Cuando el niño regresó a su casa, la madre *levantó* la cuchara de *madera* de manera amenazante.

Juancho y su padre *se levantaron temprano* al día siguiente y salieron a buscar *madera para quemar.* El padre *se quedó sorprendido* cuando vio un círculo *quemado* en el terreno, como si alguien hubiera encendido *un fuego.* Juancho se puso a *remover* la tierra, porque quería encontrar sus botas.

B. Comprensión.

Conteste según la lectura.

1. ¿Por qué se llamaba la perra «Mariposa»?
2. Se dice que la perra se puso inquieta en el camino. ¿Qué hacía ella?
3. ¿Por qué quería apurarse Juancho?
4. ¿Cómo era el plato metálico?
5. ¿Cómo reaccionaron la Mariposa y el Juancho al oír el silbido?
6. ¿Cómo era el Hombre de Plata?
7. ¿Cómo se comunicaban el Hombre de Plata y Juancho?
8. ¿Cómo llegaron Juancho y Mariposa a la nave?
9. ¿Qué le explicó a Juancho el Hombre de Plata?
10. ¿Por qué se despertó el niño? ¿Dónde estaba él?
11. ¿Cómo reaccionaron los padres de Juancho cuando él regresó a la casa?
12. Cuando Juancho y su padre fueron al campo al día siguiente, ¿qué encontraron cerca de la encina?

C. Interpretación.

Conteste según su opinión.

1. ¿Por qué (no) es apropiado el título de la narración? Cuando Ud. leyó el título, ¿adivinó el tema del cuento? ¿A quién pensó que se refería el nombre?
2. ¿Por qué es importante el papel de la perra en la narración?

3. ¿Cómo nos prepara la autora para el momento impresionante del encuentro con el extraterrestre?

4. Para expresar el asombro de Juancho, la narradora dice que «sus ojos se abrieron como dos huevos fritos». ¿Indica esta imagen a qué lectores está dirigido principalmente el cuento? ¿Por qué?

5. Cuando suena el silbido, la perra cae como muerta, y no despierta hasta que Juancho despierta y el platillo se ha ido. ¿De qué manera hubiera sido diferente el encuentro si la perra estuviera despierta?

6. La descripción del Hombre de Plata y su nave coinciden con la imagen tradicional. ¿Puede haber sido todo un sueño del niño inspirado por alguna película o algún libro? Explique en qué basa su opinión.

7. Si Ud. fuera uno de los padres de Juancho, ¿habría reaccionado de la misma manera o lo habría creído? ¿Por qué?

8. ¿Qué piensa Ud. que pasó realmente con las botas de Juancho?

9. Al final se habla de un círculo de terreno quemado que estaba más bajo que el nivel del potrero «como si un peso enorme se hubiera posado sobre la tierra blanda». Pero si Ud. vuelve a leer el pasaje del encuentro, verá que el plato estaba a dos metros del suelo y allí permaneció. ¿Es esta discrepancia un descuido de la autora o lo ha hecho a propósito? Si es así, ¿por qué lo hizo?

D. Intercambio oral.

Use los temas en un intercambio oral con sus compañeros de clase.

1. **La familia de Juancho.** Basándonos en la información que se da en el cuento, ¿cómo era esta familia? ¿Cómo sabemos que eran pobres? ¿Cómo sabemos que el niño era hijo único? ¿Quién era más comprensivo con él, su padre o su madre? ¿Por qué podemos pensar así?

2. **Las apariciones de extraterrestres.** ¿Qué tienen en común las descripciones que hace la gente de estas apariciones? ¿Se trata de un estereotipo o hay algún motivo para estas características en común? ¿Por qué todos los extraterrestres trasmiten pensamientos en vez de hablar?

3. **La vida en otros planetas.** ¿Cree Ud. que hay vida en otros planetas? ¿Por qué (no)? ¿Ha visto alguna vez un platillo? ¿Y un OVNI (Objeto Volador No Identificado)? ¿Espera verlo algún día? ¿Por qué (no)?

4. **La influencia del cine.** Isabel Allende ha dicho que frecuentemente encuentra en el cine inspiración para sus obras. ¿Qué tiene en común este cuento con cualquier película de tema similar? Si Ud. fuera productor de cine, ¿consideraría esta historia apropiada para una película? ¿Por qué (no)?

5. **Las personas secuestradas.** En la televisión y en las revistas se ven frecuentemente casos de personas que aseguran haber sido llevadas a bordo de naves espaciales. El objeto, según la mayoría de ellas, es el de ser investigadas como, al parecer, le pasó a Juancho en el cuento. ¿Cuáles de estos casos recuerda?

Chile es un país interesante, con paisajes muy variados. Este joven contempla los picos nevados de las Torres del Paine en un parque nacional de la Patagonia. (Matthais Clamer/Getty Images, Inc.)

Sección gramatical

Special Verb Constructions

Some Spanish verbs require a special construction in which the person affected is not the subject but the indirect object.

Me encanta este cuento.   *To me this story is delightful.*

In certain cases, there is an alternate structure in which the person affected is expressed as the subject (not the indirect object), but this alternative construction is much less frequent in Spanish than in English.

Estoy encantado con este cuento.   *I'm delighted with this story.*

Where the two constructions exist in English, they are generally used with equal frequency. For these reasons, in section 4 (below) the alternative structures have been indicated for English but not for Spanish.

1 The most frequently used of these verbs is **gustar**. In the case of **gustar**, one or more things are pleasing (or displeasing) to the person or persons. The verb, therefore, will always be either in the third-person singular or the third-person plural, as seen in the following chart.

SENTENCE STRUCTURE WITH *GUSTAR*			
STRESSED INDIRECT OBJECT PRONOUN*	INDIRECT OBJECT PRONOUN	VERB (THIRD-PERSON SINGULAR OR THIRD-PERSON PLURAL)	THE THING(S) THAT PLEASE(S)**
A mí	me		
A ti	te		
A él	le		
A ella	le		
A Ud.	le	GUSTA	esa cancion.
A nosotros/as	nos	GUSTAN	esas canciones.
A vosotros/as	os		
A ellos	les		
A ellas	les		
A Uds.	les		

*Necessary in the case of third persons for clarification. Used with the other persons for emphasis.
Do not use a person here. **Me gustas does not mean *I like you* but *I am attracted to you*. To tell a person that you like him/her, say: **Me cae Ud. (Me caes) bien,** or **Me cae Ud. (Me caes) simpático/a.**

A mucha gente le gustan las piñas,
pero no le gusta pelarlas.*

Many people like pineapples, but they don't like to peel (cut) them.

Although the table shows only the present tense, note that the same principles apply to all tenses. [A Mariposa le gustaba oler las flores. Creo que a Juancho le gustarían esas películas de ciencia ficción.]

2 Another common verb of this type is **doler** (*to hurt*).

STRESSED INDIRECT OBJECT PRONOUN*	INDIRECT OBJECT PRONOUN	VERB (THIRD-PERSON SINGULAR OR THIRD-PERSON PLURAL)	THE THINGS(S) THAT HURT(S)
A mí	me		
A ti	te		
A él	le		
A ella	le		
A Ud.	le	DUELE	la cabeza.
A nosotros/as	nos	DUELEN	los pies.
A vosotros/as	os		
A ellos	les		
A ellas	les		
A Uds.	les		

*Necessary in the case of third persons for clarification. Used with the other persons for emphasis.

*Note in this example that the singular **gusta** is used with the infinitive **pelarlas**. When the thing that pleases (or displeases) is an infinitive, **gustar** is singular.

—¿Dónde le duele? —preguntó el médico.	*"Where does it hurt?" the doctor asked.*
Al chico le dolían las piernas.	*The boy's legs hurt.*

3 This type of construction is also used with the verb **faltar** in the case of distances, time, amount, etc., to tell the distance one has to go to arrive at one's destination, the time left before a deadline, the amount or quantity needed to reach a certain limit or goal, etc. The English translation varies according to the context.

A mi coche le faltan 732 millas para tener 5.000.	*The mileage on my car is 732 miles short of 5,000.*

A Juanito le falta una cuadra para llegar a su casa.	*Juanito is a block away from his home.*

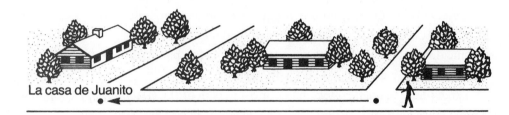

La casa de Juanito

A la botella le falta la mitad para estar llena.	*The bottle is half full.*

This construction can also mean *to lack* or *to be missing.*

A la chaqueta de Luis le faltan dos botones.	*Luis's jacket is missing two buttons.*

APLICACIÓN

A. Hablando de gustos.

Conteste usando oraciones completas.

1. ¿Qué comidas le gustan más?
2. ¿Qué le gustaría hacer el próximo verano?
3. ¿Qué les gusta hacer a sus amigos?
4. ¿A cuáles de sus amigos le/s gusta/n más...
   a. los gatos?   b. estudiar?   c. el dinero?

B. ¿Qué les duele?

Reemplace las palabras en cursiva con las que están entre paréntesis, haciendo otros cambios donde sea necesarios.

1. Si haces demasiado ejercicio te dolerán *los pies*. (todo el cuerpo)
2. *A muchas personas* les duele la cabeza cuando tienen gripe. (yo)
3. *La soprano* prometió que cantaría aunque le doliera la garganta. (tú)
4. A Benito le dolía ayer *la herida*, pero ya no le duele. (los ojos)
5. *A mí* me duele el brazo derecho cuando lo muevo. (mi padre)
6. *Al pobre perrito* le dolía una de las patitas. (los perritos)
7. —No creo que *el diente* le duela más —me dijo el dentista. (las muelas)
8. ¡Qué mal me siento, me duelen *el pecho y la espalda*! (todo)
9. *A nosotros* nos duelen las traiciones de los amigos. (todo el mundo)
10. Al boxeador le dolía *la cara*. (las dos piernas)

C. Dígalo de otro modo.

Exprese las palabras en cursiva usando una construcción con el verbo faltar.

Eran las ocho menos diez cuando comencé a hacer mi tarea anoche. Entonces descubrí que *mi libro no tenía* las páginas que yo necesitaba leer. Decidí ir a casa de Carlos para pedirle su libro. Salí, pero no llegué a su casa. Cuando *estaba a dos o tres cuadras* recordé que Carlos había salido esa noche.

D. Necesito un intérprete.

Traduzca.

1. How many kilometers do we have to go to get to Santiago?
2. "Nobody likes insects." "I do."
3. Often one's ears hurt when one has a cold.
4. "Does your head ache?" "No, doctor, but I have a sore throat."
5. Few people like cold weather.
6. Would your friend like to come to my home tonight?
7. It is twenty minutes to seven. (*Use* **faltar**.)
8. I explained my idea to Mr. García but he didn't like it.

9. He likes coffee a lot but she doesn't.

10. My cat's leg hurts.

4 Other verbs and expressions that use the **gustar** construction.

a.	**agradar(le) (a uno)**	*to like*
	No me agrada que los desconocidos me traten de «tú».	*I don't like it when strangers use the "tú" form with me.*
b.	**alcanzar(le) (a uno)**	*to have enough*
	A mi prima no le alcanzó la soga para amarrar la caja.	*My cousin didn't have enough rope to tie the box.*
c.	**caer(le) bien (mal, etc.) (a uno)**	*to create a good (bad) impression (on one), to like*
	La Sra. Jiménez me cae muy bien, pero su esposo me cae pesado.	*I like Mrs. Jiménez very much but I don't like her husband.*
d.	**convenir(le) (a uno)**	*to suit (one's) interests, to be good for*
	A Ud. no le conviene cambiar de empleo ahora.	*It is not in your best interest to change jobs now.*
e.	**costar(le) trabajo (a uno)**	*to be hard (for one); to have a hard time +ing form*
	A Mauricio le cuesta mucho trabajo madrugar.	*It is very hard for Mauricio to get up early. (Mauricio has a hard time getting up early.)*
f.	**dar(le) lástima (a uno)**	*to feel sorry for*
	Al chico le daban lástima las dos viejitas pordioseras.	*The boy felt sorry for the two old beggar women.*
g.	**disgustar(le) (a uno)**	*to dislike*
	Me disgustan las personas que no son sinceras.	*I dislike people who are not sincere.*
h.	**encantar(le) (a uno)**	*to delight, to charm; to be delighted with*
	Puerto Rico me encanta.	*I am delighted with Puerto Rico. (To me Puerto Rico is delightful [charming].)*
i.	**extrañar(le) (a uno)**	*to seem strange, to surprise; to be surprised*
	¿No le extraña a Ud. que Juancho perdiera sus botas?	*Doesn't it seem strange to you that Juancho lost his boots?*
j.	**fascinar(le) (a uno)**	*to delight, to charm, to fascinate; to be fascinated by*
	Me fascinan los cuentos de extraterrestres.	*Stories of extraterrestrials delight me. (I am fascinated by stories of extraterrestrials.)*

k. **hacer(le) falta (a uno)**

to need

¿Cree Ud. que a uno le hace falta dinero para ser feliz?

Do you think that one needs money to be happy?

l. **importar(le) (a uno)**

to matter (to one); to mind

A nosotros no nos importa esperar, ¿le importa a Ud.?

We don't mind waiting, do you?

m. **interesar(le) (a uno)**

to interest (one); to be interested in

Al profesor Quevedo le interesan mucho los OVNIS.

UFOs interest Professor Quevedo a great deal. (Professor Quevedo is very much interested in UFOs.)

n. **molestar(le) (a uno)**

to bother (one); to be bothered by

¿Les molesta a Uds. que fume?

Does my smoking bother you? (Are you bothered by my smoking?)

o. **parecer(le) (a uno)**

to seem (to one)

A Raúl no le pareció bien que no lo llamaras.

Your not calling him didn't seem right to Raúl.

p. **preocupar(le) (a uno)**

to worry; to be worried by

A los padres de Juancho les preocupaba su tardanza.

Juancho's lateness worried his parents. (Juancho's parents were worried by his láteness.)

q. **quedar(le) (a uno)**

to have left

¿Cuánto dinero les queda a Uds.?

How much money do you have left?

r. **quedar(le) bien (mal) (grande, pequeño) (a uno)**

to fit right (badly); to be (un)becoming; (to be too large, small) (for one)

A la clienta no le quedaba bien la falda.

The skirt didn't fit the customer right.

El rosado es el color que me queda mejor.

Pink is the most becoming color for me.

s. **resultar(le) agradable (desagradable, difícil, doloroso, fácil, penoso, triste) (a uno)**

to be (turn out to be) pleasant (unpleasant, difficult, painful, easy, distressing, sad) (for one)

A algunos padres les resulta difícil castigar a sus hijos.

It is difficult for some parents to punish their children.

t. **sobrar(le) (a uno)**

to have in excess, to have more than enough, to have left over

Hicimos tan rápido el trabajo, que nos sobró el tiempo.

We did the work so fast that we had more than enough time.

u. **sorprender(le) (a uno)**

to be surprised

Al chico le sorprendió que el Hombre de Plata lo invitara a su nave.

The boy was surprised that the Silver Man invited him to his spacecraft.

v. **tocar(le) el turno (una rifa, la lotería) (a uno)**

to be (one's) turn; to win (a raffle, a lottery prize)

—¿A quién le toca contestar ahora? —A mí.	*"Whose turn is it to answer now?"* *"Mine."*
A la familia Solís le tocó el premio gordo.	*The Solís family won the grand prize in the lottery.*

5 **Poner(lo) (a uno)** + adjective = *to make* (*one*) + adjective. Notice that the difference between this idiom and the **gustar** construction is the use of the direct object pronoun.

Esa canción siempre la pone triste.	*That song always makes her sad.*
A ese hombre lo pone muy nervioso el montar en avión.	*Flying makes that man very nervous.*

APLICACIÓN

A. Genoveva y Gerardo.

Genoveva y Gerardo son gemelos, pero son totalmente diferentes en sus gustos y en sus reacciones. Exprese en cada caso la reacción opuesta del otro gemelo usando expresiones de la lista anterior. No use la misma expresión dos veces.

Modelo: A Genoveva le fascinan las películas de horror.
→ *A Gerardo le disgustan las películas de horror.*

1. A Gerardo le cuesta trabajo escribir cartas.
2. A Gerardo le preocupan los problemas políticos.
3. Gerardo se ve muy bien con ropa negra.
4. A Genoveva le dan mucha lástima los perros abandonados.
5. A Genoveva le resulta difícil llegar a tiempo a sus citas.
6. Genoveva administra bien su dinero y siempre le sobra.

B. De otra manera.

Exprese de otra manera las oraciones, usando las expresiones entre paréntesis.

Modelo: No todo el mundo encuentra simpático a Conrado (caerle bien).
→ *Conrado no le cae bien a todo el mundo.*

1. **Mi amigo Conrado.** Mi amigo Conrado adora los animales (encantarle). Tiene más de cincuenta gatos y veinte perros y nunca tiene suficiente dinero para comprarles comida (alcanzarle). A veces estoy un poco preocupado por la situación de Conrado (preocuparle). Él necesita la ayuda de todos sus amigos (hacerle falta). Los vecinos de Conrado no aceptan que él tenga tantos animales en su casa (molestarle). Sería bueno para él mudarse (convenirle). Conrado siempre compra billetes de lotería, porque si gana el premio gordo, resolverá sus problemas (tocarle). Muchas personas encuentran extraño que un joven viva tan dedicado a los animales (extrañarle). Pero, como yo me intereso mucho en los animales también (interesarle), encuentro normal su interés (parecerle). Yo disfruto mucho de la compañía de Conrado (agradarle) y adoro sus perros y sus gatos (fascinarle).

2. **Un tipo necesitado.** Soy muy sentimental y es desagradable para mí ver personas necesitadas por la calle (resultarle). Por eso decidí ayudar a aquel hombre que me había causado tan buena impresión (caerle bien). Sentí pena por él (darle lástima). Llevaba unos pantalones que eran muy cortos para él y una chaqueta que era enorme (quedarle). Pensé que era una buena persona caída en desgracia (parecerle). Decidí

regalarle alguna ropa mía y un par de zapatos extra que tenía (sobrarle). A él le causó sorpresa que lo llevara a mi casa (sorprenderle). Cuando le di la ropa, quedó muy agradecido. Después que se marchó, descubrí que no tenía mi billetera (faltarle).

C. Entrevista.

Diga o nombre, usando oraciones completas.

1. algo que les disgusta a sus padres y algo que les encanta
2. algo que le resulta difícil a mucha gente
3. la persona que le cae mejor (peor) de todas las que conoce
4. una cosa que no le conviene a nadie hacer
5. lo que le hace más falta a su amigo
6. la cantidad de dinero que le queda para el resto de la semana
7. la persona a quien le tocó contestar antes que a Ud.
8. algunas cosas que le molestan a su madre

D. Reacciones.

Diga, usando oraciones completas, algo que...

1. lo/la pone triste generalmente a Ud.
2. pone contentos a sus amigos.
3. va a poner alegre a su novio/a.
4. lo/la pone nervioso/a.
5. lo/la puso frenético/a alguna vez.
6. lo/la pone muy molesto/a.

"Me quedan cuatro pelos, pero me los fortifico con un champú bárbaro".

¿Puede Ud. explicar el uso de los pronombres en este chiste? (Randy Glasbergen)

Pronoun Constructions

SPECIAL USES OF THE INDIRECT OBJECT PRONOUN

In Spanish the indirect object pronoun often expresses for whose advantage or disadvantage the action is done. This is frequently expressed in English with prepositions like *on, at, for,* and *from.*

—¡No te me mueras! —gritó la mujer desesperada, sacudiendo al herido.	*"Don't die on me!" yelled the woman, desperately shaking the wounded man.*
Me reía porque Luisito me hacía muecas.	*I was laughing because Luisito was making faces at me.*
Las naranjas estaban baratas y le compré dos al chico.	*The oranges were cheap and I bought two for (from) the boy.*

Note that in the last example the Spanish indirect object renders the meaning of both *for* and *from.* The context will usually indicate the exact meaning.

This so-called dative of interest is commonly found with verbs that are used reflexively. The subject of the Spanish verb is often inanimate in this case, and the sentence conveys the idea of an accident or involuntary event. Observe the difference in meaning between **Perdí las llaves** and **Se me perdieron las llaves**. In the first sentence the speaker shows guilt for the loss of the keys, perhaps through some neglect on his/her part; in the second sentence, the loss of the keys is presented as something accidental: *The keys got lost on me.*

Other examples:

¡Qué día de mala suerte tuvo Lola! *Se le descompuso* el auto y *se le hizo tarde* para ir a trabajar, porque *se le fue* el autobús. Además *se le perdieron* cinco dólares. Por la noche, *se le quemó* la comida y *se le cayó* al piso una de sus copas finas.	*What an unlucky day Lola had! Her car broke down on her, and it got too late for her to go to work because she missed the bus. Besides, she lost five dollars. In the evening, dinner got burnt on her and she dropped one of her fine wineglasses on the floor.*

Note that although there is often a parallel construction in English, at other times there is no exact equivalent and the sentence is expressed differently: A Joaquín se le olvidaron las entradas means Joaquín forgot the tickets (literally: The tickets got forgotten to Joaquín).

REDUNDANT USE OF THE DIRECT OBJECT PRONOUN

The direct object noun often precedes the verb in Spanish. In this case, a redundant direct object pronoun is used between the noun and the verb.

La carta *la* envié por correo; el paquete *lo* entregaré en persona.

I mailed the letter; I will deliver the package in person.

A María *la* vi ayer; a sus padres no *los* he visto en mucho tiempo.

I saw María yesterday; I haven't seen her parents in a long time.

USE OF *LO* WITH SOME VERBS

The neuter pronoun **lo** is used in Spanish with the verbs **creer, decir, estar, parecer, preguntar, saber**, and **ser** to provide an echo effect. The **lo** refers to a previously stated idea. Note that no pronoun is used in English. The idea is sometimes rendered by *so*.

—¿Cree Ud. que ellos llegarán a tiempo al aeropuerto?

"Do you think that they'll arrive on time at the airport?"

—No, no lo creo.

"No, I don't think so."

—¿Quién le dio a Ud. esa noticia?
—Lo siento, no puedo decirlo.

"Who gave you that information"
"I am sorry, I can't tell."

Creíamos que González estaba casado, pero no lo está.

We thought that González was married, but he is not.

Mi novio no es escandinavo, pero lo parece.

My sweetheart is not a Scandinavian, but he looks like one.

—¿Cuánto cuesta el collar?
—No lo sé, pero lo preguntaré.

"How much is the necklace?"
"I don't know but I'll ask."

Este capítulo parece difícil, pero no lo es.

This chapter seems difficult, but it is not (so).

APLICACIÓN

A. ¿A quién le importa?

Exprese que una o más personas reciben ventaja o desventaja por cada verbo en cursiva.

Modelo: *Creíamos que todo saldría bien, pero las cosas se complicaron.*
        → **Creíamos que todo saldría bien, pero las cosas se nos complicaron.**

1. Le presté a Roberto mi grabadora y él la *rompió*. *Grité* mucho porque estaba furioso. Mi novia *había comprado* esa grabadora en Navidad.

2. Le dije a mi madre que *limpiaría* las ventanas. Ella lo *agradeció* mucho, y para *demostrarlo, horneó* un pastel de chocolate.

3. La goma se *desinfló* en una carretera solitaria. La noche se *venía* encima. Recordé que el gato *se había quedado* en el garaje. Afortunadamente, un hombre *se acercó* y ofreció *cambiar* la goma.

B. No fue mi culpa ni la de ellos.

Cambie las oraciones para expresar el carácter involuntario de la acción.

Modelo: El pintor manchó el piso.
            → *Al pintor se le manchó el piso.*

1. Juancho perdió sus botas.
2. La secretaria borró el documento.
3. La camarera derramó el jugo que llevaba en el vaso.
4. No puedo leer bien porque olvidé mis lentes en casa.
5. Ojalá que resolvamos pronto el problema que tenemos.
6. Haz la maleta con cuidado para no arrugar (*use* **subjuntivo**) los trajes.
7. Cuando estaba terminando el dibujo, usé demasiada tinta y lo estropeé.
8. La mantequilla está líquida porque la derretisteis.
9. Había lodo en la calle y ensucié mis zapatos blancos.
10. Ya no me duele el pie porque me curé la herida.

C. En otras palabras.

Exprese de otra manera, anteponiendo el complemento directo al verbo.

Alquilamos *el apartamento* hace quince días, pero nos mudamos el domingo. Es un apartamento muy bonito. Pintamos *las paredes* de azul, porque es el color favorito de mi esposa. Limpiamos *la alfombra* el viernes, ya que el sábado traían *los muebles*. Habíamos comprado *el refrigerador* en Caracas y estaba instalado hacía una semana.

D. El Hombre de Plata.

Conteste las preguntas usando lo en su respuesta.

1. ¿Era estricta la madre de Juancho?
2. ¿Estaba dormida la perra Mariposa?
3. ¿Era pequeño el Hombre de Plata?
4. ¿Dijo Juancho que quería irse en el platillo?
5. ¿Preguntó Juancho el nombre del Hombre de Plata?
6. ¿Estaba el platillo apoyado en el suelo?
7. ¿Sabía el padre de Juancho dónde estaban las botas?
8. ¿Cree Ud. que todo el episodio del encuentro fue un sueño del niño?

The Perfect Tenses

A summary of the formation of Spanish perfect tenses is in the Appendix, pp. 408. Perfect tenses are formed with the corresponding tense of **haber** and the past participle of the main verb. Keep in mind that the two elements of a perfect tense are never separated in Spanish and that **no**, **nunca**, and **jamás** precede the auxiliary verb: **Nunca** he visto a un marciano (*I have* never *seen a Martian*).

The perfect tenses of the indicative mood are: Pretérito Perfecto (*Present Perfect*), Hoy hemos llegado temprano (*Today we have arrived early*); Pretérito pluscuamperfecto (*Pluperfect*), Conseguimos un buen asiento porque habíamos llegado temprano (*We got a good seat because we had arrived early*); Futuro perfecto (*Future Perfect*), Habremos llegado antes que anochezca (*We will have arrived before nightfall*); and Condicional perfecto (*Conditional perfect*) Ella supuso que ellos ya habrían llegado (*She guessed that they would have arrived already*).

The subjunctive mood has two perfect tenses: Pretérito perfecto del subjuntivo (*Present Perfect Subjunctive*), Espero que ya hayan llegado (*I hope they have arrived already*) and Pretérito pluscuamperfecto del subjuntivo (*Pluperfect Subjunctive*), Si hubiéramos/hubiésemos llegado temprano, te habríamos llamado (*If we had arrived early, we would have called you*).

The future perfect and the conditional perfect will be practiced in chapter 11; the perfect tenses of the subjunctive mood, in chapters 4, 5, and 6. We'll discuss in this lesson the present perfect and the pluperfect indicative.

1 The use of the present perfect in Spanish corresponds, in most cases, to that of the English present perfect. The present perfect is used in Spain much more than in Spanish America, as explained in chapter 1, p. 7, note.

Siéntate a comer, Juancho; ya tu madre ha servido la sopa.	*Sit down to eat, Juancho; your mother has already served the soup.*

2 However, in Spanish, the present perfect has another function: it often reveals that a past occurrence has had some emotional impact on the speaker, in a way similar to that of the dative of interest explained in pages 71–72 of this chapter.

Juancho está triste porque se le perdieron las botas.	*Juancho is sad because he lost his boots.*
Juancho está triste porque ha perdido sus botas.	*Juancho is sad because he lost his boots.*

3 The pluperfect expresses an action completed prior to another past action or point of reference in the past. The words **antes** (*before*), **nunca** (*never*), **todavía no** (*not yet*), and **ya** (*already*) are often present in the sentence.

Cuando el niño vio al Hombre de Plata, no había visto todavía extraterrestres en las películas.	*When the boy saw the Silver Man, he hadn't yet seen extraterrestrials in the movies.*
Ya se había ido la nave cuando Juancho y Mariposa despertaron.	*The ship had already left when Juancho and Mariposa woke up.*

4 With a verb in the past that expresses indirect speech, the pluperfect is used, in both Spanish and English, to refer to an action previous to this verb.

El Hombre de Plata dijo que había venido de otro planeta.	*The Silver Man said that he had come from another planet.*
Juan Soto comentó que habían hecho una fogata cerca de la encina.	*Juan Soto commented that they had made a campfire near the evergreen oak.*

_____

APLICACIÓN

A. Cosas que han pasado.

Reemplace los pretéritos con la misma persona del pretérito perfecto.

1. El accidente (*fue*) _____ horrible. Los dos pasajeros (*murieron*) _____
   y el chofer se (*rompió*) _____ varios huesos. Al chofer se lo (*llevaron*)
   _____ al hospital más cercano. No (*identificaron*) _____ todavía a los
   muertos, por eso la policía no (*notificó*) _____ a los familiares.

2. – Si (*viste*) _____ una nave espacial y (*tomaste*) _____ fotos de ella, ¿por
   qué no (*volviste*) _____ a ese sitio para investigar más? —No (*volví*) _____,
   porque mi novia y yo (*resolvimos*) _____ evitar problemas, que en realidad, no
   necesitamos. No le (*dijimos*) _____ a nadie más sobre el incidente y (*pusimos*)
   _____ las fotos del platillo en el depósito de la basura. Desde el momento en que lo
   (*hicimos*) _____, nos (*sentimos*) _____ mejor.

B. Lo siento mucho.

Cambie las oraciones para indicar de otra manera que la persona está afectada emocional-
mente por lo sucedido.

Modelo: Nuestra hija menor se nos casó en 2008 y ahora estamos solos.
→ *Nuestra hija menor se ha casado en 2008 y ahora estamos solos.*

1. El canario de los niños se les murió anoche en su jaula.
2. No pude ir a la reunión porque se me enfermó mi hijo.
3. Mi madre se me murió el mes pasado.
4. Tenemos que ir a un restaurante porque la comida se me quemó.
5. Estamos muy preocupados porque Mariposa se nos perdió; hace tres días que no
   sabemos de ella.

C. Cosas que ya habían pasado.

Reemplace los pretéritos con la misma persona del pretérito pluscuamperfecto.

Cuando Luisa y yo trabajamos en la oficina, lo hacemos todo muy rápido. Ayer, por ejemplo, a las once *abrimos* _____ la correspondencia, *ordenamos* _____ los
papeles que Alejandro *revolvió* _____ y los *pusimos* _____ en el escritorio del jefe. Además, Luisa *hizo* _____ café y yo *escribí* _____ varias
cartas. ¿Que *hiciste* _____ tú a esa hora?

D. Lo que dijeron.

Complete de manera original, usando el pretérito pluscuamperfecto.

1. La maestra de Juancho dijo...
2. El extraterrestre dijo...
3. Juancho dijo...
4. Los padres de Juancho dijeron...
5. Juan Soto dijo...

Special Time Constructions

1 An action or state that began in the past may continue in the present and be still going on. To emphasize this type of continuity, Spanish often uses one of the following three constructions:

a. **Hace** + period of time + **que** + present or present progressive tense.

Hace tres años que trabajo (estoy trabajando) en Los Ángeles.*	*I have been working in Los Angeles for three years.*

b. Present or present progressive tense + **(desde) hace** + period of time.

Trabajo (Estoy trabajando) en Los Ángeles (desde) hace tres años.	*I have been working in Los Angeles for three years.*

c. Present tense of **llevar** + period of time + **gerundio** of main verb.

Llevo tres años trabajando en Los Ángeles.	*I have been working in Los Angeles for three years.*

2 Likewise, an action or state that began in the remote past may continue over a period of time to a point in the less-distant past when another occurrence took place. To emphasize this type of continuity, Spanish often uses one of the following constructions.

a. **Hacía** + period of time + **que** + imperfect tense (simple or progressive).

Hacía tres años que trabajaba (estaba trabajando) en Los Ángeles, cuando me ofrecieron un empleo mejor en San Diego.**	*I had been working in Los Angeles for three years when I was offered a better job in San Diego.*

---

*Also correct but much less frequent: **He estado trabajando tres** (or **por tres**, or **durante tres**) **años en Los Ángeles.**
Also correct but much less frequent: **Había estado trabajando tres (or **por tres** or **durante tres**) **años en Los Ángeles, cuando me ofrecieron un empleo mejor en San Diego.**

3 **Hace** and **hacía** are also used in expressions of time where *ago* and *before/previously* are found in English.

a. With **hace**, the main clause is usually in the preterite or imperfect tense.

Hace tres años que se marcharon.   *They left three years ago.*
(Se marcharon hace tres años.)

b. With **hacía**, the pluperfect tense is usually found in the main clause.

Hacía tres años que se habían marchado.   *They had left three years before*
(Se habían marchado hacía tres años.)   *(previously).*

The above patterns with **hace** and **hacía** are also equivalent to another time pattern in English:

Hace tres años que se marcharon.   *It has been three years since they left.*
Hacía tres años que se habían marchado.   *It had been three years since they had left.*

APLICACIÓN

A. Antonio y sus viajes a México.

Lea estos párrafos y conteste las preguntas con oraciones completas.

1. Antonio empezó a estudiar español en 2008, y en 2010 decidió pasar el verano en México para perfeccionar sus conocimientos. ¿Cuánto tiempo hacía que Antonio estudiaba español cuando decidió pasar el verano en México?

2. Un fin de semana, él volvió a visitar las pirámides de Teotihuacán que había visto por primera vez en 2007. ¿Cuánto tiempo hacía que Antonio había visto las pirámides por primera vez?

3. Este año, Antonio vuelve a México para continuar sus estudios. Otra vez los profesores le preguntan cuánto tiempo hace que comenzó a estudiar español. ¿Qué debe contestar?

4. El primero de mayo, Antonio tomó alojamiento en un hotel de lujo, pero hoy es el primero de agosto y está pensando en mudarse a un hotel menos caro. ¿Cuánto tiempo hace que Antonio reside en un hotel de lujo?

B. ¿Cuánto hace y cuánto llevan?

Cambie las siguientes oraciones a construcciones (a) con hacer y (b) con llevar.

Modelo: He estado buscando a mi gato perdido por una semana.
         → *Hace una semana que busco (estoy buscando) a mi gato perdido.*
         → *Llevo una semana buscando a mi gato perdido.*

1. He estado viviendo en esta ciudad durante ocho años.
2. Habíamos estado jugando a las cartas por varias horas cuando ocurrió el apagón.
3. Mónica había estado esperando hora y media cuando llegó su galán.

4. Los detectives han estado investigando ese crimen durante muchos meses.

5. He estado tratando de comunicarme con él por más de una hora, pero su teléfono está ocupado.

6. La familia había estado planeando el veraneo por varios meses.

7. Mi amiga había estado ahorrando por más de dos años para comprar aquel carro.

8. Hemos estado discutiendo ese asunto por varios días y no nos ponemos de acuerdo.

Sección léxica

Ampliación: Los nombres de los sonidos

En la lectura se habla del gemido de Mariposa y del silbido que produce el platillo volador. Los nombres de muchos sonidos se forman en español añadiendo el sufijo **-ido** a la raíz del infinitivo. Los nombres más comunes de esta clase son:

aullar > aullido, *howl*

chasquear > chasquido, *crack, snap*

chillar > chillido, *scream, shriek*

chirriar > chirrido, *squeak*

gemir > gemido, *moan, groan*

gruñir > gruñido, *grunt, grumble*

ladrar > ladrido, *barking*

maullar > maullido, *meow*

mugir > mugido, *lowing of cattle, moo*

quejarse > quejido, *moan*

roncar > ronquido, *snore*

rugir > rugido, *roar*

silbar > silbido, *whistle, whistling sound*

zumbar > zumbido, *humming*

Otros sonidos se forman de diferentes maneras: **cacarear > cacareo**, *cackling*; **gritar > grito**, *scream, shout*; **llorar > llanto**, *weeping*; **relinchar > relincho**, *neigh, neighing*; **sollozar > sollozo**, *sob*; **suspirar > suspiro**, *sigh*; **trinar > trino**, *trill, bird song*.

APLICACIÓN

A. Sonidos y ruidos.

Conteste, incluyendo en su respuesta el nombre de un sonido. ¿Cómo sabes que...

1. las bisagras de la puerta necesitan aceite?

2. hay un perro en una casa?

3. una persona está silbando?

4. el gato tiene hambre?

5. un enfermo siente dolor?

6. varias adolescentes han visto a su cantante favorito?

7. hay una muchedumbre de personas furiosas?

8. hay un lobo solitario en una noche de luna?

9. una persona está usando un látigo?

10. alguien está enamorado?

11. alguien está llorando en la habitación contigua a la tuya?

12. una gallina puso un huevo?

B. El rancho de mis abuelos.

Complete el párrafo con las palabras apropiadas.

Me encanta visitar el rancho de mis abuelos. Disfruto de los olores de la hierba y las flores, tan diferentes de los de la ciudad; y sobre todo, de los ruidos únicos del campo: los _____ de los peones arreando el ganado y los _____ de las reses; el _____ de los cerdos, el _____ de los caballos, el _____ de las aves y el _____ de los insectos. Hay además en casa de mis abuelos un ruido muy característico, que no es producto del campo: los _____ de mi abuelo cuando duerme.

Distinciones: Equivalentes en español de la palabra *top*

1. Como sustantivo.
    a. *top (a toy)*   **el trompo**
    b. *top: big top (circus tent)*   **la carpa**
    c. *top (of a box, can, etc.)*   **la tapa**
    d. *top (of a car)*   **el techo, la capota (convertible)**
    e. *top (of a mountain)*   **la cima, la cumbre**
    f. *top (of a page)*   **la parte superior, la parte de arriba**
    g. *top (of a tree)*   **la copa**

2. Como adjetivo.
    a. *top*   **de primera (clase)**
    b. *the top (the best or most important)*   **el/la mejor**
    c. *top drawer*   **el cajón (la gaveta) de arriba**
    d. *top floor*   **el piso superior, la planta alta**
    e. *top hat*   **el sombrero de copa**
    f. *top salary*   **el sueldo más alto**
    g. *top secret*   **muy confidencial; secreto de estado**

3. En función adverbial.
    a. *full to the top*   **lleno hasta arriba**
    b. *on top of (location)*   **encima de, sobre**
    c. *on top (with victory or success)*   **victorioso/a**
    d. *to be at the top (highest place)*   **ser el/lo/la primero/a**
    e. *from top to bottom*   **de arriba a abajo**

Ejemplos de uso

Dejé la tapa de la caja encima de la mesa.	*I left the box top on top of the table.*
El auto del techo rojo que está junto a la carpa es el mío.	*The car with the red top that is next to the circus big top is mine.*
Desde la cima de la montaña podíamos ver la copa de los árboles.	*From the top of the mountain we could see the top of the trees.*
Juancho era el primero de la clase.	*Juancho was at the top of the class.*
Este cirujano es el mejor de su especialidad.	*This is the top surgeon in his field.*
Nuestro equipo quedó victorioso en la competencia.	*Our team finished on top in the competition.*
El papel está encima del escritorio.	*The paper is on top of the desk.*
El médico me revisó de pies a cabeza (de arriba a abajo).	*The doctor checked me over from top to bottom.*

APLICACIÓN

A. El equivalente de *top*.

Conteste las preguntas, incluyendo en su respuesta un equivalente de top.

1. ¿Ha ganado su equipo favorito alguna competencia?
2. ¿En qué parte de la página aparece el título de un capítulo?
3. ¿Dónde fabrican su nido los pájaros?
4. Cuando la policía captura a un delincuente, ¿lo registra bien?
5. ¿Cómo se sabe cuando ha llegado un circo a un pueblo?
6. ¿Cuándo se usa sombrero de copa?
7. ¿Qué guarda Ud. en la primera gaveta de su cómoda?
8. Cuando Ud. acaba de echar gasolina, ¿cómo está su tanque?
9. ¿Ha sido Ud. alguna vez el primero de la clase?
10. Si una casa tiene dos pisos, ¿dónde están generalmente los dormitorios?

B. Respuesta original.

Complete de manera original, usando un equivalente de top.

1. Las montañas tienen nieve...
2. La botella no está vacía; al contrario...
3. A diferencia de un auto tipo sedán, un convertible tiene...
4. Un juguete favorito de algunos niños...
5. Mi profesor/a de español es...
6. A veces guardo la parte de arriba de las cajas de cereales porque hay concursos...
7. El gobierno considera los asuntos relacionados con el programa espacial...
8. Cuando se lleva poco tiempo trabajando en una compañía, no se puede ganar...

C. Narraciones breves.

Complete estas narraciones breves con un equivalente de la palabra *top*.

1. **El campeón del trompo**. Gabrielito es el mejor bailador de _____ de su escuela y siempre termina _____ en las competencias. Es tan experto, que merece exhibir esta habilidad bajo la _____ de un circo. Ha bailado su trompo en la _____ de una lata, en el _____ del coche de su padre, _____ de una silla y hasta en un sombrero de _____.

2. **Juancho y el platillo volador.** El platillo había volado sobre las altas _____de los Andes. Cuando Juancho lo vio, descansaba junto a la _____ de una encina. El niño avanzó hacia él, suspendido _____ una luz azul. Este pasaje está en _____ de la página, ¿no?

3. **Un jefe exigente.** Yo había abierto el cajón _____ del escritorio de mi jefe y tenía los pies alzados, descansando _____ él. En ese momento, entró mi jefe. Me miró de _____, y me dijo un poco molesto: «Señor Aguilar, Ud. es el empleado que gana _____ en la compañía y, como es discreto, le confío asuntos _____. Pero, por favor, tenga más cuidado con los muebles. Hay también otra cosa que siempre se me olvida decirle: nunca me traiga el café con la taza _____, porque el café se derrama y me mancha el escritorio».

Para escribir mejor

Las palabras de enlace

Las palabras de enlace o transición son muy importantes al escribir, porque sirven de unión entre cláusulas, oraciones y párrafos, y determinan el sentido de lo que se escribe. Estas palabras son en su mayoría conjunciones, pero pueden también ser adverbios o expresiones de varias clases. Ud. encontrará muchas de estas expresiones en el capítulo 6, pues frecuentemente son el nexo entre la cláusula principal y la subordinada, que contiene un verbo en el modo subjuntivo.

A continuación, se dan algunas de estas palabras de enlace, agrupadas según lo que indican.

1 Unión o adición: **además** *(besides),* **ni** *(neither, nor, either, or),* **que** *(that, who, whom),* **y** *(and)* (**e** antes de **i** o **hi**, pero no antes de **hie**).

Él dijo, *además,* que no vio *ni* a Luisa *ni* a Rina.	*He said, besides, that he didn't see either Luisa or Rina.*
Preparé dos vasos con agua y hielo para Raúl *e* Hilario.	*I prepared two glasses with water and ice for Raúl and Hilario.*

2   Separación, unión o contraste: **a pesar de eso (esto)** (*in spite of that* [*this*]), **aunque** (*although*), **en cambio** (*instead, on the other hand*), **excepto** (*except*), **mas** (*but*), **o** (*or*) (**u** antes de **o** u **ho**), **pero** (*but*), **por el contrario** (*on the contrary*), **por otra parte** (*on the other hand*), **salvo** (*save, except*), **sin embargo** (*however*), **sino** (*but rather*).

Juancho tenía miedo, *pero, a pesar* **de eso, siguió al Hombre de Plata.**	*Juancho was afraid but, in spite of that, he followed the Silver Man.*
Su madre no le pegó, *aunque* **estaba bastante enojada con él.**	*His mother didn't hit him, although she was rather angry with him.*
Fernanda escribe poesías; su hermana Eugenia, *en cambio***, se interesa sólo en los negocios.**	*Fernanda writes poems; her sister Eugenia, on the other hand, is only interested in business.*
Me gustan mucho las rosas, *mas, por otra parte***, los claveles también son hermosos.**	*I like roses very much, but, on the other hand, carnations are also beautiful.*
La casa de los Soto estaba a siete *u* **ocho kilómetros del pueblo.**	*The Sotos' house was seven or eight kilometers from town.*
Rolando todavía no tiene empleo, *sin embargo***, se siente optimista.**	*Rolando still doesn't have a job; however, he feels optimistic.*

3   Causa o motivo: **por eso** (*for this* [*that*] *reason*), **porque** (*because*), **pues** (*since*), **puesto que** (*since*), **ya que** (*since*).

Mi televisor no funciona, *por eso* **no pude ver el programa.**	*My TV set doesn't work; for this reason, I couldn't watch the program.*
No iré más a tu casa, *puesto que* **(*pues*) prefieres estar sola.**	*I won't go to your house anymore since you prefer to be by yourself.*
Por favor, *ya que* **tienes dinero, págame lo que me debes.**	*Please, since you have money, pay me what you owe me.*

4   Resultado o consecuencia: **conque** (*so*), **por consiguiente** (*therefore, thus*), **por (lo) tanto** (*therefore*), **pues** (*then*).

¡*Conque* estás enamorado de Jesusita! *Pues*, díselo.	*So you are in love with Jesusita! Then, tell her.*
Tengo que cuidar a mi hermanita, *por* **consiguiente (*por lo tanto*), no puedo salir esta noche.**	*I have to take care of my little sister, therefore (so) I can't go out tonight.*

5 Condición: **con tal que** (*provided that, as long as*), **si** (*if*) , **siempre que** (*provided that, as long as*).

Él te perdonará *con tal que (siempre que)* le digas la verdad.	*He will forgive you provided that (as long as) you tell him the truth.*
Tu salud mejorará *si* te cuidas.	*Your health will improve if you take care of yourself.*

6 Comparación: **así como** (*the same way as*), **como** (*like*), **cual** (*like*), **de igual manera** (*likewise*).

Juan José tiene mucho dinero en el banco; *como* tú, él es muy ahorrativo.	*Juan José has a lot of money in the bank; like you, he is very thrifty.*
Chile es *así como* me lo había imaginado.	*Chile is just as I had imagined it.*
La niña era delicada *cual* una flor.	*The girl was delicate like a flower.*

7 Propósito o finalidad: **a que** (*so that*), **a fin de que** (*so that*), **de esta manera, de este modo** (*this way*), **para que** (*so that*).

El joven fue a ver a su amigo *para que (a fin de que)* lo ayudara.	*The young man went to see his friend so that he would help him.*
Pensé que no debía decir nada y *de este modo (de esta manera)* evitaría una discusión.	*I thought I shouldn't say anything and this way I would avoid an argument.*

8 Tiempo: **a medida que** (*as*), **cuando** (*when*), **después que** (*after*), **en seguida** (*at once*), **mientras tanto** (*in the meantime*).

La nave se veía más brillante *a medida que* se acercaba a ellos.	*The ship looked brighter as it got closer to them.*
Juancho llegó a su casa y *en seguida* su madre le sirvió la sopa.	*Juancho got home and at once his mother served him the soup.*
Ella lo esperaba de un momento a otro; *mientras tanto*, se mantenía ocupada arreglando la casa.	*She was expecting him at any minute; in the meantime, she kept busy tidying up the house.*

9 Ilustración: **en otras palabras** (*in other words*), **por ejemplo** (*for instance*).

Pepe nunca se despierta a tiempo y falta mucho al trabajo; *en otras palabras*, es un vago.	*Pepe never wakes up on time and he misses work a lot; in other words, he is a lazy person.*

Juancho probó que era valiente, *por ejemplo*, **cuando quiso irse con el Hombre de Plata a su mundo.**	*Juancho proved that he was corageous, for instance, when he tried to go with the Silver Man to his world.*

10   Resumen: **en conclusión, en fin, en resumen** (*in short*), **por último** (*finally*), **todo esto** (*all of this*)

El hombre tenía una cabeza grande sin boca, nariz ni orejas y dos ojos inmensos; *en fin (en resumen, en conclusión)*, **se parecía a los marcianos de muchas películas.**	*The man had a big head without a mouth, nose, or ears, and two enormous eyes; in short, he resembled the Martians in many movies.*
Sirvieron diferentes platos de carnes y pescados, y *por último*, **un postre delicioso.**	*They served different dishes of meat and fish and, finally, a delicious dessert.*
Los campos silenciosos y desiertos, la oscuridad del atardecer invernal, los gemidos de la perra, *todo esto* **contribuía a crear un ambiente de miedo.**	*The quiet and deserted fields, the darkness of the winter sundown, the whining of the dog, all of these contributed to create a climate of fear.*

APLICACIÓN

A. La aventura de Juancho.

Complete con el equivalente de las palabras entre paréntesis.

1. Este cuento va a gustarte, (since) _____ te gustan los cuentos de OVNIS.

2. Juancho nació en un fundo, (therefore) _____, conocía bien a los animales.

3. Los Soto eran pobres, (but in spite of that) _____, eran felices.

4. Mariposa era inteligente y (besides) _____ era muy fiel.

5. Era una perra inquieta (although) _____, (on the other hand) _____, era obediente.

6. (In other words) ____, Mariposa era un animal bueno que amaba a su amo.

7. La perra hubiera preferido correr hasta la casa; (however)_____, se detuvo, (since) _____ no quería abandonar a Juancho.

8. (As) _____ el Hombre de Plata hablaba, Juancho sentía menos miedo.

9. El Hombre de Plata no tenía voz, (thus) _____ se comunicaba con el pensamiento (the same way as) _____ los extraterrestres de las películas.

10. El Hombre de Plata era su amigo, (so) _____ Juancho lo siguió.

11. El chico aceptó ir a la nave (so that) _____ el extraterrestre lo estudiara.

12. La única solución era seguirlo hasta el platillo; (besides) _____ , (this way) _____ sabría lo que había dentro.

13. Mariposa se quedó dormida (at once) _____. (In the meantime) _____, Juancho fue con el Hombre de Plata a la nave.

14. Cuando el chico despertó, no vio (neither) _____ la nave (nor) _____ al Hombre de Plata.

15. El padre de Juancho era bondadoso; (for that reason) _____, siempre defendía a su hijo.

16. El padre era paciente; la madre (on the other hand) _____, tenía mal humor.

17. «¡(So) _____ perdiste tus botas!» dijo la madre. Ella no iba a dejarlo en paz (as long as) _____ no las encontrara.

18. (In short) _____, muchas apariciones de extraterrestres tienen una explicación natural; (for instance) _____, el Hombre de Plata pudo ser un sueño de Juancho.

19. Muchas cosas se pueden explicar en esta historia, (save) _____ la marca de fuego en la hierba.

Una niña monta en su triciclo bajo la mirada vigilante de su madre en esta calle del centro de Santiago, la capital de Chile. Santiago es una ciudad moderna y cosmopolita, llena de grandes edificios como éstos. Situada en el valle central del país, tiene una población de más de 5 millones de habitantes. (Tibor Bognar/Age Fotostock America, Inc.)

B. Ahora le toca a Ud.

Escriba oraciones usando estas expresiones de enlace: si, ni, por consiguiente, por el contrario, pues (para indicar consecuencia), en fin, en otras palabras, por último.

TEMAS PARA COMPOSICIÓN

Escriba una composición sobre uno de estos temas.

1. **Las películas de extraterrestres.** ¿Por qué le fascinan estas películas tanto al público? ¿Qué ventajas tienen las películas más recientes sobre las antiguas? Frecuentemente ponen en programas de televisión fragmentos de películas de extraterrestres muy viejas en blanco y negro. Por ejemplo, las de Buck Rogers y Flash Gordon, bastante primitivas, o la clásica de los años cincuenta: «El día que la Tierra dejó de moverse». ¿Cuáles ha visto Ud.? ¿Qué películas recientes ha visto? ¿Por qué (no) le gustaron?

2. **Diferentes clases de extraterrestres.** En las novelas, películas y programas que tratan del tema de los visitantes espaciales, hay dos enfoques diferentes: el de seres más civilizados que nosotros que vienen como amigos, como el Hombre de Plata, y el de invasores malvados que quieren dominar la Tierra por la fuerza, generalmente porque su planeta es inhabitable. Suponiendo que haya habitantes en otros planetas, ¿cuál versión le parece más lógica? ¿Por qué? Si Ud. conoce a «Silver Surfer» puede hablar también de él y de sus motivos para venir a la Tierra, que son un poco diferentes. Compare a «Silver Surfer» con el Hombre de Plata.

3. **El caso de Roswell.** (Si no recuerda los detalles de este caso, busque información en la red antes de escribir su composición.) Mucha gente piensa que, en realidad, los restos metálicos encontrados en este lugar de Nuevo México en la década de los cuarenta eran de un OVNI. ¿Qué cree Ud? ¿Por qué lo cree? ¿Pudo tener algún interés el gobierno de los Estados Unidos en ocultar la verdad? ¿Qué se ve en el video de la autopsia de uno de estos seres? ¿Cómo se descubrió que este video era un engaño?

4. **Chile, país de contraste.** Chile es un país muy interesante y variado. Su forma estrecha y alargada (4,300 Km. de longitud) hace que tenga una extensión de costa enorme y origina numerosos cambios climáticos y geográficos, que van desde el desierto de Atacama, en el norte, hasta los extensos potreros para ganado en el sur. En diferentes regiones de Chile hay también volcanes, lagos y glaciares. Busque información sobre este país en la red. Comience su composición hablando de los paisajes chilenos y establezca un contraste con las ciudades cosmopolitas de este país. ¿Por qué se dice que Chile es hoy un modelo de democracia en América Latina?

CAPÍTULO 4

Un hombre enciende una vela en la ciudad de Guatemala en conmemoración del «Día international para eliminar la violencia contra las mujeres», que se celebra todos los años el 25 de noviembre. Según las organizaciones de derechos humanos, más de 600 mujeres fueron asesinadas en Guatemala por sus parejas en el año 2008. (Rodrigo Abd/©AP/Wide World Photos)

Lectura

Introducción

Mario Benedetti (1920–2009), el autor de la lectura que va Ud. a leer, fue un periodista, novelista y poeta uruguayo y está considerado como uno de los escritores hispanoamericanos más importantes del siglo XX.

En la obra de Benedetti se marcan claramente dos períodos: el primero está dentro de la literatura realista y tiene como tema principal la burocracia pública y las ideas burguesas. De esta época es su novela *La tregua*, traducida a 19 lenguas y convertida en 1979 en una película del mismo nombre. En el segundo período, el autor revela sus ideas socialistas y protesta contra las dictaduras militares que controlan varios países sudamericanos, incluyendo el suyo. Durante más de diez años, Benedetti vivió exiliado del Uruguay en Cuba, Perú y finalmente en España, donde se estableció. En 1982 publica la novela *Primavera con una esquina rota*, en la que trata del tema del exilio. Igualmente refleja sus circunstancias políticas en sus poesías, reunidas en libros como *Vientos del exilio* y *Geografías*.

En 1997, Benedetti publica su novela *Andamios*, con muchos elementos autobiográficos, en la que cuenta sus impresiones al regresar a su país tras muchos años de exilio.

Escritor muy prolífico, tanto en prosa como en verso, Benedetti escribió hasta el final de su vida, y unos días antes de morir terminó su libro de poemas *Biografía para encontrarme*.

En la extensa obra de Mario Benedetti ocupan un lugar importante sus cuentos, también muy numerosos, recogidos en varios volúmenes. El cuento «Réquiem con tostadas» es parte de la colección titulada *La muerte y otras sorpresas* (1968).

«Réquiem con tostadas» es el monólogo de un chico, Eduardo, que aunque supuestamente le está hablando al amante de su madre, es la única voz que hay en el cuento. Eduardo relata los sórdidos detalles de la vida familiar con un padre borracho y abusivo, que les pega a diario a su esposa y a sus hijos. La palabra «réquiem» del título se refiere a las oraciones y liturgia por los difuntos, y resulta apropiada, ya que la madre de Eduardo ha muerto, víctima de la violencia de su marido. Esta palabra se combina con «tostadas», pues el muchacho está en un café, tomando un capuchino con tostadas con el amante de su madre.

Este cuento, fuerte y hasta brutal, refleja una situación real, no sólo en Uruguay, sino en todo el mundo, y es una denuncia del problema de la violencia doméstica, que la sociedad contemporánea debe resolver.

Réquiem con tostadas

Sí, me llamo Eduardo. Usted me lo pregunta para entrar de algún modo en conversación, y eso puedo entenderlo. Pero usted hace mucho que me conoce, aunque de lejos. Como yo lo conozco a usted. Desde la época en que empezó
5 a encontrarse con mi madre en el café de Larrañaga y Rivera, o en éste mismo. No crea que los espiaba. Nada de eso°. Usted a lo mejor lo piensa, pero es porque no sabe toda la historia. ¿O acaso mamá se la contó? Hace tiempo que yo tenía ganas de hablar con usted, pero no me atrevía.
10 Así después de todo, le agradezco que me haya ganado de mano°. ¿Y sabe por qué tenía ganas de hablar con usted?

de... *like that*

me... se me haya anticipado

Porque tengo la impresión de que usted es un buen tipo°.
Y mamá también era buena gente°. No hablábamos mucho
ella y yo. En casa, o reinaba el silencio, o tenía la palabra°
mi padre. Pero el Viejo hablaba casi exclusivamente cuando
venía borracho, o sea, casi todas las noches, y entonces
más bien gritaba. Los tres le teníamos miedo: mamá, mi
hermanita Mirta y yo.

    Ahora tengo trece años y medio, y aprendí muchas
cosas, entre otras, que los tipos que gritan y castigan e
insultan son en el fondo unos pobres diablos. Pero entonces
yo era mucho más chico y no lo sabía. Mirta no lo sabe
ni siquiera ahora, pero ella es tres años menor que yo,
y sé que a veces en la noche se despierta llorando. Es el
miedo. ¿Usted alguna vez tuvo miedo? A Mirta siempre le
parece que el Viejo va a aparecer borracho, y que se va a
quitar el cinturón para pegarle. Todavía no se ha acostumbrado a la nueva situación. Yo, en cambio, he tratado de
acostumbrarme.

    Usted apareció hace un año y medio, pero el Viejo se
emborrachaba desde hace mucho más, y no bien agarró ese
vicio nos empezó a pegar a los tres. A Mirta y a mí nos daba
con el cinto, duele bastante, pero a mamá le pegaba con el
puño cerrado. Porque sí nomás°, sin mayor motivo: porque la
sopa estaba demasiado caliente, o porque estaba demasiado
fría, o porque no lo había esperado despierta hasta las tres
de la madrugada°, o porque tenía los ojos hinchados de
tanto llorar. Después, con el tiempo, mamá dejó de llorar. Yo
no sé cómo hacía, pero cuando él le pegaba, ella ni siquiera
se mordía los labios, y no lloraba, y eso al Viejo le daba
todavía más rabia. Ella era consciente° de eso, y sin embargo
prefería no llorar.

    Usted conoció a mamá cuando ella ya había aguantado
y sufrido mucho, pero sólo cuatro años antes (me acuerdo
perfectamente) todavía era muy linda y tenía buenos colores.
Además era una mujer fuerte. Algunas noches, cuando por
fin el Viejo caía estrepitosamente° y de inmediato empezaba
a roncar, entre ella y yo lo levantábamos y lo llevábamos
hasta la cama. Era pesadísimo, y además aquello era como
levantar a un muerto. La que hacía casi toda la fuerza era
ella. Yo apenas si me encargaba de sostener una pierna, con
el pantalón todo embarrado° y el zapato marrón con los
cordones sueltos.

    Usted seguramente creerá que el Viejo toda la vida fue
un bruto. Pero no. A papá lo destruyó una porquería° que
le hicieron. Y se la hizo precisamente un primo de mamá,
ese que trabaja en el Municipio°. Yo no supe nunca en qué
consistió la porquería, pero mamá disculpaba° en cierto
modo los arranques° del Viejo porque ella se sentía un poco
responsable de que alguien de su propia familia lo hubiera

15

20

25

30

35

40

45

50

55

60

guy
buena... una buena persona
tenía... era el único que
   hablaba

nada más

de... *a.m.*

era... se daba cuenta

haciendo mucho ruido

sucio

dirty trick

Municipal Office
excusaba
reacción de ira

perjudicado° en aquella forma. No supe nunca qué clase   **lo...** le hubiera hecho daño
de porquería le hizo, pero la verdad era que papá, cada vez
que se emborrachaba, se lo reprochaba como si ella fuese la
única culpable.

65   Antes de la porquería, nosotros vivíamos muy bien. No
en cuanto a la plata°, porque tanto yo como mi hermana   dinero
nacimos en el mismo apartamento (casi un conventillo°)   casa de gente pobre
junto a Villa Dolores, el sueldo de papá nunca alcanzó para
nada, y mamá siempre tuvo que hacer milagros para darnos
70   de comer y comprarnos de vez en cuando alguna tricota° o   suéter (Arg. y Urug.)
algún par de alpargatas°. Hubo muchos días en que   *espadrilles*
pasábamos hambre (si viera qué feo es pasar hambre),
pero en esa época por lo menos había paz. El Viejo no se
emborrachaba, ni pegaba, y a veces hasta nos llevaba a la
75   matinée. Algún raro domingo en que había plata.
      Yo creo que ellos nunca se quisieron demasiado. Eran muy
distintos. Aun antes de la porquería, cuando papá
todavía no tomaba, ya era un tipo bastante alunado°. A veces   neurótico
se levantaba a mediodía y no le hablaba a nadie, pero por lo
80   menos no nos pegaba ni la insultaba a mamá. Ojalá hubiera
seguido así toda la vida. Claro que después vino la porquería
y él se derrumbó°, y empezó a ir al boliche° y a llegar siempre   **se...** broke down / *bar* (Urug.)
después de medianoche, con un olor a grapa° que apestaba°.   licor barato / olía muy mal
En los últimos tiempos todavía era peor, porque también se
85   emborrachaba de día y ni siquiera nos dejaba ese respiro°.   alivio, descanso
Estoy seguro de que los vecinos escuchaban todos los gritos,
pero nadie decía nada, claro, porque papá es un hombre
grandote y le tenían miedo. También yo le tenía miedo, no
por mí y por Mirta, sino especialmente por mamá. A veces
90   yo no iba a la escuela, no para hacer la rabona°, sino para   **hacer...** *to play hookey*
quedarme rondando la casa, ya que temía que el Viejo
llegara durante el día, más borracho que de costumbre, y
la moliera a° golpes. Yo no la podía defender, usted ve lo   **la...** le diera muchos
flaco y menudo° que soy, y todavía entonces lo era más, pero   *small built*
95   quería estar cerca para avisar a la policía.
      ¿Usted se enteró de que ni papá ni mamá eran de ese
ambiente°? Mis abuelos de uno y otro lado, no diré que   *environment*
tienen plata, pero por lo menos viven en lugares decentes,
con balcones a la calle y cuartos con bidet y bañera. Después
100   que pasó todo, Mirta se fue a vivir con mi abuela Juana,
la madre de mi papá, y yo estoy por ahora en casa de mi
abuela Blanca, la madre de mamá. Ahora casi se pelearon
por recogernos, pero cuando papá y mamá se casaron, ellas
se habían opuesto a ese matrimonio (ahora pienso que a lo
105   mejor tenían razón) y cortaron las relaciones con nosotros.
Digo nosotros, porque papá y mamá se casaron cuando yo
tenía ya seis meses. Eso me lo contaron una vez en la escuela
y yo le reventé° la nariz a Beto, pero cuando se lo pregunté a   rompí
mamá, ella me dijo que era cierto.

110   Bueno, yo tenía ganas de hablar con Ud., porque (no
sé qué cara va a poner°) usted fue importante para mí,
sencillamente porque fue importante para mi mamá. Antes
de que Ud. apareciera, yo había notado que cada vez estaba
más deprimida, más apagada°, más sola. Tal vez por eso fue
115 que pude notar mejor la diferencia. Además, una noche llegó
un poco tarde (aunque siempre mucho antes que papá) y
me miró de una manera distinta, tan distinta que yo me di
cuenta de que algo sucedía. Como si por primera vez se
enterara de que yo era capaz de comprenderla. Me abrazó
120 fuerte, como con vergüenza°, y después me sonrió. ¿Usted se
acuerda de su sonrisa? Yo sí me acuerdo.

    A mí me preocupó tanto ese cambio, que falté dos o tres
veces al trabajo (en los últimos tiempos hacía el reparto° de
un almacén) para seguirla y saber de qué se trataba°. Fue
125 entonces que los vi. A usted y a ella. Yo también me quedé
contento. La gente puede pensar que soy un desalmado°,
y quizás no esté bien eso de haberme alegrado porque mi
madre engañaba a mi padre. Puede pensarlo. Por eso nunca
lo digo. Con usted es distinto. Usted la quería. Y eso para mí
130 fue algo así como una suerte. Porque ella se merecía que la
quisieran. Usted la quería, ¿verdad que sí? Yo los vi muchas
veces y estoy casi seguro.

    Claro que al Viejo también trato de comprenderlo. Es
difícil, pero trato. Nunca lo pude odiar, ¿me entiende? Será
135 porque, pese a lo que° hizo, sigue siendo mi padre. Cuando
me pegaba, a Mirta y a mí, o cuando arremetía° contra
mamá, en medio de mi terror, yo sentía lástima. Lástima por
él, por ella, por Mirta, por mí. También la siento ahora, ahora
que él ha matado a mamá y quién sabe por cuánto tiempo
140 estará preso.

    Al principio, no quería que yo fuese, pero hace por lo
menos un mes que voy a visitarlo a Miquelete y acepta
verme. Me resulta extraño verlo al natural, quiero decir, sin
encontrarlo borracho. Me mira, y la mayoría de las veces
145 no dice nada. Yo creo que cuando salga, no me va a pegar.
Además, yo seré un hombre, a lo mejor me habré casado y
hasta tendré hijos. Pero yo a mis hijos no les pegaré ¿no le
parece? Además, estoy seguro de que papá no habría hecho
lo que hizo si no hubiese estado tan borracho. ¿O usted
150 cree lo contrario? ¿Usted cree que, de todos modos, hubiera
matado a mamá esa tarde en que por seguirme y castigarme a
mí dio finalmente con° ustedes dos? No me parece. Fíjese que
a usted no le hizo nada. Sólo más tarde, cuando tomó más
grapa que de costumbre, fue que arremetió contra mamá.

155   Yo pienso que, en otras condiciones, él habría
comprendido que mamá necesitaba cariño, necesitaba
simpatía, y que él en cambio sólo le había dado golpes.
Porque mamá era buena. Usted debe saberlo tan bien como

qué... cómo va a reaccionar

subdued

embarrassment [sp]

deliveries
de... *what was the matter*

persona muy mala

pese... *in spite of what*
charged

dio... los encontró
   finalmente a

160 yo. Por eso, hace un rato, cuando usted se me acercó y me invitó a tomar un capuchino con tostadas, aquí, en el mismo café donde se citaba° con ella, yo sentí que tenía que contarle todo esto. A lo mejor usted no lo sabía, o sólo sabía una parte, porque mamá era muy callada y sobre todo no le gustaba hablar de sí misma.

se... you met

165   Ahora estoy seguro de que hice bien. Porque usted está llorando, y, ya que mamá está muerta, eso es algo así como un premio para ella, que no lloraba nunca.

APLICACIÓN

A. Vocabulario.

Escoja en la lista la palabra que completa correctamente cada oración.

arranque / arremeter / citarse / desalmado / embarrado / estrepitoso / excusar / madrugada / molieron / palabra / perjudico / plata / respiro / tipo

1. En el lenguaje casual, uso la palabra _____ para hablar de un hombre.

2. Cuando una persona es la única que habla, digo que tiene la _____.

3. La palabra _____ se usa para las horas muy avanzadas de la noche.

4. En muchos países sudamericanos, _____ significa *dinero*.

5. La palabra _____ se usa para algo o alguien que hace mucho ruido.

6. Algo que está muy sucio está _____.

7. El verbo *disculpar* es sinónimo de _____.

8. Una reacción brusca que tiene una persona es un _____.

9. Cuando le hago daño a alguien, digo que lo _____.

10. Un _____ es un alivio o descanso.

11. Si le pegaron mucho a alguien, digo que lo _____ a golpes.

12. La palabra _____ se usa para calificar a una persona muy mala.

13. _____ contra algo o alguien, es atacarlo.

14. Ponerse de acuerdo dos o más personas para reunirse en un lugar es _____.

B. Comprensión.

Conteste según la lectura.

1. ¿Por qué quería Eduardo hablar con el amante de su madre?

2. ¿Qué aprendió Eduardo sobre los tipos que gritan, castigan e insultan?

3. ¿Por qué tiene todavía miedo Mirta?

4. ¿De qué maneras les pegaba el padre de Eduardo a sus hijos y a su esposa?

5. ¿Cómo reaccionaba la madre cuando su marido le pegaba?

6. ¿Qué hacían Eduardo y su madre cuando el padre se caía y comenzaba a roncar?

7. Eduardo dice que el padre antes no era así. ¿Por qué cambió él?

8. Cuente cómo era la vida de esta familia antes que el padre cambiara.

9. ¿Por qué los vecinos no decían nada cuando escuchaban los gritos?

10. ¿Por qué Eduardo no iba a veces a la escuela?

11. ¿Qué sentimiento tiene y tenía Eduardo hacia su padre?

12. ¿Cómo reacciona el padre cuando Eduardo va a verlo a la cárcel?

13. ¿Cómo supo el padre que su esposa se reunía con otro hombre?

14. ¿Por qué es posible que el amante de la madre no supiera nada de la violencia doméstica que había en su hogar?

C. Interpretación.

Conteste según su opinión.

1. Cuando leemos *réquiem* en el título, sabemos que en el cuento va a haber una muerte. Pero el autor lo une con la palabra *tostadas*. ¿Por qué lo hace? ¿Qué representan aquí las tostadas?

2. Este cuento es un monólogo y el hombre a quien le habla Eduardo no dice ni una palabra. ¿Qué razón hay para esto? ¿De qué manera habría ganado o perdido el cuento si la otra persona hablara?

3. ¿Es lógico para Ud. que Eduardo sienta simpatía hacia el amante de su madre? ¿Por qué (no)?

4. ¿Le parece a Ud. lógico que Eduardo no sienta rencor hacia su padre y vaya a visitarlo a la cárcel? ¿Por qué (no)?

5. Eduardo dice que los hombres abusivos son en el fondo unos pobres diablos. ¿Está Ud. de acuerdo? ¿Por qué (no)?

6. ¿Cree Ud. que Eduardo es muy maduro para su edad? ¿No es lo suficientemente maduro? ¿Actúa exactamente como lo haría cualquier chico de su edad? Explique en qué basa su opinión.

7. ¿Cómo se ven en esta narración el amor y la ternura que Eduardo siente por su madre?

8. ¿Son de tipo universal los sucesos de esta narración? ¿Podría escribirse un cuento igual que éste en nuestro país o habría que cambiar la narración de alguna manera? Explique.

9. En su opinión, ¿qué papel juega el alcohol en esta historia?

10. ¿Por qué, en su opinión, la madre de Eduardo seguía viviendo con un marido abusivo y no intentaba divorciarse, o por lo menos, dejarlo?

D. Intercambio oral.

Use los temas en un intercambio oral con sus compañeros de clase.

1. **La violencia doméstica.** ¿Es común también en los Estados Unidos? ¿Abunda más en algunas clases sociales o en algunos grupos étnicos? ¿Se manifiesta sólo con golpes o tiene también otras manifestaciones? ¿Cuál es su causa?

2. **Las soluciones para la violencia doméstica.** ¿Cómo puede evitarse? ¿Hasta qué punto debe intervenir la policía? ¿Qué puede hacer una madre para protegerse y para proteger a sus hijos? Y, ¿qué pasa cuando la persona violenta es la esposa y no el marido?

3. **El adulterio.** ¿Puede disculparse o justificarse a veces? ¿Por qué (no) tiene justificación el adulterio de la madre de Eduardo? ¿Por qué (no) tiene justificación que el padre la haya matado?

4. **Las reacciones de algunas víctimas de violencia doméstica.** Muchas veces, las mujeres retiran la denuncia que presentaron contra sus esposos y los perdonan. ¿Por qué lo hacen? ¿Reinciden generalmente las personas abusivas, o a veces cambian y dejan de serlo?

5. **Los hijos como víctimas.** ¿De qué manera sufren los hijos en casos así? ¿Qué soluciones hay para ellos? ¿Es en estos casos el divorcio un mal necesario? ¿Por qué (no)?

¿SABÍA UD. QUE...?

- En México son asesinadas unas 1.000 mujeres al año, la gran mayoría víctimas de la violencia doméstica, lo que significa una muerte cada ocho horas.

- En los Estados Unidos, 1,3 millones de mujeres al año sufren una agresión grave por parte de su pareja, y más de tres mujeres son asesinadas cada día por sus esposos o novios.

- Para un 30% de las mujeres norteamericanas que sufren de abuso, el primer incidente ocurre durante el embarazo.

- Una de cada tres adolescentes norteamericanas reporta saber de un amigo/a que ha sido golpeado/a, abofeteado/a, estrangulado/a o lastimado/a por su pareja.

- La violencia doméstica ocurre en todos los países y en todos niveles de la sociedad, no sólo en las familias pobres.

- El 80% de las agresiones contra mujeres y niños están relacionadas con el alcohol.

- La mayoría de los agresores sufrieron maltratos en su infancia y repiten el rol aprendido.

- Según la Asociación Norteamericana de Psiquiatría, las personas que abusan de los animales casi siempre abusan también de otros seres humanos.

- Los Estados Unidos conceden asilo a las mujeres extranjeras que han sido víctimas de la violencia doméstica.

- En el Reino Unido la policía recibe una llamada por minuto sobre casos de violencia doméstica.

(¡mañana es el...)

DÍA INTERNACIONAL DE LA MUJER

Antonio Fraguas de Pablo, conocido como Forges (Madrid, 17 de enero de 1942), es un humorista gráfico español cuyas caricaturas aparecen regularmente en el periódico *El país*. ¿Dónde está la ironía de este chiste? (Antonio Fraguas Forges)

Sección gramatical

The Subjunctive

The subjunctive mood is much more extensively used in Spanish than in English. But it still exists in the latter language. Notice the difference in meaning between (a) *The professor insists that Carlos go* (subjunctive) *to class every day* and (b) *His friends insist that Carlos goes* (indicative) *to class every day*. Sentence (a) requires the subjunctive because there is an implicit command on the part of the subject that someone do something. In sentence (b), however, Carlos's friends are presenting his daily class attendance as a fact.

As in the first English sentence, the subjunctive in Spanish is generally found in the dependent (subordinate) clause and conveys a meaning different from the indicative: **El profesor insiste en que Carlos vaya a clase todos los días** versus **Sus amigos insisten en que Carlos va a clase todos los días**.

Spanish also uses the subjunctive in uncertain or contrary-to-fact situations; English does too sometimes. The subjunctive is often shown in English through the use of the form *were* of the verb *to be* or the auxiliary words *may*, *might* and *should*.

Si yo fuera Carlos, no perdería ninguna clase.

If I were Carlos (but I am not), I wouldn't miss any class.

Temo que Carlos no apruebe este curso.	*I am afraid that Carlos may fail this course.*
Si Carlos no aprobara este curso, su padre se disgustaría mucho.	*Should Carlos fail this course, his father would be very upset.*

In this book the subjunctive will be discussed as follows: (a) in noun clauses (Chapters 4, 5), (b) in relative or adjective clauses (Chapter 5), and (c) in adverbial clauses (Chapter 6).

1 A noun clause is a clause that has the same function as a noun; that is, it can be the subject or the object of a sentence.

Subject:

El que Ramón no esté aquí (= La ausencia de Ramón) me molesta.	*The fact that Ramón is not here (= Ramón's absence) bothers me.*

Object:

Quiero que me ayudes (= tu ayuda).	*I want you to help me (= your help).*

2 An adjective or relative clause has the same function as an adjective; that is, it describes (modifies) a noun.

Necesitan empleados que hablen español (= hispanohablantes).	*They need employees who speak Spanish (= Spanish-speaking).*
Busco un carro que no cueste mucho (= barato).	*I am looking for a car that doesn't cost much (= cheap).*

3 Adverbial clauses modify the verb as adverbs do. Likewise, they answer questions like *where?, how?, when?*

Te esperaré (¿dónde?) en el lugar que me digas.	*I'll wait for you (where?) in the place you tell me to.*
Se levantó (¿cómo?) sin que nadie lo ayudara.	*He got up (how?) without anyone helping him.*
Le daremos tu recado (¿cuándo?) tan pronto como llegue.	*We'll give him your message (when?) as soon as he arrives.*

The Subjunctive in Noun Clauses

EXPRESSIONS OF VOLITION

The subjunctive is required in Spanish in a dependent clause when the verb in the main clause indicates volition, intention, wish or preference. Some typical verbs of this type are: **querer, desear, prohibir, sugerir, preferir** and **aconsejar**.

Eduardo quiere que oigamos su historia.	*Eduardo wants us to hear his story.*
Mamá, ¿deseas que me quede en casa hoy?	*Mom, do you wish me to stay home today?*

Los vecinos prefieren que llamemos a la policía.	*The neighbors prefer that we call the police.*
Mi madre prohíbe que los vecinos intervengan.	*My mother forbids the neighbors to intervene.*

In each of the preceding examples, the subject of the dependent clause is different from the subject of the main clause; that is, there is a change of subject and the subjunctive is required. When there is no change of subject, the second verb is not a subjunctive but an infinitive.

Eduardo quiere contar su historia.	*Eduardo wants to tell his story.*
Mamá, ¿deseas quedarte en casa hoy?	*Mom, do you wish to stay home today?*
Los vecinos prefieren llamar a la policía.	*The neighbors prefer to call the police.*

Observe that the sentence *Eduardo wants us to hear his story* cannot be translated word for word. The English direct object pronoun *us* becomes a subject pronoun in Spanish: **Eduardo quiere que nosotros *oigamos* su historia**.

Do not be misled by sentences like: **Mamá, ¿deseas que me quede en casa hoy?** In this case, the Spanish **me** is not the equivalent of the English *me* but is a reflexive pronoun, since **quedarse** is a reflexive verb. The subject of the dependent verb is **yo** and it is understood: **¿deseas que (yo) me quede en casa hoy?**

VERBS THAT COMMONLY INDICATE VOLITION, INFLUENCE, OR PREFERENCE			
acceder a	*to agree to*	**invitar a**	*to invite to*
		lograr	*to succeed in, bring about that*
aceptar	*to accept*		
aconsejar	*to advise*	**mandar**	*to order*
conseguir	*to succeed in, to get*	**obligar a**	*to force*
consentir en	*to consent*	**oponerse a**	*to oppose*
dejar	*to let, allow*	**ordenar**	*to order*
desear	*to wish*	**pedir**	*to ask (someone to do something)*
disgustar(le) (a uno)	*to dislike*	**permitir**	*to allow*
empeñarse en	*to insist on*	**preferir**	*to prefer*
estar de acuerdo con	*to agree with (approve of)*	**procurar**	*to try*
exhortar	*to exhort*	**prohibir**	*to forbid*
exigir	*to demand*	**proponer**	*to propose*
gustar(le) (a uno)	*to like*	**querer**	*to want, wish*
hacer	*to have or make (someone do something)*	**recomendar**	*to recommend*
impedir	*to prevent*	**rogar**	*to beg*
insistir en	*to insist on*	**sugerir**	*to suggest*
intentar	*to try*	**suplicar**	*to beg, implore*

VERBS OF COMMUNICATION

Sometimes verbs of communication like **decir, telefonear** and **escribir** convey the idea of *volition* or *preference*. In this case, the verb in the dependent clause is in the subjunctive. When the verb of communication merely introduces a fact, the subjunctive is not used.

Laura dice que cambies la fecha de tu viaje.	*Laura says for you to change the date of your trip.*
Le escribiré que espere nuestra llegada.	*I will write him (asking him) to wait for our arrival.*

But:

Laura dice que vas a cambiar la fecha de tu viaje.	*Laura says that you are going to change the date of your trip.*
Le escribiré que esperamos su llegada.	*I will write him that we are waiting for his arrival.*

APLICACIÓN

A. El contrato del nuevo apartamento.

Ud. y un/a compañero/a acaban de alquilar un apartamento y están leyendo el contrato. Escoja en la columna de la derecha la frase que le parezca más apropiada para completar cada regla del contrato y cambie los infinitivos al subjuntivo.

1. El contrato exige que (nosotros)...
2. El dueño recomienda que el nuevo inquilino...
3. El contrato nos impide que...
4. La segunda cláusula prohíbe que (nosotros)...
5. La ley obliga a los inquilinos a que...
6. No se consiente que los inquilinos..., pero extraoficialmente el administrador permite que...
7. Está prohibido que...
8. El contrato insiste en que el inquilino...
9. Se aconseja que el inquilino...
10. No se permite que...

a. pagar el día primero del mes.
b. haber fiestas ruidosas en los apartamentos.
c. tener gato.
d. pagar la renta por adelantado.
e. subarrendar el apartamento.
f. darle una llave al administrador para casos de emergencia.
g. instalar una cerradura nueva en la puerta de entrada.
h. hacer reparaciones sin autorización del dueño.
i. tener perro.
j. fumar en los pasillos del edificio.
k. no desconectar la alarma de incendios.

B. Ayudando a la familia de Eduardo.

Ud. es trabajador/a social y lo/a envían a casa de Eduardo para que ayude a la familia con sus problemas. Conteste las preguntas de manera original usando el subjuntivo. Cada vez que pueda, extienda sus respuestas para expresar su opinión sobre el caso.

1. ¿Qué le piden a Ud. que haga sus superiores?
2. ¿Con qué aspectos de la situación no está Ud. de acuerdo?
3. ¿A qué se opone Ud?
4. ¿Qué no puede permitir Ud.?
5. ¿Qué quiere Ud. que haga la madre de Eduardo?
6. ¿Qué les recomienda Ud. a los diferentes miembros de la familia?
7. ¿Qué propone Ud. para resolver los problemas?
8. ¿Qué le exige Ud. a la madre?
9. ¿En qué insiste Ud.?
10. ¿Qué ordenan las leyes?
11. ¿Qué le suplica a Ud. la madre?
12. ¿Qué va a conseguir Ud. con su visita?

C. Cosas que se oyen en la universidad.

Varios estudiantes conversan en la cafetería de la universidad. Complete de manera original lo que dicen.

1. Si le decimos al profesor que necesitamos más días para prepararnos para el examen, él probablemente accederá a que..., pero nos sugerirá que...
2. Mi novia acaba de invitarme a que...
3. Detesto las guerras y vivimos en un mundo demasiado violento. Deseo que...
4. Te suplico que... esa botella de licor. Bien sabes que en esta universidad se prohíbe que...
5. Los permisos de estacionamiento expiran el próximo mes. Les recomiendo que...
6. No puedo perdonarle a Mercedes lo que me hizo. Si hablan con ella, díganle que... y que no me gusta que...
7. La profesora de composición me dijo: «Victoria, su letra es muy difícil de leer. Le pido que...».
8. Dicen que el concierto va a ser estupendo, pero que ya quedan muy pocas entradas. Les aconsejo que...
9. Perdóname, pero no hablas muy bien el español. Si vas de vacaciones a Puerto Rico, te exhorto a que...
10. ¿Ya te vas? Pues no dejes los vasos y platos sucios en la mesa. En ese cartel se ruega que...

VERBS OF INFLUENCE

Some of the verbs listed in the table on page 98 are verbs of influence. This label indicates that the subject of the main verb tries to exert some influence over the subject of the subordinate clause in the performance of an action. The following verbs of influence allow an alternate infinitive construction: **dejar, hacer, impedir, invitar a, mandar, obligar a, permitir** and **prohibir**. Note that **dejar, hacer, invitar a** and **obligar a** take a direct object pronoun while **impedir, mandar, permitir** and **prohibir** take an indirect object pronoun.

Sus padres no la dejan que salga con su novio. **Sus padres no la dejan salir con su novio.**	*Her parents don't let her go out with her boyfriend.*
Te prohíbo que me hables de esa manera. **Te prohíbo hablarme de esa manera.**	*I forbid you to speak to me (in) that way.*
Siempre la invitan a que cene con ellos. **Siempre la invitan a cenar con ellos.**	*They always invite her to have dinner with them.*
El maestro le mandó que escribiera en la pizarra. **El maestro le mandó escribir en la pizarra.**	*The teacher asked him to write on the board.*

APLICACIÓN

A. Conteste de dos maneras.

Responda dos veces a la pregunta con una oración completa. Primero, use el subjuntivo del verbo y luego use el infinitivo.

1. ¿Te deja la policía conducir un auto sin tener licencia?
2. ¿Crees que muchas veces la ira hace que digamos cosas que no sentimos?
3. ¿Debo impedirle a mi gato que salga a la calle?
4. ¿Lo invitan a Ud. frecuentemente sus amigos a ir a su casa?
5. Si el niño tiene las manos sucias, ¿le manda su madre lavárselas?
6. ¿Crees que los padres deben obligar a los niños a acostarse temprano?
7. ¿Piensa Ud. que la ley nos debe permitir llevar armas para defendernos?
8. ¿Les prohíbes a los demás miembros de tu familia que entren en tu cuarto?
9. ¿Se les permite a los transeúntes que pisen la hierba del parque?
10. ¿A qué edad lo dejaban a Ud. sus padres dormir en casa de sus amigos?

B. Eduardo y su familia.

Complete, decidiendo entre el complemento directo y el indirecto.

1. El padre era cruel con sus hijos y no _____ dejaba reunirse con sus amigos.

2. Era también cruel con su mujer, y _____ obligaba a trabajar constantemente.

3. El padre le pegaba a la madre con el puño, pero no conseguía hacer _____ llorar.

4. Eduardo no quería ir a la escuela, pero su madre _____ mandó ir.

5. Si los vecinos fueran valientes, no _____ permitirían al padre abusar de su familia.

6. La madre no _____ pudo impedir a Eduardo que la siguiera.

7. A Eduardo, la triste situación de su hogar _____ hizo madurar antes de tiempo.

8. Blanca, la abuela de Eduardo, no _____ prohibió que fuera a visitar a su padre a la cárcel.

9. La primera vez que fue, los guardias _____ impidieron verlo, pero ya la segunda vez _____ dejaron que viera a su padre.

10. A Eduardo, el amante de su madre _____ invitó a tomar capuchino con tostadas.

EXPRESSIONS OF EMOTION

The subjunctive is required in Spanish in a dependent clause when the verb in the main clause expresses feelings or emotion: regret, fear, pity, hope, surprise, etc.

Esperamos que pueda Ud. quedarse unos días más.	*We hope you can stay a few more days.*
Él siente mucho que ella esté enferma.	*He is very sorry that she is sick.*
Me sorprende que hayas perdido la billetera.	*I am surprised that you have lost your wallet.*

If there is no change of subject, the infinitive is used:*

Espero poder quedarme unos días más.	*I hope I can stay a few more days.*
Él siente mucho estar enfermo.	*He is very sorry that he is sick.*
Me sorprende haber perdido la billetera.	*I am surprised that I have lost my wallet.*

---

*In the spoken language one occasionally hears the subjunctive even when there is no change of subject.

Yo siento que no haya podido asistir a las conferencias.	*I regret that I haven't been able to attend the lectures.*

COMMON VERBS THAT INDICATE FEELING OR EMOTION			
admirar(le) (a uno)*	*to be astonished*	**lamentar**	*to regret*
alegrarse de, alegrar(le) (a uno)*	*to be glad*	**molestar(le) (a uno)***	*to bother*
celebrar	*to be glad*	**preocupar(le) (a uno)***	*to worry*
dar(le) lástima (a uno)*	*to feel sorry*	**sentir**	*to regret*
		sentirse orgulloso (avergonzado) de	*to feel proud (ashamed)*
esperar	*to hope*		
estar contento de	*to be happy*	**sorprender(le) (a uno)***	*to be surprised*
extrañar(le) (a uno)*	*to be surprised*	**sorprenderse de**	*to be surprised*
indignar(le) (a uno)*	*to anger*	**temer, tener miedo de, tenerle miedo a**	*to fear*

*Note that these verbs use the **gustar** construction treated in Chapter 3.

APLICACIÓN

A. En la consulta del siquiatra.

Juan Galindo le explica sus problemas al siquiatra. Complete de manera original las confesiones de Juan.

1. Doctor, mi verdadero problema es que tengo un doble a quien sólo yo veo y mi familia se siente avergonzada de que yo...
2. A ellos les extraña que yo...
3. Tengo miedo de que ellos...
4. Y yo temo que Ud....
5. A mí me preocupa que mi doble...
6. Además, me molesta que...
7. Yo espero que Ud....

B. Expresión de emociones.

Complete de manera original para expresar las emociones apropiadas a cada situación.

1. El padre de su amigo está muy grave. Ud. habla con su amigo en el hospital y le dice:
   a. Siento mucho que...
   b. Me sorprende que...
   c. Espero que...
2. Su amiga Marita ha recibido un premio por su excelencia como estudiante. Ud. la llama y le dice:

   a. Marita, celebro mucho que...

   b. Estoy muy contento/a de que...

   c. Y me siento orgulloso/a de que...

3. Ud. canceló recientemente el seguro contra robos de su coche y acaban de robárselo. Ud. expresa cómo se siente diciendo:

   a. ¡Qué lástima que...

   b. ¡Cómo siento que...

   c. Me indigna que...

   d. Tengo confianza en que...

4. Recientemente Ud. ha faltado al trabajo algunas veces, y también ha llegado tarde, porque ha tenido muchos problemas personales. Habla con la señorita Riquelme, su jefa, y le dice:

   a. Srta. Riquelme, estoy muy avergonzado/a de...

   b. Lamento...

   c. Me preocupa que...

   d. Temo que...

   e. Prometo... Y confío en que...

C. Reacciones.

Exprese una reacción original ante los siguientes hechos, usando verbos de emoción o sentimiento.

Modelo: Juan no ha llamado todavía.
         → *Temo que le haya pasado algo.*

1. Mañana operan a mi padre.

2. Recibí una «A» en ese curso.

3. Él no conoce la ciudad y se ha perdido.

4. Ese perrito se está quedando ciego.

5. Ella no tiene dinero para pagar la matrícula.

6. Me duele mucho la cabeza.

7. No encuentro mi libro de español.

8. Mi novio tiene un auto nuevo.

9. Leonardo DiCaprio me invitó a salir.

SEQUENCE OF TENSES

This concept refers to the way the subjunctive tenses in the dependent clause relate to tenses in the main clause. These principles are applicable not only to noun clauses but also to adjective clauses (Chapter 5) and adverbial clauses (Chapter 6). In many instances there is no problem for English speakers because the English and Spanish tenses are nearly the same: La policía dudaba que su esposa le hubiera roto el braza. (*The police doubted that his wife had broken his arm.*) However, in other cases, the English gives no clue. The following tables summarize the sequence or correspondence of tenses.

- When the action in the dependent clause is simultaneous with, or subsequent to, the action in the main clause:

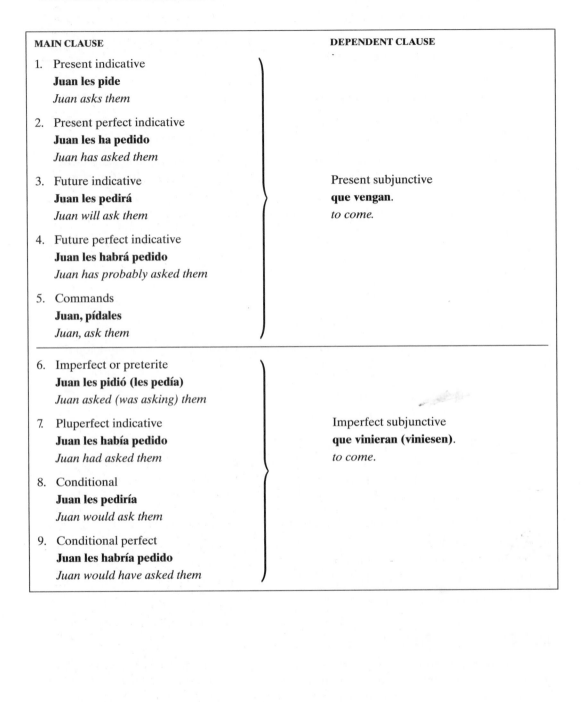

MAIN CLAUSE	DEPENDENT CLAUSE
1. Present indicative **Juan les pide** *Juan asks them*	
2. Present perfect indicative **Juan les ha pedido** *Juan has asked them*	
3. Future indicative **Juan les pedirá** *Juan will ask them*	Present subjunctive **que vengan**. *to come.*
4. Future perfect indicative **Juan les habrá pedido** *Juan has probably asked them*	
5. Commands **Juan, pídales** *Juan, ask them*	
6. Imperfect or preterite **Juan les pidió (les pedía)** *Juan asked (was asking) them*	
7. Pluperfect indicative **Juan les había pedido** *Juan had asked them*	Imperfect subjunctive **que vinieran (viniesen)**. *to come.*
8. Conditional **Juan les pediría** *Juan would ask them*	
9. Conditional perfect **Juan les habría pedido** *Juan would have asked them*	

- When the action in the dependent clause happened before the action of the main clause:

MAIN CLAUSE	DEPENDENT CLAUSE
1. Present indicative **Juan se alegra de** *Juan is happy*	
2. Present perfect indicative **Juan se ha alegrado de** *Juan has been happy*	Imperfect subjunctive* **que vinieran (viniesen).** *(that) they came.*
3. Future indicative **Juan se alegrará de** *Juan will be happy*	Present perfect subjunctive **que hayan venido.** *(that) they have come.*
4. Future perfect indicative **Juan se habrá alegrado de** *Juan must have been happy*	
5. Commands **Juan, alégrese de** *Juan, be happy*	
6. Imperfect or preterite **Juan se alegraba (se alegró) de** *Juan was happy*	
7. Pluperfect indicative **Juan se había alegrado de** *Juan had rejoiced*	Pluperfect subjunctive **que hubieran (hubiesen) venido.** *(that) they had come.*
8. Conditional **Juan se alegraría de** *Juan would be happy*	
9. Conditional perfect **Juan se habría alegrado de** *Juan would have been happy*	

*Many Spanish speakers prefer to use the present perfect subjunctive to emphasize the completion of the action or state. Observe the ambiguity: **No creo que María lo hiciera** which may mean: (a) *I don't think María did it*, (b) *I don't think María was doing it*, or (c) *I don't think María would do it*. To express meaning (a) (i.e., to express completion), many speakers choose to say: **No creo que María lo haya hecho**, which cannot have the meanings (b) or (c).

APLICACIÓN

A. Del presente al pasado.

Cambie al pasado.

1. Un crimen reciente.

A Rolando le preocupa que los detectives no hayan encontrado todavía una pista que seguir y se extraña de que el criminal no haya dejado huellas. Piensa que no se trata de un suicidio, sino de un crimen, y se alegra de que la policía esté de acuerdo en esto.

Le da lástima que esa bella joven haya muerto y espera que capturen pronto al culpable. Teme que haya otra víctima si el asesino no es capturado en seguida. Además, le molesta que no se haga justicia.

2. Habla una madre.

Por fin, después de cuatro años y mucho dinero, mi hijo Daniel se gradúa. Muchos de sus amigos se sorprenden de que se gradúe, pues Daniel nunca ha sido muy estudioso. Yo estoy muy orgullosa de que mi hijo tenga al fin un título, aunque siento que sus notas sean tan bajas. Temo que su mal promedio pueda perjudicarlo; me preocupa que este mal promedio sea un obstáculo para conseguir un buen trabajo.

3. Un/a compañero/a difícil.

Comparto el apartamento con un/a chico/a muy mandón/mandona. Constantemente me dice que haga tal cosa, que no deje de hacer tal otra, que me acuerde de hacer algo más. Me prohíbe que toque sus CDs y no me permite que use su computadora. Me molesta que él/ella se crea superior a mí. ¡A veces hasta interfiere en mi vida sentimental! Me aconseja que no llame a mi novio/a todos los días y me sugiere que lo/a ponga celoso/a y que salga también con otros/as chicos/as. Mis amigos conocen la situación y se admiran de que no me haya mudado de apartamento.

EXPRESSIONS OF UNCERTAINTY

The subjunctive is used in Spanish when the verb in the main clause expresses doubt, disbelief, uncertainty, or denial about the reality of the dependent clause.

Dudábamos que la policía pudiera llegar a tiempo.	*We doubted that the police could arrive on time.*
No cree que su enfermedad tenga cura.	*He doesn't believe that his illness has a cure.*
No estoy segura de que Raquel haya cerrado la puerta.	*I am not sure that Raquel has closed the door.*
La madre negaba que su hijo hubiera roto la ventana.	*The mother denied that her son had broken the window.*

When there is no change of subject, the infinitive is generally used.*

Dudábamos poder llegar a tiempo.	*We doubted we could arrive on time.*
No cree poder acompañarme al centro.	*He doesn't believe he can accompany me downtown.*

*In the spoken language one occasionally hears the subjunctive even when there is no change of subject: **Dudo que yo pueda ayudarte.**

No estoy segura de haber cerrado la puerta.	*I am not sure I closed the door.*
La madre negaba haber roto la ventana.	*The mother denied she broke (having broken) the window.*

The most common verbs of this type are **no creer, dudar, no estar seguro de, negar** and **resistirse a creer.** However, **no creer** takes the indicative when the speaker is certain about the reality of the dependent verb regardless of someone else's doubt.

Ella no cree que yo me saqué la lotería	*She doesn't believe that I won a prize in the lottery.* (But I, the speaker, know that I did.)

When verbs of this kind are used in a question, the doubt or assurance on the part of the person who asks the question determines the use of the subjunctive or the indicative.

¿Creen Uds. que ella pueda hacer ese trabajo?	*Do you think that she can do that work?*
¿Creen Uds. que ella puede hacer ese trabajo?	

In the first question, the speaker doubts and wants to know if other people share his/her doubts; in the second question, the speaker wants to know someone else's opinion and does not give his/her own.

The question **¿No cree Ud...?** (*Don't you think . . . ?*) does not imply doubt on the part of the speaker. Thus the indicative is used.

¿No crees que él es muy inteligente?	*Don't you think that he is very intelligent?*

Observe the highly subjective nature of the verbs treated in this section. For instance, when the speaker says **Nadie duda que el crimen es uno de nuestros mayores problemas,** he/she is referring to a generally accepted fact. On the other hand, it is possible to say **No dudo que hayas estudiado, pero debías haber estudiado más.** The use of the subjunctive here indicates some mental reservation on the part of the speaker.

APLICACIÓN

¿Subjuntivo o indicativo?

Lea cada párrafo y después vuelva a leerlo, colocando esta vez al principio de cada oración las expresiones que se dan abajo. Cambie el verbo al subjuntivo cuando sea necesario.

Modelo: La anciana es una excéntrica.
     →*Nadie en el pueblo duda que la anciana sea una excéntrica.*

1. La anciana es una excéntrica. Una de sus mayores excentricidades consiste en hablar sola. Su chifladura es peligrosa. Uno de estos días va a atacar a alguien. Deben enviarla a un asilo.

    a. Nadie en el pueblo duda que...   **b.** Nadie niega que...   **e.** Y no creo que...

    c. Pero, ¿cree Ud. que...?   **d.** Dudo que...

2. Se sentaron a la mesa en seguida. Las frituras que sirvió la madre estaban deliciosas. Eran de carne. El padre abrió una botella de vino. Dijo que ése era un día especial. Todos bebieron muy contentos.

   a. No estoy seguro de que...   **b.** No creo que...   **c.** Estoy seguro de que...

   d. Dudo que...   **e.** También dudo que...   **f.** ¿Cree Ud. que...?

3. Antes de llegar a nuestro pueblo, el extranjero había pasado varios días perdido en el bosque. El extranjero había venido de muy lejos. En su juventud había sido muy rico. Había nacido en un castillo de Aragón. Sus padres habían sido nobles.

   a. Estábamos seguros de que...   **b.** Pero dudábamos que...   **c.** Nadie creía que...

   d. Aunque algunos creían que...   **e.** También creían que...

EL HECHO (DE) QUE (THE FACT THAT)

The word **hecho** (*fact*) in this expression can be misleading. **El hecho (de) que** and its elliptic forms **el que** and **que** normally require the subjunctive in the clause they introduce when the fact presented is viewed by the speaker with doubt, reservation, or some kind of emotion.

El hecho de que (El que, Que) *gasten* **tanto, me hace sospechar.**	*The fact that they spend so much makes me suspicious.*
El hecho de que (El que, Que) el chico *pudiera* **haber caído en el pozo, preocupaba a quienes lo buscaban.**	*The fact that the child might* have fallen into the well worried those looking for him.*
Me ha molestado el hecho de que (el que, que) no me *hayas* **llamado antes.****	*The fact that you didn't call me earlier has bothered me.*

APLICACIÓN

A. Una casa con historia.

Un amigo suyo ha encontrado una casa estupenda y muy barata. Alguien le dice que la razón del precio bajo es que un hombre mató a su mujer en esa casa. Complete los comentarios que Ud. le hace a su amigo combinando elementos de las dos columnas. Añada **el hecho (de) que (el que, que)** en la columna izquierda y haga los cambios necesarios en los verbos.

Modelo: *El hecho de que la casa se venda tan barata indica que tiene algún problema serio.*

1. la casa se vende tan barata
2. lleva varios años vacante
3. se oyen ruidos por la noche
4. me pides mi opinión
5. los dueños no te hablaron del crimen

   a. no significa que no haya ruidos
   b. me hace dudar de que sean personas honestas
   c. significa que no sabes si debes comprarla o no
   d. indica que tiene algún problema serio
   e. no quiere decir que no existan

*Note that the words *may* and *might* appear sometimes in the English sentence.
**Note that the order of the clauses can be inverted.

6. yo soy muy supersticioso/a	**f.** me da mucho miedo
7. tú no has oído los ruidos	**g.** me hace preguntarme por qué
8. tú no crees en fantasmas	**h.** me impide aconsejarte objetivamente

The Subjunctive in Independent Clauses

Most verbs in the subjunctive are found in dependent clauses. Some exceptions are: 1) commands, 2) wishes expressed elliptically, 3) expressions of wish or regret preceded by **Ojalá (que)** or **¡Quién...!**, 4) doubts implied in verbs preceded by **quizá(s)** and **tal vez**.

1 Commands.

The formation of the commands is in the Appendix, p. 419. We advise you to go there and review the rules if you have forgotten them so that you are prepared to do exercises A and B of the **Aplicación**.

2 Wishes expressed elliptically.

These kinds of sentences very often begin with **Que**.

Que le(s) aproveche.*	*Bon appetit! (Enjoy your dinner.)*
Que se diviertan.	*Have a good time.*
¡Muera el terrorismo!	*Down with terrorism!*
Que en paz descanse (Q.E.P.D.).	*May he/she rest in peace.*
Que lo haga otro.	*Have someone else do it.*

3 Expressions of wish or regret preceded by **Ojalá (que)** or **¡Quién...!**

A very common way to express a wish in Spanish is by using **ojalá (que)** + subjunctive.** **Ojalá (que)** + present subjunctive is used when the speaker hopes something will happen (or will not happen) in the future. **Ojalá (que)** + imperfect subjunctive expreses a wish that is impossible or unlikely to happen. **Ojalá (que)** + present perfect subjunctive expresses a hope about the immediate past. **Ojalá (que)** + pluperfect subjunctive refers to a wish that was not fulfilled in the past and denotes regret.

Ojalá que Ignacio llame hoy.	*I hope Ignacio calls today.* (A wish that may be fulfilled.)
Ojalá que Ignacio llamara hoy.	*I wish Ignacio would call today.* (A wish of difficult realization.)
Ojalá que Ignacio haya llamado.	*I hope Ignacio has called.* (The speaker is out, forgot his/her cell phone at home and doesn't know whether Pepe has called or not.)
Ojalá que Ignacio hubiera llamado ayer.	*I wish (If only) Ignacio had called yester day.*(The action didn't take place and the speaker regrets it.)

---

* The verb **aproveche** in this expression is always in third-person singular and doesn't agree with the person who is eating, since the subject (understood) is the food eaten.
** In some countries, like Mexico, the form most used is **Ojalá y**.

Quién + third-person singular imperfect subjunctive or third-person singular pluperfect subjunctive also refers to a wish of the speaker. Like **ojalá (que)**, **quién** + subjunctive may express either (a) a wish of impossible or unlikely realization, or (b) regret, depending on the tense used. **¡Quién...!** is never used with the present subjunctive.

(a)

¡Quién pudiera vivir cien años!	*I wish I could live for one hundred years!*

(b)

¡Quién hubiera estado allí en ese momento!	*I wish I had been there at that moment!*

4   Quizá(s) and Tal vez.

Quizá(s) and **Tal vez** are both equivalents of *Perhaps*. The subjunctive is used after these words when the speaker wishes to indicate doubt. If the speaker doesn't want to express doubt, the indicative is used.

Tal vez sea demasiado tarde.	*Perhaps it is too late.*
Quizás no quieran ayudarnos.	*Perhaps they don't want to help us.* (The speaker is in doubt.)

But:

Tal vez es demasiado tarde.	*Perhaps it is too late.* (I think it is.)
Quizás no quieren ayudarnos.	*Perhaps they don't want to help us.* (The speaker thinks they don't.)

Otro dibujo de Forges para conmemorar el Día Internacional de la Mujer. ¿Cuántos subjuntivos hay en esta lista de peticiones? (Antonio Fraguas Forges)

APLICACIÓN

A. Tráteme de Ud.

Su amigo tiene la mala costumbre de tratar de tú a todo el mundo, hasta a las personas mayores y a sus superiores. Un/a compañero/a será su amigo/a y creará mandatos originales en forma familiar para cada situación. Corríjalo/a cambiando sus mandatos a mandatos formales.

Modelo: La habitación está muy sucia.
   Su amigo/a: Limpia la habitación, por favor. Ud.: Limpie Ud. la habitación, por favor.

1. Su amigo/a quiere tomar un capuchino y se lo pide al camarero.
2. El pan está sin tostar y su amigo/a quiere comer tostadas.
3. En la habitación hay libros por todas partes.
4. Hay que sacar al perro a la calle.
5. Las plantas necesitan agua porque están muy secas.
6. Hay que ir al supermercado.
7. Es necesario hacer una lista de las cosas que hay que comprar.
8. Hay un ejercicio muy difícil y alguien tiene que decírselo al profesor.

B. Consejos contradictorios.

Ud. y su amigo/a no están de acuerdo nunca. Su amigo/a da algunos consejos, y Ud. lo/a contradice. Haga negativos los mandatos afirmativos de su amigo, y afirmativos sus mandatos negativos.

1. Haz todos los favores que te pidan.
2. Ve a ver a tus abuelos con frecuencia.
3. Pon en el banco una parte de tu sueldo.
4. Di siempre todo lo que piensas.
5. No salgas a comer fuera frecuentemente.
6. No tengas miedo a equivocarte.
7. No vengas a clase con una mochila llena de libros.
8. No seas amistoso con los desconocidos.

C. Situaciones.

Exprese un deseo original para cada circunstancia usando una expresión que comience con **que**.

1. Sus padres van a una fiesta. Ud. les dice cuando salen: ...
2. Su compañera va a examinarse hoy. Ud. le desea éxito diciéndole: ...
3. La abuela de su amigo ha muerto. Cuando él habla de ella, usa la expresión: ...

4. El presidente le habla al pueblo. La multitud lo aplaude y grita: ...

5. La madre de un chico le manda hacer algo. Él no quiere hacerlo y señalando a su hermana dice: ...

6. Alguien entra en un lugar donde hay dos personas comiendo y les dice: ...

7. Alberto y Teresa salen de viaje. Sus amigos los despiden en el aeropuerto diciéndoles: ...

8. Un amigo suyo está enfermo. Ud. conversa con él por teléfono y termina la conversación diciéndole: ...

D. Deseos y lamentaciones.

Exprese, usando **Ojalá**.

1. Dos deseos para el futuro.
   Modelo: *Ojalá no llueva este fin de semana.*

2. Dos deseos de difícil realización.
   Modelo: *Ojalá se acabaran para siempre las guerras.*

3. Dos lamentaciones por algo que (no) se hizo o (no) sucedió en el pasado.
   Modelo: *Ojalá no me hubiera enamorado.*

E. Más situaciones.

Exprese una reacción original en cada caso usando **¡Quién...!**

1. Deseos difíciles de realizarse.

   a. Sus amigos están en la playa en Marbella. Ud. acaba de recibir una hermosa tarjeta postal de ellos y comenta: ...

   b. Una joven va a una exposición de automóviles y ve allí un modelo de $50.000 que le encanta. Ella exclama: ...

   c. Ud. quisiera sacarse la lotería y acaba de comprar una tarjeta de lotto. Ud. dice: ...

   d. Un señor de más de 50 años está admirando a una muchacha muy bonita de 20 y exclama: ...

2. Lamentaciones por lo que no sucedió:

   a. Un estudiante ha salido muy mal en un examen porque no estudió. Ahora se arrepiente y comenta: ...

   b. Juanita está muy interesada en la historia. Ve un documental sobre el siglo XVIII y dice: ...

   c. Ud. conoció en una fiesta a un/a joven que le gustó mucho, pero ahora no puede llamarlo/a, porque no sabe su teléfono. Ud. se lamenta: ...

   d. Una persona famosa que Ud. admira mucho hizo ayer una visita de sorpresa a su escuela, pero Ud. no sabía que iba a ir y no fue ayer a la escuela. Ud. se lamenta: ...

F. Más comentarios sobre Eduardo y su familia.

Cambie las oraciones para expresar duda.

1. Eduardo quiere contárselo todo al amante de su madre porque tal vez él no lo sabe.

2. Quizás el hombre no conoce bien a Eduardo.

3. Tal vez el hombre piensa que el chico los espiaba.

4. Tal vez el padre de Eduardo era en el fondo un pobre diablo.

5. Mirta todavía tiene miedo y quizás quedará traumatizada por mucho tiempo.

6. Quizás el alcohol tuvo la culpa de todo.

7. Tal vez los vecinos escuchaban los gritos.

8. Quizás el padre permanecerá en la cárcel por muchos años.

Sección léxica

Ampliación: Verbos formados con los prefijos en-, em- y a-

En la lectura encontramos los verbos **emborracharse** y **acostumbrarse**. Muchos verbos españoles formados por el prefijo **en-** (**em-** antes de **p** y **b**), tienen un significado similar a *to become* y *to get* en inglés. Observe que en la siguiente lista predominan los verbos reflexivos.

embellecerse	ponerse bello		
empeorar	ponerse peor	**enfurecerse**	ponerse furioso
empequeñecerse	ponerse (hacerse) más pequeño	**engordar**	ponerse gordo
empobrecerse	volverse pobre	**engrandecerse**	ponerse (hacerse) más grande
encanecer	ponerse cano		
enderezarse	ponerse derecho	**enloquecer**	volverse loco
endurecerse	ponerse duro	**enmudecer**	quedarse mudo
ennegrecerse	ponerse negro	**ensordecer**	quedarse sordo
		ensuciarse	ponerse sucio
enriquecerse	hacerse rico	**enternecerse**	ponerse tierno
enrojecer	ponerse rojo	**envejecer**	ponerse viejo
enronquecer	ponerse ronco	**enviudar**	quedarse viudo

Algunos verbos formados con el prefijo **a-** tienen también el significado de *to become* o *to get*.

ablandarse	ponerse blando	**aflojarse**	ponerse flojo
aclararse	ponerse claro		
achicarse	hacerse (ponerse) más chico	**alargarse**	hacerse más largo
acortarse	hacerse más corto	**anochecer**	hacerse de noche
adelgazar	ponerse delgado		

APLICACIÓN

A. Sustituciones.

Sustituya las palabras en cursiva usando uno de los verbos de las listas anteriores.

1. Se acercaba la tormenta y el cielo *se puso negro*.
2. Cuando el soldado vio venir al sargento, *se puso derecho*.
3. A medida que se acerca el invierno, las noches *se hacen más largas* y los días *se hacen más cortos*.
4. Cuando *se quedó viudo*, don Tomás se mudó con sus hijos.
5. El bigote suele *ponerse cano* antes que el cabello.
6. Los problemas *se hacen más pequeños* cuando se miran con optimismo.
7. Frecuentemente nos *hacemos más grandes* con el sufrimiento.
8. Al final de la novela todo *se pone claro*.
9. La cera *se pone blanda* con el calor.
10. *Se quedó mudo* de sorpresa al ver lo sucedido.
11. El juez hablaba de manera autoritaria, pero cuando veía llorar a alguien, *se ponía tierno*.
12. Cada vez que *se ponía furiosa se ponía roja*.
13. ¿Cree Ud. que una persona puede *volverse loca* si estudia demasiado?
14. Cuando tomó las pastillas el enfermo *se puso peor*.
15. Cuando llegué a Santa Cruz se *hacía de noche*.

B. El verbo apropiado.

Complete con el verbo más apropiado.

1. Ella no come dulces porque no quiere...
2. Al llegar a la madurez, muchas personas tienen miedo de...
3. Pérez no tenía dinero, pero hizo varios negocios fabulosos y...
4. Cuando asé el bistec,...
5. Si pongo la mantequilla en el refrigerador...
6. Según los médicos, las personas que oyen constantemente música ruidosa corren el peligro de...
7. Gritamos tanto en el juego de fútbol que…
8. Las mujeres norteamericanas gastan tantos millones en cosméticos porque quieren...
9. Siempre uso un delantal en la cocina para que la ropa no...
10. Cuando la economía de un país está en crisis, la clase media...

Distinciones: Equivalentes de *but*

Cuando estudiamos las palabras de enlace en el capítulo anterior vimos que **pero** y **sino** indican separación, oposición o contraste. Estas palabras, así como otras equivalentes de *but* no son intercambiables. Las siguientes reglas lo ayudarán a usarlas correctamente.

1. Cuando but significa *nevertheless* o *yet*, sus equivalentes en español son **pero** y **mas**. Esta última se usa por lo general en la lengua escrita.

En el pasado, no teníamos dinero, pero vivíamos en paz.	*In the past, we didn't have money but we lived in peace.*
El chico no huyó, pero estaba muy asustado.	*The boy didn't run away but he was very scared.*
A nosotros nos daba con el cinto, mas a mamá le pegaba con el puño cerrado.	*He hit us with the belt but he hit Mom with his fist.*

2. Después de una oración negativa, cuando *but* significa *but on the contrary, instead*, or *but rather*, en español se usa **sino** o **sino que**. Esta última se usa cuando la oposición es entre dos verbos conjugados.

Un hombre abusador no es un valiente, sino un pobre diablo.	*An abusive man is not a courageous man, but a poor devil.*
Mirta no es mi prima, sino mi hermana.	*Mirta is not my cousin but my sister.*
Él no usó un revólver, sino un cuchillo.	*He didn't use a gun but a knife.*
No lo dejábamos borracho en el suelo, sino que lo llevábamos a la cama.	*We didn't leave him drunk on the floor but rather we took him to bed.*
Él no me habló, sino que me miró.	*He didn't talk to me but he looked at me instead.*

Observe que todas las oraciones anteriores pueden ser respuestas a preguntas que exigen una selección entre dos posibilidades, pero que estas posibilidades se excluyen mutuamente.

¿Un hombre abusador es un valiente o un pobre diablo?

¿Es Mirta mi prima o mi hermana?

¿Usó él un revólver o un cuchillo?

¿Lo dejaron borracho en el suelo o lo llevaron a la cama?

¿Él te habló o te miró?

Si los dos elementos o las dos situaciones no se excluyen mutuamente, se usa **pero**, aunque la primera oración sea negativa. **Pero** en este caso tiene el sentido de **sin embargo** (*however*).

Mis abuelos no tienen plata, pero viven en casas decentes.	*My grandparents have no money but (however) they live in decent houses.*
Yo no la podía defender, pero quería estar cerca.	*I couldn't defend her but (however) I wanted to be close by.*

3. **No sólo (solamente)... sino (que) también (además)** significa *not only... but (also)*.

Eduardo no es sólo valiente, sino también bueno.	*Eduardo is not only courageous but also good.*

No solamente me sirvieron café sino también tostadas.	*They not only served me coffee but toast as well.*
No solamente la insultaba, sino que además le pegaba.	*He not only insulted her but he also hit her.*

4. Cuando *but* sigue a una oración afirmativa y significa *except*, sus equivalentes en español son **menos, excepto** y **salvo**.

Todos guardaban silencio menos (excepto, salvo) mi padre.	*Everybody kept silent but my father.*
Todo está bien menos (excepto, salvo) una cosa.	*Everything is all right but one thing.*
Todo está perdido menos (excepto, salvo) la esperanza.	*Everything is lost but hope.*

5. Cuando *but* significa *only* o *merely*, en español se usa **no** + verbo + **más que...** o **no** + verbo + **sino...**

Eduardo no tenía más que una hermana.	*Eduardo had but (only) one sister.*
Su relación no duró sino tres meses.	*Their relationship lasted but (only) three months.*
No había nada allí más que pobreza.	*There was nothing there but poverty.*

APLICACIÓN

A. El equivalente de *but*.

Complete, usando un equivalente de *but*.

1. **Viaje a Puerto Rico.** No conozco todo Puerto Rico, _____ he estado en San Juan y en Ponce. El centro de estas ciudades no es moderno, _____ tiene muchos edificios de arquitectura colonial. Cuando fui a San Juan, no paré en un hotel, _____ en casa de los Lago, una familia amiga mía. Su casa no tiene _____ tres dormitorios. No es una casa muy grande, _____ es muy cómoda. No hice el viaje sola, _____ con mi hermana Clemencia. No hicimos el viaje en el verano, _____ en diciembre. En Puerto Rico hace mucho calor, _____ en diciembre el calor es tolerable. Mis amigos son muy amables; no sólo me hospedaron en su casa, _____ además me mostraron toda la ciudad. Los Lago no son puertorriqueños, _____ cubanos, _____ viven en Puerto Rico hace muchos años. Todos nacieron en La Habana _____ el hijo menor, que nació en San Juan.

2. **Hablando de películas.** No me gustan las películas de miedo, ____1____ las románticas. En cambio, mi novio no quiere ver ____2____ películas de horror. No sólo las ve en el cine, ____3____ también alquila videos. Él ha visto todas las películas de esta clase, ____4____ «Las momias de Guanajuato». Cuando mi novio me invita al cine, yo no quisiera ir, ____5____ preferiría quedarme en casa viendo la

televisión. ___6___ voy de todos modos, porque no quiero que vaya solo. Veo la película, ___7___ cierro los ojos en las escenas de miedo. No sufro normalmente de insomnio, ___8___ cuando veo una película de horror no puedo dormir. No soy cobarde, ___9___ imaginativa y nerviosa.

3. **Un hombre excepcional.** No hace ___1___ un año que murió Pedro Salgado. Salgado no fue solamente un buen padre, ___2___ un ciudadano ejemplar. No fue un héroe, ___3___ hizo algunas cosas heroicas. Su biografía no sólo se publicó en un libro, ___4___ también va a ser llevada al cine. Yo leí todo el libro, ___5___ el último capítulo.

B. Pensamientos incompletos.

Complete de manera original, usando un equivalente de *but*.

1. Hacer eso no sólo es inmoral...
2. No tenemos bastante dinero para un taxi...
3. No quiso desayunar con nosotros...
4. Lucía no tiene veinte años...
5. El alcalde no mandó un representante al desfile...
6. Toda mi casa está limpia...
7. A mi tía no le gustan los macarrones...
8. Leí su carta tres veces... pero no
9. No solamente no ganó dinero...
10. Luisa no estaba en la fiesta...
11. Nunca bebo jugo de uva...
12. Mi casa no es muy grande...
13. Todos votaron por ese candidato...
14. Él no es el bandido que busca la policía...

¿Arquitecta o ingeniera? Cualquiera de las dos profesiones es posible para esta joven que lleva un plano en las manos y se protege la cabeza con un casco. Miles de mujeres hispanas como ésta compiten hoy con los hombres en campos como la industria, la ciencia y los negocios. (Dave & Les Jacobs/Blend Images/Getty Images, Inc.)

Para escribir mejor

Usos de la coma

Las comas de un escrito equivalen a pausas al hablar. El uso de la coma tiene mucho de rasgo estilístico personal, pero hay reglas generales que deben seguirse. Debe usarse la coma:

1. Para separar palabras o frases que forman una serie o conjunto.

La casa era vieja, oscura, deprimente.	*The house was old, dark, depressing.*
Inés pasó todo el día en su habitación, poniendo en orden sus papeles, pagando sus cuentas, leyendo su correspondencia.	*Inés spent the whole day in her room putting her papers in order, paying her bills, reading her mail.*

La coma se omite antes del último elemento si éste va precedido por **y (e), o (u), ni.***

¿Compraré una mesa cuadrada, redonda u ovalada?	*Shall I buy a square, round, or oval table?*
José apagó el despertador, apartó las mantas y saltó de la cama.	*José turned off the alarm clock, pushed aside the blankets and jumped out of bed.*

Si la conjunción está repetida, sí se usa la coma.

No tengo ni dinero, ni amigos, ni empleo.	*I don't have money, friends, or a job.*

2. Cuando se omite un verbo por ser igual al de la oración anterior.

Los demás estudiantes compraron libros; Elsa, no (no los compró).	*The other students bought books; Elsa didn't.*
Todos salieron con paquetes; ella, (salió) con las manos vacías.	*They all left with packages; she left empty-handed.*

3. Para separar expresiones como **efectivamente** (*precisely, in fact*), **esto es** (*that is to say*), **en realidad** (*actually*), **no obstante** (*nevertheless*), **por consiguiente** (*therefore*), **por ejemplo** (*for example*), **por supuesto** (*of course*), **por último** (*finally*), **sin embargo** (*however*), etc.

En realidad, es fácil aprender a usar la coma correctamente.	*Actually, it's very easy to learn to use the comma correctly.*
Creo, sin embargo, que tú debes practicar más.	*I think, however, that you should practice more.*

---

*Sin embargo, se permite usar coma en este caso para evitar ambigüedad. En la oración **Fernando irá con Agustín y Jacinto, mi primo, con José,** puede pensarse que Fernando irá con Agustín y con Jacinto, y que una persona diferente, el primo de la persona que habla, irá con José. Una coma después de Agustín aclararía que Jacinto es el primo y que él y José forman la segunda pareja.

4. Antes de las conjunciones que se llaman adversativas: **aunque, excepto, menos, pero, sino**.

Ella estudió bastante, pero no pudo aprobar el curso.	*She studied a lot but she couldn't pass the course.*
No eligieron tesorera del club a Juana, sino a su hermana Chana.	*They didn't elect Juana as treasurer of the club, but rather her sister Chana.*
Comeré algo, aunque no tengo hambre.	*I'll eat something although I am not hungry.*

5. Para marcar un inciso o aclaración dentro de la oración.

Don Agustín, que era muy rico, viajaba constantemente.	*Don Agustín, who was very rich, traveled all the time.*
Guadalajara, la capital de Jalisco, es la cuna de los mariachis.	*Guadalajara, the capital of Jalisco, is the cradle of mariachis.*

6. Para indicar un vocativo en cualquier posición.

Eso es, amigos, lo que voy a explicarles.	*That, my friends, is what I am going to explain to you.*
¡Pepín, ven acá ahora mismo!	*Pepín, come here right now!*

7. Después de una expresión larga que antecede al sujeto de la oración.

Cuando Joaquina se cayó de la silla, Roberto estaba en su cuarto.	*When Joaquina fell off her chair, Roberto was in his room.*
Agobiado por las pesadas alforjas, el caballo avanzaba despacio.	*Weighed down by the heavy saddlebags, the horse was advancing slowly.*

8. Para separar un sujeto muy largo del resto de la oración, evitando así confusiones. (Un sujeto corto nunca se debe separar de su predicado.)

El que hayas estado tan cerca de mi casa y no me hayas llamado para que nos encontráramos, es inexcusable.	*The fact that you were so close to my home and you didn't call me so that we could meet is inexcusable.*

APLICACIÓN

A. Comas.

Añada comas donde sea necesario.

1. Señorita dijo el jefe no estoy para nadie que llame excepto en caso de emergencia.
2. Cuando entró en la sala avanzó hacia el armario sacó una botella y una copa y se sirvió un trago.
3. Lleno de un miedo irracional Roberto no se atrevió a desobedecer al hombre que lo miraba de modo amenazante.
4. Pablo Jacinto e Isabel son primos míos; Teresa no.
5. Las angustias que sufrió en aquella difícil época de su vida y los problemas económicos que tuvo que superar fortalecieron su carácter.
6. Voy a firmar esa carta por supuesto aun cuando el hacerlo me perjudique.
7. María después que termine de limpiar la alfombra haga el favor de sacudir los muebles lavar los platos y barrer la cocina.
8. Mi novio no es ni guapo ni rico ni aristocrático pero yo lo quiero como si lo fuera.
9. Todos rieron del chiste de Elena; yo en cambio me quedé serio.
10. Hijo mío muchos van a fallarte en la vida; tu madre nunca.
11. En la finca de mi tía había caballos ovejas cabras y vacas.
12. El extranjero que no sabía mucho español nos hizo repetir varias veces la explicación hasta que por fin la comprendió.
13. Nunca he visto una persona tan llena de vida tan alegre tan optimista como tu hermana Rosario.
14. Cuando despertó a la mañana siguiente no recordaba nada de lo que había pasado.

B. Comas ausentes.

En los siguientes pasajes literarios se han suprimido las comas. Póngalas.

1. Cuentan que un viajero llegó un día a Caracas al anochecer y sin sacudirse el polvo del camino no preguntó dónde se comía ni se dormía sino cómo se iba a donde estaba la estatua de Bolívar. Y cuentan que el viajero solo con los árboles altos y olorosos de la plaza lloraba frente a la estatua que parecía que se movía como un padre cuando se le acerca un hijo. El viajero hizo bien porque todos los americanos deben querer a Bolívar como a un padre. Bolívar no defendió con tanto fuego el derecho de los hombres a gobernarse a sí mismos como el derecho de América a ser libre. Los envidiosos exageraron sus defectos. Bolívar murió de pesar del corazón más que de mal del cuerpo en la casa de un español en Santa Marta. Murió pobre y dejó una familia de pueblos.

   José Martí, «Tres héroes»

2. Un adivino a quien nadie conocía penetró al palacio por el pórtico que daba a la Plaza de la Alegría lanzando voces desgarradoras. Con el cabello largo y desgreñado las facciones descompuestas por el terror envuelto en un rebozo de púrpura en jirones corriendo y saltando cual si pisase en millares de clavos candentes buscaba con ojos desorbitados no se sabe qué cosas tremendas e inauditas en los muros en los monolitos cubiertos de oro en las soleras de los techos en las estatuas y pilastras en el aire mismo.

   César Vallejo, «Hacia el reino de los sciris»

3. En aquella ciudad tropical modesto emporio al que llegaban ocasionales compradores enviados por compañías tabacaleras la vida se deslizaba monótonamente. Cuando algún barco fondeaba en el puerto nuestro cónsul festejaba el acontecimiento con un banquete en el salón morisco del hotel Palmas. El invitado de honor era siempre el capitán a quien el negrito del consulado llevaba la invitación a bordo con el ruego que la extendiera a un grupo elegido por él de oficiales y pasajeros. Aunque la mesa descollaba por lo magnífica el calor húmedo volvía desabridos y hasta sospechosos los más complicados productos del arte culinario de modo que únicamente mantenía allí su atractivo la fruta; mejor dicho la fruta y el alcohol.

Adolfo Bioy Casares, «La pasajera de primera clase»

Estas jovencitas viven temporalmente en la Casa de las Mercedes, un centro de rehabilitación de la ciudad de México donde encuentran albergue y protección jóvenes entre 9 y 23 años, frecuentemente víctimas de abusos en sus hogares o en la calle. Desde su fundación en 1994, la Casa de las Mercedes ha ayudado a cientos de adolescentes, muchas de ellas madres solteras. (Mario Guzman/©Corbis)

TEMAS PARA COMPOSICIÓN

Escriba una composición sobre uno de estos temas.

1. **El Día Internacional de la Mujer.** Busque datos en la red sobre la historia de esta conmemoración. ¿En qué fecha se celebra? ¿Cómo surgió la idea de celebrar este día? ¿Qué sucedió en Nueva York en 1908 y qué importancia tuvo esto en el movimiento feminista? Primero exponga los datos que encontró y después dé su opinión personal sobre este tema.

2. **El Día Internacional de la Eliminación de la Violencia contra la Mujer (DIEVCM).** Busque información en la red sobre esta conmemoración y su historia. ¿En qué fecha se celebra? ¿Qué país propuso esta conmemoración? ¿En honor de quiénes se instituyó este día? ¿Qué participación tuvieron las Naciones Unidas en la creación de esta conmemoración? (Si Ud. escoge este tema, le interesará leer el libro de la escritora dominicana Julia Álvarez *En el tiempo de las Mariposas*, sobre la vida de las hermanas Mirabal.)

3. **La presente situación social de la mujer en los Estados Unidos.** ¿En qué difiere de la de hace cien años? ¿En qué sentido es diferente el tratamiento de nuestra sociedad a hombres y mujeres? ¿Cree Ud. que todavía existe discriminación contra la mujer? ¿En la vida social? ¿En el trabajo? Explique su opinión.

4. **El abuso contra los ancianos.** No se habla mucho de esto, pero existe. ¿De qué manera se abusa de los ancianos en algunas instituciones? ¿De qué manera se abusa en el hogar? A veces, el abuso es con golpes e insultos, pero otras veces es de tipo, por ejemplo, económico. ¿Qué casos ha leído Ud. en las noticias de abuso a personas mayores? ¿Ha conocido Ud. algún caso personalmente?

CAPÍTULO 5

La guerra entre fumadores y no fumadores existe en la mayoría de los países. Este joven español disfruta de su cigarrillo, desafiando el símbolo de «No fumar». (EFE/Zuma Press)

Lectura

Introducción

La lectura de este capítulo es un artículo de Juan David Medina que se publicó en la revista colombiana *Semana*. Hoy en día, los países hispánicos enfrentan problemas sociales similares a los de los demás países del mundo occidental, y la guerra entre los fumadores y los que quieren acabar con el tabaco por los efectos nocivos que produce es uno de estos problemas.

Como el título «Calvario de un fumador» indica, en el artículo el autor nos relata sus sufrimientos. Vamos a ver aquí el problema desde el punto de vista de una minoría: los fumadores. Un detalle interesante es que los fumadores colombianos, si quieren satisfacer su vicio, deben vencer un obstáculo adicional que no existe para los fumadores de los Estados Unidos: parece que la mayoría de ellos prefieren fumar cigarrillos norteamericanos, cuya adquisición se ha hecho más y más difícil, pues su importación está prohibida y el contrabando de los mismos ha sido perseguido eficazmente por el gobierno.

El autor comienza evocando la época «feliz» en la que en Colombia se conseguían fácilmente cigarrillos norteamericanos de contrabando; era la época en que fumaba mucha más gente que ahora y se podía fumar en todas partes. A continuación, nos relata su «calvario», que divide en cinco etapas. Al final del artículo, Medina comenta los distintos métodos para acabar con la adicción al tabaco que ha probado sin éxito, y afirma que seguirá fumando hasta morir. Cosa que, considerando las estadísticas, es probable que suceda, por desgracia, más pronto de lo que él piensa.

Calvario° de un fumador	Sufrimientos
Llevo media vida fumando: 14 años. Y la mitad de esos cinco millones de pesos° en cigarrillos me los he gastado en Bogotá. Me parecía el lugar ideal para los fumadores: clima frío, buenos precios y una acogedora gama° de sitios donde	**cinco...** *$2682 U.S.* **acogedora...** *welcoming variety*
5 rara vez se advertía° el letrero de «Zona de no fumadores», y mucho menos el terrífico° «Prohibido fumar».	veía horrible
Corría° el año de 1997 y la bonanza contrabandista, aún en auge°, me permitía el lujo de comprar Marlboro original americano por la módica° suma de 1.500 pesos° el paquete.	Era **en...** *flourishing* modesta / *$0.57*
10 En los sanandresitos° este valor se reducía a la mitad. Para los excéntricos, se conseguía Ives Saint Laurent (el único mentolado bueno que ha existido), John Player Special, Dunhill, Capri (especial para las señoras que jugaban bridge), Benson & Hedges y Camel (único equiparable° en	grandes centros comerciales colombianos comparable
15 calidad al Malboro), a precios similares y en perfecto estado, es decir, fresquitos°, porque con los cigarrillos sucede lo contrario que con el trago°: entre° más frescos, mejor.	muy frescos el licor / mientras
Se fumaba en las tiendas, en los cafés, en las bibliotecas, en algunos cines. Hasta los profesores fumaban y dejaban	
20 fumar en los salones de colegios y universidades sin ningún pudor ni recato°.	**sin...** *shamelessly*

Siguiente°: Fanny Kertzman llega a la DIAN.*

Pero el sueño bogotano duraría poco. La llegada de Fanny Kertzman a la dirección de la DIAN sería el comienzo del fin. En menos de un año, Fanny y sus perros doberman acabaron con el contrabando de cigarrillos. Ahora sólo se podía comprar Marlboro venezolano, que nunca será igual al americano, así como la Coca Cola colombiana nunca sabrá igual que la gringa. O se arriesgaba uno a comprar cigarrillos americanos que llevaban años en containers olvidados, con unas manchas amarillas en el filtro y un olor asqueroso°, a berrinche°. Quedaba, por supuesto, la opción nacional, que nunca ha sido de mi gusto.

Luego vendrían° las campañas publicitarias contra el tabaco: «Fumar no te hace grande°. Sólo te ves como una niña que fuma», «Los fumadores: una especie en vías de extinción» (con dinosaurios como muestra) y «Fumar no te hace ver sexy» (con bocas llenas de colillas°). La meta° era reducir los índices de nuevos fumadores. De todas formas°, seguí fumándome mis quince diarios.

Siguiente: Escasea el Marlboro.

Subieron los precios, y el Marlboro comenzó a desaparecer, y ya no se encontraba en los anaqueles° de casi ningún supermercado.

El arribo° de dos monstruos estaba acaparando° el mercado. Kool y Belmont hicieron su entrada triunfal, con sendas campañas° publicitarias. Había chicas Kool en todas las universidades, meneándose° y regalando cajas de cigarrillos. Hoy en día, la mayoría de los fumadores jóvenes de Bogotá se ubica° entre estas dos marcas. Lo light y lo mentolado se apoderaron de las mentes, barrigas° y pulmones de los colombianos. La gente cree que entre más light hace menos daño, y es todo lo contrario, porque trae más químicas el filtro para darle un sabor suave o mentolado.

Siguiente: La opresión se vuelve mundial.

Los fumadores ni nos inmutamos° con todas esas campañas, que al fin no servían para nada, hasta que llegó el nuevo milenio, y con él la desesperación de los países por hacer cambios en su devenir°. Mientras en Estados Unidos los fumadores con cáncer demandaban° a la Philip Morris por adicionar una sustancia adictiva dentro de sus cigarrillos, en Europa la presión de países como Irlanda y

---

Glosses (right margin):

- *Next*
- que da náuseas
- *foul smell*
- vinieron
- adulto/a
- *cigarette butts* / **La...** El propósito
- **De...** *Anyway*
- estantes
- **El...** La llegada / monopolizando
- **con...** cada uno con su propia campaña
- moviéndose rítmicamente
- coloca
- *bellies*
- **ni...** no perdimos la calma
- futuro
- *sued*

---

*La DIAN es la Dirección de Impuestos y Aduanas Nacionales. Fanny Kertzman fue directora de esta organización por un tiempo. Ahora es Embajadora de Colombia en Canadá.

60 Noruega (que no dejan fumar ni en la calle) sirvió para que
la Organización Mundial de la Salud (OMS) presentara un
tratado° que involucra° a los 192 países que pertenecen a la   *treaty* / incluye
Organización de las Naciones Unidas, en el que se prohíbe
rotundamente la publicidad de cigarrillos y se suben los
65 precios e impuestos del tabaco hasta en un 40 por ciento.

Philip Morris perdió la demanda° y hoy muchos   *lawsuit*
fumadores norteamericanos viven bien sus últimos días
gracias a su vicio.

Todavía faltan países por firmar el tratado europeo, entre
70 ellos, Colombia. Para aprobarlo, debe existir un consenso
entre todos los ministerios, y resulta que el de Agricultura no
lo aprueba, porque esta medida dejaría sin empleo a 125 mil
campesinos que derivan su sustento del° cultivo del tabaco.   **derivan...** *make their living*
Aunque el convenio plantea° un fondo° para la reconversión   *from the* / propone / *fund*
75 de cultivos, eso mismo les dijeron a los raspachines° de   cultivadores (Col.)
coca*, y actualmente son desplazados°.   personas sin tierra ni
                                                            trabajo

Siguiente: El Código de Policía.

Como contentillo° para la OMS mientras se firma el   *appeasement*
convenio, la Policía Nacional incluyó una estricta prohibición
de fumar en sitios públicos, con pena desde multa hasta
80 cierre de los establecimientos y detención por desobediencia.

La primera vez que sufrí ira de° fumador frustrado fue   **sufrí...** me enojé como
en el Café Victoria de la Universidad Javeriana. Ya con el
tinto° en la mano, procedí a encender mi cigarrillo, cuando la   café negro (Col.)
mesera° objetó que ahí no se podía fumar. Tuve que salir   camarera
85 y dejar el tinto ahí, porque no tenían vasos desechables°.   **vasos...** *paper cups*

En menos de lo que canta un gallo°, los locales   **En...** *In a jiffy*
comerciales de la ciudad se vieron inundados con el
letrero que más detesto: «Prohibido fumar». Yo creo que
nos estamos extinguiendo, como en el comercial de los
90 dinosaurios. Pero más que nostalgia personal, tengo la
preocupación de qué vicios peores han reemplazado al
cigarrillo en la juventud bogotana. Las pepas° se venden   drogas
como pan caliente°, y el riesgo de muerte es mil veces mayor.   **se...** *are in great demand*

Siguiente: Lo que queda por fumar y por hacer.

Si antes era tortura acompañar a la mamá o a la novia de
95 compras, ya he vivido en carne propia° lo que es hacerlo sin   **en...** por experiencia
poder fumar. Ya no se puede fumar en casi ningún centro   personal
comercial.

Un dato útil: en Bulevar Niza sí se puede fumar en todo
el centro comercial sin problema. Claro que si la policía

---

*Muchos campesinos colombianos vivían del cultivo de la coca. En un esfuerzo por erradicar la droga, el gobierno
les impidió seguir cultivándola y prometió ayudarlos si cambiaban a otro cultivos, pero parece que no ha cumplido
su promesa.

100 se entera, en una semana ya no se podrá. En tiendas,
restaurantes y cafés que no tengan sillas al aire libre no se
puede fumar. Ni siquiera en mi casa me dejan fumar.
Y bueno, esto es bien triste.

Un consejo para fumadores: vayan siempre al mismo
105 sitio y háganse amigos del dueño, con eso los dejará
fumar, escondidos, eso sí, en el último y más feo rincón
del establecimiento. Acostúmbrense a fumar y tomar tinto
parados a la entrada de la tienda, o sentados en el andén°,   acera (Col. y C.A.)
o contra una ventana abierta.

110 La OMS dice que en los hogares más pobres se destina
el 10% de los ingresos a sufragar° los gastos del tabaco. Yo,   pagar
que soy pobre, les puedo asegurar que sale más caro dejar
de fumar. Averigüen cuánto valen diez parches de nicotina
al mes, o siete cajas de chicles Nicorette a la semana o un
115 tratamiento Reike, que te quita las ganas de fumar con unos
cuarzos sobre todo tu cuerpo durante una hora por dos meses, una vez a la semana. Yo lo intenté todo y ya lo único que
quiero es seguir fumando hasta morirme contento, pero que
me dejen hacerlo en paz, por favor.

Éste es uno de los anuncios de la campaña antitabaco colombiana que se menciona en la lectura. (©Instituto Nacional de Cancerología, Colombia, cortesía del Dr. Raúl H. Murillo.)

APLICACIÓN

A. Vocabulario.

Reemplace las palabras en cursiva con sus equivalentes de la lista.

acaparaban / anaqueles / el arribo / asquerosa / en auge / un calvario / colillas / en carne propia / gama / la meta / menean / módico / sienten ira / sin inmutarse / terríficos / el trago / tratados

Hablando de fumadores y de no-fumadores.

1. Muchos de los enemigos del tabaco tienen también *sufrimientos* que relatar, pues han sufrido *por experiencia personal* los efectos *horribles* que esta adicción tiene en la salud, y la consideran un vicio tan malo como *la bebida*. Para estas personas, el fumar es una adicción *que da asco*. Los que son alérgicos al cigarrillo *se enojan* cuando ven *extremos de cigarrillos* en un cenicero.

2. La industria del tabaco no está *próspera* en estos momentos, en parte, por causa de los *convenios* que han firmado muchos países, con *el propósito* de erradicar el hábito de fumar. Con tantos impuestos, fumar ya no representa un gasto *razonable*. Aunque todavía hay personas que siguen fumando *tranquilamente*.

3. Antes, marcas como Marlboro y Camel *monopolizaban* el mercado, pero esto cambió con *la llegada* de los cigarrillos light y mentolados. Ahora hay una gran *variedad* de marcas en los *estantes* de las tiendas donde se vende tabaco. El narrador habla de las chicas Kool, que se *mueven con ritmo* con la música del anuncio, pero en los Estados Unidos no hay chicas Kool, pues ya no se permite esta clase de propaganda.

B. Comprensión.

Conteste según la lectura.

1. Según el autor del artículo, ¿qué características de Bogotá la hacían ideal para los fumadores?
2. ¿Por qué podía el autor comprar muy barato el Marlboro en 1997?
3. ¿Qué lugares menciona el autor donde se podía fumar en el pasado?
4. ¿Qué hizo Fanny Kertzman?
5. ¿Qué problema tenían los cigarrillos americanos viejos?
6. ¿Qué campañas publicitarias anticigarrillos menciona el autor?
7. ¿A quién iba dirigida la campaña de los cigarrillos Kool y cómo era?
8. ¿Por qué hace más daño el cigarrillo light que el regular?
9. ¿Qué hicieron en los Estados Unidos los fumadores con cáncer?
10. ¿Qué propone el tratado de la OMS?
11. ¿Por qué el Ministerio de Agricultura de Colombia no quiere que se apruebe el tratado?
12. ¿Qué le pasó al narrador en el Café Victoria?
13. ¿Por qué acompañar a la madre o a la novia de compras es ahora peor que antes?
14. ¿Qué consejos da el autor a los fumadores?
15. ¿Qué métodos para dejar de fumar menciona el autor?

C. Interpretación.

Conteste según su opinión personal.

1. ¿Cómo sabemos que la persona que escribe este artículo es joven?

2. El autor indica qué marcas de cigarrillos prefieren los diferentes tipos de personas. ¿Es cierto que la marca de cigarrillos que uno prefiere depende del tipo de persona que sea?

3. ¿Hay un tipo de persona que no fuma y otro que sí? Explique su opinión.

4. ¿Cree Ud. que los perros doberman que el narrador menciona se entrenaron con el único propósito de parar el contrabando de cigarrillos? ¿O había contrabandos más importantes que querían impedir? Explique.

5. Según el autor, la Coca-Cola colombiana no sabe igual que la gringa. ¿Es esto también cierto en otros países? Si es así, ¿cuál será la razón?

6. ¿Son efectivas las campañas anticigarrillo? ¿Por qué (no)?

7. Al hablar de las demandas contra la Philip Morris, el autor comenta que muchos fumadores norteamericanos viven hoy bien sus últimos días gracias a su vicio. ¿Por qué dice esto?

8. El autor cuenta que dejó el tinto y salió del Café Victoria cuando la camarera le dijo que no podía fumar. Basándonos en esto, ¿qué podemos inferir de su adicción?

9. El autor menciona un centro comercial donde todavía se puede fumar y dice que si la policía se entera, ya no se podrá. ¿Por qué es un poco absurdo que, siendo fumador, escriba esto en una revista?

D. Intercambio oral.

Use los temas en un intercambio oral con sus compañeros de clase.

1. **La persecución contra los fumadores.** Se ha comparado la actitud de nuestra sociedad contra los fumadores con una cacería de brujas. ¿Por qué (no) es esto una exageración? ¿Tiene derecho la sociedad a prohibir que una persona fume en público? ¿Hasta qué punto infringe esto la libertad individual? ¿Es el fumar «de segunda mano» tan peligroso como dicen? ¿Por qué (no)?

2. **Las prohibiciones de fumar en los EE. UU.** El autor cita tiendas, cafés, bibliotecas, cines y hasta salones de clase como lugares donde antes se fumaba en Colombia. ¿Era posible antes en los Estados Unidos fumar en todos estos lugares? ¿Es posible fumar ahora en algún lugar público? ¿Dónde se puede y no se puede fumar? ¿Varían estas reglas según el estado o son iguales en todo el país?

3. **Las demandas contra la compañía Philip Morris.** ¿Hasta qué punto son responsables las compañías de tabaco de los fumadores enfermos y muertos de cáncer? ¿No fumaban estos fumadores voluntariamente? ¿Por qué perdió el pleito la compañía? ¿Por qué (no) hay diferencias entre este caso y el de un alcohólico que demande a los fabricantes de bebidas por su alcoholismo?

4. **Los perjudicados por las campañas antitabaco.** El artículo menciona los 125.000 campesinos que viven del cultivo del tabaco y que se morirán de hambre si el cultivo desaparece. ¿Por qué (no) es éste un argumento suficientemente fuerte? ¿Hay diferencias entre estos campesinos y los que cultivaban la coca? ¿Qué debe hacer el gobierno?

Sección gramatical

The Subjunctive with Impersonal Expressions

Most impersonal expressions fall into one of the categories that call for the subjunctive (wish, doubt, emotion, unreality, etc.) and, therefore, require the subjunctive when there is a change of subject.

Common Impersonal Expressions

bastar	*to be enough*
convenir	*to be advisable*
parecer mentira	*to seem incredible, impossible*
poder ser	*to be possible*
¡Qué lástima!	*What a pity!*
ser bueno	*to be a good thing*
ser difícil	*to be unlikely*
ser dudoso	*to be doubtful*
ser extraño	*to be strange*
ser importante	*to be important*
ser (im)posible	*to be (im)possible*
ser (im)probable	*to be (un)likely*
ser (una) lástima	*to be a pity*
ser necesario, ser preciso	*to be necessary*
ser preferible	*to be better, preferable*
ser urgente, urgir	*to be urgent*
valer más	*to be better*
valer la pena	*to be worthwhile*

*Pepito era un niño muy inteligente. **Bastaba** que el maestro le explicara las cosas sólo una vez.*

Pepito was a very intelligent child. It was enough for the teacher to explain things to him just once.

*¡**Qué lástima** que Betty no hable español! **Conviene** que aprenda por lo menos algunas frases.*

What a pity that Betty doesn't speak Spanish! It is advisable that she learn at least some phrases.

***Parecía mentira** que Yoli hubiese olvidado tan pronto todo lo que hice por ella.*

It seemed incredible that Yoli had forgotten so soon all I did for her.

***Puede ser** que Eduardo no sepa que se canceló la reunión. **Sería bueno** que se lo dijésemos.*

It is possible that Eduardo doesn't know that the meeting was canceled. It would be a good thing (idea) for us to tell him.

Es necesario que Juan David deje de fumar.	*It is necessary that Juan David stop smoking.*
¿Era posible que los parches de nicotina no fueran eficaces?	*Was it possible that nicotine patches were not effective?*
Es urgente que estemos en Medellín mañana, pero *es difícil* que encontremos asiento en el avión. *Sería preferible* que saliésemos ahora mismo en auto.	*It is urgent for us to be in Medellín tomorrow but it is unlikely that we will find a seat on the plane. It would be better for us to leave right now by car.*
Será preciso que uno de nosotros vaya contigo. No conoces la ciudad y *es muy probable* que te pierdas.	*It will be necessary for one of us to go with you. You don't know the city, and it is very possible that you will get lost.*
No valió la pena que plantaras tantos rosales en el jardín. En el futuro, *valdrá más* que siembres otra clase de flores.	*It wasn't worthwhile for you to plant so many rosebushes in the garden. In the future, it will be better for you to put in other kinds of flowers.*

There is also a less-common alternate construction that combines an indirect object pronoun and an infinitive. This construction is often heard when the speaker wishes to place the emphasis on the *person* rather than on the *action*.

Pepito era un niño muy inteligente. Al maestro le bastaba explicarle las cosas una sola vez.	*Pepito was a very intelligent child. It was enough for the teacher to explain things to him just once.*
No te valió la pena plantar tantos rosales en el jardín. En el futuro, te valdrá más sembrar otra clase de flores.	*It wasn't worthwhile for you to plant so many rosebushes in the garden. In the future, it will be better for you to put in other kinds of flowers.*

Avoid translating *for me* (*you*, etc.) as **para mí** (**ti**, etc.).

Note that if there is no change of subject, the infinitive is used.

Es urgente estar en Medellín mañana, pero será difícil encontrar asiento en el avión. Sería preferible salir ahora mismo en auto.	*It is urgent to be in Medellin tomorrow, but it will be difficult to find a seat on the plane. It would be better to leave right now by car.*

Impersonal expressions that indicate certainty take the indicative: **ser cierto, ser evidente, ser verdad, ser un hecho, estar claro**, etc.

Es cierto que Carmen hace ejercicio todos los días.	*It is true that Carmen exercises every day.*

When used negatively the above expressions often indicate uncertainty and take the subjunctive: **No es cierto que Carmen haga ejercicio todos los días.**

No + **ser** + **que... sino que...** denies the reality of the main verb and it normally requires the subjunctive. Observe the sequence of tenses.

No es que me guste el café, sino que el café me mantiene despierto.

It is not that I like coffee, but rather that coffee keeps me awake.

No era que Juan David no pudiera dejar de fumar, sino que no quería.

It wasn't that Juan David wasn't able to stop smoking, but rather that he didn't want to.

APLICACIÓN

A. Situaciones y reacciones.

Combine las expresiones entre paréntesis con las oraciones, cambiando los verbos a los tiempos correctos del subjuntivo si es necesario.

Modelo: El profesor no ha llegado todavía. (Es extraño / Es evidente)
→ ***Es extraño** que el profesor **no haya llegado** todavía.*
***Es evidente** que el profesor **no ha llegado** todavía.*

1. Nos vamos sin decir adiós. (Será mejor / Es importante)
2. Le habías hecho un buen regalo a Jacinto. (Bastaba / Parecía mentira)
3. Tuvisteis que sacar todo el dinero del banco. (Sería una pena / Es cierto)
4. Pablo se ha quedado sin empleo. (¡Qué lástima! / Es extraño)
5. No pude llegar a tiempo. (Fue lamentable / Fue bueno)
6. La víctima del accidente había muerto. (Podía ser / Era falso)
7. Consigues buenos asientos para el teatro. (Es fácil / Es imposible)
8. El testigo ha declarado la verdad. (Es evidente / Es dudoso)
9. Virginia no le había contado lo sucedido a su madre. (Valdría más / Era mejor)
10. Nos veremos mañana a las seis. (Será difícil / Va a ser preciso)

Vista exterior de Atlantis Plaza, uno de los centros comerciales más nuevos de Bogotá, que se encuentra en la Zona Rosa, una sección elegante de la ciudad, famosa por su vida nocturna. En este centro comercial, como en los demás de Bogotá, no se puede fumar. (NewsCom)

B. Dos reacciones originales.

A continuación de cada párrafo se dan varias expresiones impersonales. Escoja de cada grupo las dos que le parezcan más apropiadas, y use cada una de ellas en una oración que se relacione con el contenido del párrafo.

1. a. Panchita se despertó sobresaltada. ¡Se había quedado dormida! La noche anterior, había olvidado sacar el botón del despertador y, como resultado, éste no había sonado.
        ¡Qué lástima! / Era evidente / Estaba claro / Parecía mentira

    b. Eran ya las ocho y media. Se tiró de la cama y entró frenética en el baño. No iba a poder llegar a la clase de las nueve, y ese día había un examen.
        Era urgente / Era necesario / Era dudoso / Era difícil

    c. Mientras se vestía apresuradamente, Panchita debatía consigo misma si debería ir, aunque llegara tarde. En ese caso, tendría que explicarle a la Dra. Castillo lo sucedido. La otra posibilidad era no aparecerse e inventar una excusa para contarla en la clase del miércoles.
        Era preciso / Era posible / Valía más / Era preferible

2. a. Su abogado defensor era uno de los mejores del país. Sin embargo, Vicente Romero sentía en el fondo del alma un marcado escepticismo sobre el futuro. La libertad le parecía un sueño remoto.
        Era evidente / Era un hecho / Podía ser / Era posible

    b. Era inocente, pero nadie creía sus palabras. Las circunstancias lo incriminaban. Alarcón y él se habían odiado por muchos años y varios testigos lo habían oído amenazarlo.
        Era verdad / Era casi imposible / ¡Qué lástima! / Era dudoso

    c. Nadie había visto el crimen, pero Vicente no podía probar dónde estaba a esa hora. Esto y sus amenazas eran suficientes para condenarlo.
        Era cierto / Era (muy) posible / Era casi seguro

C. Las opiniones de Fernando.

Su amigo Fernando siempre se equivoca en sus opiniones sobre la gente. Corrija cada una de sus afirmaciones usando la construcción **No + es + que... sino que...**

Modelo: A tu padre no le gusta fumar. (el médico le ha prohibido el cigarro)
            → *No es que a mi padre no le guste fumar, sino que el médico le ha prohibido el cigarro.*

1. María es muy pobre. (es muy tacaña con su dinero)
2. Jorge se ha olvidado de llamarnos. (su teléfono no funciona)
3. A Renato le encanta caminar. (necesita hacer ejercicio)
4. El profesor habla demasiado rápido. (tú no comprendes bien el español)
5. No te interesan los deportes. (no tengo tiempo de practicarlos)
6. Jesús tiene miedo de volar. (no quiere viajar ahora)
7. Herminia no ha estudiado para el examen. (el examen es muy difícil)
8. Elena no sabe bailar. (le duelen los pies)
9. El coche de Luis es nuevo. (lo cuida mucho)
10. No te gusta el dulce. (no quiero engordar)

D. Volver al pasado.

Cambie al pasado las oraciones que formó en el ejercicio anterior.

Modelo: *No **era** que a mi padre no le **gustara** fumar, sino que el médico le **había prohibido** el cigarro.*

The Subjunctive in Relative Clauses

Relative clauses, also called adjectival clauses, modify nouns as an adjective would. They are most commonly introduced by the relative pronoun **que**. Relative clauses take either the indicative or the subjunctive according to the criteria described below.

1 The subjunctive is used in relative clauses introduced by **que** when the antecedent is hypothetical, nonexistent, or unknown to the speaker.

Quiero comprar un automóvil que consuma poca gasolina.	*I want to buy a car that uses little gas.* (The speaker is not referring to any specific car.)
No encontrarás aquí a nadie que esté de acuerdo contigo.	*You won't find anyone here who agrees with you.* (The speaker is denying the existence of the person.)
¿Hay alguien en esta clase que haya estado en el Perú?	*Is there anyone in this class who has been to Peru?* (The speaker doesn't know whether the person exists.)

But:

Tengo un automóvil que consume poca gasolina.	*I have a car that uses little gas.*
Te equivocas, aquí hay varias personas que están de acuerdo conmigo.	*You are wrong; there are several persons here who agree with me.*
En esta clase hay dos estudiantes que han estado en el Perú.	*There are two students in this class who have been to Peru.*

Every time that one lists the characteristics of an unknown person or thing that one is seeking, the subjunctive must be used. This case is very common in everyday usage. If you read the classified ad section in any Spanish newspaper, you will realize how frequently the subjunctive is used.

APLICACIÓN

A. Se busca y se ha encontrado.

Forme oraciones combinando las palabras entre paréntesis con las cláusulas que se dan. Si es necesario, ponga los verbos en el tiempo correcto del subjuntivo.

Modelo: Un mecánico que es bueno. (Busco)
→ *Busco un mecánico que **sea** bueno.*

1. Una chica que sabía jugar al tenis. (Deseaban contratar)
2. Una casa que tiene diez habitaciones. (Ella es dueña de)
3. Algún estudiante que no había pagado su matrícula. (¿Había allí...?)
4. Una secretaria que habla japonés. (Se solicita)

5. Un colchón que es cómodo. (Necesito)
6. Algún pintor que no cobra mucho. (¿Conoces...?)
7. Asientos que estaban en las primeras filas. (Queríamos)
8. Un restaurante donde se come muy bien. (He encontrado)
9. Plazo que no llega ni deuda que no se paga. (No hay)
10. Un gato que cazaba ratones. (Ella necesitaba)
11. Una mujer que tiene dinero. (Él quiere casarse con)
12. Un periodista que había ido a la guerra. (Necesitaban)
13. Puede estar una semana sin dormir. (No hay nadie que)
14. Alguien que ha podido subir esa montaña (¿Hay...?)
15. Unos zapatos que me quedaban bien. (Buscaba)

DE INTERNET (ARGENTINA)

PARA ELLOS	PARA ELLAS
♣ Busco un hombre que quiera vivir solo, pero ocasionalmente guste de una buena compañía. No quiero compromisos. Quiero un señor que sea solvente y tenga menos de 60 años. Tengo 54, mido 1.65, peso 65 kilos, soy trigueña, viuda y propietaria. Lomas de Zamora. #1612	♣ Con fines serios deseo conocer a una dama de hasta 42 años, de cualquier estado civil, que sea simpática, cariñosa, apasionada y honesta y que tenga mentalidad moderna. Estoy libre, de buena posición, sincero y tengo mucho amor para dar. #2572
♣ Soltera, 24 años, 1.70, delgada, blanca, muy juvenil, divertida, bonita, moderna, romántica. Me encantaría conocer a un hombre de más de 25 años, buen carácter, profesional, que no tenga hijos, que sea divertido, delgado y sepa bailar. Alesia, San Juan. #2403.	♣ Viudo, busco una dama de 60 a 65 años, sana, sencilla, que no fume, que no sea gorda, sin cargos de familia y que viva en la capital o los alrededores. #1159
♣ Señora viuda de 79 años, dulce y cariñosa, limpia y prolija. Deseo conocer a un señor de hasta 83 años, ordenado, jubilado, que sea sincero y que no fume. Isabel. #5914.	♣ Deseo conocer a una joven de menos de 25 años, bien parecida, que no fume, que guste de la buena música, sea educada y con situación económica resuelta. Para constituir una pareja estable. Tengo 41 años, separado legalmente, propietario. Alfredo. #1118

Estos anuncios aparecieron en una página web dedicada a los que buscan amor y compañía. Fíjese en el uso del subjuntivo en los verbos que explican las cualidades que debe tener la persona. Por ejemplo, en el primer anuncio encontramos las especificaciones «que quiera vivir solo» , «[que] guste de una buena compañía», «que sea solvente», «[que] tenga menos de 60 años». Lea todos los anuncios y encuentre los subjuntivos que se usan.

B. Un anuncio personal.

¿Qué cualidades son más importantes para Ud. en una persona con quien desea tener una relación sentimental? Escriba un anuncio usando tantos subjuntivos como pueda para explicar los requisitos que debe llenar esta persona.

C. Una oferta de empleo.

Alguien necesita un/a empleado/a que tenga exactamente las cualidades que Ud. tiene. Prepare un anuncio imaginario de periódico y enumere en él estas cualidades.

D. Un profesor ideal.

¿Cómo sería, para Ud., un/a profesor/a ideal? Explique, usando el mayor número de verbos en el subjuntivo que pueda, las buenas cualidades que espera encontrar Ud. en un/a profesor/a.

2   When the verb in the relative clause expresses an action or state that refers to the future or whose outcome is not known to the speaker, the subjunctive must be used.

Él hará lo que le digas.	*He will do what you tell him (to do).* (You haven't given him any orders yet.)
Le pediré dinero al primer amigo que me encuentre.	*I will ask for money from the first friend* (whoever he may be) *that I run into.*
Juan David estaba dispuesto a pagar lo que le pidieran por los cigarrillos.	*Juan David was willing to pay whatever price they asked for the cigarettes.* (They hadn't told him the price yet.)
Coma todo el pollo que quiera por cinco dólares.	*Eat all the chicken you want for five dollars.* (The amount of chicken the person may want is unknown to the speaker.)

But:

Él hizo lo que le dijiste.	*He did what you told him (to do).*
Le pedí dinero al primer amigo que me encontré.	*I asked for money from the first friend I ran into.*
Juan David siempre está dispuesto a pagar lo que le piden por los cigarrillos.	*Juan David is always willing to pay what they ask for the cigarettes.* (A customary action.)
Comió todo el pollo que quiso por cinco dólares.	*He ate all the chicken he wanted for five dollars.*

3   The following indeterminate expressions take the subjunctive when they refer to a hypothesis or possibility; they take the indicative if the user makes a statement of fact or reality: **cualquiera que, cualquier** + noun + **que, comoquiera que, dondequiera que.**

Cualquiera que nos ayude será recompensado.	*Anyone who may help us will be rewarded.*
Él comerá cualquier comida que le sirvan.	*He will eat whatever food they may serve him.*
Dondequiera que Ud. vaya encontrará pobreza.	*Wherever you may go, you will find poverty.*
Comoquiera que lo haga, lo hará bien.	*However he may do it, he will do it well.*

But:

Cualquiera que nos ayudaba era recompensado.	*Anyone who helped us was rewarded.*
Él siempre come cualquier comida que le sirven.	*He always eats whatever food they serve him.*
Dondequiera que fui, encontré pobreza.	*Wherever I went, I found poverty.*
Comoquiera que lo hace, lo hace bien.	*However he does it, he does it well.*

4 The following proportionate comparisons use the first verb in the subjunctive when the speaker is referring to what is hypothetical or future; otherwise, the indicative is used.

Mientras* más estudien, más aprenderán.	*The more they study, the more they will learn.*
Mientras menos comas, más adelgazarás.	*The less you eat, the more weight you will lose.*
Mientras menos se toque Ud. la herida, mejor.	*The less you touch your wound, the better.*
Mientras más cerezas comas, más querrás comer.	*The more cherries you eat, the more you will want to eat.*

But:

Mientras más estudian, más aprenden.	*The more they study, the more they learn.*
Por supuesto, mientras menos comía, más adelgazaba.	*Of course, the less I ate, the more weight I lost.*
El problema de las cerezas es que mientras más comes, más quieres comer.	*The problem with cherries is that the more you eat, the more you want to eat.*

***Mientras** is more frequent in Spanish America. In Spain, the more common usage is either (1) **cuanto**, to modify an adjective or adverb, or (2) **cuanto(a/os/as)**, to modify a noun.

Cuanto más estudien, más aprenderán.	*The more they study, the more they will learn.*
Cuantas más cerezas comas, más querrás comer.	*The more cherries you eat, the more you will want to eat.*

Note also the use of **entre** in the reading, considered colloquial but very common in some South American countries:

La gente cree que *entre* más light [el cigarrillo] hace menos daño.	*People think that the lighter the cigarette, the less harm it does.*
Con los cigarrillos sucede lo contrario que con el trago: *entre* más frescos, mejor.	*What happens with cigarettes is the opposite of what happens with drinks: the fresher, the better.*

APLICACIÓN

A. Predicciones futuras.

Cambie los siguientes pasajes al futuro.

1. No emplearon a la persona que más lo merecía y fue injusto que no me dieran el empleo a mí. Claro que siempre digo lo que pienso y esto no les gusta a muchos y a veces soy el último que llega al trabajo por la mañana, pero siempre hago lo que me mandan y escucho lo que me aconsejan mis superiores.

2. Mi amiga Zoila siempre tuvo las cosas que necesitaba y aun más, porque su padre le daba todo lo que le pedía. Por eso, aunque tenía amigos que la ayudaron, debió enfrentarse a la vida y sufrió mucho. Dondequiera que fue, encontró problemas. Esperaba que todos hicieran lo que ella quería, pero no fue así.

B. Cómo soy.

Cambie al pasado.

No soy muy cuidadoso en el vestir. Cualquiera que me conozca lo sabe. Dondequiera que voy, llevo la misma ropa, porque pienso que comoquiera que me vista, me veo igual. Generalmente compro cualquier cosa que me vendan sin pensar en cómo me queda. Cualquier amigo que me critique pierde el tiempo, porque no pienso cambiar.

C. Más detalles sobre mí.

Complete usando un verbo y según su experiencia personal.

1. Cualquiera que venga a verme a mi casa...
2. Dondequiera que voy...
3. Cualquier CD que me presten...
4. Cualquier amigo que me necesite...
5. Cualquiera que me vea cuando me levanto por la mañana...
6. A veces compro cualquier...
7. Dondequiera que esté...
8. Cualquiera que llame por teléfono...

D. Opiniones.

Complete de manera original.

1. ¿Sabe Ud. por qué hablo poco? Porque opino que mientras menos...
2. Los niños norteamericanos ven demasiada televisión. Creo que mientras menos...
3. La vida es injusta y te aseguro que mientras más pienses en esto...
4. Mientras más se persiga el terrorismo...
5. El peligro del cigarrillo está relacionado con la cantidad. Cuantos más cigarrillos fumes...
6. Mientras menos prejuicios tiene una persona...
7. Un filósofo que amaba a los perros dijo: «Mientras más conozco a los hombres...».
8. Ganamos mucho ahora. Pero el problema es que mientras más gana uno...
9. Mientras más propaganda haga la campaña antitabaco...
10. Tengo muchos amigos, pero quiero conocer más gente. Pienso que mientras más amigos tenga...

IDIOMATIC EXPRESSIONS THAT USE THE SUBJUNCTIVE

1 **Por** + adjective or adverb + **que** (*No matter how* + adjective or adverb) is followed by the subjunctive when the speaker does not accept the thought expressed by the verb as a fact.

Por bonita que ella sea, no la elegirán reina.	*No matter how pretty she may be, they won't select her as the queen.*
Por mucho que te apresures, no terminarás a tiempo.	*No matter how much you may hurry, you will not finish on time.*

But:

Por mucho que te apresuras, nunca terminas a tiempo.	*No matter how much you hurry, you never finish on time.* (This is a fact. The speaker knows that the subject customarily hurries.)

2 **Que yo sepa (que sepamos), que digamos,** and **que diga** are common idiomatic expressions in the subjunctive.

a. **Que yo sepa (que sepamos)** = *As far as I (we) know*

b. **Que digamos** is used to stress a preceding negative statement and it is difficult to translate since its meaning will vary with the context.

c. **Que diga** = *I mean*, in the sense of *I meant to say* or *that is*

El Dr. Jordán no ha llegado todavía, que yo sepa.	*Dr. Jordán hasn't arrived yet, as far as I know.*
Que sepamos, no han puesto todavía las notas en la pared.	*As far as we know, they haven't posted the grades on the wall yet.*
No coopera Ud. mucho conmigo que digamos.	*You are not exactly cooperating with me.*
No nos queda mucho dinero que digamos.	*We don't actually have much money left.*
Él salió a las ocho, que diga, a las seis.	*He left at eight, I mean, at six.*

3 The following idiomatic formulas always take the subjunctive:

cueste lo que cueste	*no matter how much it may cost* (only used in third-person singular or plural)
pase lo que pase	*whatever happens* (only used in third-person singular)
puedas o no (puedas)	*whether you can or not* (used in any person)
quieras o no (quieras)	*whether you be willing or not* (used in any person)

These formulas can be used in the past as well: **costara lo que costara, pasara lo que pasara, pudieras o no, quisieras o no.**

Nuestro país ganará la guerra, cueste lo que cueste.	*Our country will win the war, no matter how much it may cost.*
Pase lo que pase, no cederé.	*Whatever happens, I will not give up.*
Pudiéramos o no, nuestro jefe nos hacía trabajar excesivamente.	*Whether we could or not, our boss made us work excessively.*

APLICACIÓN

A. Confesiones de un pesimista.

Complete el siguiente párrafo, usando los verbos **acostarse, correr, darse, doler, esforzarse, estudiar, gastar.**

Tengo mala suerte. Por mucho que me ___dueba___, debo confesarlo. No, no trate de consolarme; por más que Ud. ___se esfuerce___, no podrá convencerme de lo contrario. Por ejemplo, soy muy dormilón y sé que por más temprano que me ___acueste___, no podré levantarme a tiempo por la mañana. Me levantaré tarde y por mucha prisa que ___me dicra___, perderé el autobús. Por supuesto, correré tras él, pero sé que por mucho que ___corra___, no lo alcanzaré. Bueno, de todos modos, no vale la pena que vaya a clase. Por mucho que mi padre ___gaste___ en mi educación y por más que yo ___estudie___, nunca llegaré a graduarme.

B. Contra viento y marea.

Conteste, usando en su respuesta la forma apropiada de uno de los siguientes: **cueste lo que cueste, pase lo que pase, puedas o no, quieras o no.**

1. Los padres que son estrictos, ¿obligan a sus hijos a ir a la escuela?
2. Si una persona sueña con tener algo y cuenta con el dinero para comprarlo, ¿lo comprará aunque sea caro?
3. Si hay una tormenta mañana, ¿debemos cancelar la clase?
4. ¿Cree Ud. que un estudiante debe hacer siempre su tarea de español?
5. Si hay una guerra y yo tengo edad militar, ¿me obligará la ley a inscribirme en el servicio?
6. Mi jefe es muy exigente. ¿Me obligará a trabajar los sábados?

C. ¿Lo sabes o no?

Conteste, usando **que yo sepa** o **que digamos** en su respuesta.

1. ¿Hace frío en Puerto Rico en el invierno?
2. ¿Se va de viaje tu profesor esta semana?
3. ¿Eres muy rico/a?
4. ¿Es ya hora de terminar esta clase?
5. ¿Tendremos el día libre mañana?
6. ¿Está muy barata hoy la vida?
7. ¿Es agradable conducir un coche cuando hay mucha nieve en la carretera?
8. ¿Hubo un accidente de aviación el lunes pasado?

Sección léxica

Ampliación: La influencia del inglés en los países hispánicos

En la lectura aparecen las palabras *bridge, containers, light* y *sexy.* En los países hispánicos se utilizan hoy muchas palabras del inglés para referirse a objetos, actividades y conceptos de la vida moderna. Gran parte de este vocabulario no ha sido aprobado todavía por la Real Academia Española, pero está establecido por el uso y es casi seguro que se aprobará. La palabra *light*, por ejemplo, se usa no solamente para clasificar cigarrillos, como se hace en la lectura, sino para la leche, el yogurt, la mantequilla, la cerveza, la comida para perros y muchos productos más. Otras palabras aceptadas por el uso son: *best seller, baby-sitter, jeans* y *jogging* (en España *footing*).

La influencia del inglés es también muy marcada en el mundo de la música. No sólo se habla en español de *rock* y de *rap*, sino que estas palabras han producido **roquero** y **rapero**. Se dice **rock duro** y **música rapera**. Entre las muchas palabras del inglés que se oyen en todos los países están: *hit, pop, ranking, single* y *top*. En Hispanoamérica, un *DVD* es un **devedé** y en España, un **deuvedé**.*

En cuanto a los recientes cambios sociales, generalmente existe un equivalente en español, como en el caso de **hogar de acogida** (*foster home*). La palabra **pareja** y la expresión **compañero/a sentimental** equivalen a *significant other* y **SIDA** es *AIDS*. Pero la palabra *gay* ha pasado al español y se usa en casi todos los países pronunciada como en inglés.

En el lenguaje de la computación hay una gran mezcla. Muchos hispanohablantes usan algunos de los términos del inglés, como *file, folder* y *web*. Existe el término **correo electrónico** para el *e-mail*, pero la mayoría de la gente prefiere la palabra en inglés. También se hacen combinaciones como **hacer log in** y **página web**, aunque existen términos equivalentes en español en muchos casos. A veces, se ha formado en español una palabra derivada de la palabra inglesa, como **chatear** < *to chat*, **cliquear** < *to click*; otras veces, la manera de escribir la palabra se ha hispanizado: **escáner**, que a su vez produce el verbo **escanear**. A continuación damos una lista de palabras importantes en el vocabulario informático.

archivar, guardar	*to save*	**computadora, ordenador**	*compute*r
archivo	*file*	**(m.)**	
arroba	*at* (@)	**copiar**	*to copy*
bajar	*to download*	**correo electrónico**	*e-mail*
borrar	*to delete*	**correo, correspondencia**	*mail*
carpeta	*folder*	**cortar**	*to cut*
chatear	*to chat*	**diagonal (f.)**	*slash*
clave (f.)	*password*	**dirección electrónica**	*e-mail address*
cliquear, hacer clic	*to click*	**disco compacto**	*CD Rom*
computadora (ordenador)	*laptop*	**disco duro**	*hard drive*
portátil		**enviar**	*to send*

*Los españoles llaman uve a la ve.

escáner (m.)	*scanner*	pegar	*to paste*
flecha	*arrow*	procesador de textos	*word processor*
herramientas	*tools*	(m.)	
ícono (icono en España)	*icon*	programa	*software*
imprimir	*to print*	ratón	*mouse*
insertar	*to insert*	red (f.)	*net (web)*
internet (m. f.)	*internet*	sitio en la red	*web site*
memoria	*memory*	sombrear	*to highlight*
navegar	*to surf*	teclado	*keyboard*
página inicial	*home page*	ventana	*window*
pantalla	*screen*		

APLICACIÓN

A. Palabras apropiadas.

Complete las oraciones con las palabras más apropiadas de la lista.

archivan / archivo / carpeta / clic / computadoras portátiles / copiar / dirección electrónica / disco duro / discos compactos / enviarte / flecha / herramientas / ícono / memoria / navego / programas / red / sombrearlo / ventanas

1. Cuando muevo el ratón, la _____ se mueve por toda la pantalla.

2. Los documentos se _____ en un _____ o en una _____. No me gusta guardar mis archivos en _____, prefiero trabajar con el _____.

3. Cuando quiero imprimir sobres, busco esa opción en la lista de _____.

4. Algunas _____ son tan caras como las computadoras de tamaño grande.

5. Cada _____ que aparece en la pantalla o en la barra superior tiene un significado especial, y hay docenas de ellos.

6. No puedo _____ un correo electrónico si no tengo tu _____.

7. Para copiar un párrafo, es necesario _____ antes de hacer _____ en la palabra _____.

8. Otra palabra que se usa para referirse al Internet es _____.

9. Cuando _____ por la red, abro varias _____, y siempre encuentro cosas interesantes.

10. No puedo comprar muchos _____ para mi computadora, porque ésta no tiene suficiente _____.

B. Correspondencia.

Identifique cada palabra de la derecha con una de las definiciones de la izquierda.

1.	Lo que hago después que escribo una carta en la computadora.	**a.**	arroba
2.	Se usa para copiar las fotos que se quieren enviar electrónicamente.	**b.**	borrar
3.	Lo que necesito para sombrear partes del texto.	**c.**	chatear
4.	Es un símbolo que aparece en todas la direcciones electrónicas.	**d.**	clave
5.	Lo que tengo que escribir cuando quiero entrar en Internet.	**e.**	cliquear
6.	Cuadrado iluminado donde veo lo que estoy escribiendo.	**f.**	correo
7.	Lo que hago con mis amigos en Internet.	**g.**	cortar y pegar
8.	La acción de presionar el ratón.	**h.**	escáner
9.	Se hace para mover un párrafo a otro lugar.	**i.**	imprimir
10.	Se hace si se comete un error.	**j.**	insertar
11.	Pieza rectangular con letras donde escribo.	**k.**	página de entrada
12.	Sistema que me permite escribir en la computadora informes para mis clases.	**l.**	pantalla
13.	Cuando entro en Internet, una vocecita me dice: «Tienes...»	**m.**	procesador de textos
14.	Lo que hago si olvidé escribir alguna palabra.	**n.**	ratón
15.	Lo primero que veo al entrar a un sitio de Internet.	**o.**	teclado

Distinciones: Equivalentes de *to ask*

1. Cuando *to ask* se refiere a una pregunta, ya sea directa o indirecta, su equivalente en español es **preguntar**.

Al entrar en el restaurante, pregunté: —**¿Se permite fumar aquí?**	*On entering the restaurant, I asked: "Is smoking allowed here?"*
Nunca le preguntes a Felipe cuántos años tiene.	*Never ask Felipe how old he is.*

To ask a question es **hacer una pregunta**.

Pueden Uds. hacerme las preguntas que quieran.	*You may ask me any questions you wish.*

Cuando *to ask* tiene el sentido de *to inquire after* o de *to try to find out about*, su equivalente es **preguntar por**.

No preguntaste por mí cuando estuve enfermo.	*You didn't ask about me when I was sick.*
Hay un hombre aquí que pregunta por ti.	*There is a man here asking for you.*

2. Cuando *to ask* significa *to request* o *to demand*, su equivalente es **pedir**.

Mi novia me pidió que dejara de fumar.	*My girlfriend asked me to stop smoking.*
Los Otero piden $500.000 por su casa.	*The Oteros are asking $500,000 for their house.*

Pedir prestado/a/os/as es *to borrow, to ask to borrow.*

Su hermano siempre le pide prestado dinero.	*His brother is always borrowing money from him.*
Lucía me pidió prestada la cámara, pero no se la di.	*Lucía asked to borrow my camera, but I didn't give it to her.*

3. Cuando *to ask* se refiere a una invitación, se usa **invitar** en español.

Los invitaron varias veces a la Casa Blanca.	*They were asked several times to the White House.*
Pablo invitó a Susana a salir el domingo.	*Pablo asked Susana out on Sunday.*

APLICACIÓN

A. ¿Pedir o preguntar?

Escoja el verbo correcto en cada caso.

1. Le (pediré / preguntaré) a Guillermo cómo se llama su novia.
2. Cuando vio al bandido gritó (pidiendo / preguntando) auxilio.
3. Debe de ser caro. ¿Quieres que (pidamos / preguntemos) cuánto cuesta?
4. Juanita (me pidió / me preguntó) mi celular ayer.
5. ¿Cuánto estás (pidiendo / preguntando) por tu coche?
6. (Pídele / Pregúntale) que te ayude a arreglar la plancha.
7. Quiero (pedirle / preguntarle) a Elisa si conoce al profesor Tirado.
8. La curiosidad de los niños los hace (pedir / preguntar) constantemente.
9. El pueblo (pide / pregunta) que disminuyan los impuestos.
10. Me siento mal. Llamaré al médico para (pedirle / preguntarle) un cita.
11. Si alguien (pide / pregunta) por mí, dígale que regreso a las tres.
12. Se arrepintió de haber dicho eso y (pidió / preguntó) perdón.
13. En algunos países está prohibido (pedir / preguntar) limosna.
14. Vamos a (pedirle / preguntarle) a José si irá a la fiesta.
15. La vio llorar, pero no se atrevió a (pedirle / preguntarle) por qué lloraba.

B. Necesito un intérprete.

Traduzca.

1. You didn't ask him if he had asked his dentist for an appointment.
2. It is a pity you didn't come. Everybody was asking for you.
3. If you ask her out you should ask her where she would like to go.
4. Our company has asked two astronauts to collaborate on the project.
5. "Have you ever been asked to their home?" "Don't ask silly questions."
6. First, the man asked me my name and then he asked me for my autograph.

C. Pensamientos incompletos.

Complete de manera original.

1. Quisiéramos pedirle prestados sus...
2. No se debe pedir prestado...
3. No me gusta que me pidan prestada...
4. ¿Pediste prestadas...?
5. Una ocasión en que pedí prestado...

Para escribir mejor

El punto y coma

1. El punto y coma indica una pausa más larga que la indicada por la coma. Por eso muchas veces sustituye a ésta antes de las expresiones que unen dos cláusulas, cuando el hablante haría una pausa marcada.

No tengo nada que decirle; por lo tanto, no lo llamaré.	*I don't have anything to tell him; therefore, I won't call him.*
No quiero hacer negocios con ese señor; sin embargo, escucharé su proposición.	*I don't want to do business with that gentleman; however, I'll listen to his proposition.*

2. El punto y coma separa frases largas dentro de un párrafo. Estas frases tienen generalmente comas que separan sus elementos internos.

La casa de la finca, con su techo de tejas y sus paredes de madera despintadas, se alzaba frente al camino; a un costado de la casa, había un bosquecillo.	*The farmhouse, with its tile roof and its weathered wooden walls, stood facing the road; on one side of the house there was a small forest.*

3. El punto y coma separa los elementos de una enumeración cuando son largos y pudiera haber confusión si se usaran comas.

El primer hombre que llegó a la reunión era de edad madura, un poco calvo; el segundo, era un viejo alto y delgado; el tercero, un caballero elegante, que llevaba un bastón de puño dorado.	*The first man who arrived at the meeting was middle-aged, balding; the second one was a tall and thin old man; the third one, an elegant gentleman who was carrying a cane with a golden handle.*

APLICACIÓN

A. Comas y punto y comas.

En los siguientes pasajes de *Miau* de Pérez Galdós se han suprimido las comas y los puntos y comas. Póngalos.

1. —Me he quedado helado —dijo don Ramón Villaamil esposo de doña Pura el cual era un hombre alto y seco los ojos grandes y terroríficos la piel amarilla toda ella surcada por pliegues enormes en los cuales las rayas de sombra parecían manchas las orejas transparentes largas y pegadas al cráneo la barba corta rala y cerdosa con las canas distribuidas caprichosamente formando ráfagas blancas entre lo negro el cráneo liso y de color de hueso desenterrado como si acabara de recogerlo de un osario para taparse con él los sesos.

2. Aquí mucho gas allí tinieblas acá mucha gente después soledad figuras errantes. Pasaron por calles en que la gente presurosa apenas cabía por otras en que vieron más mujeres que luces por otras en que había más perros que personas.

3. Milagros era la que guisaba solía madrugar más que las otras dos pero la noche anterior se había acostado muy tarde y cuando Villaamil salió de su habitación dirigiéndose a la cocina la cocinera no estaba aún allí.

4. Con otro que no fuera Ponce ya se libraría Cadalso de emplear lenguaje tan impertinente pero ya sabía él con quién trataba. El novio estaba amoscadillo y Abelarda no sabía qué pensar. Para burla le parecía demasiado cruel para verdad harto expresiva.

5. Adiós niño salado diviértete todo lo que puedas no vayas a la oficina más que a cobrar haz muchas conquistas pica siempre muy alto arrímate a las buenas mozas y cuando te lleven a informar un expediente pon la barbaridad más gorda que se te ocurra.

TEMAS PARA COMPOSICIÓN

Escriba una composición sobre uno de estos temas.

1. **Los sistemas para dejar de fumar.** ¿Por qué (no) son eficaces los sistemas para dejar de fumar que se mencionan en la lectura? ¿Conoce Ud. a alguien que haya utilizado estos sistemas con éxito para dejar el cigarrillo? ¿Qué otros tratamientos y sistemas existen? ¿Cuáles son los más eficaces?

Una joven española vota en un bar que quiere que sean sus clientes quienes decidan si se permitirá o no fumar allí. Desde 2006, en España está prohibido fumar en el trabajo y anunciar productos de tabaco en la radio, la televisión y la prensa, pero en los bares y restaurantes pequeños la prohibición de fumar es a discreción del propietario. (©Alvaro Barrientos/AP/Wide World Photos)

2. **Las campañas antitabaco.** ¿Han tenido éxito estas campañas? Muchos de estos anuncios van dirigidos a los jóvenes. ¿Por qué es importante evitar que los jóvenes comiencen a fumar? Comente sobre los anuncios antitabaco que haya visto por televisión y diga si le han parecido convincentes y por qué (no).

3. **Adicciones dañinas.** El tabaco no es la única adicción que perjudica la salud. La bebida y las drogas son todavía peores, pues destruyen el cuerpo, y causan además serios problemas familiares y sociales. Otra adicción muy mala es el juego; el jugador se arruina y afecta negativamente a todos los que lo rodean. Compare estas adicciones. En su opinión, ¿cual es la peor? ¿Puede dar ejemplos de casos de la vida real?

4. **Las adicciones menores.** No todos tenemos adicciones serias, pero casi todos somos adictos a algo. Toda afición que no podemos o no queremos controlar es en realidad una adicción que nos esclaviza. Ejemplos de estas adicciones «menores» son: el café, el chocolate, el dulce, la Coca-Cola, las compras, los videojuegos, la televisión, el sexo. ¿Puede nombrar Ud. alguna más? ¿Cuáles de estas adicciones tiene Ud.? ¿Por qué (no) considera importante controlarlas? En el caso increíble de que Ud. no tenga ninguna adicción, comente sobre personas que conoce y que sí las tienen.

CAPÍTULO 6

El antiguo hotel Cervantes de Montevideo, donde sucede la acción de la lectura. En este hotel, construido en 1927, se hospedaron a través de los años personajes como Carlos Gardel, el rey del tango, y figuras literarias como José Luis Borges, Adolfo Bioy Casares y Julio Cortázar. En la segunda mitad del siglo XX, el Cervantes era un hotel decadente, envuelto en un ambiente de leyenda y misterio; después lo cerraron y su planta inferior fue convertida en estacionamiento. Pero en 2010 se comenzó la reconstrucción de este hotel, que ahora tiene cinco estrellas y se llama «Boutique Esplendor Cervantes». (Panta Astiazaran/AFP/Getty Images, Inc.)

Lectura

Introducción

El autor de «La puerta condenada» ("The Blocked Door"), Julio Cortázar (1914–1984), fue un escritor argentino que vivió en París por muchos años. Debe su fama a sus novelas, sobre todo a *Rayuela* (1963), pero es también un gran cuentista. La mayoría de los cuentos de Cortázar son muy originales y se desenvuelven en un mundo fantástico.

Curiosamente, Cortázar no situó su cuento «La puerta condenada» en un hotel imaginario, sino en un hotel real de Montevideo, el Cervantes, favorito de muchos escritores argentinos, como José Luis Borges y Adolfo Bioy Casares, y donde el mismo Cortázar paraba muchas veces.

Petrone, el protagonista de este cuento, es un argentino que va a Montevideo por su negocio de mosaicos y decide hospedarse en el Hotel Cervantes, que se califica al principio de la narración como sombrío y casi desierto. El cuento se desarrolla en una atmósfera sobrenatural. En la habitación contigua se hospeda una mujer sola, sin embargo, Petrone oye todas las noches el llanto de un niño a través de la puerta condenada que conecta ambas habitaciones. Este cuento deja al lector con muchas preguntas: ¿Hay un bebé verdadero en el hotel? ¿Hay un fantasma? ¿Es todo producto de la imaginación del protagonista?

«La puerta condenada» es un cuento bastante extenso y por razones de espacio se han omitido algunos pasajes, pero las secciones del texto que presentamos en la lectura son fieles al original.

La puerta condenada

A Petrone le gustó el hotel Cervantes por razones que hubieran desagradado a otros. Era un hotel sombrío,° tranquilo, casi desierto. Un conocido del momento° se lo recomendó cuando cruzaba el río en el vapor° de la carrera*, diciéndole que estaba en la zona céntrica de Montevideo. Petrone aceptó una habitación con baño en el segundo piso, que daba directamente a la sala de recepción°. Por el tablero° de llaves de la portería° supo que había poca gente en el hotel; las llaves estaban unidas a unos pesados discos de bronce con el número de la habitación, inocente recurso° de la gerencia para impedir que los clientes se las echaran en el bolsillo.

El ascensor dejaba° frente a la recepción, donde había un mostrador con los diarios del día y el tablero telefónico.° Le bastaba° caminar unos metros para llegar a la habitación. El agua salía hirviendo, y eso compensaba la falta de sol y de aire. En la habitación había una pequeña ventana que daba a° la azotea del cine contiguo. Los muebles eran buenos, había cajones y estantes de sobra.° Y muchas perchas, cosa rara.

gloomy

un... *a new acquaintance*
barco

que... *opening straight onto the lobby* / *rack* / entrada

truco

paraba
switchboard
Le... Sólo tenía que

que... *overlooking*
de... en abundancia

---

* El río La Plata separa a Buenos Aires de Montevideo y hay un ferry que hace viajes regulares entre ambas ciudades.

El gerente resultó ser° un hombre alto y flaco,
completamente calvo. Usaba anteojos con armazón° de oro
y hablaba con la voz fuerte y sonora de los uruguayos. Le
dijo a Petrone que el segundo piso era muy tranquilo, y que
25 en la única habitación contigua a la suya vivía una señora
sola, empleada en alguna parte, que volvía al hotel a la caída
de la noche.

Petrone la encontró° al día siguiente en el ascensor. Se dio
cuenta de que era ella por el número de la llave que tenía en
30 la palma de la mano, como si ofreciera una enorme moneda
de oro. El portero tomó la llave y la de Petrone para colgarlas
en el tablero, y se quedó hablando con la mujer sobre unas
cartas. Petrone tuvo tiempo de ver que era todavía joven,
insignificante, y que se vestía mal, como todas las orientales°.

35 El contrato con los fabricantes de mosaicos llevaría° más
o menos una semana. Por la tarde, Petrone acomodó la ropa
en el armario, ordenó sus papeles en la mesa, y después de
bañarse salió a recorrer el centro mientras se hacía hora de
ir al escritorio° de los socios°.

* * * * * * * *

40 Antes de acostarse Petrone puso en orden los papeles
que había usado durante el día y leyó el diario sin mucho
interés. Sin inquietud pero con alguna impaciencia, tiró
el diario al canasto y se desvistió° mientras se miraba
distraído en el espejo del armario°. Era un armario ya
45 viejo, y lo habían adosado° a una puerta que daba a°
la habitación contigua. A Petrone le sorprendió ver la
puerta que se le había escapado° en su primera inspec-
ción del cuarto. . . .

No estaba cansado, pero se durmió con gusto. Llevaría
50 tres o cuatro horas cuando lo despertó una sensación de
incomodidad°, como si algo ya hubiera ocurrido, algo mo-
lesto° e irritante. Encendió el velador°, vio que eran las dos y
media y apagó otra vez. Entonces oyó en la pieza° de al lado
el llanto° de un niño... El sonido se oía a través de la puerta
55 condenada, se localizaba en ese sector de la habitación al
que correspondían los pies de la cama. Pero no podía ser que
en la pieza de al lado hubiera un niño; el gerente había dicho
claramente que la señora vivía sola, que pasaba casi todo
el día en su empleo. Por un segundo se le ocurrió a Petrone
60 que tal vez esa noche estuviera cuidando al niño de alguna
parienta o amiga... Petrone imaginó a un niño —un varón,
no sabía por qué— débil y enfermo, de cara consumida°
y movimientos apagados°. De no estar° allí la puerta
condenada, el llanto no hubiera vencido las fuertes espaldas°
65 de la pared, nadie hubiera sabido que en la pieza de al lado
estaba llorando un niño.

* * * * * * * *

Por la mañana Petrone lo pensó un rato mientras tomaba
el desayuno y fumaba un cigarrillo. Dormir mal no le

resultó... era
frame

vio

uruguayas
would take

oficina / *partners*

se... se quitó la ropa
mueble grande para colgar
   ropa / pegado / **daba...**
   conducía a
se... no había visto

uneasiness
bothersome / lámpara junto
   a la cama / habitación
crying

emaciated
débiles / **De...** Si no
   estuviera / **las...** el
   aislamiento

convenía para su trabajo del día. Dos veces se había des-
pertado en plena noche, y las dos veces por causa del llanto.
La segunda vez fue peor, porque a más° del llanto se oía la
voz de la mujer que trataba de calmar al niño. El niño cedía
por momentos al arrullo°; después volvía a empezar con un
leve quejido°, entrecortado°, una inconsolable congoja°. Y
de nuevo la mujer murmuraba palabras incomprensibles, el
encantamiento° de la madre para acallar° al hijo.

—Todo es muy bonito, pero el gerente me macaneó°,
—pensaba Petrone al salir de su cuarto. Le fastidiaba° la
mentira y no lo disimuló°. El gerente se quedó mirándolo.

—¿Un chico? Ud. se habrá confundido.° No hay chicos
pequeños en este piso. Al lado de su pieza vive una señora
sola, creo que ya se lo dije.

Petrone vaciló° antes de hablar. O el otro mentía
estúpidamente o la acústica del hotel le jugaba una mala
pasada°. Era difícil, vagamente absurdo, insistir frente a una
negativa tan rotunda. Se encogió de° hombros y pidió el
diario.

* * * * * * * *

Casi no lo tomó en serio cuando el llanto de niño lo trajo
de vuelta° a las tres de la mañana. Sentándose en la cama se
preguntó si lo mejor sería llamar al sereno° para tener
un testigo° de que en esa pieza no se podía dormir. Ahora
se oía la voz de la mujer tapando por completo el lanto del
niño con su arrebatado° —aunque tan discreto— consuelo.
La mujer estaba arrullando al niño, consolándolo, y
Petrone se la imaginó sentada al pie de la cama, moviendo
la cuna del niño o teniéndolo° en brazos. Pero por más
que lo quisiera° no conseguía imaginar al niño, como si la
afirmación del hotelero fuese más cierta que esa realidad
que estaba escuchando.

Encendiendo el velador, incapaz de volver a dormirse,
Petrone se preguntó qué iba a hacer. Su malhumor era
maligno, se contagiaba de aquel ambiente donde de repente
todo se le antojaba trucado°, hueco, falso: el silencio, el
llanto, el arrullo... Golpear en la pared le pareció demasiado
poco. No estaba completamente despierto, aunque le
hubiera sido imposible dormirse; sin saber cómo, se encontró
moviendo poco a poco al armario hasta dejar al descubierto
la puerta polvorienta° y sucia. En pijama y descalzo, se pegó
a ella como un ciempiés°, y acercando la boca a las tablas
de pino empezó a imitar en falsete°, imperceptiblemente,
un quejido° como el que venía del otro lado. Subió de tono,
gimió°, sollozó°.

Del otro lado se hizo un silencio que habría de durar toda
la noche; pero en el instante que lo precedió, Petrone pudo
oír que la mujer corría por la habitación con un chicotear°
de pantuflas°, lanzando un grito seço e instantáneo, un

a... además

cedía...*kept quiet
momentarily because of
the lullaby / slight whine /*
intermitente / angustia, /
pena / *spell* / silenciar /
engañó / **Le...** *He was
annoyed by /* ocultó
equivocado

hesitated
le... *was playing a nasty
trick on him*
Se alzó los

lo... lo despertó
guardia nocturno
witness

apasionado

sujetándolo / **por...** *no
matter how much he
wanted to*

se... le parecía falso

llena de polvo
centipede
en... *with a falsetto voice*
lamento
moaned / wept

flip-flop
zapatillas

comienzo de alarido° que se cortó de golpe° como una
cuerda tensa.

* * * * * * *

Cuando pasó por el mostrador de la gerencia eran más
de las diez. Entre sueños°, después de las ocho, había oído
la voz de un empleado y la de una mujer. Alguien había
andado en la pieza de al lado moviendo cosas. Vio un baúl y
dos grandes valijas° cerca del ascensor. El gerente tenía un
aire que a Petrone se le antojó° de desconcierto°.

—¿Durmió bien anoche? —le preguntó con un tono
profesional que apenas° disimulaba la indiferencia.

Petrone se encogió de hombros. No quería insistir, cuando
apenas le quedaba por pasar una noche en el hotel.

—De todas maneras,° va a estar ahora más tranquilo.
—dijo el gerente, mirando las valijas. La señora se nos va a
mediodía.

Esperaba un comentario y Petrone lo ayudó con los ojos.

—Llevaba aquí mucho tiempo y se nos va de golpe.
Nunca se sabe con las mujeres.

—No, —dijo Petrone— nunca se sabe.

En la calle se sintió mareado,° con un mareo que no
era físico. Él tenía la culpa de que esa mujer se fuera del
hotel, enloquecida de miedo, de vergüenza o de rabia°.
«Llevaba aquí mucho tiempo...» Era una enferma tal vez,
pero inofensiva°. No era ella, sino él quien hubiera debido
irse del Cervantes. Tenía el deber de hablarle, de excusarse
y pedirle que se quedara, jurándole discreción... Pero ya era
hora de encontrarse con los dos socios, y no quería dejarlos
esperando. Bueno, que se embromara°. No era más que una
histérica, ya° encontraría otro hotel donde cuidar a su hijo
imaginario.

* * * * * * *

Pero a la noche volvió a sentirse mal, y el silencio de
la habitación le pareció todavía más espeso°. Al entrar al
hotel, no había podido dejar de ver° el tablero de llaves,
donde faltaba ya la de la pieza de al lado... Entró en su pieza
con poca esperanza de poder dormir. La cama estaba bien
tendida°, pero la encontró incómoda y dura. Dando vueltas y vueltas°, se sintió como vencido por ese silencio que
había reclamado con astucia° y que le devolvían entero y
vengativo°. Irónicamente, pensó que extrañaba° el llanto
del niño. Y cuando mucho más tarde lo oyó, débil pero
inconfundible a través de la puerta condenada, por encima
del° miedo supo que estaba bien y que la mujer no había
mentido, no se había mentido al arrullar° al niño, al querer
que el niño callara para que ellos pudieran dormirse.

Glosses (right margin):

howl / **de...** de repente

Entre... Medio dormido

maletas
se... le pareció / *bafflement*

casi no

De... *Anyway*

dizzy

enloquecida.... *driven mad with fear, shame or rage*
harmless

que... *let her solve her own problems* / tarde o temprano

denso
no... *he couldn't help seeing*

hecha
Dando... *Tossing around*
con... *cunningly*
vindictive / *he missed*

por... *over the*
no... *she hadn't deluded herself when she soothed*

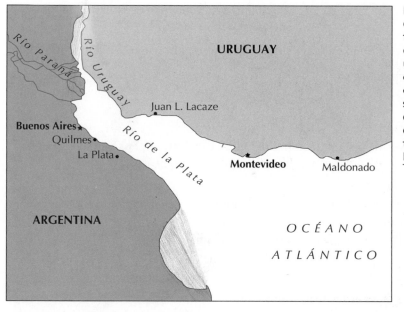

El Río de la Plata, que desemboca en el Atlántico, separa a Buenos Aires de Montevideo. Viajar de una ciudad a la otra por carretera resulta complicado; las mejores opciones son el avión, en un vuelo de 40 minutos, y el ferry que utilizó Petrone, que tarda unas tres horas en llegar.

APLICACIÓN

A. Vocabulario.

Escoja las palabras apropiadas de la lista para completar las oraciones.

adosado a / armazón / confundido / conocido / daba a / de sobra / de todas maneras / desvestí / se encogió de hombros / incómoda / llanto / mareado / pieza / portería / sala de recepción / sereno / sombrío / tablero telefónico / testigo

1. El hombre que me recomendó el hotel no era en realidad un amigo, sino un simple ___conocido___ casual.

2. El hotel causaba una impresión desagradable y era ___sombrío___, pero decidí quedarme en él ___de todas maneras___.

3. Mi cabeza daba vueltas. Estaba _____.

4. El _____ del hotel estaba en la _____ y recibía pocas llamadas porque había pocos huéspedes.

5. El hotelero era un hombre flaco y calvo, y usaba anteojos con _____ de oro.

6. El empleado de la _____ me dio la llave de mi _____.

7. El armario estaba _____ una puerta que _____ otra habitación.

8. Como quería acostarme, me _____ y me puse el piyama.

9. No podía dormirme porque la cama era _____ y porque oía el _____ de un bebé.

10. El gerente le dijo que se había _____ y él no insistió, sino que _____ con indiferencia.

11. Petrone quería tener un _____ del llanto del niño y pensó en llamar al
    _____.

12. Al principio, pensé que no iba a tener suficiente dinero para pagar la cuenta, pero tuve
    dinero _____.

B. Comprensión.

Conteste según la lectura.

1. ¿Qué tenían las llaves de las habitaciones del hotel Cervantes? ¿Por qué tenían esto?
2. ¿Qué cosas buenas y qué cosas malas tenía la habitación de Petrone?
3. ¿Cómo era el gerente?
4. ¿Qué datos le dio el gerente a Petrone sobre la mujer de la habitación contigua?
   ¿Cómo era ella físicamente?
5. ¿Por qué despertó Petrone la primera noche? ¿Qué imaginó él?
6. Además del llanto, ¿qué otra cosa había oído Petrone?
7. ¿Cuál fue la reacción del gerente cuando Petrone le habló del bebé por la mañana?
8. ¿Qué hizo Petrone con el armario? ¿Y después?
9. ¿Cuál fue el resultado en el cuarto de al lado de lo que hizo Petrone?
10. ¿Qué había cerca del ascensor por la mañana? ¿Por qué?
11. ¿Qué pensó hacer Petrone cuando se sintió culpable? ¿Por qué no lo hizo?
12. ¿Qué sucedió en la última noche de Petrone en el hotel?

C. Interpretación.

Conteste según su opinión.

1. El cuento se titula «La puerta condenada». ¿Por qué es importante este título? ¿Cuáles
   son los dos mundos que separa esta puerta?
2. El narrador nos dice desde un principio lo que piensa Petrone, pero no nos dice lo que
   piensan los demás personajes. ¿Por qué?
3. En dos ocasiones el protagonista hace comentarios sobre personas de Uruguay. En su
   opinión, ¿cuál es la actitud de Petrone hacia los uruguayos? ¿En qué se basa Ud. para
   pensar así?
4. A Petrone le preocupa la actitud que tengan de él el gerente y los demás. Piensa
   también que debe llamar al sereno para que sea su testigo. En su opinión, ¿tiene él
   miedo de que la gente crea que está loco? Explique.
5. La mujer lleva mucho tiempo viviendo en el Hotel Cervantes, y sin embargo, el gerente
   se sorprende cuando Petrone le habla del niño. ¿Por qué ningún huésped se había
   quejado antes?
6. Basándose en el llanto, Petrone se imagina al niño como muy enfermo. ¿Tiene
   importancia el que el niño esté enfermo? ¿Por qué (no)?
7. Al día siguiente de la noche en que movió el armario, Petrone se siente mareado, con un
   mareo que no es físico. ¿Por qué? ¿Tiene él motivos para arrepentirse de lo que hizo?
8. En su opinión, ¿por qué se va la mujer del hotel?
9. Cuando Petrone regresa al hotel la última noche, ve que falta en el tablero de llaves
   la llave de la habitación contigua. ¿Significa esto que hay un nuevo huésped en la
   habitación, que la mujer ha regresado u otra cosa? Explique en qué basa su respuesta.
10. ¿Por qué cree Petrone al final que la mujer tenía razón? ¿Piensa Ud. como él? ¿Por
    qué (no)?

D. Intercambio oral.

Use los temas en un intercambio oral con sus compañeros de clase.

1. **La mujer del cuarto de al lado.** (Cuando sea necesario, use su imaginación para inventar respuestas a las preguntas.) ¿Quién era esta mujer? ¿Qué empleo tenía? ¿Por qué vivía en un hotel? ¿Por qué seguía viviendo allí a pesar del (*in spite of*) llanto del niño? ¿Era una loca? ¿Por qué le cantaba al niño y trataba de tranquilizarlo? ¿Existía en realidad el niño o era un fantasma? ¿Es posible que los ruidos fueran creados por la mujer? Y de ser así, ¿por qué motivo hacía esto?

2. **Petrone**. Este es el único personaje cuya mente lee el narrador del cuento. Al principio nos dice el narrador que a Petrone le gustó el hotel porque era sombrío y estaba desierto. ¿Nos dice esto algo sobre su carácter? Parece que sólo él y la mujer oyen al niño. ¿Es posible que Petrone esté loco? ¿Habría hecho Ud. lo que él hizo de correr el armario y hacer ruidos que daban miedo? ¿Qué hubiera hecho Ud. si fuera Petrone?

3. **El efecto del cuento de Cortázar en el Hotel Cervantes**. Cuando Cortázar escribió su cuento, el Hotel Cervantes era ya un hotel viejo y decadente, de dos o tres estrellas. ¿Perjudicó al hotel que el público pudiera pensar que había en él fantasmas? ¿O cree Ud. que esto aumentó su clientela, atraída por la curiosidad? Si Ud. hubiera ido a Montevideo cuando el hotel original todavía estaba abierto, ¿se habría hospedado en él? ¿Habría pedido la habitación del segundo piso donde lloraba el niño? ¿Por qué (no)?

4. **Los hoteles con fantasmas**. Existen muchos hoteles con leyendas de apariciones sobrenaturales y también hay películas de este tipo. *The Shining*, protagonizada por Jack Nicholson, es un buen ejemplo. Si Ud. vio la película, cuente lo que recuerde de ella. ¿Le dio miedo a Ud.? ¿Por qué (no)? Si no vio *The Shining*, cuente una leyenda de fantasmas que conozca.

Sección gramatical

The Subjunctive in Adverbial Clauses

Adverbial clauses are those introduced by conjunctions or conjunctive phrases. Unlike noun clauses and relative clauses, adverbial clauses may precede the main clause: **Le daré tu recado a Ernesto** *antes de que se vaya* or *Antes de que Ernesto se vaya*, **le daré tu recado.** Adverbial clauses take the subjunctive or the indicative according to the following rules.

1 Conjunctive phrases that denote proviso, supposition, and purpose, are always followed by the subjunctive. The most common conjunctive phrases of this kind are:

a fin de que	*in order that, so that*
a menos que	*unless*
a no ser que	*unless*
con tal (de) que	*provided (that)*
en caso (de) que	*in case (that)*

no sea (fuera) que	*lest (so that ... not), in case that*
para que	*in order that, so that*
sin que	*without*

No podrá conseguir Ud. un cuarto en ese hotel, a menos que tenga reservación.	*You won't be able to get a room at that hotel unless you have a reservation.*
Te compraré lo que quieras con tal de que me des el dinero.	*I will buy you whatever you want provided that you give me the money.*
En caso de que me necesites, estaré en mi habitación.	*In case you need me I will be in my room.*
Antonio apuntó la fecha, no fuera que se le olvidara.	*Antonio wrote down the date lest he (so he wouldn't) forget it.*
Las llaves tenían un disco para que (a fin de que)* no se perdieran.	*The keys had a disk in order that (so) they wouldn't get lost.*
La mujer se fue del hotel sin que Petrone la viera.	*The woman left the hotel without Petrone's seeing her.***

Para que and **sin que** are formed by combining **que** with the prepositions **para** and **sin** respectively. When there is no change of subject, **para** and **sin** are not followed by **que** and the infinitive is used.

Le escribiríamos para remitirle el cheque.	*We would write him in order to send him the check.*
Siempre entra sin verme.	*He always enters without seeing me.*

2 The conjunctions **de modo que** and **de manera que** (*so that*) take the subjunctive when they express purpose; when they express result they take the indicative.

Petrone les ofreció un buen negocio a sus socios, de modo que (de manera que) firmaran el contrato.	*Petrone offered a good deal to his partners so that (in such a way that) they would sign the contract.*
Petrone les ofreció un buen negocio a sus socios, de modo que (de manera que) firmaron el contrato.	*Petrone offered a good deal to his partners and because of that (as a result of that) they signed the contract.*

3 The most common conjunction of concession is **aunque**. **Aunque** takes the subjunctive when it refers to an unaccomplished act or hypothesis, or when it indicates that the speaker does not believe the statement to be a fact. Otherwise, the indicative is used.

Aunque me lo jures no lo creeré.	*Even if you swear it to me, I will not believe it.*
Aunque haya hecho algo malo, yo la perdonaré.	*Even if she has done something wrong, I will forgive her.*

***Para que** is far more common in the spoken language than **a fin de que**.

**English uses a possessive here plus the *-ing* form while Spanish uses a subject pronoun plus the subjunctive.

Aunque me lo juraras no lo creería.	*Even if you swore it to me, I wouldn't believe it.*
Aunque hubiese hecho algo malo, yo la perdonaría.	*Even if she had done something wrong, I would forgive her.*

But:

Aunque me lo juraste no lo creí.	*Although you swore it to me, I didn't believe it.* (It is a fact that you swore it.)
Aunque hizo algo malo la perdoné.	*Although she did something wrong, I forgave her.* (It is a fact that she did something wrong.)

APLICACIÓN

A. Obstáculos.

A veces Ud. tiene el propósito de hacer algo, pero algún obstáculo se lo impide. Explique las circunstancias que pueden impedir cada acción, completando las frases con las claves que se dan. Añada algo original.

Modelo: Mañana asistiré a clase, a menos que *tenga que acompañar a mi amigo al médico. Siempre ayudo a mis amigos cuando me necesitan.*

1. Mañana asistiré a clase, a menos que...
   a. mi coche / no funcionar
   b. (yo) / estar enfermo
   c. nevar mucho
   d. la clase / cancelarse
2. Todas las noches preparo mi lección de español, a no ser que...
   a. mis amigos / invitarme
   b. haber / programas muy buenos en la televisión
   c. dolerme / la cabeza
   d. (yo) / tener que estudiar otra asignatura
3. Generalmente ahorro $50 a la semana, a menos que...
   a. (yo) / haber tenido gastos extraordinarios
   b. ser / el cumpleaños de algún amigo
   c. (yo) / tener que pagar alguna deuda
   d. alguien / pedirme dinero prestado

B. La billetera perdida.

Complete esta narración con palabras que tengan sentido.

He perdido mi billetera. Creo que la dejé sobre mi cama. De manera que... apenas termine esta clase. Espero encontrarla en mi cuarto pero, en caso de que no... la buscaré por toda la casa. En caso de que no... en la casa, iré mañana a la oficina de objetos perdidos de mi escuela. Y en caso de que ellos no..., pondré avisos en las paredes, a fin de que... ¿Y en caso de que nadie...? Pues no podré ir al cine en un mes.

C. Las condiciones de Luis.

Complete de manera original las condiciones que Luis le pone a su amigo Germán.

1. Germán, te prestaré estos CDs con tal que...
2. Saldré contigo el sábado con tal que...
3. Iré de compras contigo con tal que...
4. Te llevaré a tu casa en mi carro con tal que...

D. Cosas que pasaron y cosas que no pasaron ayer.

Complete las oraciones, para expresar las cosas que no pasaron ayer, con la conjunción **sin que** y la forma apropiada del verbo.

Modelo:　　Dos estudiantes se pegaron en la clase / el profesor no pudo impedirlo
　　　　　　→ *Dos estudiantes se pegaron en la clase sin que el profesor pudiera impedirlo.*

1. Josefina me contó su problema / yo no se lo pedí
2. Raquel escribió una composición excelente / Emilio no la ayudó
3. Limpié mi cuarto / nadie me lo sugirió
4. Juan Felipe salió de la casa / nosotros no lo vimos
5. Mi amiga tomó prestado mi iPod / yo no lo supe
6. Alguien te robó el reloj / tú no te diste cuenta
7. Corté la hierba de mis vecinos / ellos no me pagaron
8. Di un paseo en la bicicleta de Arturo / él no me autorizó

E. Dar para recibir.

Complete cada frase, usando **para que** o **a fin de que** y el subjuntivo del mismo verbo, como se hace en el modelo.

Modelo:　　*Debemos **demostrar** afecto a nuestros amigos... para que (a fin de que) ellos nos* ***demuestren*** *afecto a nosotros.*

1. Es necesario ayudar a los demás...
2. Tienes que perdonar a tus enemigos...
3. Debes sonreírle a la gente...
4. Debemos respetar a todo el mundo...
5. Tenemos que hacerles favores a los compañeros...
6. Debes ser comprensivo/a con tu pareja...

F. Mi tía la precavida.

Mi tía Amparo siempre piensa en lo que puede pasar. Complete de manera lógica lo que ella me diría.

1. Sobrina, lleva paraguas cuando salgas, no sea que...
2. Ten siempre a mano un duplicado de tu llave, no sea que...
3. Lleva un recipiente con agua en el baúl del coche, no sea que...
4. Lleva unos dólares escondidos en un zapato, no sea que...
5. Pon un extinguidor de incendios en la cocina, no sea que...
6. Guarda siempre una linterna en la mesa de noche, no sea que...

G. Infinitivos.

Cambie los infinitivos entre paréntesis, fijándose en el sentido de los pasajes.

1. Mi accidente.

Aunque (llover y hacer frío) anoche, salí en mi coche. Aunque (manejar) con cuidado, el pavimento estaba mojado y no pude evitar que el auto resbalara. El chófer del auto contra el cual choqué se puso furioso, aunque el choque (no haber sido) serio y aunque yo (explicarle) que no había sido culpa mía. ¿Qué dirá mi madre esta tarde cuando lo sepa? Aunque (comprender) que yo no tuve la culpa del accidente, se disgustará mucho. En cuanto al chófer, me pondrá pleito, aunque la compañía de seguros (pagarle) el arreglo de su auto. Es de esas personas que insisten en usar las vías legales aunque (no ser) necesario.

2. Un juego de baloncesto.

El sábado juega mi equipo de baloncesto. Las entradas son caras pero, aunque (costar) todavía más, pagaría el precio con gusto. Es difícil que alguien me critique por esto pero, aunque (criticarme), iría a ese juego. ¡Va a ser emocionante! El equipo contrario es muy bueno y quizás no ganemos. Pero, aunque (perder), valdría la pena haber ido.

Esta es la Plaza Independencia, en el centro de Montevideo. Al fondo se ve el Palacio Salvo, famoso edificio construido en 1928 que hoy comparten oficinas y departamentos privados, y que fue en un tiempo el edificio más alto de América del Sur. En el centro de la Plaza está la estatua de José G. Artigas (1764–1850), patriota uruguayo que jugó un papel muy importante en la independencia de este país. (Yoshio Tomii/SuperStock)

THE SUBJUNCTIVE AFTER CONJUNCTIONS OF TIME

COMMON CONJUNCTIONS OF TIME			
antes (de) que	*before*	**hasta que***	*until*
apenas	*as soon as*	**mientras (que)**	*while, as long as*
cuando	*when*	**tan pronto**	*as soon as*
en cuanto	*as soon as*	**(como)**	
después (de) que	*after*		

*With the verb **esperar**, **a que** is also used.

1 The conjunction **antes (de) que** is always followed by the subjunctive since it introduces an action or state that is not, was not, or will not be a reality at the time expressed by the main verb.

Todos los días me despierto antes de que suene el despertador.	*I wake up every day before the alarm clock goes off.*
Petrone no podía regresar a Buenos Aires antes de que el contrato se firmara.	*Petrone couldn't return to Buenos Aires before the contract was signed.*
Antes que mi amigo se inscriba en ese hotel, le contaré la historia del fantasma.	*Before my friend registers at that hotel, I'll tell him the story of the ghost.*

2 The other conjunctions of time can take either the subjunctive or the indicative. They will take the subjunctive when they introduce an action or state that has not yet taken place.

Te van a dar ganas de viajar cuando veas esos folletos de viaje.	*You will feel like traveling when you see those travel brochures.*
Deposita mi cheque en cuanto llegue.	*Deposit my check as soon as it arrives.*
Los actores regresarán a los Estados Unidos después de que termine el rodaje.	*The actors will return to the United States when the filming is over.*
Las mujeres seguirán luchando hasta que haya una mujer presidenta.	*Women will continue struggling until there is a woman president.*
Su esposa no lo perdonará mientras (que) él no cambie su manera de ser.**	*His wife will not forgive him as long as he doesn't change his ways.*
Ella dijo que me escribiría tan pronto como pudiera.	*She said she would write me as soon as she could.*

When the main verb is negative, the verb that follows **hasta que and **mientras que** is usually negative too.

These conjunctions will take the indicative when the action or state that they introduce is customary or has already taken place.

Siempre me dan ganas de viajar cuando veo folletos de viaje.	*I always feel like traveling when I see travel brochures.*
Todas las semanas deposito tu cheque en cuanto llega.	*Every week I deposit your check as soon as it arrives.*
Los actores regresaron a los Estados Unidos después que terminó el rodaje.	*The actors returned to the United States when the filming was over.*
Las mujeres siguieron luchando hasta que hubo una mujer presidenta.	*Women continued struggling until there was a woman president.*
Su esposa no lo perdonó mientras (que) él no cambió su manera de ser.	*His wife didn't forgive him as long as he didn't change his ways.*
Ella me escribió tan pronto como pudo.	*She wrote me as soon as she could.*

APLICACIÓN

A. ¿Indicativo o subjuntivo?

Escoja la forma verbal correcta para cada oración.

1. Después que (hayas escrito / escribiste) la carta, ponla en el sobre.
2. Estoy dispuesta a hacer el trabajo mientras me (pagaron / paguen) bien.
3. Ud. deberá esperar hasta que (llegue / llega) su turno.
4. Dijo que cuando (dieran / dieron) las doce comeríamos.
5. Sé que esperasteis hasta que vuestro consejero (estuvo / estaría) desocupado.
6. Luisa se arrepintió después que se lo (dijera / dijo) a su novio.
7. Saldré para la estación tan pronto como me (vista / visto).
8. Después que (pintaremos / pintemos) las paredes, el cuarto se verá mejor.
9. Cuando (termine / termina) el verano compraremos alfombras nuevas.
10. El jurado no dará su veredicto mientras que no (hay / haya) un voto unánime.
11. No me gusta salir a la calle cuando (llueve / llueva).
12. En cuanto (haya lavado / lavó) la ropa, debe Ud. plancharla.

B. Oraciones incompletas.

Complete de manera original.

1. Su esposo la comprenderá mejor cuando...
2. Mi amiga se quitó los zapatos en cuanto...
3. No conseguirán Uds. convencerme mientras...
4. Simón quiere contarnos lo ocurrido antes de que...
5. El gobierno enviará auxilios a los damnificados mientras...

6. Vas a ser muy feliz cuando...
7. Deben Uds. seguir intentándolo hasta que...
8. Ellos se pusieron a bailar tan pronto como...

C. No después, sino antes.

Sustituya **después (de) que** por **antes (de) que** en las siguientes oraciones, haciendo todos los cambios que sean necesarios.

1. Busca información sobre Montevideo después que leas la lectura.
2. Todo comenzó después que Petrone llegó al Hotel Cervantes.
3. Petrone no imaginaba al niño después que lloró la segunda noche.
4. Petrone decidió ir al Cervantes después que un conocido se lo recomendó.
5. Petrone vio la puerta condenada después que movió el armario.
6. La mujer estaba muy nerviosa después que Petrone hizo los ruidos.
7. La habitación de al lado volvió a ocuparse después que Petrone regresó a Buenos Aires.
8. El empleado siempre traía el diario después que Petrone se desvestía y se ponía el piyama.

D. Vuelta al pasado.

Cambie al pasado los siguientes pasajes.

1. El perro policía.

Mientras espero para que revisen mi equipaje en el aeropuerto internacional, observo a una señora muy distinguida, que llega a la fila antes que yo llegue y que lleva un maletín y varias bolsas. Antes de que le toque el turno de acercarse al mostrador, pasan dos funcionarios de aduana con un perro. El perro corre hacia la señora y, antes de que los hombres puedan impedirlo, salta sobre ella ladrando nerviosamente. La señora trata de librarse del animal, pero es inútil. «Un perro entrenado para oler drogas», comentan los otros viajeros. Los de la aduana le piden a la mujer que abra el maletín. Pero antes que ella lo haga, todos sabemos que el policía canino no busca drogas esta vez. El perro saca una larga hilera de chorizos de una de las bolsas y los engulle antes que consigan sujetarlo.

2. En un restaurante.

El hombre parece tener mucha hambre y devora el pan de la cesta antes que le sirvan la comida. Cuando le sirven, come tan rápido, que termina el postre antes de que otros clientes que llegaron al mismo tiempo hayan terminado el plato principal. Y, apenas ha comido el postre, escapa corriendo del restaurante antes que el camarero le traiga la cuenta.

CONDITIONAL CLAUSES WITH *IF*

Spanish conditional clauses with **si** (*if*) take the indicative or the subjunctive depending on the type of condition they refer to.

1 When an *if* clause introduces (a) a contrary-to-fact verb, or (b) a condition that is unlikely to take place, the imperfect subjunctive is used in Spanish for present or future time and the pluperfect subjunctive is used for past time.* As in English, the other verb is either conditional or conditional perfect.

Si tuviera un caballo, practicaría la equitación.	*If I had a horse, I would practice horseback riding.* (I don't have a horse.)
Si ella fuese una buena actriz, sería famosa.	*If she were a good actress, she would be famous.* (She is not a good actress.)
Si Petrone hubiese sabido que oiría el llanto del bebé, no habría aceptado esa habitación.	*If Petrone had known that he would hear the baby's crying, he wouldn't have accepted that room.* (He didn't know.)
Si yo hubiera estado en ese cuarto, habría tenido mucho miedo.	*If I had been in that room, I would have been very afraid.* (I was not in that room.)
Si recibiera carta de él mañana, me pondría contento.	*If I received (were to receive) a letter from him tomorrow, I would be happy.* (It is unlikely that I will receive a letter tomorrow.)

2 *If* clauses that introduce a verb that is neither contrary to fact nor unlikely to take place use the indicative.

Si se llega temprano al cine, se consigue un buen asiento.	*If one gets to the movies early, one gets a good seat.*
Si no trabajábamos, no nos pagaban.	*If we didn't work, we didn't get paid.*
Si me prestas tu bicicleta, te la devuelvo mañana.	*If you lend me your bicycle, I'll return it to you tomorrow.*

THE ALTERNATE FORM: *DE* + INFINITIVE

De + simple infinitive or **de** + compound infinitive is sometimes used instead of a **si** clause, especially in the case of contrary-to-fact conditions.

De tener Petrone más dinero (Si Petrone tuviera más dinero), iría a un hotel mejor.	*If Petrone had more money, he would go to a better hotel.*
De no haber estado allí (Si no hubiera estado allí) la puerta condenada, Petrone no habría oído el llanto.	*If the blocked door hadn't been there, Petrone wouldn't have heard the crying.*

Note that the subject generally follows the verb in this construction.

COMO SI + SUBJUNCTIVE

Como si (*as if*) always presents a contrary-to-fact or hypothetical situation and it takes either the imperfect or the pluperfect subjunctive. The imperfect refers to an action or state that is coincident in time with the main verb; the pluperfect indicates an action or state prior to the main verb.

---

*Do not use a present subjunctive in Spanish when si means *if*. In everyday usage one hears: **No sé si vaya o no**, but in this case **si** means *whether: I don't know if (whether) I should go or not.*

Gasta dinero como si fuera rico.	*He spends money as if he were rich.*
Ella cuenta lo que pasó como si hubiese estado allí.	*She tells what happened as if she had been there.*
La mujer se fue del hotel inmediatamente, como si tuviera miedo.	*The woman checked out of the hotel immediately as if she were afraid.*
Lo llamé, pero siguió caminando como si no me hubiese oído.	*I called him, but he kept on walking as if he hadn't heard me.*

NI QUE + IMPERFECT OR PLUPERFECT SUBJUNCTIVE

Ni que is generally used in elliptical exclamatory statements and always precedes an imperfect subjunctive or pluperfect subjunctive verb. Its translation into English varies according to the circumstances.

¿Vas a salir en medio de esta tormenta? ¡Ni que estuvieras loca!	*Are you going out in the middle of this storm? Anybody would think that you are crazy!*
Carmen pensaba que creeríamos su historia. ¡Ni que fuésemos tontos!	*Carmen thought we would believe her story. As if we were fools!*
Federico estaba enterado de todo. ¡Ni que hubiese oído lo que dijimos!	*Federico knew about everything. It's as if he had heard what we said!*

THE EXPRESSION *POR SI (ACASO)*

Por si (acaso) (*just in case*) is followed by either the present indicative or the imperfect subjunctive, the latter indicating a more unlikely situation.

Te dejaré la llave por si llegas (llegaras) a casa antes que yo.	*I'll leave you the key in case you arrive (in case you should arrive) home before I do.*
Marita tiene a mano una novela por si acaso el programa de televisión es (fuera) aburrido.	*Marita has a novel handy in case the TV program is (should be) boring.*

APLICACIÓN

A. ¿Qué haría Ud.?

Explique con oraciones completas lo que haría o habría hecho en las siguientes circunstancias.

1. Si fuera presidente de los Estados Unidos.
2. Si se hubiera sacado la lotería en el último sorteo.
3. Si fuese el profesor de esta clase.
4. Si le dijeran que en el hotel donde ha reservado una habitación hay fantasmas.
5. Si supiera que le quedaba sólo un año de vida.
6. Si se encontrara en la calle una billetera con $1.000 dólares.
7. Si alguien le hubiera regalado un coche deportivo de último modelo.

8. Si le ofrecieran un contrato para actuar en el cine.

9. Si su perro (o gato) se hubiese perdido.

10. Si descubriera que hay petróleo en el patio de su casa.

B. Situaciones.

Use la expresión **de** + infinitivo en los siguientes pasajes como sustituto de las cláusulas que comienzan con **si**.

1. Si yo consiguiera un buen trabajo, pasaría unas Navidades alegres, porque tendría bastante dinero, y si tuviera bastante dinero, compraría regalos para todos mis amigos.

2. Si yo cocinara bien, invitaría a mis amigos a comer a menudo. Y si aprendiera a preparar platos mexicanos, convidaría a los Gómez, que son mis vecinos.

3. Alberto nos dijo que si se hubiera enterado de que veníamos, nos habría conseguido un lugar donde parar, y que si lo hubiéramos llamado cuando llegamos, nos habría ido a buscar al aeropuerto. ¡Qué lástima! Si hubiésemos sabido que Alberto era tan amable, le habríamos escrito antes de nuestro viaje.

4. Si el estante no se hubiese caído, yo tendría ahora un lugar para poner mis libros. Es culpa tuya, porque el estante no se habría caído si tú hubieses usado suficientes tornillos cuando lo armaste.

C. En el hotel Cervantes.

Complete las oraciones de manera original.

1. El hotel es muy tranquilo, y al llegar, Petrone no ve a ningún huésped, como si ...

2. Los discos de bronce de las llaves brillan como si ...

3. Petrone se despertó a las tres o cuatro horas, como si ...

4. A través de la puerta condenada, se oía un llanto, como si ...

5. El niño lloraba constantemente, como si ...

6. Además del llanto, se oía la voz de la mujer, como si ...

7. Había mucho polvo detrás del armario, como si ...

8. Petrone oye esa noche ruido de maletas, como si...

9. En el tablero de llaves falta una llave, como si ...

10. Hay silencio ahora, pero él no puede dormir. Es como si ...

D. Pero no es así.

Haga expresiones con **ni que** usando las palabras entre paréntesis que se dan en cada caso.

Modelo: Herminia habla con mucha autoridad de cualquier tema. (saberlo todo)
→ *¡Ni que lo supiera todo!*

1. Aunque gana poco dinero, José gasta mucho. (ser rico)

2. Joaquín lo contó todo con muchos detalles, aunque no estaba presente cuando sucedió. (haber estado allí)

3. Mi profesor sabía lo que yo iba a decirle antes de que se lo dijera. (poder leer el pensamiento)

4. Nuestro jefe nos exige mucho trabajo, pero paga muy poco. (pagar un sueldo fabuloso)

5. Le hablé a Tony cordialmente, pero me contestó con brusquedad. (haberlo ofendido)

6. Mi amigo quería que yo saliera a la calle en medio del huracán, pero yo no quise. (estar loco)

7. Marta no tiene automóvil y siempre me pide que la lleve a todas partes. (ser su chofer)

8. Apenas llegó a la fiesta, el hombre comenzó a comer y estuvo comiendo toda la noche. (estar muerto de hambre)

9. ¿Por qué caminas tan despacio? (dolerle los pies)

10. Carolina siempre anda mal vestida, pero critica la ropa que llevan sus amigas. (vestirse bien)

E. Gente precavida.

Complete de manera original, usando **por si (acaso)**. Use **por si (acaso)** + presente de indicativo en las cuatro primeras oraciones, y **por si (acaso)** + imperfecto de subjuntivo en las cuatro últimas.

1. Mi madre tendrá lista la comida a las seis...

2. Nos quedaremos en casa esta tarde...

3. Voy a planchar mi vestido nuevo...

4. Pon suficiente gasolina en tu auto...

5. Debes llevar paraguas...

6. Siempre tengo aspirinas en el botiquín...

7. Le daré a Ud. mi dirección...

8. Es bueno tener en el bolsillo la libreta de cheques...

Sección léxica

Ampliación: Los prefijos in- y des-

Los prefijos **in-** (**im-** antes de **p**, **ir-** antes de **r**) y **des-** dan la idea de oposición o contraste y también de quitar, privar o carecer de algo. En la lectura aparecen, entre otras, las palabras: **impaciente**, **incómodo**, **inconfundible**, **inofensiva**, **insignificante**, **desagradar**, **desconcierto**, **desvestirse**. A continuación, se dan algunos adjetivos y verbos formados con estos prefijos. Observe que muchos son similares a palabras en inglés.

im-, in-, ir-

impenetrable	incrédulo	inseguro
imperdonable	indeciso	insensato
improductivo	indeseable	interminable
impropio	indigesto	intocable
inaceptable	inestable	invencible
inagotable	infiel	irreal
incansable	injusto	irrompible
incierto	inmortal	irrefutable
incoloro	inquieto	irremediable
inconforme	insatisfecho	irreverente

des-

desabotonar	desconectar	desengañar
desanimar	descongelar	desenvolver
desarmar	descoser	desinfectar
descalzar	descubrir	desobedecer
descargar	descuidar	destapar
descolgar	desenchufar	desvestir

APLICACIÓN

A. Definiciones.

Escoja el adjetivo de la primera lista que se da arriba que corresponde a cada definición.

Algo o alguien que...

1. no tiene color
2. no termina nunca
3. no puede penetrarse
4. no se puede vencer
5. no cree
6. no se cansa
7. no es seguro (2 adjetivos)
8. no tiene remedio
9. no tiene sentido común
10. no se puede tocar
11. no es apropiado
12. no muere
13. tiene dificultad para tomar decisiones
14. no produce
15. no tiene fidelidad
16. no se puede discutir
17. no se rompe
18. no puede perdonarse
19. es difícil de digerir
20. no está tranquilo

B. Definición.

Ahora dé Ud. la definición de las siguientes palabras.

1. inaceptable
2. inagotable
3. inconforme
4. indeseable
5. inestable
6. injusto
7. insatisfecho
8. irreverente
9. irreal

C. Acciones opuestas.

Complete de manera original, usando una forma verbal de la segunda lista **(des-)** que tenga significado contrario al que expresan las palabras en cursiva.

Modelo: *Le puse los zapatos* al niño, y tú... *lo descalzaste.*

1. *Cargaron* todos los muebles en el camión, y al llegar a la nueva casa...
2. *Tapa* la olla, cocina el arroz quince minutos, y luego...
3. *Abotoné* la blusa de mi sobrinita, pero ella...
4. *Armaron* a los hombres, pero al terminar la revolución...
5. El paquete *estaba envuelto* en papel de regalo y...
6. La plancha *está enchufada*, no olvides...
7. *Cuida* bien tus plantas, porque no tendrás flores si...
8. *Cosí* mal la tela y ahora...
9. A veces, el niño *hace lo que le mandan*, pero otras veces, ...

10. Los camarones *están congelados*, hay que...
11. *Colgué* el cuadro nuevo en la sala y...
12. *Cubrieron* la estatua con una lona y el día de la fiesta...

D. Oraciones originales.

Haga oraciones que contengan formas verbales de los siguientes infinitivos.

1. desanimar   3. desengañar   5. desvestir
2. desconectar   4. desinfectar

Distinciones: Diferentes equivalentes de *to become*

1 Cuando alguien entra en una profesión, oficio o grupo organizado, en español se usa **hacerse** combinado con un nombre. En algunos casos, **hacerse** también se combina con adjetivos, como en las expresiones **hacerse rico** y **hacerse famoso**.

Como su novio quiere hacerse médico, ella se ha hecho dentista.	*Since her boyfriend wants to become a doctor, she has become a dentist.*
Mi tío se hizo republicano en el 2011.	*My uncle became a member of the Republican party in 2011.*
Espero hacerme famoso con este invento.	*I hope to become famous with this invention.*

Algunas expresiones comunes con **hacerse** son:

hacerse de noche	*to become (get) dark*
hacerse necesario	*to become necessary*
hacerse tarde	*to become (get) late*
Pronto se hará de noche, así que se hace necesario que regresemos a casa.	*It will soon get dark and so it becomes necessary for us to return home.*

2 **Ponerse** + adjetivo significa *to become, to take on a certain condition or state*. Esta expresión se refiere frecuentemente a una reacción involuntaria o accidental que, en el caso de personas, tiene motivos sicológicos.

Al oír la noticia, se pusieron muy serios.	*Upon hearing the news, they became very serious.*
Cada vez que veía a la niña, Pedrito se ponía colorado.	*Every time he saw the girl, Pedrito blushed (became or turned red).*
Luisa se puso muy delgada en los últimos meses de su enfermedad.	*Luisa became very thin in the last months of her illness.*
Mi blusa blanca se puso amarilla cuando la lavé.	*My white blouse became (turned) yellow when I washed it.*

3　Cuando **become** significa *to change or turn into*, su equivalente en español es **convertirse en** + nombre.

Esta oruga se convertirá en mariposa.	*This caterpillar will become a butterfly.*
Él se convertía en hombre lobo en las noches de luna llena.	*He became a werewolf on nights when there was a full moon.*
El agua de la fuente se convierte en hielo en invierno.	*The water in the fountain turns into ice in winter.*
Ese chico se ha convertido en un problema últimamente.	*That boy has become a problem lately.*

En las oraciones anteriores, puede también usarse **volverse** + nombre. Pero el uso más frecuente de **volverse** es en frases hechas, como **volverse loco**.

4　Cuando **become** se refiere a un cambio que tarda mucho tiempo en realizarse o que es el producto de una larga serie de sucesos, su equivalente en español es **llegar a ser**. Observe que **llegar a ser** nunca se usa en el caso de cambios rápidos o repentinos.

Si practicas a diario la natación, llegarás a ser campeón algún día.	*If you practice swimming daily, you will become a champion some day.*
Aunque al principio se odiaban, llegaron a ser grandes amigos.	*Although they hated each other at first, they got to be good friends.*
Esa mujer nació pobre, pero llegó a ser muy poderosa.	*That woman was born poor but she became (got to be) very powerful.*

5　Si el propósito de *to become* es averiguar lo que le pasó o pasará a alguien o algo, se usan **hacerse** o **ser de**.

¿Qué fue (¿Qué se hizo) de aquel amigo tuyo?	*What became of that friend of yours?*
¿Qué será de nosotros?	*What will become of us?*
¿Qué fue de tu pulsera de plata? ¿La perdiste?	*What became of your silver bracelet? Did you lose it?*

6　**Meterse a** + nombre tiene generalmente un sentido despreciativo, y se usa cuando una persona se dedica a una profesión u oficio para el cual no está capacitada.

Mi amiga se metió a actriz, pero no tenía ningún talento dramático.	*My friend became an actress but she didn't have any dramatic talent.*
Mi primo Claudio no tenía trabajo y se metió a carpintero.	*My cousin Claudio didn't have a job and so he became a carpenter.*

7　*To become* es equivalente de **quedarse** + adjetivo en algunas expresiones. Las más comunes de éstas son: **quedarse calvo** (*to become bald*), **quedarse ciego** (*to become [go] blind*), **quedarse solo** (*to be left alone*), **quedarse sordo** (*to become deaf*), **quedarse viudo/a** (*to become a widower/widow*). Observe que todas estas expresiones tienen en común la idea de pérdida.

Algunos hombres se quedan calvos antes de los treinta años.	*Some men become bald before they are thirty.*
Si sigues oyendo tanto rock, pronto te quedarás sordo.	*If you continue to listen to so much rock, you will soon become deaf.*

APLICACIÓN

A. ¿Qué ha sido de ellos?

Imagine que han pasado unos años y Ud. encuentra a un amigo a quien no ha visto desde su graduación. Él le pregunta qué ha sido de varios de sus compañeros de estudios. Explíquele a su amigo lo que fue de ellos, usando equivalentes de *to become* y basándose en los siguientes datos. Trate de elaborar explicaciones originales.

1. Andrés Pérez es ahora médico.
2. Andrés y Cuquita Gómez son novios desde el mes de junio.
3. Luis Quirós no tiene pelo.
4. Lolita Ruiz pesa 200 libras.
5. Vicente Guzmán está en un manicomio.
6. Saturnino Rovira es presidente de una compañía.
7. Emilio Arteaga es rico.
8. Marta Salazar es policía.
9. El hermano de Marta está casi sordo.
10. Nicolás Ríos es cantante, pero canta muy mal.

B. ¿Cuál es la expresión correspondiente?

Complete los pasajes de la columna izquierda con expresiones de la columna derecha.

1. Juan leía constantemente con muy mala luz. Creo que por eso...
2. Ernesto la amaba mucho, pero después que ella lo engañó con su mejor amigo, su amor...
3. Es un niño con gran talento. Un líder genuino. Algún día...
4. Hablaba solo y discutía en voz alta con personas imaginarias. Todos pensábamos que...
5. Dejamos el helado fuera del refrigerador y al poco rato...
6. Mi gato y mi perro se odiaban al principio, pero con los años...
7. Los padres de Lilí la han llevado al médico porque sospechan que tiene anorexia y...
8. La familia de Orlando es católica, pero él se enamoró de la hija de un ministro y...
9. Los amigos de Pepín tuvieron un accidente muy serio. Le dimos la noticia y...
10. Los Jiménez ya no viven en este barrio y no los he visto en varios años...

a. ¿Qué sería de ellos?
b. meterme a carpintero
c. se le hacía tarde
d. llegaron a ser amigos
e. se hizo metodista
f. se convirtió en antipatía
g. se quedó ciego
h. se ha quedado sola
i. se puso muy pálido
j. se ha puesto muy delgada

11. Yo quería ser profesor de español algún día, pero saqué una F en el curso de composición y he decidido...

k. se puso blando

12. En Hispanoamérica, es muy frecuente el caso de un presidente que después de su primer período de gobierno...

l. iba a volverse loco

13. No quiso almorzar con nosotros. Dijo que tenía que estar en el centro a las tres y...

m. se convierte en dictador

14. Sus padres murieron y no tiene hermanos ni parientes cercanos. La pobre Amelita...

n. llegará a ser presidente

C. Oraciones incompletas.

Complete con un equivalente de *to become*.

1. Cada día ve peor, el médico dice que _____ ciega.
2. La admiración que sentía por él _____ antipatía.
3. ¿Quieres _____ socio de nuestro club?
4. Mi padre _____ furioso cuando vio la cuenta del teléfono.
5. En el otoño, las hojas _____ primero amarillas y después, de color marrón.
6. Si algún día _____ millonario, espero que te acuerdes de mí.
7. Un refrán dice que el que _____ redentor, termina crucificado.
8. Cuando pregunté qué _____ Paulina, Rodrigo _____ muy nervioso.
9. La tierra _____ lodo cuando llueve mucho.
10. A los dos días de estar en la cárcel, el pelo de Ramiro _____ blanco.

Para escribir mejor

Otros signos de puntuación

En capítulos anteriores se ha estudiado el uso de la coma y el punto y coma. A continuación se dan los casos más importantes en el uso de otros signos de puntuación.

1. Se usan los dos puntos:

    a. Para indicar que sigue una enumeración de lo contenido en la frase precedente.

    José tenía dos grandes defectos: era perezoso y mentía constantemente.

    Jose had two serious defects: he was lazy and he lied constantly.

    b. Cuando se va a citar lo dicho por otra persona.

    Cuando los policías lo detuvieron dijo: «Soy culpable».

    When the police arrested him, he said, "I'm guilty."

    c. En los saludos de las cartas, aun en las cartas familiares.

    Querido Ernesto:

    Dear Ernesto,

2. Se usan los puntos suspensivos:

   a. En una cita, para indicar que se ha omitido parte de la frase original, se usan puntos suspensivos entre corchetes.

[...] y acercó a la niña a su pecho en un abrazo apretado [...]	*. . . and she held the child to her breast in a tight embrace . . .*

   b. Para indicar una pausa de tipo emocional.

Pues, yo no sé... creo que no le diría nada... o tal vez sí...	*Well, I don't know . . . I think I wouldn't tell him anything . . . or perhaps I would . . .*

   c. En frases incompletas. También en enumeraciones incompletas, como equivalente de **etcétera**.

Ella tiene las mejores intenciones, pero...	*She has the best intentions, but . . .*
Mis modelos han sido los novelistas realistas: Pereda, Valera, Pérez Galdós...	*My models have been the realistic novel writers: Pereda, Valera, Pérez Galdós . . .*

3. El guión menor (*hyphen*) divide una palabra al final de una línea. También indica palabras compuestas como **socio-económico e histórico-político**. En este último caso, el guión se usa en español mucho menos que en inglés.

4. El guión mayor, o raya (*dash*), se usa, lo mismo que el paréntesis, para separar elementos incidentales en la frase, pero el paréntesis hace una separación más marcada.

El hombre de la cámara —un turista seguramente— se detuvo frente a la iglesia.	*The man with the camera—a tourist for sure—stopped in front of the church.*

   La raya sirve también para indicar que alguien habla en un diálogo.*

—Y usted, ¿ha viajado mucho?	*"And you, have you traveled a lot?"*
—No, señor, sólo he hecho unos cuantos viajes locales.	*"No, sir, I have taken only a few local trips."*

5. Las comillas se utilizan:

   a. Para indicar una cita textual.

Martí dijo: «Nuestro vino es agrio, pero es nuestro vino».	*Martí said, "Our wine is sour, but it is our wine."*

   b. Para dar énfasis a una palabra o frase o indicar ironía.

Entonces «mi amigo» invitó a mi novia a salir con él.	*Then my "friend" invited my girlfriend to go out with him.*

---

*A veces también se usan comillas (" , " «, »), pero la raya es el signo más común para el diálogo en español.

c. Con palabras extranjeras, técnicas o muy familiares.*

Después del último «take» se presta atención al «sound-track».	*After the last take, attention is given to the sound track.*

APLICACIÓN

A. Signos de puntuación.

Ponga los signos de puntuación que faltan en las siguientes oraciones.

1. El refrán dice Perro que ladra no muerde.
2. La razón de mi negativa es muy simple no quiero colaborar con hipócritas.
3. Pero ¿te vas? Eso no sé me confunde un poco.
4. Y usted ¿no trabaja? No yo vivo de mis rentas.
5. Ramón Gómez de la Serna que debe su fama a su humor ingenioso dijo El tornillo es un clavo peinado con la raya al medio.
6. Pusimos las manzanas que recogimos cuatro o cinco docenas en el maletero del carro.

La escultura conocida como "La Mano" en Playa Brava, Punta del Este, es una gran atracción turística, y todos los visitantes quieren retratarse junto a ella. Obra del artista chileno Mario Irarrazábal, fue inaugurada en 1981. (Maurice Joseph/Alamy)

*También se usa la letra en cursiva para indicar éstas.

7. ¿Dónde dejaste a los escuincles? dijo el hombre.

8. La guerra entre España y Estados Unidos se llamó hispano americana.

9. Espera Gustavo no te vayas Quiero que sepas.

10. Mi primo trabaja como stunt man en el cine.

11. Dio un concierto de violín maravilloso. Tocó piezas de Chopin Beethoven Bach.

12. y salió sin decir una palabra.

13. Juan y Santiago el mismo Santiago de quien te hablé resolvieron el problema.

14. No soy ambicioso. Sólo le pido a Dios dos cosas salud y paz.

15. Sí él me ayudó pero a gastar mi dinero. Con ayudas de esa clase terminaré en la miseria.

TEMAS PARA COMPOSICIÓN

Escriba una composición sobre uno de estos temas.

1. **El gerente del Hotel Cervantes.** ¿Cómo sería esta historia contada por él? Escriba una composición en primera persona en la que él habla del hotel, de la mujer, de Petrone y sus quejas de los ruidos, y expone su opinión. ¿Qué piensa el gerente de estos huéspedes? ¿Por qué (no) cree él que hay un niño fantasma que llora en esa habitación?

2. **«La puerta condenada» y «Un viaje o El mago inmortal», de Adolfo Bioy Casares.** Estos dos cuentos son ejemplo de una increíble casualidad literaria. Sus autores son ambos argentinos y sitúan la historia en Montevideo, los dos protagonistas son hombres de negocios y viajan desde Buenos Aires en el ferry, ambos cuentos centran su importancia en lo que sucede en la habitación contigua... Busque información en la red, lea el cuento de Bioy Casares y establezca un paralelo entre las dos obras.

3. **Una película de fantasmas que vi una vez.** ¿Estaba bien hecha? ¿Tenía buenos efectos? ¿Le pareció interesante? ¿miedosa? ¿absurda? ¿Por qué razón les gustan a tantas personas las películas de miedo? ¿Le gustan a Ud.? ¿Por qué (no)? ¿Ve Ud. películas de miedo solo/a o necesita estar con otra persona? ¿Por qué?

4. **Una casa habitada por fantasmas.** Invente un cuento sobre una casa con fantasmas. La familia que vivía en esta casa sufría constantemente accidentes inexplicables. Cuando se dieron cuenta de que estos «accidentes» tenían un origen sobrenatural, su primera reacción fue escapar de allí. Pero vencieron su miedo y decidieron que aquella era su casa y que eran los fantasmas quienes tenían que salir. ¿Qué hicieron ellos para librarse de los fantasmas? ¿Lo consiguieron?

CAPÍTULO 7

Escena de la película española *Mar adentro*, sobre el tema de la eutanasia, que recibió muchos premios internacionales, entre ellos, el Óscar de la mejor película extranjera en 2005. Aquí vemos a Javier Bardem en el papel de Ramón Sampedro, el protagonista, y a Belén Rueda como Julia, su cuñada. (The Kobal Collection, Ltd.)

Lectura

Introducción

Esta lectura es un ensayo de Pablo J. Ginés, publicado en la revista española *Época*. Como se indica en el preámbulo, el escritor reacciona ante la película *Mar adentro*,* dirigida por Alejandro Amenábar, que es la historia real de Ramón Sampedro, un español paralítico que se suicidó con ayuda de sus amigos. Tanto la película como su protagonista, Javier Bardem, han ganado muchos premios internacionales, como el «León de Plata» en el Festival Internacional de Cine de Venecia, y el «Globo de Oro» y el Óscar a la mejor película extranjera en 2005 en los EE. UU.

Ramón, de 55 años, había tenido un accidente a los 26 que lo dejó paralizado del cuello para abajo. Aunque su familia lo cuidaba con cariño, él quería morir y por años trató de conseguir permiso de los tribunales para que su médico le practicara la eutanasia. Todas sus peticiones fracasaron. Los amigos de Ramón pensaban que él tenía el derecho de morir con dignidad y dejar de ser un problema para su familia, y decidieron ayudarlo a suicidarse.

Once personas participaron en el suicidio y cada uno de los amigos ayudó sólo un poquito en una sección del proceso, para que nadie en especial pudiera ser acusado del crimen. Sólo el amigo once estuvo presente todo el tiempo, pues fue el que filmó la operación. La persona que lo ayudó a beber el cianuro fue su novia, pero ella no lo confesó hasta muchos años después, cuando ya el caso estaba cerrado.

Cuando el video del suicidio fue presentado por televisión, el mundo entero se conmovió, y la película volvió a actualizar el tema en 2005. ¿Debe permitirse la eutanasia? Aunque Ramón y sus amigos pensaban que sí, el autor de la lectura presenta diez fuertes argumentos contra ella.

Diez argumentos contra la eutanasia

El debate sobre la despenalización° de la eutanasia volvió a estar en el candelero° con el estreno de «Mar adentro», filme de Amenábar en el que Javier Bardem encarnaba a° Ramón Sampedro, quien decidió poner fin a su vida después
5 de permanecer más de 30 años postrado en una cama°.

* * *

1. Pendiente peligrosa°. La eutanasia legal favorece una «pendiente peligrosa» en contra de la vida en otros campos°. En Holanda, la eutanasia se aplica, no ya a enfermos, sino a gente que no quiere vivir, como el senador socialista octo-
10 genario Brongersma, que pidió ser «finalizado», no porque estuviese enfermo o deprimido, sino porque estaba cansado de vivir. Se calcula que en Holanda se deja morir a unos 300 bebés al año por nacer con minusvalías°.

2. Empeora° *la relación médico-paciente.* ¿Queda algún
15 margen para que los enfermos, ancianos o incapacitados° sigan manteniendo aquella confianza en quienes, hasta ahora, tenían por obligación —casi sagrada— la sanación° de sus dolencias°? ¿Quién impondrá a la víctima potencial el

legalización
en... de moda
encarnaba... hacía el
   papel de
postrado... *bedridden*

Pendiente... *Slippery slope*
casos

handicaps
Hace peor
handicapped people

cura
enfermedades

---

*La traducción original del título, y la más adecuada, es *Out to Sea*; sin embargo, la película se ha presentado en los EE.UU. con el título *The Sea Inside*.

deber de confiar en su verdugo°? ¿Y cómo confiar en que el — *executioner*
médico va a esforzarse° por mi vida si mis parientes presio- — luchar
nan en sentido contrario?

    3. *Frena° la investigación en medicina paliativa°*. La — Para / que quita el dolor
eutanasia desincentiva° la inversión° en cuidados paliativos — quita el incentivo a /
y en tratamientos para el dolor. Holanda invierte en — *investment*
cuidados paliativos, pero presentados siempre como una
alternativa más, siendo la eutanasia la más apoyada° por — **más...** preferida
las instituciones. Se tiende a pensar que si tratar el dolor
con cuidados paliativos es caro, hay que fomentar la opción
barata: matar al enfermo.

    4. *Elimina al enfermo en lugar de eliminar el dolor*. La
eutanasia pervierte la ética médica que desde Hipócrates
se ha concentrado en eliminar el dolor, no en eliminar al
enfermo. Los facultativos° insisten en que la eutanasia, como — médicos
el aborto, no es un acto médico, ya que el fin° de la medicina — propósito
es curar, y si no se puede curar, al menos mitigar° el dolor. — aliviar
Es significativo que el primer régimen° que instaura° — gobierno / establece
la eutanasia después del viejo paganismo romano es la
Alemania nazi.

    5. *No la piden personas libres*. La eutanasia es solicitada
casi siempre por personas deprimidas, mental o emocio-
nalmente trastornadas°. Cuando uno está solo, anciano, — confundidas
enfermo, paralítico tras° un accidente, es fácil sufrir de — después de
ansiedad o depresión que llevan a querer morir. En un país
sin eutanasia, los médicos y terapeutas se esfuerzan por
curar esta depresión y devolver las ganas° de vivir al — **las...** el deseo
paciente, y casi siempre tienen éxito si el entorno° ayuda. — *surroundings*
Por el contrario, en un país con eutanasia, en vez de
esforzarse por eliminar la depresión, se tiende a eliminar al
deprimido «porque lo pide».

    6. *No es un derecho humano*. La eutanasia no es un
derecho humano. No está recogida en el Convenio Europeo
de Derechos Humanos, por ejemplo. Según el Tribunal
Europeo de Derechos Humanos en el caso de Dianne
Pretty* (2002), no existe el derecho a procurarse° la muerte, — buscar
ya sea de manos de un tercero° o con asistencia de autori- — **ya...** *whether it be at the*
dades públicas. El derecho a la autonomía personal no es — *hands of a third party*
superior al deber de los estados° de amparar° la vida de los — gobiernos / proteger
individuos bajo su jurisdicción.

    7. *Es contagiosa*. La eutanasia, como el suicidio, es
contagiosa. Una vez que la persona deprimida se suicida,
otras personas deprimidas de su entorno pueden copiar su
comportamiento.

---

* Dianne Pretty fue una mujer inglesa paralizada por una enfermedad mortal, que luchó en los tribunales para
que le permitieran a su esposo ayudarla legalmente a suicidarse. (En Inglaterra el suicidio es legal, pero es ilegal
ayudar a alguien a suicidarse.) Cuando su petición fue negada en Inglaterra, Dianne la presentó ante el Tribunal
Europeo de Derechos Humanos, pero este tribunal también la negó. La Sra. Pretty tuvo que sufrir mucho y murió
de causas naturales como consecuencia de su enfermedad.

8. ¿Qué hacer con los minusválidos? La eutanasia
dificulta° el trabajo de los terapeutas que trabajan con   hace difícil
minusválidos, deprimidos, enfermos. Las personas que
ayudan a otras a vivir con una grave° minusvalía o en duras   seria
circunstancias, ven su trabajo saboteado por la otra opción,
la eutanasia, que legalizada aparece con atractiva insistencia
como una salida fácil para el enfermo.

9. Eliminará a los más débiles. Como el aborto, la
eutanasia tenderá a hacerse especialmente accesible
y promocionada° entre las clases económicamente   *advertised*
más débiles, los grupos étnicos desfavorecidos°, etc. Al   *disadvantaged*
desatenderse° los cuidados paliativos, éstos serán un lujo,   descuidarse
sólo para gente con medios adquisitivos°.   **con...** rica

10. Potenciará° los asesinatos indiscriminados. La   Hará posibles
eutanasia legal no impedirá las eutanasias ilegales, sino que
las potenciará. Como en el caso del aborto, aprobar una ley
que permite la eutanasia, «con todos los controles que hagan
falta», no impedirá que se extienda el fraude de ley, los
permisos escritos sin examinar al paciente, la laxitud° en la   excesiva tolerancia
aplicación de la ley y el fraude de ley generalizado.

Con todo°, el mejor argumento contra la eutanasia   **Con...** Sin embargo
siempre será el testimonio de miles de hombres y
mujeres en circunstancias dificilísimas, que apoyándose°   ayudándose
mutuamente, con la ayuda de sus valores, sus familias, amigos
o profesionales, demuestran día a día que la dignidad del
hombre° les lleva a vivir y a enriquecer la vida de otros.   ser humano

Este es el verdadero Ramón Sampedro, que se suicidó en 1998 con la ayuda de varios amigos, después de pasar la mayor parte de su vida tetrapléjico. Ramón luchó por muchos años en los tribunales tratando de conseguir que se legalizara la eutanasia en casos como el suyo y escribió el libro autobiográfico *Cartas desde el infierno*, pero no consiguió cambiar las leyes. (Despotovic Dusko/©Corbis)

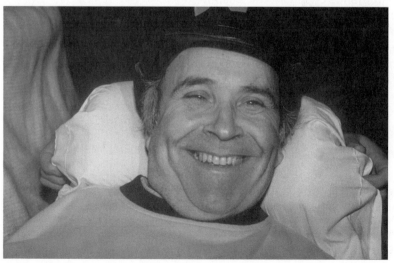

APLICACIÓN

A. Vocabulario.

Escoja en la lista la palabra que completa correctamente cada oración.

amparar / apoyo / desatender / dolencia / empeoró / entorno / esforzarse / facultativo / fin / incapacitada / inversión / minusvalía / mitigo / promocionar / régimen / sanación / verdugo

1. Las cosas que me rodean forman mi _____.
2. Si ayudo a alguien digo que lo _____.
3. Un sistema de gobierno es un _____.
4. El hombre que ejecuta una sentencia de muerte es un _____.
5. Si una persona tiene las piernas paralizadas, digo que tiene una _____ y está _____.
6. Un médico es un _____.
7. Luchar por conseguir algo es _____.
8. Un sinónimo de *proteger* es _____ y un sinónimo de *propósito* es _____.
9. Cuando tengo dolores, los _____ con calmantes.
10. Si un enfermo está hoy peor que ayer, se dice que _____.
11. Gastar dinero en una cosa es hacer una _____.
12. Una enfermedad es una _____, y la cura de ésta es una _____.
13. Hacer propaganda de algo o de alguien es _____.
14. Un sinónimo de *descuidar* es _____.

B. Comprensión.

Conteste según la lectura.

1. ¿Por qué dice el autor que la eutanasia está otra vez en el candelero?
2. ¿Qué le sucedió al senador holandés Brongersma?
3. ¿Por qué, según el autor, van a perder los pacientes la confianza en su médico si la eutanasia se legaliza?
4. ¿Qué efecto tendrá la eutanasia en las investigaciones sobre medicina paliativa? ¿Por qué?
5. ¿Por qué dice el autor que la eutanasia no es un acto médico?
6. ¿Por qué dice el autor que las personas que piden la eutanasia no son personas libres?
7. ¿Qué piensa el Tribunal Europeo de Derechos Humanos sobre la eutanasia?
8. ¿Por qué la eutanasia va a eliminar a los débiles?
9. Según el autor, ¿qué va a pasar con la ley si se aprueba la eutanasia?

C. Interpretación.

Conteste según su opinión.

1. ¿Ha ido demasiado lejos Holanda en su ley de eutanasia? ¿Por qué (no)?
2. Si la eutanasia fuera legal y Ud. estuviera muy enfermo/a, ¿tendría confianza en su médico? ¿Por qué (no)?
3. El autor dice que si la eutanasia fuera legal, se usaría en vez de paliativos, porque es más barata. ¿Cree Ud. que exagera? ¿Por qué (no)?

4. El autor se opone también al aborto y dice que tampoco es un acto médico. ¿Por qué (no) tiene razón?

5. El autor dice que la eutanasia es contagiosa como el suicidio. ¿Está Ud. de acuerdo? ¿Por qué (no)?

6. ¿Está Ud. de acuerdo con la opinión del autor de que la eutanasia legal dificulta el trabajo de los terapeutas? ¿Por qué (no)?

7. ¿Son convincentes estos diez puntos? ¿Cuáles de los argumentos le parecen más fuertes y cuáles más débiles?

8. ¿Cree Ud. que el autor de los diez puntos está influido por sus creencias religiosas? ¿Qué posición tienen la mayoría de las religiones ante la eutanasia y el aborto?

D. Intercambio oral.

Use los temas en un intercambio oral con sus compañeros de clase.

1. **El caso de Ramón Sampedro.** En este caso el paciente no estaba en peligro de muerte, por eso no se trata de una eutanasia, sino de un suicidio asistido. ¿Tenía Ramón el derecho a suicidarse? ¿Por qué (no)? Si Ud. fuera uno de los amigos de Ramón, ¿lo ayudaría a suicidarse como hicieron ellos? ¿Por qué (no)? Los amigos de Ramón no fueron castigados. ¿Por qué (no) está bien esto?

2. **Ramón Sampedro y Terri Schiavo.*** Estos dos casos tienen algo en común, pero al mismo tiempo tienen muchas diferencias. ¿Cuáles son las semejanzas y cuáles las diferencias? Muchas personas piensan que quitarle el alimento y el agua a Terri fue un asesinato. ¿Qué piensa Ud.? ¿Hizo bien el esposo o debía haberles cedido su derecho a los padres de ella?

3. **¿Por qué la muerte no es una opción lógica para una persona con minusvalías?** Constantemente vemos personas admirables que han luchado contra la invalidez. Los estudiantes comentarán sobre los discapacitados que hacen actividades normales, practican deportes, usan la boca para escribir y pintar, etc. Coméntese también el caso de Christopher Reeve.

4. **El suicidio de los jóvenes.** Todos sabemos que el suicidio de los jóvenes es un problema hoy en los EE.UU. ¿Se trata de una epidemia? ¿Es o no es contagioso el suicidio? ¿Por qué? ¿Qué razones tienen estos jóvenes para suicidarse? ¿Qué puede hacerse para resolver el problema?

Sección gramatical

Uses of the Definite Article

The definite article is found in both Spanish and English with nouns that are definite or known to the speaker.

Siéntate en la silla que está junto a la ventana.	*Sit in the chair that is next to the window.*

---

*El caso de Terri Schiavo (1963–2005) originó una fiera batalla legal en el estado de la Florida entre su esposo, que quería desconectar los tubos que la mantenían viva artificialmente, y sus padres, que se oponían a esto. Después de 12 años en estado vegetativo, su esposo ganó el caso y Terri fue desconectada el 31 de marzo de 2005.

In Spanish, however, the definite article is necessary in many cases when no article is required in English. The rules concerning the definite article in Spanish have many exceptions, and therefore careful observation is recommended. However, the following general guidelines can be helpful.

1 The definite article is needed with nouns referring to concepts and abstract things, as well as with nouns that refer to a group or class in general.

La gente suele pensar que el dinero es muy importante en la vida.	*People usually think that money is very important in life.*
En el mercado abundaban los claveles, pero escaseaban las rosas.	*At the market, carnations were plentiful but roses were scarce.*
Generalmente, las personas que se oponen al aborto se oponen también a la eutanasia.	*Generally, people who oppose abortion are opposed to euthanasia as well.*
Conocí a mi primer novio en la iglesia, al segundo en la escuela y al tercero en el trabajo.	*I met my first boyfriend at church, my second one at school and my third one at work.*

Names of sciences, skills, school subjects and languages fall under this rule and require the definite article, except when they are preceded by the verbs **enseñar** or **estudiar** and the prepositions **en** or **de**.

La física es una asignatura interesante, pero prefiero estudiar biología.	*Physics is an interesting subject, but I prefer to study biology.*
El español no es difícil, pero tengo problemas con el alemán.	*Spanish is not difficult, but I have problems with German.*
¿Has visto algún libro de español escrito en alemán?	*Have you seen any Spanish book written in German?*

Exception: the article is used after the preposition in the case of **interesarse en**.

Desde niño, mi hermano se interesó en las matemáticas.	*Ever since he was a child, my brother has been interested in mathematics.*

When there is an idea of amount (if the words *some* or *any* can be inserted in English), the article is omitted in Spanish.

Conozco gente sin dinero que es feliz.	*I know (some) people without (any) money who are happy.*
Hay niños que siempre comen hortalizas.	*There are (some) children who always eat (a certain amount of) vegetables.*

Note that the verb **haber** always conveys an idea of quantity or amount; therefore, it is not followed by the definite article except in rare regional usage.

2 The definite article is generally used with dates, seasons, meals, centuries and hours.

En el verano el desayuno se sirve a las ocho; en el invierno, a las ocho y media.	*In the summer breakfast is served at eight; in the winter it is served at eight-thirty.*

This rule, however, is not always followed; in the case of seasons, the article is optional after **de** and **en;** in the case of hours and days of the week, it is often omitted in the expressions **de** + hour/day of the week + **a** + hour/day of the week.

Tanto en invierno como en verano, tenemos el mismo horario de lunes a viernes: desayuno de siete a ocho, almuerzo de una a dos y cena de siete a nueve.	*In winter as well as in summer we have the same schedule from Monday to Friday: breakfast from seven to eight, lunch from one to two, and dinner from seven to nine.*

With the days of the week, the article is omitted after **ser**: **Hoy es jueves.*** With the year, it is generally omitted, except in the case of abbreviations.

Eso sucedió en 1999.	*That happened in 1999.*

But:

Eso sucedió allá por el 99.	*That happened around '99.*

3 The definite article precedes most titles, except when speaking directly to the person. Exceptions to this rule are the following titles: **don, doña, san(to), santa, fray, sor.**

El rey Juan Carlos I es el sucesor del general Francisco Franco.	*King Juan Carlos I is the successor of General Francisco Franco.*

But:

Fray Gabriel Téllez fue el creador de Don Juan Tenorio.	*Fray Gabriel Téllez was the creator of Don Juan Tenorio.*

The definite article is omitted before the ordinal numbers in the names of kings, popes and other rulers: **Carlos Quinto** (*Charles the Fifth*), **Isabel Segunda** (*Elizabeth the Second*).

4 The well-known rule about the definite article preceding parts of the body and garments extends also to some physical and psychological acts and reactions.**

---

*Note that this rule applies only when you are telling what day of the week it is (was, will be, etc.). When **ser** means *to take place* the article is used.

La reunión es el jueves.   *The meeting will be on Thursday.*

**A reminder: Usually, as the following patterns show, no possessive adjective is needed to identify the possessor.
El alumno levantó *la* mano para contestar; Alberto se quitó *el* sombrero; Cuando la hijita de Pedro comenzó a llorar, él le cambió *el* pañal. Sometimes, however, the possessive adjective is necessary for clarity or to avoid ambiguity: *Mi pelo brilla más que el tuyo; Ponte tu camisa, no la mía.*

Al oírte no pude contener la risa.	*When I heard you, I couldn't hold back my laughter.*
Déjame recobrar el aliento; estoy extenuada.	*Let me catch my breath; I'm exhausted.*

5   The construction **tener** + definite article + part of the body or garment + adjective is the Spanish equivalent of the English possessive + part of the body or garment + *to be* + adjective.

El niño tenía la carita triste.	*The boy's little face was sad.*
La víctima tenía los ojos cerrados y la cara hinchada.	*The victim's eyes were closed and his face was swollen.*
Tienes los pantalones manchados.	*Your pants are stained.*

6   The definite article has customarily been used with certain geographical names. The most common are: **la Argentina, el Brasil, el Canadá, los Estados Unidos, la Florida, la Habana, la India, el Japón, el Paraguay, el Perú, la República Dominicana, El Salvador** and **el Uruguay**.

Today, however, the article is often omitted with these names, especially in the press. Four geographical names that have consistently kept the article are: **El Salvador**, **la Habana**, **la República Dominicana** and **la Florida**.

Names of places that are modified by an adjective take the definite article: **la España meridional, el Perú colonial**.

7   Percentage figures in Spanish are generally preceded by the definite article. So are units of measure (e.g., *hour*, *dozen*, *liter*, etc.) in cases where English uses *a, an*.

Ese candidato tuvo el setenta y cinco por ciento de los votos.	*That candidate had seventy-five percent of the votes.*
La carne estaba a cinco dólares la libra, mientras que la leche estaba a sólo cincuenta centavos el litro.	*Meat was five dollars a pound, while milk was only fifty cents a liter.*
—¿Cuánto cobran por las clases de baile? —Veinte dólares la hora.	*"How much do they charge for dancing lessons?" "Twenty dollars an hour."*

APLICACIÓN

A. ¿Con o sin artículo definido?

Complete, haciendo contracciones si es necesario.

1. En mi universidad, no hay _____ profesores malos; _____ profesores

son en general excelentes, pero _____ estudiantes no quieren a ninguno

tanto como a _____ doctora Julia Morton. En _____ invierno y

en _____ verano, de _____ lunes a _____ sábado, entre

_____ siete y _____ ocho, mientras tomo _____ desayuno, veo

a esta señora pasar por _____ calle Laredo, donde vivo. No sé si pasa también

_____ domingo, porque ese día voy a _____ iglesia. Aunque nació en

_____ Canadá, _____ profesora Morton comenzó a interesarse en

_____ español desde _____ niñez. _____ señora Morton se

lleva muy bien con _____ hispanos de todas _____ nacionalidades. Ella

es especialista en _____ cultura azteca. Habla además _____ francés y

_____ portugués.

2. Jesusita fue ayer a _____ mercado porque necesitaba _____ comes-

tibles. _____ huevos estaban a sólo diez pesos _____ docena, pero

_____ verduras le parecieron muy caras. Las compró, sin embargo, porque

iba a servir _____ verduras en _____ cena. A Jesusita le encanta

_____ pan, no puede concebir una comida sin _____ pan. Ella no come

_____ carne, es vegetariana, pero a su novio le gusta _____ carne, así

que compró _____ pan y también _____ carne.

3. En 1939 volvió _____ paz a España y _____ generalísimo Francisco

Franco tomó _____ poder. Cuando Franco murió, se coronó rey a Juan Carlos

_____ Primero, que es nieto de Alfonso _____ Trece. _____

libertad reina ahora en España, después de tantos años sin _____ libertad. Más

de _____ ochenta por ciento de _____ españoles prefiere _____

monarquía constitucional como sistema de gobierno.

4. Aunque _____ mujeres han sido discriminadas en todos _____ siglos,

_____ historia presenta muchos casos de _____ mujeres que se han

destacado. Muchas de estas mujeres se han dedicado a _____ vida religiosa.

Por ejemplo, _____ Santa Teresa de Jesús, en _____ Siglo de Oro,

_____ Sor Juana Inés de la Cruz, en _____ México colonial y, en el

siglo XX, _____ Madre Teresa en _____ India.

B. Necesito un intérprete.

Traduzca, fijándose en el uso y omisión del artículo definido.

1. Miss Ruiz came to see us after supper; her face was sad, and she couldn't hold back her tears.
2. Wheat is harvested in Castille, while Southern Spain produces olives.
3. Pepito's mother made him go to bed early because he came from school with mud on his pants.

4. I put roses in Luisa's room because she loves flowers. Roses were fifteen dollars a dozen, but I bought them anyway.

5. Last Tuesday was election day, but forty percent of the people didn't vote.

6. The girl I met at work was born in Havana; she has black hair and green eyes.

Uses of the Indefinite Article

The indefinite article **(un, una, unos, unas)*** is used in Spanish much less than its counterpart in English, so most rules about its use really deal with cases in which the indefinite article is omitted in Spanish while it is used in English.

1 The indefinite article is omitted in Spanish in the following cases:

a. After the verb *to be* when referring to professions, trades, nationalities, ranks and affiliations.

Su madre soñaba con que él fuese médico, pero él quería ser basurero.	*His mother dreamed of his being a doctor, but he wanted to be a garbage collector.*
No sabía que la novia de Blas era argentina.	*I didn't know Blas's girlfriend was an Argentinian.*
La madre de Purita es católica, pero ella es budista.	*Purita's mother is a Catholic, but she is a Buddhist.*

Note that in this type of classification the word following **ser** really functions as an adjective in Spanish. When this word is modified, the classification becomes individualized and the indefinite article is used to nominalize it. **Ser médico, ser argentina** and **ser católica** are general classifications; however, **ser un médico famoso, ser una argentina muy simpática** and **ser una católica muy devota** refer to personal characteristics of the individual that make him or her stand out from the rest of the group.

The indefinite article can also be added for emphasis even when the noun is not modified. This happens mostly in exclamations.

¡Es un varón!	*It's a boy!*
¡Juanita es una actriz!	*Juanita is (quite) an actress!*

But:

No sé si el bebé es varón o hembra.	*I don't know whether the baby is a boy or a girl.*
Juanita es actriz.	*Juanita is an actress.*

---

*The definite article **la** becomes **el** before feminine nouns beginning with stressed **a** or **ha**. Popular usage has extended this rule to the indefinite article: **un asa, un hacha**, but **una habitación**.

b. Before **otro/a** (*another*), **cien, ciento** (*a hundred*), **mil** (*a thousand*), **cierto/a** (*a certain*); and after **medio/a** (*half a*) and **tal** (*such a*). The indefinite article is also omitted in the expression: **¡Qué** + noun + **tan (más)** + adjective! (*What a* + adjective + noun!).

¡Tenía tal apetito! Se comió media libra de pan y más de cien cerezas.	*He had such an appetite! He ate half a pound of bread and more than a hundred cherries.*
Cierta persona me dijo que Ramírez tuvo otro ataque recientemente.	*A certain person told me that Ramírez had another attack recently.*
Te he explicado esto mil veces y no quiero explicarlo otra vez.	*I have explained this to you a thousand times and I don't want to explain it again (another time).*
¡Qué día tan (más) hermoso!	*What a beautiful day!*
¡Qué situación tan (más) embarazosa!	*What an embarrassing situation!*

Exception: **Un(a) tal**, before a proper name, means *one, a certain, a person by the name of*. **Un(a) cierto/a** can also be used with a similar meaning, but it is less common.

Una tal Dolores Cisneros reclamó la herencia.	*Some woman by the name of Dolores Cisneros claimed the inheritance.*

c. With unmodified nouns preceded by the verbs **tener, poseer, llevar** and **usar**. Also, with unmodified nouns preceded by the prepositions **con** and **sin**.

El hombre llegó al hotel sin reservación. Tenía fiebre y también tenía dolor de estómago. Aunque era invierno, no llevaba abrigo. Había venido a pie, porque no había conseguido taxi.	*The man arrived at the hotel without a reservation. He had a fever and he also had a stomachache. Although it was winter, he was not wearing a coat. He had come on foot because he hadn't been able to get a taxi.*
Pocas personas usan dedal cuando cosen.	*Few people use a thimble when they sew.*
Nadie me espera en casa; no tengo familia ni tampoco tengo perro.	*Nobody is waiting for me at home; I don't have a family and I don't have a dog either.*

Note that these nouns refer to things that the subject would normally have (wear, use) only one at a time. Since **un, una** also have a numerical meaning (*one*), using **un, una** would be redundant. However, if the concept of number is emphasized, the article is retained.

¡Tantas cuentas que pagar, y yo sin un centavo!	*So many bills to pay and I don't have a (single) cent!*
Cuando tengo mucho frío no llevo un suéter, sino dos.	*When I am very cold, I don't wear one sweater but two.*

The indefinite article is also retained when the noun is modified. In that case, the emphasis is on the individuality of the noun, which is distinguished by the adjective from others of its kind.

El hombre tenía una fiebre muy alta y un dolor de estómago terrible.	*The man had a very high fever and a terrible stomachache.*
Mi madre siempre usa un dedal de plata.	*My mother always uses a silver thimble.*
La actriz, que llevaba un abrigo de visón, hablaba con un acento muy desagradable.	*The actress, who was wearing a mink coat, spoke with a very unpleasant accent.*

d. In many proverbs and adages.

A caballo regalado no se le mira el colmillo.	*Never look a gift horse in the mouth.*
Ojos que no ven, corazón que no siente.	*Out of sight, out of mind.*
Casa que se blanquea, inquilinos quiere.	*A house that gets whitewashed wants tenants.*

2 Special meanings of **unos, unas**.

The plural forms **unos, unas** are equivalents of *some* when *some* expresses quantity or degree, or when it means *a number of, a few*, or *about*.

Vivimos unos años en aquel edificio.	*We lived in that building for some (a number of) years.*
Tengo unos pesos que puedo prestarte.	*I have some (a few) pesos that I can lend you.*
Unas doce personas presenciaron el suicidio de Ramón.	*Some (About) twelve people witnessed Ramón's suicide.*

Unos, unas often equals *a pair*.

unas piernas perfectas	*a perfect pair of legs*
unos brazos fuertes	*a strong pair of arms*
unos ojos preciosos	*a beautiful pair of eyes*
unas manos hábiles	*a pair of capable hands*
unas tijeras	*a pair of scissors*
unos alicates	*a pair of pliers*
unas tenazas	*a pair of tongs*

APLICACIÓN

Complete las siguientes narraciones con el artículo indefinido cuando sea necesario.

1. **Pablito.** ¡Qué _____ suerte! Pablito encontró en la acera _____ billete de _____ cien dólares y, exactamente _____ media cuadra más allá,

_____ otro billete, esta vez de cinco. Y eso, a pesar de que era _____ poco miope y andaba sin _____ lentes.

Pablito era _____ verdadero pícaro. No tenía _____ trabajo y se pasaba el día en la calle. Gracias a _____ manos hábiles, ganaba a veces _____ dólares jugando a las cartas. Tenía _____ barba y _____ bigote y, en invierno y en verano, llevaba _____ chaqueta vieja de cuero. Pocas personas sabían que Pablito tenía _____ familia y que era _____ familia de prestigio. Su padre era _____ catedrático y su madre _____ pianista famosa. Pero el pobre Pablito era _____ alcohólico y este vicio había arruinado su vida.

En la calle Independencia, Pablito se encontró con su mejor amigo, _____ tal Rata, y le contó su hallazgo. Rata era _____ mecánico, pero tampoco trabajaba. Felicitó a Pablito y los dos se fueron, abrazados, a celebrar lo sucedido con _____ tragos en _____ taberna.

2. **El novio de Violeta.** El novio de Violeta es _____ soldado y siempre lleva _____ uniforme cuando sale con ella. Ayer estaba lloviendo y vino sin _____ paraguas. ¡Qué _____ tonto! Se le mojó el uniforme. Violeta es _____ prima mía; por eso le presté a su novio _____ pantalones. También le presté _____ paraguas para el regreso a su casa, porque seguía lloviendo y yo no tengo _____ carro. Además, le aconsejé que la próxima vez averiguara si iba a llover. « _____ hombre precavido vale por dos», dice el refrán.

3. **Un mal día.** ¡Qué _____ día tuve ayer! Cuando intenté abrir la puerta de la residencia estudiantil, descubrí que no tenía _____ llave. Tampoco llevaba _____ identificación. Llamé a _____ policía, pero él no creyó que yo era _____ estudiante, aunque soy _____ conocido líder estudiantil. ¡Jamás me había pasado tal _____ cosa! Finalmente, resolví el problema cuando _____ otro estudiante que es mi amigo me identificó.

4. **Mi vecina Rosa.** ¿Te acuerdas de Rosa, aquella vecina nuestra que tenía _____ piernas preciosas y _____ ojos muy expresivos? Me dijeron que está comprometida con _____ tal Jesús, que es _____ venezolano. Yo no sabía que

Rosa tenía _____ novio, porque no lleva _____ anillo. Pero parece que

aunque Jesús es _____ buen joyero, no ha podido conseguir trabajo y no tiene

_____ peso. Por eso no ha podido darle _____ anillo a Rosa.

The So-Called Neuter Article *lo*

1 **Lo** + the masculine singular form of an adjective functions as an abstract noun. **Más** or **menos** may precede the adjective. The words *thing* or *part* are usually present in the equivalent English expression.

No me gusta lo viejo, prefiero lo nuevo.	*I don't like old things, I prefer new things.*
Lo más atractivo de ese viaje es el precio.	*The most attractive thing about that trip is the price.*
Lo malo de pagar los boletos para el concierto con tarjeta de crédito será recibir la cuenta un mes después.	*The bad part about paying for the concert tickets with a credit card will be receiving the bill one month later.*

APLICACIÓN

Comentarios sobre una película.

Descríbales a sus compañeros los aspectos positivos y negativos de una película que vio, combinando **lo** y los adjetivos que se indican. Use también **más/menos** en algunos casos. Si ha visto la película «Mar adentro», refiérase a ella.

Modelo: triste → *Lo más triste de la película fue el final.*

1. asombroso
2. desagradable
3. emocionante
4. divertido
5. positivo
6. triste
7. increíble
8. interesante
9. malo
10. mejor

2 In Spanish, **lo** combined with an adjective or adverb can be the equivalent of *how* + adverb or *how* + adjective in English.

a. When **lo** is combined with an adjective in this case, the adjective agrees in gender and number with the noun it describes.

Imagínate lo violenta que fue la discusión.	*Imagine how violent the argument was.*
Yo no sabía lo buenas que eran esas actrices.	*I didn't know how good those actresses were.*
Mi amigo me advirtió lo malos que son esos programas.	*My friend warned me about how bad those programs are.*

Muchas personas discapacitadas viven vidas útiles y activas. Aquí vemos una competencia de mujeres en sillas de rueda en los XV Juegos Mediterráneos en Almería, España. (Paul White/©AP/Wide World Photos)

b. **Lo** + adverb means *how* + adverb. The Spanish adverb, of course, doesn't change its ending.

La mujer se quejó de lo poco que le pagaron.	*The woman complained about how little they paid her.*
Nos sorprendió lo bien que ellas bailan merengue.	*We were surprised at how well they dance the merengue.*
No exagerabas cuando comentaste lo claramente que tu profesor lo explica todo.	*You weren't exaggerating when you commented on how clearly your professor explains everything.*

APLICACIÓN

Cosas que me sorprenden.

Invente oraciones combinando **lo** con los adjetivos y adverbios que se dan. Recuerde que en el caso de los adjetivos, la terminación concuerda con el nombre, y en el caso de los adverbios, no cambia.

Modelo: corto ➤ Me sorprende lo corta que es esta lección.
                  rápidamente ➤ Me sorprende lo rápidamente que comprendí esta lección.

1. complicado	5. barato	9. fácilmente
2. aburrido	6. simpático	10. bien
3. mal	7. despacio	11. violentamente
4. amablemente	8. viejo	12. pobre

Prepositions I

SIMPLE PREPOSITIONS IN SPANISH			
a	*to, at, in, for, upon, by*	**hacia**	*toward*
ante	*before*	**hasta**	*until, as far as, up to*
bajo	*under*	**para**	*for, to, on, by*
con	*with*	**por**	*for, by, in, through, because of, around, along*
contra	*against*	**según**	*according to*
de	*of, from, to, about, in**	**sin**	*without*
desde	*since, from*	**sobre**	*on, about, over*
en	*in, into, at, on*	**tras**	*after, behind*
entre	*between, among*		

Se presentaron ante el juez para protestar contra nosotros.

They went before the judge to protest against us.

Elena se inscribió bajo un nombre falso.

Elena registered under a fictitious name.

Él llegó hasta la esquina y se escondió tras un árbol.

He went as far as the corner and hid behind a tree.

Caminaron hacia la calle que está entre el parque y la iglesia.

They walked toward the street that is between the park and the church.

Según Conchita, hablaron mucho sobre el asunto sin tomar ninguna decisión.

According to Conchita, they talked a lot about the matter without making any decision.

APLICACIÓN

¿Culpable o inocente?

Complete la siguiente narración, usando las preposiciones españolas equivalentes a las preposiciones que se dan en inglés.

La versión (*of*) el policía (*about*) el incidente fue que el auto estaba estacionado (*on*) la avenida Malpaso (*between*) las calles Fresno y Asunción, (*at*) las 10 (*in*) la mañana. El auto estaba justamente (*under*) un letrero que prohibía estacionarse (*in*) la mañana (*from*) las 8 (*to*) las 12. Así lo declaró el policía (*before*) el juez. (*According to*) el automovilista, sin embargo, él estaba (*in*) el coche cuando vio que el policía caminaba (*toward*) allí y, (*without*) decir una palabra, ponía un papel (*on*) su parabrisas. El chófer explicó que había dado vueltas (*around*) las calles (*in*) ese barrio (*for*) una hora (*without*) poder encontrar estacionamiento. Había ido (*as far as*) el parque, pero inútilmente. Entonces había decidido detenerse (*in order to*) esperar (*until*) que se fuera otro coche. Estaba allí, (*according to*) él, (*since*) las nueve y media. Añadió que, cuando vio que el policía le ponía una multa, salió (*of*) el coche y fue (*after*) él, tratando

---

* After hours and before "**la mañana, la tarde**, etc.": **Son las tres de la trade**.

de explicarle que no había hecho nada (*against*) la ley, porque un auto (*with*) el chófer dentro no se considera estacionado. ¿Está Ud. (*with*) el chófer o (*against*) él? ¿Qué decidiría (*in*) este caso si fuera el juez?

USES OF *A*

1 **A** before the direct object.

a. The preposition **a** precedes the direct object when the latter is a *definite* person or personified thing. Pronouns like **alguien, nadie** and **quien**, which refer to people, are usually preceded by **a**.

La mujer acusó a su marido de haberle pegado.	*The woman accused her husband of having hit her.*
El niño besó a su madre y abrazó a su tía.	*The little boy kissed his mother and hugged his aunt.*
—¿A quién viste? —No vi a nadie.	*"Whom did you see?" "I saw no one."*
Todos debemos defender a nuestra patria.	*We all should defend our homeland.*
Brasil (el equipo de Brasil) venció a México (al equipo de México) en el campeonato de fútbol.	*Brazil (Brazil's team) defeated Mexico (Mexico's team) in the soccer championship.*

A is not used with an inanimate, non-personified object, nor when the noun object refers to an indefinite person or to a group of people in which individuals are de-emphasized.

El nuevo propietario arregló el techo de la casa, levantó las cercas y plantó flores.	*The new owner repaired the roof of the house, put up the fences, and planted flowers.*
Diógenes quería encontrar un hombre honrado.	*Diogenes wanted to find an honest man. (Any man, not a specific one.)*
La compañía importó obreros extranjeros para construir el puente.	*The company imported foreign workers to build the bridge. (Individuals are de-emphasized; they imported workers as they would import machinery.)*

b. **A** is omitted after the verb **tener** when it means *to possess*: **Tengo dos hermanos (un novio muy guapo, varios profesores excelentes)**.

However, when **tener** means *to hold* or *to be*, **a** is used before definite animate direct objects.

La madre tenía a su bebé en los brazos.	*The mother was holding her baby in her arms.*
Tenemos a nuestro padre en el hospital.	*Our father is in the hospital.*

c. If the subject of the sentence is nonhuman and the direct object is a definite animal, rules given in (a) and (b) for persons apply and **a** generally precedes the direct object, even in the case of lower species like insects.

La vaca lamía a su ternerito.	*The cow was licking her calf.*
Las ratas transportan a sus crías con la boca.	*Rats transport their offspring with their mouths.*
Cientos de hormigas atacaron al pobre gusano.	*Hundreds of ants attacked the poor caterpillar.*
La araña atrapó a la mosca en su tela.	*The spider trapped the fly in its web.*

But:

Las serpientes comen ratones.	*Snakes eat mice.* (Individuals are de-emphasized; mice are only food here.)

Use of **a** with animal direct objects when the subject is human is very subjective. Most people would use it with pets and animals of the higher species. (This is especially true in the case of animal lovers.) In general, if the speaker attaches importance to the animal, **a** is used; on the other hand, if the animal is treated like a *thing*, the **a** is omitted.*

El chico salvó a la abeja de morir ahogada.	*The boy saved the bee from drowning.*
Carlos ensartó a la pobre mariposa con un alfiler grande.**	*Carlos skewered the poor butterfly with a large pin.*

But:

La cocinera espantó las moscas que volaban sobre el pastel.	*The cook shooed away the flies that were flying over the pie.*

2 **A** precedes the indirect object.

A mi tío Pascual le encantaban las películas de ciencia ficción, y cuando murió, le dejó su dinero a una compañía de películas en vez de dejármelo a mí.	*My uncle Pascual loved science-fiction movies and when he died, he left his money to a movie company instead of leaving it to me.*

---

*For some examples of the use of **a** with animals, see García Márquez, in *El amor en los tiempos del cólera*; «[...] tratando de asustar **al** loro [...] cuando se dieron cuenta de que no alcanzarían **al** loro [...] extendió la mano para atrapar **al** loro [...]»; Carpentier in *Los pasos perdidos*: «El graznido de un pájaro despierta **a** las chicharras del techo [...] un cargo de perrero para que arrojara **a** los perros del templo [...]»; Gregorio López Fuentes in *El indio*: «El triunfo soliviantó más **a** la manada (de jabalíes) [...] era que uno de los perros había levantado **al** ciervo [...] (el cazador) no podía abandonar **a** sus cachorros.»

**Note that although Carlos treats the butterfly like a thing, the speaker doesn't, as shown by the use of *poor*.

Some verbs like *to buy, to borrow, to rob* (*steal*) and *to take away* are followed by the preposition *from* in English. In Spanish the person or entity from whom the subject borrows, buys, etc., is the indirect object and **a** is used.*

El joven le pidió prestados unos pesos a su amigo para comprarle flores a la viejecita.	*The young man borrowed a few pesos from his friend to buy flowers from the old lady.*
Si le quitas 15 a 50 te quedan 35.	*If you take 15 away from 50 you have 35 left.*
En vez de pedirle prestado el dinero al banco, Daniel se lo robó a su padre.	*Instead of borrowing the money from the bank, Daniel stole it from his father.*

3 **A** follows verbs that express motion, whether this motion is physical or figurative. It is also used after verbs of beginning. In these categories are: **acercarse a, arrojarse (lanzarse) a, bajar a, caer a, comenzar (empezar) a, echarse a, ir(se) a, llegar a, ponerse a, salir a, subir(se) a, tirar a, venir a, volver a**.

El suicida se arrojó (se lanzó) al abismo.	*The suicidal man threw himself into the abyss.*
Cuando salió a la calle, el joven se sentía tan alegre que comenzó (empezó) (se puso) a cantar.	*When he went out to the street, the young man felt so happy that he began to sing.*
Cuando Margarita oyó que la llamaban, bajó al primer piso.	*When Margarita heard them calling her, she went down to the first floor.*
—¡Vete a la cama, Pepe! —gritó la madre.	*"Go to bed, Pepe!" yelled the mother.*
El criminal siempre vuelve a la escena del crimen.	*The criminal always returns to the scene of the crime.*

Note that some of these verbs do not require a preposition in English.

El forastero se acercó a la casona desierta.	*The stranger approached the imposing, deserted house.*
Después de nadar mucho rato, el náufrago llegó a la orilla.	*After swimming for quite a while, the shipwrecked man reached the shore.*

4 **A** follows verbs that refer to a teaching–learning process. It is also used after verbs that express the subject's intention to engage in some activity or to have someone else do so. In these categories are: **aprender a, convidar (invitar) a, consagrarse (dedicarse) a, enseñar a, forzar (obligar) a, impulsar a, incitar a**.

—¿Quién le enseñó a manejar? Maneja Ud. bastante mal.	*"Who taught you how to drive? You drive rather badly."*

---

*This special use of the indirect object was presented in Chapter 3.

Mi madre siempre me obligaba a comer hortalizas.	*My mother always forced me to eat vegetables.*
Después que murió su esposa, Tomás se dedicó a cocinar.	*After his wife died, Tomás devoted himself to cooking.*
Os invitaremos a cenar con nosotros.	*We will invite you to have dinner with us.*

5 **A** expresses the manner in which an action is performed.

«Irse a la francesa» significa en español irse sin despedirse.	*"To leave French-style" (to take French leave) means in Spanish to leave without saying good-bye.*
«A mi manera» es una canción que me gusta mucho.	*"My Way" is a song I like very much.*
Mi madre me enseñó a coser a mano y también a coser a máquina.	*My mother taught me to sew by hand and also to sew with a sewing machine.*
Sirvieron en la cena bistec a la parrilla y manzanas al horno.	*At dinner they served grilled steak and baked apples.*
¿Hiciste el viaje a caballo o a pie?	*Did you make the trip on horseback or on foot?*

Many adverbial expressions of manner take the preposition **a**.

a ciegas	*blindly*	**a tontas y a locas**	*without thinking*
a escondidas	*behind someone's back, secretly*	**gota a gota**	*drop by drop*
a la fuerza	*against one's will, by force*	**paso a paso**	*step by step*
a lo loco	*in a crazy way*	**poco a poco**	*little by little*
a oscuras	*in the dark*	**uno a uno,**	*one by one*
a propósito	*on purpose*	**uno por uno**	
a sabiendas	*knowingly*		

Sus padres se oponían a sus relaciones y ellos se veían a escondidas.	*Their parents were opposed to their relationship, and they met secretly.*
Él no obró a ciegas, actuó a sabiendas.	*He didn't act blindly, he acted knowingly.*
No me gusta hacer las cosas ni a lo loco ni a la fuerza.	*I don't like to do things in a crazy way or by force.*
«Paso a paso se va lejos» y «Gota a gota se llena la copa» dicen dos refranes.	*"Little by little one goes far" and "Drop by drop the glass gets filled" say two proverbs.*

Fueron saliendo uno a uno, y poco a poco se vació la sala.	*They left one by one, and the room emptied little by little.*
La Sra. Guillén nos dejó a oscuras sobre ese asunto a propósito.	*Mrs. Guillén left us in the dark about that matter on purpose.*

6 A expresses a point in time.

Pasan mi telenovela favorita a las nueve.	*They show my favorite soap opera at nine.*
Al salir de la casa vi al cartero.	*Upon leaving the house I saw the mailman.*
A principios (fines) de mes te enviaré el cheque.	*At the beginning (the end) of the month, I will send you the check.*

A + definite article + period of time = period of time + *later*.

Al poco tiempo (a los pocos días, a la semana, al mes, al año, a los cinco minutos) eran grandes amigos.	*A little while (a few days, a week, a month, a year, five minutes) later, they were great friends.*

7 A often precedes measurements and prices.

Dicen que la temperatura estará mañana a 40° centígrados.	*They say the temperature will be 40° centigrade tomorrow.*
Es ilegal correr a cien kilómetros por hora en este pueblo.	*It is illegal to go one hundred kilometers per hour in this town.*
¿A cómo compraste las toronjas? Están a tres por un dólar en la esquina.	*How much did you pay for the grapefruits? They are three for a dollar at the corner.*

SOME COMMON VERBS FOLLOWED BY A

acostumbrar a	*to be accustomed to*	**esperar a**	*to wait to*
arriesgarse a	*to risk + -ing*	**jugar a**	*to play*
asistir a	*to attend*	**limitarse a**	*to limit oneself to*
aspirar a	*to aspire to*	**negarse a**	*to refuse to*
atreverse a	*to dare to*	**oler a**	*to smell of, like*
ayudar a	*to help*	**parecerse a**	*to resemble*
comprometerse a	*to promise to*	**renunciar a**	*to give up*
condenar a	*to condemn to*	**resignarse a**	*to resign oneself to*
contribuir a	*to contribute to*	**responder a**	*to answer, respond to*
dar a	*to face (toward), look out on*	**saber a**	*to taste of, like*
		salir a	*to take after*
decidirse a	*to decide to*	**traducir a**	*to translate into*

José acostumbra a criticar a todo el mundo, pero cuando se atrevió a criticar abiertamente a su jefe, se arriesgó a perder su empleo.	*José is accustomed to criticizing everybody, but when he dared to criticize his boss openly, he risked losing his job.*
Miguel no asistió a sus clases ayer, pero no estaba enfermo; lo vi jugando a las cartas con sus amigos.	*Miguel didn't attend his classes yesterday, but he wasn't sick; I saw him playing cards with his friends.*
Rosita aspira a ser presidenta de los estudiantes, por eso se comprometió a ayudar a organizar la fiesta.	*Rosita aspires to be student president. That's why she promised to help organize the party.*
Los antecedentes penales del hombre contribuyeron a la decisión del juez de condenarlo a cadena perpetua.	*The man's criminal record contributed to the judge's decision to condemn him to life in prison.*
Me decidí a alquilar el apartamento porque da al parque.	*I decided to rent the apartment because it faces the park.*
El señor Ortiz se negó a pagarles y se limitó a firmar un pagaré.	*Mr. Ortiz refused to pay them and he limited himself to signing an IOU.*
Mi hija no se parece a mí en el temperamento, salió a su padre.	*My daughter doesn't resemble me in her temperament; she took after her father.*
Blanca no se resigna a renunciar a su hijo.	*Blanca doesn't resign herself to giving up her child.*
Mi amiga no ha respondido al cuestionario, porque espera a que yo lo traduzca al español.	*My friend hasn't answered the questionnaire because she is waiting for me to translate it into Spanish.*
Ella preparó una bebida extraña. Olía a café, pero sabía a chocolate.	*She prepared a strange drink. It smelled like coffee but it tasted like chocolate.*

APLICACIÓN

A. La preposición *a*.

Decida si debe ponerse **a** o no en cada caso. Haga contracciones con el artículo cuando sea necesario.

1. Noche de insomnio.

Tengo _____ tantos vecinos desconsiderados, que no puedo dormir. Anoche, por ejemplo, ya tarde, oía _____a_____ el loro de los Mendoza, que gritaba pidiendo _____ galletas. Los Mendoza tienen _____a_____ su loro en una jaula, pero no cubren _____ la jaula por la noche y el animal piensa que es de día. En el jardín, un gato llamaba _____a_____ su novia. Me enloquecía la guitarra de Víctor, el chico del tercer piso, que tocaba _____ rock. La música despertó _____a_____ mi perro y le inspiró _____ una serie de aullidos haciéndole coro. Sobre mi cabeza, sentía _____ los pasos enérgicos de la señora Vidal, que esperaba __*a*__ su esposo. Él llegó por fin, y por un largo rato oí _____ los dos discutir a gritos. Me parecía ver ____*a*____ Juana Vidal, que agarraba _____ la escoba y atacaba _____*a*_____ su marido. ¡No soporto _____ esa pareja! Pensé en llamar _____*a*_____ la policía, pero me contuve y traté de concentrarme en la lectura de un libro. Entonces, vi _____ una cucaracha en un rincón del cuarto y me levanté a buscar _____ el insecticida. ¡Detesto _____ las cucarachas! Después que eliminé _____ la cucaracha, me fui a la ventana y contemplé _____ la calle. Veía _____ los coches y oía _____ su estruendo, aun con el cristal cerrado. Desesperada, decidí que si no podía hacer desaparecer ___*a*___ mis vecinos ni dejar de escuchar _____ sus ruidos, sí podía crear _____ mis propios ruidos. Busqué _____ un CD de un compositor ___*a*___ quien admiro mucho, Wagner, y puse _____ el CD en mi tocadiscos con el volumen al máximo.

2. **La finca de mis tíos.**

Cuando era niña, siempre pasaba las vacaciones con mis tíos en su finca. Mis tíos tenían _____ tres hijas y yo quería mucho ____*a*____ la menor, que era de mi edad. Mi tío tenía _____ mucho ganado en sus potreros. Me encantaba observar ___*a*___ los peones cuando, por la tarde, metían en el corral ____*a*____ las vacas que ordeñarían por la madrugada. Hacían esto todos los días porque en los climas tropicales no tienen _____ el ganado permanentemente en un establo como sucede en invierno en los países fríos.

Las reses no son animales estúpidos como cree la gente. Yo he visto ___*a*___ las vacas cuidar con mucho amor ____*a*____ los terneritos y reconocer ___*a*___ las personas que las han tratado bien.

Mis tíos no compraban _____ carne para comer; comían _____ animales de la finca. Cada quince días, los peones mataban ___*a*___ una vaca o ____*a*____ un ternero. Esto me impresionaba mucho, porque los otros animales olían _____ la sangre y mugían en el potrero. Eran mugidos muy tristes, como si las reses supieran que habían perdido ___*a*___ uno de los suyos.

B. Una película muy movida.

Complete la siguiente narración de manera original.

Creo que las películas de violencia no son buenas, porque enseñan a los niños a... e incitan a los jóvenes imaginativos a... Pero mi amiga Paulita acostumbra a... y cuando me invitó anoche a... no pude negarme. En estas películas, es obligatoria una escena de persecución, casi siempre al final. Pero en la que vi anoche, la escena estaba al...

El bandido estaba dentro de un edificio; salió a..., se acercó a... y lo golpeó en la cabeza; le quitó a... las llaves de su coche y arrancó en él. Iba muy rápido, probablemente a... Los policías lo vieron y empezaron a... en su coche patrullero. Hacía frío, la temperatura debía de estar a... y el pavimento estaba resbaladizo. Al llegar a... el bandido intentó doblar a..., las ruedas chirriaron y el coche se subió a..., chocando contra un poste. El bandido volvió a... El coche patrullero se acercaba a... cada vez más. Los perseguidores querían bloquear al otro coche para forzarlo a... De repente, el fugitivo detuvo su carro, salió de él y echó a... Los policías también habían dejado su auto y lo perseguían a... A las pocas cuadras, el hombre cayó a..., pero se levantó al... Al final, llegó a... sobre un río, que tenía paredes de concreto a los lados. El hombre se subió a... y comenzó a... insultando a los policías. Éstos empezaron a... y una de las balas hirió al... en un hombro. Los policías volvieron a..., pero estas balas no dieron en el blanco. El hombre trató de bajar a... poco a... por uno de los pilares del puente, pero no pudo y, desesperado, se arrojó a...

C. Maneras de hacer las cosas.

Haga comentarios basándose en las siguientes oraciones y usando expresiones adverbiales con la preposición **a**.

Modelo: Rosa tiene que escribir una carta y su impresora está rota.
→ *Va a tener que escribir la carta a mano.*

1. Era una noche sin luna y teníamos que avanzar muy despacio.
2. No debes hablar sin saber lo que dices.
3. No fue un accidente. Lo hizo intencionalmente.
4. El niño cogió el pedazo de pastel sin que nadie lo viera.
5. No te obligaré a hacer nada contra tu voluntad.
6. No sabía lo que hacía. La ira le impedía ver la verdad.
7. Cada vez que salía un soldado enemigo, nuestras tropas lo mataban.
8. Todo lo haces sin organización ni plan previo.
9. Recibí contestación a mi carta tres días después de escribirla.
10. Invirtió su dinero en aquella compañía y un año más tarde tenía el doble.

D. Necesito un intérprete.

Traduzca.

1. Although Luis aspires to be a politician like his mother, I think he takes after his father and will be a concert pianist.
2. When we approached the house, we saw that it faced a beautiful lake that looked like Lake Tahoe.
3. I'm not opposed to helping Inés translate that poem into Spanish, but I'll limit myself to helping her only at the end of the week.
4. Two friends of mine challenged me to learn to fly an airplane, but so far I haven't made up my mind to do it.
5. This tropical fruit looks like an apple and smells like garlic, but it tastes like ambrosia.

6. I've decided to give up this job and borrow some money from my father in order to devote myself to learning to play the guitar.

7. Before responding to Carlos's questions, Laura waited to hear that he was committing himself to do things her way and to not do anything without thinking. (*No emplee* **pensar**.)

8. I was in the habit of playing tennis every Saturday, but now that my leg is broken I have resigned myself to playing cards.

9. The judge condemned the drunken motorist to spend two months in jail.

10. We wanted to make the trip on horseback, but someone stole the saddles from the farmer and we had to go on foot.

Sección léxica

Ampliación: Prefijos y sufijos de origen griego

La palabra **eutanasia** se compone de dos partículas de origen griego: **eu-**, que significa *bien, bueno/a* y **-tanasia**, derivada de **tanós**, *muerte*. Hay innumerables palabras en español (y también en inglés) que se forman con prefijos y sufijos griegos. La siguiente lista contiene algunos de estos prefijos y sufijos.

Prefijo	Significado	Ejemplo
a-, an-	sin	acéfalo, sin cabeza
dis-	malo, con dificultad	disentería, mal funcionamiento del intestino
hiper-	sobre, exceso de	hipertensión, presión arterial alta
homeo-, homo-	igual, parecido	homófono, que tiene igual sonido
meta-	cambio, más allá	metamorfosis, cambio de forma
micro-	pequeño	microbio, organismo pequeñísimo
mono-	solo, único, unidad	monociclo, bicicleta de una sola rueda
pan-	todo	panacea, algo que lo cura todo
poli-	muchos/as	polifacético, que tiene varias caras, diverso, versátil

Sufijo	Significado	Ejemplo
-algia	dolor	neuralgia, dolor de origen nervioso
-cracia	poder, mando	democracia, sistema en el que el pueblo manda
-filia	amor, simpatía	germanofilia, amor o simpatía por los alemanes
-fobia	odio, miedo	hidrofobia, miedo al agua
-gamia	matrimonio	endogamia, matrimonio entre personas del mismo grupo
-fono	sonido	teléfono, sonido transmitido a distancia
-manía	obsesión, locura	monomanía, obsesión con una sola idea
-oide	parecido a	ovaloide, parecido a un óvalo
-patía	enfermedad	neuropatía, enfermedad de uno o más nervios
-teca	lugar donde se guarda algo	biblioteca, lugar donde se guardan libros
-teo	Dios	ateo, persona que no cree en Dios

APLICACIÓN

A. Definiciones.

Las palabras de la lista de la derecha contienen prefijos y sufijos griegos. Encuentre la definición de cada una en la lista de la izquierda.

1.	Variedad de colores.	a.	agorafobia
2.	Alegría, bienestar, optimismo.	b.	analfabeto
3.	Dolor de estómago.	c.	audífono
4.	Miedo a los espacios abiertos.	d.	bibliofilia
5.	Exageración.	e.	cardiopatía
6.	Persona que habla varios idiomas.	f.	claustrofobia
7.	Creencia de que Dios está en todas las cosas.	g.	discapacitado
8.	Persona que no sabe leer ni escribir.	h.	euforia
9.	Aparato que mejora la audición de sonidos.	i.	gastralgia
10.	Persona que cree en un solo Dios.	j.	hipérbole
11.	Amor a los libros.	k.	hipertermia
12.	Hombre que tiene una sola esposa.	l.	homónimos
13.	Colección de cuadros.	m.	mialgia
14.	Miedo a los espacios cerrados.	n.	microcefalia
15.	Palabras iguales que tienen significados diferentes.	ñ.	monógamo
16.	Condición de una persona que tiene la cabeza muy pequeña.	o.	monoteísta
17.	Enfermedad del corazón.	p.	panteísmo
18.	Temperatura más alta de lo normal.	q.	pinacoteca
19.	Dolor muscular.	r.	policromía
20.	Persona inválida.	s.	políglota

B. Significado en español.

Basándose en los significados de los prefijos y sufijos que se han dado, explique en español lo que significan las siguientes palabras. Si no puede inferir el significado, busque las palabras en un diccionario.

anarquía	comunistoide	humanoide	monótono
aristocracia	disparejo	metáfora	panamericano
asimétrico	eufemismo	metaloide	polisílabo
asteroide	hemeroteca	metástasis	psicópata
cleptomanía	homeopático	microcosmos	teocracia

Distinciones: *Parecer* y *parecerse a*

Tanto **parecer** como **parecerse a** equivalen a *to resemble, to look like*, pero no pueden usarse indistintamente.

Parecer expresa la semejanza del sujeto a un concepto o a una persona, animal o cosa indefinidos.

Parecerse a expresa la semejanza del sujeto a una persona, animal o cosa definidos.

   Las siguientes fórmulas pueden aplicarse a la mayoría de los casos:

Parecer + sustantivo sin artículo.

Parecer + sustantivo precedido del artículo indefinido.

Parecerse a + nombre propio o pronombre.

Parecerse a + sustantivo precedido por un artículo definido, un demostrativo o un posesivo.

Esta tela parece seda.	*This fabric resembles silk.*
Roberto parece un boxeador. (cualquier boxeador, persona indefinida)	*Roberto resembles a boxer.*
Esa mujer parece un loro. (cualquier loro, porque habla sin parar)	*That woman resembles a parrot.*
Tu vestido parece un traje de baño. (cualquier traje de baño, cosa indefinida)	*Your dress resembles a bathing suit.*
Roberto se parece a ese boxeador. (un boxeador determinado)	*Roberto resembles that boxer.*
Con esa ropa, esa mujer se parece a mi loro. (un animal definido)	*With those clothes that woman resembles my parrot.*
Tu vestido se parece al traje de baño de Lola. (un traje de baño determinado)	*Your dress resembles Lola's bathing suit.*

APLICACIÓN

A. Frases incompletas.

Encuentre en la columna de la derecha la frase que completa correctamente cada frase de la izquierda. Fíjese en el uso de **parecer** y **parecerse a**.

1. Con ese traje de tantos colores...
2. En mi familia...
3. La parálisis de ese hombre...
4. Los parques de muchas ciudades...
5. En muchos matrimonios viejos, el marido y la mujer...
6. Muchos me confunden con Julia Roberts porque...
7. El suicidio de los jóvenes...
8. Los pinos que había a ambos lados del camino...
9. El inglés y el español...
10. En la película «Mar adentro», Javier Bardem...
11. Actuar en una película como una persona paralizada...
12. Mi gato... porque los dos son del mismo color.
13. La eutanasia...
14. Muchos problemas sociales del mundo hispánico...

a. parecían centinelas
b. se parecen
c. parece una epidemia
d. se parece a Ramón
e. no me parece una buena solución
f. pareces una cotorra
g. parece muy difícil
h. se parecen a los nuestros
i. todos nos parecemos
j. parece permanente
k. no se parecen nada
l. parecen hermanos
m. se parece mucho al tuyo
n. me parezco a ella

B. ¿Parecer o parecerse a?

Complete, usando la forma apropiada de **parecer** o **parecerse a**. Haga contracciones cuando sea necesario.

1. —¡Qué bonita postal te mandó tu prima de su viaje por Europa; _____ un parque! —Sí, _____ el Parque de Chapultepec de la Ciudad de México.

2. El niño tenía miedo porque, en la oscuridad, las cortinas blancas movidas por el viento _____ fantasmas.

3. El profesor quiere hablarme porque mi composición _____ a la de Yoli.

4. Algunos perros _____ sus amos.

5. Ese joven no _____ un criminal, pero _____ que lo condenarán, porque dos testigos lo acusan.

6. Tu casa _____ un castillo, no _____ la descripción que hiciste de ella.

7. Elisita _____ su abuela; como ella, _____ una muñeca de porcelana.

8. A ese niño le gusta mucho trepar; _____ un mono.

9. Tomé tu abrigo por equivocación, porque _____ el mío.

10. Tino y Tano son gemelos, pero no _____. Tino es muy serio y lleva gafas, _____ un intelectual; Tano es muy guapo, _____ un artista de cine. Mi hermana dice que _____ Brad Pitt.

Para escribir mejor

El diálogo

En un diálogo, la persona que escribe desaparece para que hablen los personajes que ha creado. A veces, el autor expresa sus ideas a través de las palabras de un personaje, pero otras veces, los personajes hablan según su carácter, que frecuentemente es muy diferente del de la persona que escribe.

Es difícil escribir un buen diálogo. Un buen diálogo debe ser fluido y natural y no contener detalles superfluos; tampoco largos parlamentos que parezcan discursos. Un intercambio de frases cortas y preguntas y respuestas produce una conversación viva e interesante.

Algunos escritores recomiendan que el principiante lleve siempre consigo un pequeño cuaderno, anote en él los diálogos que oiga en la calle y le parezcan interesantes y después trate de imitarlos. Es también una buena idea leer en alta voz los diálogos que se han escrito, si es posible con otra persona que lea la parte del interlocutor, y dejar que el oído decida si el diálogo es natural o suena artificial.

El diálogo en el teatro

El «teatro para ser leído», muy común hoy, utiliza, además del diálogo, bastantes descripciones que ayudan al lector a imaginar la escena. En el teatro tradicional, sin embargo, el dramaturgo escribe principalmente para representar ante un público y añade las descripciones como sugerencias para que los que dirigen la obra sepan cómo debe ser el decorado, qué gestos deben hacer los personajes, etc. Estas sugerencias del dramaturgo se llaman **acotaciones**. Algunos dramaturgos ponen muchas acotaciones en sus obras; otros, como Jacinto Benavente y Miguel de Unamuno, muy pocas.

El autor teatral debe vencer muchas dificultades; una de ellas es que, a diferencia del novelista, el dramaturgo no puede describir a los personajes y mostrarnos lo que piensan; a los personajes teatrales los conocemos a través de sus palabras y sus gestos. Otro de los muchos escollos que debe vencer el autor teatral es lo limitado de la escena. Si hay, por ejemplo, una batalla en la obra, ¿cómo puede colocar cientos de soldados en el escenario? Esta dificultad debe resolverse también a través del diálogo: dos o más personajes comentan la batalla o uno de ellos relata lo sucedido a quien o a quienes no estaban presentes.

El diálogo en cuentos, novelas y relatos

El diálogo, intercalado dentro de una narración, le da vida a ésta. Fíjese cómo Mariella Salas, la cuentista peruana contemporánea, utiliza el diálogo en su cuento «El Lenguado» (*The Sole*):

... Escuchó entonces la voz de Margarita al otro lado de la playa. Venía corriendo como un potro desbocado.

—Adivina qué —dijo—, mañana me prestan el bote.

—¡Júrame que es verdad! —exclamó Johanna entusiasmada.

—Lo juro —enfatizó solemnemente Margarita, y ambas cruzaron las manos tocándose las muñecas. Habían decidido que ésa sería su forma de juramentar y asegurar que las promesas se cumplieran.

Ambas rieron a carcajadas y fueron a bañarse en el mar para luego salir corriendo y pedir permiso a las mamás. Toda la semana habían estado planeando el día de pesca y al fin les prestaban el «Delfín».

—Nos vamos a demorar, porque el remo está roto —advirtió Margarita mientras subían al pueblo.

—No importa —replicó rápidamente ella. Estaba tan contenta, que ese detalle no tenía ninguna importancia. Más bien le propuso: Mañana nos levantamos tempranito y compramos cosas para comer.

La autora sólo usa la palabra **dijo** una vez en este pasaje. En las otras ocasiones la reemplaza con las palabras **exclamó**, **enfatizó**, **advirtió**, **replicó**, **propuso**. Los buenos escritores no usan constantemente **dijo** para indicar que un personaje ha hablado, sino que utilizan otros verbos que frecuentemente indican el estado anímico del personaje. Algunos otros verbos que pueden usarse son: **anunciar**, **contestar**, **gritar**, **insistir**, **murmurar**, **observar**, **quejarse**, **preguntar**, **protestar**, **repetir** y **rogar**.

Un ejemplo muy interesante de un cuento con un mínimo de narración, en el cual todo se consigue a través del diálogo, es «Navidad sin ambiente», del famoso escritor español contemporáneo Miguel Delibes. Observe lo sucinto de la narración y la brevedad del diálogo en el fragmento que se da a continuación. Sin embargo, nos enteramos, con sólo leer unas cuantas líneas, de que estamos ante una familia numerosa, sentada a la mesa para la cena de Navidad y de que todos están tristes por la muerte reciente de una persona, probablemente la madre.

... Dijo Frutos:

—¿Por qué no habéis prendido lumbre (*lit the fireplace*) como otros años?

A Cati le temblaba un poco la voz:

—Pensé que no hacía frío —levantó sus flacos hombros como disculpándose—. No sé...

—Bendice (*Say the blessing*) —dijo Toña.

La voz de Raúl, a la cabecera de la mesa, tenía un volumen hinchado y creciente, como el retumbo de un trueno:

—Me pesé el jueves y he adelgazado, ya ves. Pásame el vino, Chelo, haz el favor.

Dijo Cati:

—Si queréis, prendo [la chimenea]. Todavía estamos a tiempo.

Hubo una negativa general; una ruidosa, alborotada negativa.

Agregó Frutos:

—Yo, lo único por el ambiente; frío no hace.

—¿No bendices? —preguntó Toña.

Cati humilló ligeramente la cabeza y murmuró:

—Señor, da pan a los que tienen hambre y hambre a los que tienen pan.

Al concluir se santiguó.

Dijo Elvi:

—¡Qué bendición más original, chica! Ella nunca bendecía así.

Rodrigo miró furtivamente a su izquierda, hacia Cati:

—Se me hace raro no verla aquí, a mi lado, como otros años...

APLICACIÓN

A. Escena con diálogo.

Escriba una escena breve con un diálogo de tipo teatral. Es conveniente planear primero la situación.

> ¿Quiénes hablan? ¿Cómo son? ¿A qué grupo social pertenecen? (Esto es importante, pues no se expresan igual una jovencita inmadura de 13 años y una abuelita, ni una trabajadora doméstica y un abogado.) ¿De qué tema van a hablar? ¿Será una conversación armoniosa o una discusión de puntos y posiciones opuestos?

B. Pasaje narrativo con diálogo.

Escriba un pasaje narrativo corto, imitando cualquiera de los dos ejemplos que se han dado, intercalando en él un diálogo. Trate de usar otros verbos en vez de **decir**.

TEMAS PARA COMPOSICIÓN

Escriba una composición sobre uno de estos temas.

1. **El aborto.** Tanto la eutanasia como el aborto tienen como idea central la vida humana, pero éste discute el derecho de nacer y aquélla el derecho de morir. A diferencia de la eutanasia, el aborto es legal en los Estados Unidos, aunque sigue siendo un tema muy discutido. ¿Por qué (no) debe seguir siendo legal? ¿Hasta qué mes debe permitirse? ¿Deben las autoridades notificar a los padres cuando una menor quiere un aborto? ¿Por qué (no)? ¿Por qué (no) tienen derecho los que se oponen al aborto a atacar las clínicas que hacen abortos? ¿Por qué, si consideramos que el feto no es una persona, se condenó a Scott Peterson por doble homicidio por haber matado a su esposa cuando estaba embarazada?

Esta clínica y farmacia veterinaria está en la ciudad mexicana de Nuevo Laredo, cerca de la frontera de los Estados Unidos. Muchas personas —algunas de lugares tan distantes como Australia— acuden a esta farmacia y a otras similares para comprar pentobarbitol, sedativo usado en la eutanasia de perros y gatos, que es también la droga preferida para la eutanasia de seres humanos, ya que causa una muerte sin dolor en menos de una hora. Los que creen en el derecho a morir buscan la manera de ejercitarlo aunque sea ilegal. (Tomas Bravo/Reuters/Landov LLC)

2. **El Dr. Kevorkian.** El llamado «Dr. Muerte» alcanzó una popularidad siniestra ayudando a morir a tanta gente. ¿Por qué lo hizo? ¿Es un loco o un hombre fiel a sus ideas? ¿Cometió él crímenes o fueron actos de piedad? ¿Mereció que lo mandaran a la cárcel? Busque en Internet información sobre el Dr. Kevorkian y exponga en su composición la información que encontró.

3. **La eutanasia pasiva.** Hoy se practican en los EE.UU. formas indirectas de eutanasia: desconectar al paciente, no revivirlo, dejar de alimentarlo, darle grandes cantidades de calmantes, etc. Por ejemplo, a Terri Schiavo le quitaron el tubo que la alimentaba para que muriera. ¿Son aceptables estos métodos? ¿Los aceptaría Ud. para alguien de su familia o para Ud. mismo/a? ¿Por qué (no)? Comente algunos casos relacionados con estos métodos de eutanasia que han sido noticia recientemente en nuestro país.

4. **La película *Mar adentro* (*The Sea Inside* en inglés).** ¿Se exhibió esta película en teatros cerca de donde Ud. vive? También puede alquilarse en una tienda de videos. Trate de ver esta película y coméntela. Además, puede encontrar críticas e información sobre la película en Internet, así como información sobre Javier Bardem, el protagonista, y sobre Amenábar, su director.

CAPÍTULO 8

Va a comenzar la telenovela y esta señora se pone cómoda frente al televisor. La popularidad de las telenovelas entre los hispanos es inmensa y sus seguidores no se pierden un solo capítulo. Los adictos a las telenovelas son mujeres en su mayoría. Muchos hombres también las ven, pero pocos lo confiesan. (PictureNet/©Corbis)

Lectura

Introducción

La lectura de esta lección es un artículo tomado de ManuelBlog en internet y escrito por Manuel Menéndez Román. El autor se burla de las telenovelas, tan populares en el mundo hispánico, y no le falta razón, ya que en las telenovelas predominan generalmente el melodrama y la exageración.

Las telenovelas, llamadas «culebrones» en España, derivan de la literatura melodramática del siglo XIX y de las «novelas rosa» que fueron tan populares en la primera mitad del siglo XX. Pero su antecedente más directo son las radionovelas que se originaron en Cuba en la década de los años 40 y se exportaron a toda Hispanoamérica. Una de ellas, *El derecho de nacer*, del escritor cubano Felix B. Caignet, tuvo un éxito sin precedentes en muchos países y ha sido llevada varias veces al cine y a la televisión.

Por muchos años México fue el principal país productor de telenovelas, pero en la actualidad las telenovelas mexicanas compiten con las colombianas, venezolanas, argentinas, brasileñas y también con las hechas en Miami, que el autor de este artículo llama «mayameras».

Las telenovelas no sólo han tenido impacto entre latinoamericanos, se han exportado también con gran éxito a España, país que ahora produce sus propias telenovelas. Los países no-hispánicos han sentido igualmente los efectos de este fenómeno. *Los ricos también lloran*, mexicana, atrajo a 100 millones de espectadores en Rusia, y la telenovela brasileña *La esclava Isaura* fue vista por más de 450 millones de televidentes chinos.

A pesar de sus argumentos ridículos y sus situaciones exageradas, las telenovelas atraen a gente de diferentes países y culturas. Probablemente el secreto sea que, aunque tengan sabor local, las telenovelas hablan de sentimientos comunes a todos los humanos y hacen que quienes las ven se identifiquen con los protagonistas y vivan sus sufrimientos y problemas como si fueran propios.

Las telenovelas

En general, las tramas° de las telenovelas suelen ser exageradamente enrolladas°. Los personajes son muy buenos, llegando al límite de tontos, o muy malos, llegando al límite de personaje malo de una película de Disney.

argumentos
complicadas

5 Están acompañadas por una ambientación° musical exagerada, que trata de ponerles interés a diálogos que no lo tienen. Un personaje dice: «Hola, papá» y de repente suena un «¡¡Papapapán!!°», como si fuera *¿Quién quiere ser millonario?** y estuvieran a punto de responder a la pre-
10 gunta 15. —Hola, papá, ¿cómo estás? —¡¡Papapapán!! —Por 100 millones tus opciones son: A. Bien, B. No tan bien, C. Me estoy muriendo, D. Yo no soy tu papá. —Humm, ¿puedo llamar a un amigo?

ambientación... *incidental music*

onomatopeya de un sonido musical

La típica novela cuenta con una protagonista muy
15 pobre y un protagonista muy rico. El sueño de la niña pobre es enamorarse y casarse con el niño rico, pero no por su riqueza —ojo°— sino por puro amor. El niño rico, por

¡cuidado!

---

* Se refiere al programa de televisión *Who Wants to Be a Millionaire?*, donde al concursante se le dan cuatro opciones y se le permite llamar a una persona amiga para consultarla si no está seguro de la respuesta.

su parte, se pasa la novela entera luchando con el trauma de haberse enamorado de una niña pobre y cuando por

20 fin lo acepta, tiene que luchar contra su madre, padre, abuelos, hermanos y ex-novias, que harán lo imposible para evitar que los enamorados sean felices. Incluso cuando ya convenzan a la familia tendrán que lidiar° con problemas como que la protagonista quede ciega, la metan presa°, la

25 secuestren, pierda la memoria o todas las anteriores.

    La protagonista también descubrirá a lo largo de la novela que los parentescos irán cambiando poco a poco. Quien comenzó siendo su madre luego no lo será, sino que descubrirá que es otra a quien odiaba. Hermanos, hermanas,

30 tíos y tías también podrán descubrir que pertenecen a otras familias. Luego unos personajes se casarán con otros y todo se volverá un pastel° de tal tamaño que nadie querrá entrar en detalles en cuanto a parentescos. Lo irónico es que en muchas novelas se hace mención al «apellido» y a «no

35 manchar el apellido», y resulta que al final es hasta difícil que cada quien sepa cuál es su apellido.

    Lo seguro es que los protagonistas terminarán casándose. Me gustaría ver una telenovela que me sorprenda, que al final, después de salir de la cárcel la niña, le diga

40 al protagonista: «¿Sabes qué? Me montaste cachos°, me metiste presa, me preñaste°, mi mamá te odia, tu mamá me odia... dejémoslo hasta aquí, OK?» The end.

    Pero no, después de todo lo que se hacen el uno al otro, de repente, como si supieran que ya lo que faltan son dos

45 capítulos para que se termine la novela, se contentan° y todo se resuelve. Y de paso° se casan por todo lo alto°. Yo pregunto: ¿cómo hacen para conseguir una iglesia y un salón de fiestas con tan poca anticipación? El que se quiere casar hoy en día tiene que programarlo por años, pero ellos sacan

50 de la nada° traje de novia, tarjetas de invitación, cura y todo. No tienen ni que hacer el curso prematrimonial*.

    La casa del niño rico por lo general es una mansión, con una servidumbre no menor de tres empleados uniformados, que tratan al protagonista de señorito. Me imagino que son necesa-

55 rios tantos empleados, ya que la mansión cuenta con° dos o tres pisos, piscina, patios inmensos y una sala con una escalera de mármol curva por donde algún día pueda caer la protagonista.

    Por la mañana la familia hace lo típico, se sientan a la mesa en los alrededores de la piscina a desayunar con cubertería°

60 de plata inmensos desayunos, que normalmente dejan enteros, porque se tienen que ir después de discutir un rato.

    Las mujeres de la familia del niño rico, así como su novia o ex-novia, siempre andan vestidas y maquilladas como si fueran a una fiesta, a pesar de que sólo estén dando

65 vueltas por la casa. Incluso recién levantadas aparecen

luchar
la... la pongan en la cárcel

mess

Me... Me fuiste infiel (S.A.)
me... *you got me pregnant*

se reconcilian
de... *while they are at it /*
   por... con gran pompa

de... como por magia

cuenta... tiene

juego de cubiertos

---

* La iglesia católica requiere generalmente que los novios tomen un curso antes de casarse.

completamente peinadas y maquilladas, sin una lagaña° ni
marcas de la almohada en la cara.

secreción de los ojos

A continuación voy a tratar de hacer un análisis de los
tipos de novelas existentes y sus características.

70 Existen las novelas «niña pobre-niño rico», que son las
explicadas anteriormente y son las más comunes. Los mexicanos son expertos en este tipo de telenovelas. Un buen
ejemplo es cualquier novela protagonizada por Thalía*.

A algún ejecutivo de novelas se le funde el bombillo°
75 de vez en cuando se le ocurre hacer una novela totalmente
diferente, del tipo «niña rica-niño pobre». Ésta se desarrolla
de la misma manera que el tipo anterior, pero cambiando de
posición a los protagonistas.

se... *his bulb burns out
(ironic instead of "lit
up")*

Últimamente ha surgido° el tipo de novelas *Betty la Fea*,
80 llamado así en honor a la novela que lo popularizó. La trama
suele ser muy sencilla: la protagonista comienza siendo
fea, gorda o todo a la vez, y sorpresivamente se transforma
en una belleza, conquista al° galán que nunca le había
hecho caso° y se queda con su empresa° de paso°, porque
85 al parecer, junto con la belleza vienen la inteligencia y las
habilidades administrativas.

aparecido

conquista... consigue el
amor del / **hecho...**
prestado atención /
compañía / **de...** además

Muchos países latinoamericanos hacen novelas, cada uno
con sus pequeñas diferencias de estilo, pero existe un lugar
donde se juntan productores, directores y artistas de todos
90 los países a hacer novelas: Miami. A este tipo de novelas las
llamo las novelas «mayameras».

Las novelas «mayameras» son muy cómicas, porque uno
puede ver en ellas incongruencias° tan básicas como que un
personaje hable con acento mexicano, el padre tenga acento
95 cubano, la madre venezolano, el hermano colombiano y el
hijo puertorriqueño. La trama puede desarrollarse en una
ciudad o pueblo hipotético, donde se bebe tequila, se comen
arepas° y se baila tango y merengue.

cosas ilógicas

tortilla de maíz (Ven. y
Col.)

Existen también telenovelas para jóvenes y niños. Son
100 prácticamente iguales, pero adaptando un poco los problemas a la audiencia. En vez de ir presos, van castigados, en
vez de montar cachos, se dan un besito con otra amiguita o
amiguito, y al final, en vez de casarse se hacen novios.

En estas novelitas pasan cosas como que en las escuelas
105 los uniformes de las niñas son minifaldas, botas de cuero,
camisa y corbata; los padres casi nunca aparecen; los niños
se la pasan en fiestas, eventos, discotecas, etc., pero igual van
pasando de grado; los niños a veces llegan a tener 26 ó 27
años y siguen estudiando bachillerato°, en fin, lo normal...

escuela secundaria

110 Bueno, mejor voy terminando esto, porque va a empezar
la novela... No puedo creer que hayan matado a Santos y a
María Teresa... ¡Ahora que por fin se iban a casar!

---

* Thalía es una cantante pop mexicana que se hizo famosa como actriz de telenovelas en la década de los 90.
Entre sus telenovelas de más éxito están *Marimar* y *María la del Barrio*. La boda de Thalía y Tommy Mottola en la
catedral de San Patricio en Nueva York en el año 2000 fue un evento sensacional.

APLICACIÓN

A. Vocabulario.

Complete con la palabra apropiada de la lista.

ambientación / arepas / bachillerato / conquistarlo / contentan / cubertería / hacer caso / incongruencia / lidiar / meterlo preso / ojo / por todo lo alto / surgir / trama

1. Si quiero que alguien no se equivoque, le digo: _____.
2. Un sinónimo de luchar es _____.
3. El argumento de una obra es su _____
4. Se me acabó el maíz, por eso no puedo hacer _____.
5. Prestar atención es sinónimo de _____.
6. La música es muy importante en la _____ de una obra.
7. Cuando dos novios se reconcilian, digo que se _____.
8. Los estudios secundarios son el _____.
9. Una _____ es algo ilógico.
10. Una _____ es un juego de cubiertos.
11. Una fiesta muy elegante es una fiesta _____.
12. Poner a alguien en la cárcel es _____
13. _____ es un sinónimo de *aparecer*.
14. Para conseguir el amor de alguien debo _____.

B. Comprensión.

Conteste basándose en la lectura.

1. ¿Cómo son los personajes de las telenovelas?
2. ¿Cuál es el sueño de la niña pobre?
3. ¿Contra quién tiene que luchar el niño rico?
4. ¿Qué pasará a lo largo de la novela con los parentescos?
5. ¿Qué quisiera ver al final de la novela el autor de este artículo?
6. ¿Qué diferencia hay entre los preparativos de las bodas de las telenovelas y los de las bodas de la vida real?
7. ¿Cómo es la casa del niño rico?
8. ¿Cómo son los desayunos de su familia?
9. ¿Qué comenta el autor sobre las mujeres de la familia del niño rico?
10. ¿Qué pasa cuando a un ejecutivo de telenovelas «se le funde el bombillo»?
11. ¿Cómo son las novelas del tipo de *Betty la Fea*?
12. ¿Qué incongruencias tienen las novelas «mayameras» en cuanto a los acentos? ¿Por qué es esto?
13. ¿Cómo se adaptan los problemas de las novelas de adultos a las novelitas para jóvenes y niños?
14. ¿Qué comenta el autor de los colegios en las novelitas para gente joven?

C. Interpretación.

Conteste según su opinión personal.

1. En la introducción se dice que las telenovelas se llaman «culebrones» en España. ¿Por qué cree Ud. que se llaman así?

2. Los personajes de las telenovelas son o excesivamente buenos o excesivamente malos. ¿Por qué (no) refleja esto la vida real?

3. Los protagonistas de las telenovelas deben sufrir muchos contratiempos y desgracias antes de disfrutar plenamente su amor. ¿De qué manera afecta esto a la persona que ve diariamente una telenovela?

4. El autor dice que le gustaría ver una telenovela donde los protagonistas no terminaran casándose. ¿Cree Ud. que esto le gustaría también al público? ¿Por qué (no)? ¿Le gustan a Ud. los finales felices?

5. Una de las maneras en que el autor de este artículo consigue un efecto cómico es por medio de la ironía. ¿Por qué es irónica la mención de la escalera de mármol al describir la casa?

6. ¿Qué diferencias hay entre el aspecto de las mujeres cuando están en su casa en la vida real y el aspecto de las mujeres en las telenovelas?

7. En su opinión, ¿es más realista una novela como *Betty la Fea* que las novelas «niña pobre-niño rico»? Explique.

8. ¿Por qué es incongruente que en un lugar se beba tequila, se coman arepas y se bailen tango y merengue?

9. ¿Por qué es irónico que el autor termine su descripción de las novelitas juveniles diciendo «en fin, lo normal»?

10. El autor se burla de las telenovelas, pero es evidente que las ve. ¿Cómo se sabe esto?

D. Intercambio oral.

Use los temas en un intercambio oral con sus compañeros de clase.

1. **Las «soap operas» norteamericanas.** ¿En qué se diferencian de las telenovelas? ¿Las ve Ud? ¿Por qué (no)? ¿Por qué tienen el horario de la tarde a diferencia de las hispanas, que se presentan en su mayoría por la noche?

2. **Los hombres y las telenovelas.** Muchos hombres se niegan a ver telenovelas y otros las ven en secreto. ¿Por qué? ¿Son las telenovelas más propias para mujeres? ¿Existen programas en la televisión que son más apropiados para un determinado sexo? ¿Por qué (no)? Dé unos ejemplos.

3. **Evaluación de las telenovelas.** De ellas se ha dicho, entre otras cosas: 1) que su popularidad es un índice del bajo nivel cultural del público, 2) que son un elemento de sociabilidad, ya que proporcionan temas de conversación a la gente de los barrios populares, sobre todo, a las mujeres, 3) que tienen gran valor psicológico porque sus personajes son como amigos que visitan diariamente a gente que se siente sola. Examine estos tres puntos y diga por qué está o no de acuerdo con ellos.

4. **Las telenovelas y el idioma.** Recientemente se descubrió en Israel que algunas jóvenes de la escuela secundaria hablaban el español mejor que sus compañeros y tenían acento argentino. La razón era que todas veían una telenovela argentina que ponían en la televisión. ¿Por qué ver telenovelas (no) es un buen sistema para aprender español? En cuanto a los hispanohablantes, ¿qué importancia tiene para la unificación o descomposición del idioma el hecho de que las novelas se originen en países diferentes?

La popularidad de Thalía se mantiene a través de los años. Ya no actúa mucho en telenovelas, pero canta, baila y graba discos. Aquí la vemos en Puerto Rico, en los Premios Billboard de Música Latina de 2010, donde fue una de las atracciones principales. (John Parra/Getty Images, Inc.)

Sección gramatical

Prepositions II

USES OF *DE*

1 **De** expresses origin, separation, or departure. Some common verbs normally followed by de are: **abstenerse de**, *to abstain from*; **alejarse de**, *to get away from*; **deshacerse de**, *to get rid of*; **divorciarse de**, *to divorce*; **huir de**, *to flee from*; **partir de**, *to depart from*; **prescindir de**, *to do without*; **salir de**, *to get out from*; **separarse de**, *to get away from*; **ser de**, *to be from*; **surgir de**, *to come from*; **venir de**, *to come from*.

María venía de su humilde choza.	*María was coming from her humble hut.*
Sin decir palabra, ella se separó de nosotros y salió del cuarto.	*Without saying a word, she walked away from us and left the room.*

El médico me dijo que prescindiera del tabaco y me abstuviera de beber.	*The doctor told me to do without tobacco and to abstain from drinking.*
Mi amiga se divorció del mismo hombre dos veces.	*My friend divorced the same man twice.*
No sé de dónde surgió el problema, pero nos va a ser difícil deshacernos de él.	*I don't know where the problem came from, but it is going to be difficult for us to get rid of it.*
Es mejor huir de la tentación que arrepentirse de haber caído en ella.	*It is better to flee from temptation than to repent for having fallen into it.*

2 **De** expresses possession or indicates where someone or something belongs.

El mantel es de mi madre, las servilletas son de Susana y los cubiertos son de mi abuela.	*The tablecloth is my mother's, the napkins are Susana's, and the silverware is my grandmother's.*
Un hombre de mundo y una muchacha de campo no hacen una buena pareja.	*A man of the world and a country girl don't make a good couple.*
Me interesan mucho los problemas de actualidad.	*I am very interested in present-day problems.*
Brasil es el país más grande de la América del Sur.	*Brazil is the biggest country in South America.*

3 **De** is used to form adjectival phrases, many of which are equivalent to a two-noun combination in English. Spanish noun + **de** + noun = English noun + noun.

bebedor de café	*coffee drinker*	**reloj de oro**	*gold watch*
casa de campo	*country house*	**techo de tejas**	*tile roof*
cuentos de hadas	*fairy tales*	**vestido de seda**	*silk dress*
mesa de cristal	*glass table*	**vida de ciudad**	*city life*

4 **De** is equivalent to *with* and *in* when describing or identifying someone or something. When the identification is based on the location, **de** is equivalent to *in*, *on*, or *at*.

El hombre de la barba roja y la mujer del parche en el ojo parecen piratas.	*The man with the red beard and the woman with the patch over her eye look like pirates.*
¿Quién es el joven del uniforme blanco?	*Who is the young man in the white uniform?*
El hombre de la tienda me dijo que él no vivía en el edificio de la esquina, sino en la casa de al lado.	*The man at the store told me that he didn't live in the building on the corner, but in the house next door.*

5 **De** expresses manner. Some common expressions with **de** are **de balde**, *for free*; **de buena (mala) gana**, *(un)willingly*; **de buena (mala) fe**, *in good (bad) faith*; **de memoria**, *by heart*; **de pie**, *standing*; **de puntillas**, *on tiptoe*; **de reojo**, *out of the corner of one's eye*; **de repente**, *suddenly*; **de rodillas**, *on one's knees*.

La vi de casualidad cuando tuve que salir de repente.	*I saw her by chance when I had to go out suddenly.*
Yo era tan pequeñito entonces, que sólo de puntillas alcanzaba a la mesa.	*I was so small then that only on tiptoe did I manage to reach the table.*
En el pasado, los alumnos que no sabían la lección de memoria debían permanecer de pie o de rodillas en un rincón.	*In the past, pupils who didn't know the lesson by heart had to remain standing or kneeling in a corner.*
Durán actuó de mala fe en ese negocio.	*Durán acted in bad faith in that deal.*
De buena gana le hubiera hablado, pero me limité a mirarla de reojo.	*I would have spoken to her willingly but I limited myself to looking at her out of the corner of my eye.*

6 **De** expresses cause and, therefore, it follows the verbs **culpar**, *to blame for*; **morir(se)**, *to die of*; **ofenderse**, *to be offended at*; **padecer, sufrir**, *to suffer from*; **quejarse**, *to complain about*; and **reírse**, *to laugh at*.

El enfermo se quejaba de dolores de cabeza y padecía de alergia.	*The patient was complaining of headaches and suffered from an allergy.*
El marido de Magda la culpaba del ruido de los niños.	*Magda's husband blamed her for the children's noise.*
No es educado reírse de la gente.	*It is not polite to laugh at people.*

Morirse de as well as **muerto/a de** are very often used in a figurative manner: **morirse/estar muerto/a de (aburrimiento, cansancio, calor, dolor, hambre, frío, miedo)**, *to be (dying of boredom, dead tired, extremely hot, in great pain, starving, freezing, half-dead with fright)*; **morirse/estar muerto/a de risa**, *to die (to crack up) laughing*; **morirse/estar muerto/a de (sed, sueño, tristeza)**, *to be extremely (thirsty, sleepy, sad)*; **morirse/estar muerto/a de vergüenza**, *to die of embarrassment (shame)*.

Enciende el aire acondicionado, por favor, me muero de calor.	*Turn the air conditioning on, please; I am dying of the heat.*
Cada vez que el niño decía una palabrota, su padre se moría de risa, pero yo me moría de vergüenza.	*Every time the child said a dirty word, his father died laughing, but I died of embarrassment.*

Some common expressions that combine past participles and adjectives with **de** to indicate cause are **estar aburrido/cansado de esperar**, *to be bored from/tired of waiting*; **estar (amarillo de envidia, morado de frío, pálido de miedo, rojo de ira)** *to be (green with envy, blue with the cold, pale with fear, red with anger)*.

Pálidos de miedo, los niños veían a su padre, que estaba rojo de ira, pegarle a su madre.	*Pale with fear, the children watched their father, who was red with anger, hit their mother.*
Hace mucho frío en esta esquina. Estoy morada del frío y cansada de esperar el autobús; llamaré un taxi.	*It is very cold at this corner. I am blue with the cold and tired of waiting for the bus; I'll call a taxi.*

7   Since **de** expresses cause, it is often combined with verbs that express emotion or describe mental states and attitudes. Some verbs of this type are: **alegrarse de**, *to be glad for;* **arrepentirse de**, *to regret;* **asombrarse de**, *to be astonished at;* **asustarse de**, *to be scared of;* **avergonzarse de**, *to be ashamed of;* **cansarse de**, *to get tired of;* **compadecerse de**, *to feel sorry for;* **desconfiar de** *to distrust;* **dudar de**, *to doubt;* **enamorarse de**, *to fall in love with;* **extrañarse de**, *to be surprised at;* **sorprenderse de**, *to be surprised at.*

Rosalía se arrepentía de haber dudado de la explicación de su novio.	*Rosalía regretted having doubted her boyfriend's explanation.*
Debes avergonzarte de haber desconfiado de mí.	*You ought to be ashamed of having mistrusted me.*
La abuela se asombraba de las nuevas modas.	*The grandmother was astonished at the new fashions.*
Don Paco se ha enamorado de Madrid y no se cansa de pasear por sus calles.	*Don Paco has fallen in love with Madrid and he doesn't tire of strolling along its streets.*
Debemos compadecernos de las víctimas de los terremotos.	*We should feel pity for the victims of earthquakes.*

COMMON VERBS FOLLOWED BY *DE*

abusar de	*to abuse, misuse; to impose on*	**disfrutar de**	*to enjoy*
acordarse de**	*to remember*	**encargarse de****	*to take charge (care) of*
agarrarse de (a)	*to seize, clutch*	**enterarse de**	*to hear, find out (about)*
burlarse de	*to make fun of*	**jactarse de****	*to boast about*
cambiar de	*to change*	**llenar de**	*to fill with*
carecer de	*to lack*	**no dejar de***	*not to fail to*
cesar de*	*to cease to*	**olvidarse de****	*to forget*
componerse de,	*to consist of*	**protestar de**	*to protest*
constar de		**quejarse de**	*to complain about*
darse cuenta de	*to realize*	**servir de**	*to serve as*
dejar de*	*to cease to, stop*	**sospechar de**	*to suspect*
depender de	*to depend on*	**vestirse de**	*to be (get) dressed as, dressed in*
despedirse de	*to say good-bye to*		

---

*These verbs are usually combined with an infinitive.
**These verbs may be combined either with an infinitive or with a noun.

Te jactas de tener buena memoria, pero dijiste que te encargarías de apagar las luces y te olvidaste de hacerlo.	*You boast of having a good memory, but you said that you would take care of turning off the lights and you forgot to do it.*
Al fin se dio Ud. cuenta de que no puede depender de Octavio. Él abusa de sus amigos, se burla de todo y sólo quiere disfrutar de la vida.	*Finally you realized that you can't depend on Octavio. He imposes on his friends, makes fun of everything, and only wants to enjoy life.*
Cuando el ladrón se enteró de que la policía sospechaba de él, se cambió de ropa y se deshizo del revólver.	*When the thief heard that the police suspected him, he changed clothes and got rid of his revolver.*
Mi apartamento se compone de una sola habitación, que sirve de sala y dormitorio.	*My apartment consists of only one room, which serves as living room and bedroom.*
Esas mujeres siempre se visten de blanco; son las Damas de Blanco cubanas que piden libertad para los presos políticos.	*Those women always dress in white; they are the Cuban Ladies in White who ask for freedom for the political prisoners.*

APLICACIÓN

A. Telenovelas del pasado.

Complete las oraciones con equivalentes en español que contengan **de** de las palabras entre paréntesis. Haga contracciones si es necesario.

Soy adicta a las telenovelas. (*I realize*) que no es bueno tener una adicción, pero no es fácil (*to get rid of*) las adicciones. (*I don't stop watching*) telenovelas aunque esté muy ocupada, y (*I enjoy*) sus tramas complicadas. Aunque he visto tantas telenovelas, (*I don't forget*) los argumentos de muchas telenovelas del pasado. Recuerdo, por ejemplo, a la mujer (*with*) parche en un ojo de *Cuna de lobos*, que mataba a tanta gente y nadie (*suspected her*). Ella (*blamed for*) la pérdida de su ojo al niño hijo de su marido, que la había herido con su trompo, pero mentía. Yo siempre (*distrusted*) ella, pero la novela (*consisted of*) más de cien capítulos y sólo al final los personajes buenos (*find out*) la verdad.

Una telenovela que me gustó mucho fue *Marimar*, la novela que le (*served as*) trampolín para la fama a Thalía. Marimar y sus abuelos (*lack*) todo, porque son muy pobres. Sus abuelos (*depend on*) ella para sobrevivir. Un día, Marimar entra a la Hacienda Santibáñez para robar verduras y huevos y evitar que sus abuelos (*starve*). El hombre que (*takes care of*) la hacienda la descubre y (*he tries to*) (*abuse*) ella. Los gritos de Marimar atraen a Sergio, el hijo de la familia. Marimar (*falls in love with*) Sergio instantáneamente. Sergio, que (*feels sorry*) Marimar y quiere además humillar a su familia, se casa con la joven. Todos en la familia detestan a Marimar y (*make fun of*) ella. Al final sabemos que el padre de Marimar es un hombre muy rico. Él (*fled from*) su hogar y abandonó a la madre de Marimar, pero ahora (*regrets*) haber actuado (*in bad faith*) y la está buscando para que sea su heredera. Marimar (*changes*) vida. Ahora es muy rica, aunque no (*boasts about*) su fortuna.

B. ¿De qué manera?

Complete usando una expresión adverbial con **de**.

1. El hombre llegó muy tarde a su casa. Para no despertar a su mujer, se quitó los zapatos y caminó...

2. Mi televisor no funciona y no tengo dinero, pero por suerte, mi amigo es técnico en televisores y lo arreglará...

3. Si estoy en un restaurante con un amigo y él me dice que hay un hombre en la otra mesa que parece loco, yo, como soy discreto, no miro de frente, sino...

4. Hacía sol, era una bonita tarde de primavera. Pero... el cielo se cubrió de nubes y comenzó a llover.

5. En algunas religiones, la gente reza en la iglesia...; en otras, se reza...

6. Paquita no tiene los teléfonos de sus amigos en su libreta de direcciones porque se los sabe todos...

7. A mi novio no le gusta ir de tiendas; a veces me acompaña, pero sé que va...

8. Perdóname, José. Sé que te hice daño, pero no lo hice a propósito; actué...

C. Aplicación interactiva.

Un/a estudiante completará la frase adjetival con un sustantivo y escogerá a un/a compañero/a. Su compañero/a hará una oración con la frase adjetival.

1. piso de...
2. tribunal de...
3. vestido de...
4. cartas de...

5. copas de...
6. profesor de...
7. juego de...
8. clases de...

9. mesa de...
10. pasajes de...
11. viaje de...
12. contrato de...

D. Comentarios variados.

Complete de manera original, usando el verbo que se indica en cada caso.

1. Ella es muy caritativa. Siempre ayuda a los pobres. (compadecerse de)

2. El estudiante nuevo no quiso ir a la recepción. (avergonzarse de)

3. El hombre atropelló a un chico con su coche ayer. (culpar de)

4. Los inquilinos del edificio están furiosos y se niegan a pagar la renta. (quejarse de)

5. Me sorprendió la muerte del esposo de María. ¡Parecía tan fuerte y saludable! (padecer de)

6. La señora Perales no quiso darle la llave de su casa a la mujer que va a limpiar los sábados. (desconfiar de)

7. La hermana de Raimundo ha estado varias veces en el hospital recientemente, ¿no? (sufrir de)

8. No sé por qué lo dije. Mis palabras le causaron una mala impresión al profesor. (arrepentirse de)

9. Mi coche está descompuesto, pero mi padre lo va a arreglar. (entender de)

E. Reacciones personales.

Colóquese imaginariamente en cada una de las siguientes circunstancias y explique cómo se siente, usando **estar muerto/a de o morirse de**.

1. En su casa hay fantasmas.
2. Ud. no ha comido nada en todo el día.
3. En un banquete, Ud. accidentalmente salpica de salsa el vestido de dos señoras muy elegantes.
4. Trabajó doce horas consecutivas hoy.
5. Va caminando por el desierto. (*Dé dos reacciones.*)
6. Ud. está viendo por televisión una comedia de su actor cómico favorito.
7. Hoy se levantó a las seis y ya son las doce de la noche.
8. Ha salido a la calle con ropa ligera y comienza a nevar.
9. El dentista le está arreglando una muela sin anestesia.
10. Acaba de romper con su novio/a.

F. Necesito un intérprete.

Traduzca.

1. "Cristina's brother is the boy with the guitar." "Which one, the one in the green coat?" "No, the young man in black."
2. When the man with the enormous mustache saw that the two boys were laughing at him, he turned red with anger.
3. Of all the paintings in the museum, the one Celia liked best was *The Boy in Blue*. Would you take care of buying a good copy for her? Please, do not fail to do it.
4. The police suspect a man with black hair dressed as a sailor. They know that the victim said good bye to him before leaving town.
5. If you are Hispanic, you turn yellow with envy and purple with the cold, not green and blue.
6. "These lottery tickets are from Don Pascual's store." "Is that the store next door?" "No, it's the store at the corner."

USES OF *CON*

1 **Con** expresses accompaniment, both physical and figurative, as *with* does in English.

El sábado pasado fui con Josefina a un baile.	*Last Saturday I went with Josefina to a dance.*
Debes definirte: o estás conmigo o estás contra mí.	*You should define your position: either you are with me or against me.*

2 **Con** expresses instrumentality: **con las manos**, *with one's hands*; **con pluma**, *with a pen*; **con una herramienta especial**, *with a special tool*.

3 **Con** is combined with a noun to form adverbial expressions of manner.

No puedo trabajar con cuidado y con prisa al mismo tiempo.	*I can't work carefully and in a hurry at the same time.*
La enfermera hablaba con vacilación y con acento extranjero.	*The nurse spoke hesitantly and with a foreign accent.*

4 The following table includes common verbs that are used with **con**.

SPANISH VERB + *CON* + NOUN OR PRONOUN			
acabar con	*to put an end to, finish off*	**contribuir con (dinero, etc.)**	*to contribute (money, etc.)*
casarse con	*to marry*	**encariñarse con**	*to get attached to*
comparar(se) con	*to compare (oneself) to*	**enojarse con (+ person)**	*to get angry at*
comprometerse con	*to get engaged to*	**soñar con**	*to dream of*
contar con	*to rely on, count on*	**tropezar con**	*to stumble over, run across*

Contamos con Ud. para que acabe con nuestros problemas.	*We count on you to put an end to our problems.*
Lucía se comprometió con Antonio y se casará con él en febrero.	*Lucía got engaged to Antonio and she will marry him in February.*
Mi padre tropezó con los patines y se enojó mucho con mi hermanito.	*My father stumbled over the roller skates and was very angry at my little brother.*
Cuando quise deshacerme del gato ya era tarde; me había encariñado con él.	*When I tried to get rid of the cat, it was too late; I had gotten attached to him.*
Bernardo contribuyó con mil dólares a ese programa.	*Bernardo contributed one thousand dollars to that program.*

APLICACIÓN

A. Situaciones variadas.

Complete de manera original.

1. Soy sentimental y me encariño mucho con...
2. A veces me enojo con...
3. Aunque el hombre iba alumbrando el camino con..., la noche era muy oscura y tropezó con...
4. En abril, Yolanda se comprometió con... y ese mismo mes, su hermana se casó con...
5. Nuestro ejército acabó con...

6. Por favor, no me compares con...

7. ¿Podemos contar con... para esta buena obra?

8. Si me saco la lotería, contribuiré con... para obras de caridad.

9. Soy muy optimista, siempre sueño con...

10. En el fútbol se le da a la pelota con...

USES OF *EN*

1 **En** indicates location in time or space, whether it is physical or figurative.

En julio nos quedaremos en un hotel en la playa.	*In July we will stay at a hotel on the beach.*
Liliana dejó la copa en la mesa de centro y se sentó en el sofá.	*Liliana left the glass on the coffee table and sat on the sofa.*
Mi amigo, que en paz descanse, murió en la miseria.	*My friend, may he rest in peace, died in dire poverty.*
Está metido en el tráfico de drogas y terminará en la cárcel.	*He is involved in drug dealing and will end up in jail.*

2 **En** refers to a specialty, expertise, or degree.

Mi tío es doctor en medicina, especialista en enfermedades de la piel y experto en cáncer de la piel.	*My uncle is a medical doctor, a specialist in skin diseases, and an expert on skin cancer.*
Celestina era muy sabia en asuntos de amor.	*Celestina was very wise in matters of love.*

3 **En** expresses manner or means.

Julia tiene miedo de viajar en avión, prefiere ir en barco.	*Julia is afraid of traveling by plane; she prefers to go by boat.*
A muchos les gustan los libros de español escritos en inglés.	*Many people like Spanish books written in English.*
Entraron en silencio en la funeraria.	*They entered the funeral parlor silently.*
Muchos dicen en broma lo que no se atreven a decir en serio.	*Many people say in jest what they don't dare to say seriously.*

SOME COMMON VERBS FOLLOWED BY THE PREPOSITION *EN*

apoyarse en	*to lean on, upon*	**ingresar en (una sociedad, etc.)**	*to join (an association, etc.)*
confiar en	*to trust, confide in*	**molestarse en**	*to take the trouble to*
convertirse en	*to turn into*	**pensar en**	*to think of***
empeñarse en, insistir en	*to insist on*	**quedar en**	*to agree to, decide on*
entrar en*	*to enter*	**tardar** + period of time + **en**	*to take (person or vehicle) + period of time + to*
fijarse en	*to notice*	**vacilar en**	*to hesitate to*
influir en	*to influence*		

---

*In most Spanish American countries one hears **entrar a** rather than **entrar en**.
****Pensar de** expresses *to have an opinion about.*

¿Qué piensas de Madonna?   *What do you think about Madonna?*

Probablemente no te fijaste en Adela, pero cojeaba al andar y se apoyaba en su esposo.

You probably didn't notice Adela, but she walked with a limp and was leaning on her husband.

El examen del lunes va a influir mucho en la nota; cuando pienso en esto, me pongo nerviosa.

Monday's exam is going to influence the grade a lot; when I think of this, I become nervous.

Pablo y yo quedamos en vernos esta noche.

Pablo and I agreed to meet tonight.

Como yo vacilé en acompañarlo, Fernando insistió en entrar solo en el cuarto.

Since I hesitated to accompany him, Fernando insisted on entering the room alone.

Confío en que esto no se convierta en un problema.

I trust this won't turn into a problem.

Tardé más de cinco minutos en encontrar una respuesta apropiada.

It took me (I took) over five minutes to find a suitable answer.

No voy a molestarme en pedirle que ingrese en nuestra asociación.

I won't bother asking him to join our association.

APLICACIÓN

A. Más situaciones variadas.

Complete de manera original.

1. ¿Te fijaste en...?
2. Después de mucha discusión, quedamos en... y confío en...
3. Aunque Josefina tenía una pierna lastimada, se empeñó en... y entró en... caminando con dificultad, apoyada en...
4. Me pasé el día pensando en...
5. Elvis Presley influyó mucho en... y en unos años se convirtió en...
6. Probablemente, tardaré... en..., así que no te molestes en...
7. Me gustaría ingresar en...
8. Por favor, si puedo ayudarlo, no vacile en...

SPANISH VERBS THAT DO NOT REQUIRE A PREPOSITION*

Some Spanish verbs do not require a preposition but their English equivalents do require one. The table contains the most common ones.

acusar	to tell on	impedir	to prevent from
aprobar	to approve of	lograr	to succeed in
buscar	to look for	pagar	to pay for
conseguir	to succeed in	presidir	to preside over
esperar	to wait for	querer	to care for, feel affection for

Busco un amigo que apruebe lo que hago, que jamás me acuse y, sobre todo, que me quiera.

I am looking for a friend who approves of what I do, who never tells on me and, above all, who cares for me.

Estrella esperó a su amiga, que es taquillera en el cine, y así consiguió entrar sin pagar el boleto.

Estrella waited for her friend who is a ticket seller at the theater and this way she succeeded in entering without paying for the ticket.

Los enemigos del decano no lograron hacer que lo reemplazaran, pero le impidieron que presidiera la última reunión de profesores.

His enemies didn't succeed in having the dean replaced, but they prevented him from presiding over the last faculty meeting.

APLICACIÓN

A. Necesito un intérprete.

Traduzca.

1. He prevented her from going because he cares for her.
2. Dr. Torres presided over the meeting.
3. The boys succeeded in taking the laptop without paying for it.
4. When I was waiting for the bus, I saw a little girl looking for her mother.
5. I don't approve of what you did, but I won't tell on you.

B. El asalto al tren.

Complete con la preposición correcta si se necesita una preposición. Haga contracciones con el artículo cuando sea necesario.

El tren partió _____ Aguasclaras a las tres _____ la tarde y, apenas

se había alejado unos metros _____ la estación, cuando los bandidos entraron

_____ nuestro vagón como surgidos _____ la nada. _____

realidad, habían bajado _____ el techo. El conductor no se dio cuenta

_____ que había problemas _____ nuestro vagón. Este asalto puede

---

* Unless of course, one uses **a** before the direct object, as explained in chapter 7.

compararse _____ los que se ven en las películas _____ el oeste, porque los asaltantes estaban vestidos _____ vaqueros.

El pasajero _____ el primer asiento, que era un policía jubilado, se puso _____ pie para tratar _____ tirar _____ el cordón de alarma, pero uno de los bandidos, que tenía una escopeta, lo vio _____ reojo y le pegó _____ la culata _____ el arma. El hombre _____ la escopeta, que parecía ser el jefe, dijo que nuestras vidas dependían _____ nosotros mismos, porque no vacilaría _____ matar a quienes tratasen _____ impedirle _____ realizar el asalto. Nos pidió que nos abstuviésemos _____ gritar y añadió que confiaba _____ nuestro sentido común. Todos estábamos pálidos _____ miedo.

El asaltante, que no cesaba _____ hablar, dijo que todos teníamos que contribuir _____ nuestro dinero a la revolución y que los ciudadanos debían cumplir _____ su deber y acabar _____ los enemigos del pueblo. Insistió _____ que muchos no aprobaban _____ los medios que ellos utilizaban, pero que la violencia era la única manera _____ influir _____ la opinión pública y conseguir _____ ayudar a los pobres.

Cuando estábamos cerca _____ la próxima estación, los asaltantes se despidieron _____ nosotros y nos dijeron que, _____ nuestra contribución, habíamos ingresado _____ el movimiento revolucionario.

Sección léxica

Ampliación: Formación de sustantivos abstractos

En la lectura aparecen los sustantivos abstractos **ambientación**, **anticipación**, **habilidad**, **diferencia**, **inteligencia**, **belleza**, **riqueza**. La terminación **–ción**, equivalente a *-tion* en inglés, es la más usada para formar sustantivos abstractos. Otros sufijos comunes para formar palabras de este tipo (que son todas femeninas) son:

-ancia:	abundancia, arrogancia, distancia, importancia, intolerancia, vagancia
-dad:	bondad, entidad, humildad, infinidad, intensidad, seriedad
-encia:	ausencia, decadencia, decencia, excelencia, paciencia, prudencia
-ez:	altivez, delgadez, estupidez, niñez, pesadez, rapidez
-eza:	belleza, dureza, extrañeza, firmeza, ligereza, naturaleza, nobleza, pereza, pureza, tristeza
-tud:	altitud, inquietud, juventud, lentitud, plenitud, virtud
-ura:	blandura, cordura, frescura, gordura, hermosura, holgura, negrura, ternura

Frecuentemente, los sustantivos abstractos se combinan con la preposición **con** para sustituir los adverbios terminados en **-mente** e indicar de qué manera se realiza la acción: **Actuó con prudencia** (prudentemente), **Me recibieron con cordialidad** (cordialmente), **No sabía mucho español y hablaba con lentitud** (lentamente).

APLICACIÓN

A. Necesito un intérprete.

Diga qué significan en inglés las siguientes palabras.

1. blancura	4. solvencia	7. soledad	10. rudeza
2. sensatez	5. grandeza	8. destreza	11. simpleza
3. fragancia	6. presteza	9. finura	12. altura

B. Dígalo de otro modo.

Reemplace los adverbios terminados en **-mente** con sustantivos abstractos precedidos de **con**.

Modelo: Se comportó sensata* y decentemente.
            → *Se comportó con sensatez y decencia.*

1. No me dirigí a don Eustaquio arrogantemente. Le pedí humildemente que me ayudara y él reaccionó noble y bondadosamente.

2. ¿Trabajaba lentamente? No, trabajaba rápida, pero eficientemente.

3. Sirvieron vinos y comida abundantemente y, después de comer, nos sentamos perezosamente bajo un árbol.

4. Actuar firmemente no significa actuar duramente ni tampoco intolerantemente.

5. El niño me miró intensa y tristemente y yo lo acaricié tiernamente.

6. Examinemos seriamente el caso, y no lo decidamos ligeramente, sino prudentemente.

7. Aunque el hombre estaba borracho y hablaba pesada y estúpidamente, yo lo escuché tranquila y pacientemente.

8. La señora, que vestía elegantemente y hablaba altivamente, miraba inquietamente hacia la puerta.

Distinciones: Algunos equivalentes españoles de *to run*

1. Cuando *to run* es intrasitivo y significa:

   a. *to go faster than walking* = **correr**

   Ningún hombre puede correr tan rápido como un caballo.   *No man can run as fast as a horse.*

---

* **sensata** = sensatamente. Cuando hay dos palabras que terminan en **-mente**, la terminación **-mente** se omite en la primera de ellas.

   b. *to go* (as a train) = **ir**

Ese tren va desde Madrid a Gijón.   *That train runs from Madrid to Gijón.*

   c. *to flow* = **correr**

Violeta olvidó cerrar el grifo, y   *Violeta forgot to turn off the*
cuando regresó, el agua corría por   *faucet, and when she came back,*
el pasillo.   *water was running down the hall.*

   d. *to work, keep operating* (as a motor or clock) = **andar, funcionar**

Mi nuevo reloj anda (funciona)   *My new watch runs very*
muy bien.   *well.*

No debes dejar el motor andando   *You shouldn't leave the motor*
si no estás dentro del carro.   *running if you are not inside the car.*

   e. *to spread* = **correrse**

Lavé el vestido con agua fría para   *I washed the dress in cold water to*
evitar que el color se corriera.   *prevent the color from running.*

   f. *to be a candidate for election* = **postularse (para)**, **aspirar (a)**

Cristóbal se postula para (aspira   *Cristóbal is running for mayor in*
a) alcale de mi pueblo.   *my hometown.*

   g. *to cost* = **costar**

¿Cuánto (me) van a costar esos   *How much will those cabinets run*
armarios?   *(me)?*

   h. *to have a specified size* (garments) = **venir**

Mejor pruébese un número más   *You'd better try on a smaller size;*
pequeño; estos zapatos vienen   *these shoes run very large.*
muy grandes.

   i. *to stretch, extend* = **extenderse**
       to run along = **extenderse (por)**
       to run around = **rodear**
       to run up = **trepar (por)**

El sendero se extendía desde el   *The path ran from the village to*
pueblo hasta la costa.   *the coast.*

Una hermosa moldura tallada se   *A beautiful carved molding ran*
extendía por la pared.   *along the wall.*

Las enredaderas trepaban por la   *Vines ran up the fence that ran*
cerca que rodeaba el jardín.   *around the garden.*

2. Cuando *to run* es transitivo y significa:

  a. *to conduct*, *manage* = **dirigir**, **administrar**

Hace diez años que Tomás Duarte administra el negocio de su familia.	*Tomás Duarte has been running the family business for ten years.*

  b. *to publish* (in a periodical, e.g., an ad) = **poner**

Pondremos un anuncio en el periódico de la mañana.	*We will run an ad in the morning paper.*

3. Otras expresiones en las que se encuentra el verbo *to run*:

to run a fever	**tener fiebre**
to run a risk	**correr el riesgo**
to run across, into	**tropezarse, huir**
to run away	**escaparse, huir**
to run into (crash, collide)	**chocar con**
to run out of	**quedarse sin, acabársele (a uno)**
to run over (riding or driving)	**pasar por encima de, arrollar, atropellar**
to run over (overflow)	**desbordarse**
to run (speaking of the nose)	**gotearle (a uno) la nariz**
in the long run	**a la larga**
on the run (adjective)	**fugitivo**
to be on the run	**estar huyendo, estar fugitivo**

Siento no poder ofrecerte una tostada. Nos hemos quedado sin pan (se nos acabó el pan).	*I am sorry I can't offer you a piece of toast. We ran out of bread.*
Los rebeldes estuvieron huyendo (fugitivos) varios meses.	*The rebels were on the run for several months.*
La anciana fue atropellada por un criminal fugitivo.	*The old woman was run over by a criminal on the run.*
Al niño le goteaba la nariz porque tenía catarro.	*The child's nose was running because he had a cold.*
A la larga, nos tropezaremos.	*In the long run, we'll run into each other.*

APLICACIÓN

A. Necesito un intérprete.

Traduzca.

1. What a day! While walking to my car, I ran into Mrs. Castillo, whom I detest. On my way to work, my car ran over some nails and I got a flat tire. Back home, I found that the faucet in the sink was dripping and the water had run over onto the floor. I washed my best dress and the colors ran.

2. We had learned about that house from an ad that its owners had run in the paper. It was beautiful! I loved the ivy running up the walls. A small brook ran at the back of the property and a stone wall ran around the garden. "I wonder how much this house will run," said my husband.

3. The man was drunk. He ran over a little girl. Then his car ran into a tree. He was hurt, the blood was running all over his face, but he ran away and now he is on the run. In the long run they'll catch him. I hope so!

4. My best friend, who runs a small flower shop, was running for president of the association of florists, and I wanted to help him in his campaign, but my car wasn't running. Luckily, there is a train that runs from my town to the city.

5. William was running a fever. His nose was running and he had a headache. He didn't want to run the risk of missing his job interview that afternoon. He went to his medicine cabinet to get some aspirin but, unfortunately, he had run out of them.

Para escribir mejor

La traducción

La traducción es un arte, y un arte bastante difícil de dominar. La mejor manera de aprender a traducir bien es practicar, aunque existen ciertas técnicas y consejos que pueden ayudar.

Hay muchas clases de traducciones: la literaria, la periodística, la médica, la científica, la de manual de instrucciones, etc., y todas se enfocan de manera diferente. En una obra literaria, por ejemplo, la traducción literal no siempre es recomendable, porque resulta más importante la fidelidad a lo que el escritor trata de trasmitir que a las palabras que utiliza. Esto es especialmente cierto en el caso de la poesía, el género más difícil de traducir. En una traducción de tipo científico, por el contrario, la exactitud es de suma importancia. Traducciones de esta clase son una gran responsabilidad para el traductor y requieren el dominio de un vocabulario especializado.

Hoy en día es posible traducir de manera electrónica, pero estas traducciones son sumamente deficientes, ya que se concentran en las palabras individuales y no pueden distinguir las diferencias estructurales entre ambos idiomas. No es aconsejable utilizar los sistemas de traducción electrónica, tan abundantes en internet. Allí hemos encontrado, por ejemplo, que *show business* se traduce como «muestre el negocio» y *There is still hope* como «Allí es aún esperanza». Por otra parte, uno de estos traductores automáticos da como equivalente de la expresión en español «dar la cara», *give the face,* cuando en realidad significa *to face*.

En general, se considera como más exitosa la traducción de un escrito en la lengua adquirida a la lengua nativa del traductor. Hay, sin embargo, circunstancias que requieren traducciones inversas, es decir, de la lengua nativa a la lengua extranjera adquirida. Este es el caso del estudiante norteamericano de español. Después que se gradúe, este estudiante tendrá muchas más ocasiones de traducir escritos del inglés al español, que viceversa. La creciente inmigración hispana en los Estados Unidos ha provocado esta necesidad: hace falta traducir folletos del gobierno, carteles y avisos en los hospitales y otros edificios públicos, así como en los transportes. La publicidad en carteles y vallas anunciadoras (*billboards*), en las revistas y en la televisión se hace también con versiones en español del original inglés. Las instrucciones para armar (*assemble*) toda clase de mercancía y para cocinar productos enlatados, congelados, etc. contienen igualmente una versión española del original en inglés. En cuanto al cine, el número de películas habladas en español con subtítulos en inglés es insignificante comparado con las que Hollywood exporta en inglés a los países hispánicos.

Como el campo de la traducción es tan extenso y especializado, aquí nos limitaremos a hablar de la traducción en general y de sus problemas.

Una trampa donde debe evitar caer el traductor es la interferencia de la lengua materna. Tenemos modelos en nuestra mente e instintivamente los aplicamos a la lengua adquirida. Un buen diccionario es una gran ayuda, pero sólo en el aspecto léxico, y aun en éste, de modo limitado, pues una palabra tiene generalmente muchas acepciones y hay que saber escoger la apropiada según el contexto. Los mejores diccionarios son los que citan ejemplos de los usos.

Otro problema son las diferencias culturales. Muchas veces, no hay palabra equivalente en la otra lengua, pues se trata de un plato de cocina, una fruta, un baile, una costumbre, conocidos en los países angloparlantes y no en los hispanohablantes y viceversa. Si Ud. está traduciendo la frase: *Billy often played chicken with his friends*, ¿cómo va a traducir *chicken*? Este juego no existe en los países hispanos. Ud. podría decir: «Billy jugaba frecuentemente al gallina con sus amigos», porque «gallina» es el término coloquial para los cobardes, pero el lector hispanohablante no lo entendería. Lo mejor en estos casos es dejar la palabra en su idioma original y explicarla en una nota.

A continuación vamos a comentar algunos de los puntos que son fuente de errores al traducir. El prestar atención a estos puntos ayudará también al estudiante a evitar errores al comunicarse oralmente en español.

LAS PREPOSICIONES

Hay muchas diferencias entre el inglés y el español en el uso de las preposiciones, como Ud. habrá notado en el capítulo 7 y en éste. El uso incorrecto de una preposición puede cambiar completamente el significado de una frase. En los subtítulos en español de la película *Bladerunner* (que por cierto, son atroces), Deckard (Harrison Ford) aparece en una calle leyendo un periódico y comenta: "*They don't advertise for killers in the newspaper*". Esto está traducido en el subtítulo como: «No nos avisan contra los asesinos en el periódico» cuando la versión correcta sería: «No hay ofertas de empleo para asesinos en el periódico» o «No se solicitan asesinos en el periódico».

Especialmente **por** y **para** —que se repasarán en el capítulo 9— son preposiciones difíciles de dominar para el angloparlante, y su uso incorrecto puede cambiar el sentido de la frase. Por ejemplo, si digo en inglés: *I usually speak for everyone but now I am speaking for myself* su equivalente es: «Generalmente hablo por todos, pero ahora hablo por mí». **Por** significa en este caso «en nombre de». Usar **para** sería erróneo, ya que equivaldría a *I usually speak for everyone [to hear] but now I am speaking to myself.*

LOS FALSOS COGNADOS

Los falsos cognados son una continua fuente de errores. Un conocido político estadounidense de origen hispano dijo en una entrevista: «Yo me relato bien con la gente» queriendo decir *I relate well to people*. El verbo relatar significa «hacer un relato» o «contar». Él debió haber usado el verbo «relacionarse».

Un angloparlante lee: *the actual problem* y automáticamente piensa: «el problema actual». ¡Falso! «Actual» es sinónimo en español de «hoy, tiempo presente». El equivalente correcto de esta expresión es: «el verdadero problema». *To be embarrassed* no significa «estar embarazada», sino «estar apenado/a o avergonzado/a». Estar embarazada es *to be pregnant*. *Large* no es «largo», sino «grande». *Sane* significa «cuerdo», no «sano». *Vase* no es «vaso», sino «florero o jarrón».

En la página 383 hay una lista de falsos cognados y en la red pueden encontrarse también listas.

LOS MODISMOS

Los modismos son una verdadera pesadilla para el traductor. Leemos *I changed my mind* y pensamos: «Cambié mi mente», pero no es así, porque en español se dice: «Cambié de idea». *A piece of cake* no es sólo un pedazo de pastel, sino también algo muy fácil. *That's Greek to me* es «Eso está en chino». *At the eleventh hour* significa «A última hora» y *Like father, like son* tiene su equivalente en «Hijo de gato caza ratones» y también «De tal palo, tal astilla». Otro ejemplo: Si Ud. encuentra la expresión: *It's raining cats and dogs* no piense que en los países hispánicos llueven gatos y perros, porque allí «Llueve a cántaros».

Los modismos son muy numerosos y un diccionario de modismos puede ser de gran ayuda. Uno que recomendamos es: *Diccionario bilingüe de modismos Inglés-Español y Español-Inglés*, French and European Publications, 1996.

LOS TIEMPOS VERBALES

El español tiene más tiempos que el inglés y a veces es difícil decidir qué forma usar, como en el caso del imperfecto, el pretérito y los diferentes tiempos del subjuntivo. Repasar frecuentemente los verbos y las reglas para su uso es la mejor solución a este problema.

DIFERENCIAS EN LA ESTRUCTURA DE LA ORACIÓN

Los verbos de la construcción de **gustar** que se estudiaron en el capítulo 3 son un buen ejemplo de diferencias estructurales entre ambas lenguas. *I only have five dollars left* es: «Me quedan sólo cinco dólares», *I felt sorry for those children* es: «Me dieron lástima esos niños» y *The woman was surprised that I talked to her in French* equivale a: «A la mujer le sorprendió que yo le hablara en francés».

También son diferentes las construcciones que se relacionan con el tiempo. *It's two months today that we met* es: «Hoy hace dos meses que nos conocimos» y *I have been working here for five years* equivale a «Hace cinco años que trabajo aquí».

Otro ejemplo común de esta diferencia de estructuras es la voz pasiva, poco usada en español, lo que frecuentemente obliga a hacer transposiciones para que la oración parezca natural. *I am being pushed to sell* no se puede traducir como: «Estoy siendo empujado a vender», su equivalente correcto es: «Me presionan para que venda». *He was hired immediately but he will be paid in euros* es: «Le dieron el empleo inmediatamente, pero le pagarán en euros».

*****

Las dificultades de traducir son demasiado numerosas y sutiles para poder exponerlas todas en esta sección. La práctica y la observación son los mejores métodos de enseñanza. Los diccionarios pueden ser una gran ayuda, pero como ya se dijo, hay que tener cuidado con las diferentes acepciones y prestar atención a los contextos.

APLICACIÓN

A. Traducciones.

Los siguientes pasajes son ejemplos de diferentes clases de traducciones. Tradúzcalos ayudándose de un diccionario y teniendo en cuenta los consejos que se han dado aquí.

1. **The Lottery.** The lottery was conducted—as were the square dances, the teen club, the Halloween program—by Mr. Summers, who had time and energy to devote to civic activities. He was a round-faced, jovial man and he ran the coal business, and people were sorry for him because he had no children and his wife was a scold. When he arrived in the square, carrying the black wooden box, there was a murmur of conversation among the villagers, and he waved and called, "Little late today, folks." The postmaster, Mr. Graves, followed him, carrying a three-legged stool, and the stool was put in the center of the square and Mr. Summers set the black box down on it. The villagers kept their distance, leaving a space between themselves and the stool, and when Mr. Summers said, "Some of you fellows want to give me a hand?" there was a hesitation before two men, Mr. Martin and his oldest son, Baxter, came forward to hold the box steady on the stool while Mr. Summers stirred up the papers inside it.

    Shirley Jackson

2. **A message from the Director, U.S. Census Bureau**. This is your 2010 official Census form. We need your help to count everyone in the United States by providing basic information about all the people living in this house or apartment. Please complete and mail back the enclosed census form today.

    Your answers are important. Census results are used to decide the number of representatives each state has in the U.S. Congress. The amount of government money your neighborhood receives also depends on these answers. That money is used for services for children and the elderly, roads, and many other local needs.

    Your answers are confidential. This means the Census Bureau cannot give out information that identifies you or your household. Your answers will only be used for statistical purposes, and no other purpose. The back of this letter contains more information about protecting your data.

    U.S. Census Bureau

3. **Setting Priorities.** The Great Recession has taken a heavy toll on countless families, prompting many Hispanics to reassess what they consider necessities and what luxuries they won't give up. A recent study found a majority of Hispanics, particularly the

young, were unwilling to relinquish their cell phones (69 percent), and 85 percent, notably Mexicans, couldn't do without driving their cars. Paid television services remain important to 67 percent, mostly the older generation, and the home internet connection, particularly among affluent bicultural Hispanics, is maintained by 65 percent. Hispanics are trying to make do if they can without abandoning their favorite products, entertainment, restaurants and services. And it looks like they are succeeding.

Hispanic Magazine, USA

Estas dos telenovelas, *La loba* y *Luna la heredera*, tuvieron mucho éxito en 2010. *La loba*, protagonizada por los mexicanos Ivonne Montero y Mauricio Islas, es una nueva versión de una antigua telenovela argentina. *Luna la heredera*, una telenovela colombiana, puede citarse como ejemplo de telenovela internacional, porque sus protagonistas son una actriz venezolana y un actor peruano.

TEMAS PARA COMPOSICIÓN

Escriba una composición sobre uno de estos temas.

1. **Los seriales norteamericanos.** Seriales como *Dynasty* y *Falcon Crest* tuvieron un gran éxito en su época, y mucha gente no se perdía un solo episodio. Busque información y escriba sobre uno de ellos. ¿Cómo era? ¿Quiénes actuaban? ¿En qué lugar de los Estados Unidos tenía lugar? ¿Cómo era el ambiente? Haga un resumen del argumento. Según lo que Ud. sabe de las telenovelas, ¿qué diferencias hay entre ellas y estos seriales? Por su edad, Ud. no pudo verlos. ¿Los vería ahora si volvieran a ponerlos? ¿Por qué (no)?

2. *El derecho de nacer.* Esta radionovela fue la madre de las telenovelas de hoy. En internet hay mucha información sobre ella, así como sobre las telenovelas y películas posteriores con este título. Busque su argumento y haga un resumen de éste. ¿Le parece absurdo? ¿Interesante? ¿Romántico? ¿Realista? ¿...? En su opinión, ¿cuál fue la razón del enorme éxito de esta novela?

3. **Mis programas de televisión favoritos.** ¿Ve Ud. mucha o poca televisión? ¿Cuántas horas al día la ve generalmente? ¿Qué clases de programas le gustan? ¿Cuál es su programa favorito? ¿Ve Ud. películas por televisión o prefiere verlas en DVD o en el cine? ¿Por qué? ¿Qué programas educacionales hay en televisión? En su opinión, ¿son suficientes? ¿Qué clase de programas educacionales o de otro tipo le gustaría ver añadidos a la programación?

CAPÍTULO 9

La lectura de este capítulo nos describe una vida futura con grandes avances técnicos, uno de ellos, «los cinturones voladores». Autos voladores como éste son también una probabilidad futura, y serían una solución para el problema del tráfico en las grandes ciudades. (Coneyl Jay/Getty Images, Inc.)

Lectura

Introducción

José María Méndez Calderón (1916–2006), el autor de esta lectura, fue un salvadoreño que tuvo una destacada vida pública y sobresalió además en la literatura. Distinguido abogado, José María Méndez fue fiscal, magistrado y miembro de la Corte Suprema de El Salvador. En la Universidad de El Salvador, Méndez ocupó cargos de catedrático, vice-rector y rector.

A lo largo de su vida, José María Méndez acumuló honores, distinciones y premios; muchos, por su carrera jurídica; otros, por su labor literaria, por ejemplo, el haber sido elegido miembro de la Academia Salvadoreña de la Lengua.

José María Méndez incursionó en varios géneros literarios: artículos, novela, teatro breve... pero su género preferido y en el que alcanzó mayor maestría fue el cuento. En 1976, Méndez fue designado Maestro de la Narrativa Centroamericana por haber ganado en tres ocasiones el primer premio del cuento en los Juegos Florales* de Quetzaltenango, Guatemala. Estos premios los obtuvo respectivamente con sus libros *Tiempo irredimible, Espejo del tiempo* y *Tres consejos.*

Méndez muestra un estilo original y frecuentemente narra con humor. En «Espejo del tiempo» se adentra en el terreno de la ciencia ficción. El cuento se desarrolla en el siglo XXII, después de tres guerras atómicas, la última de las cuales destruyó la luna. Los eventos del futuro presentados en la primera parte de la narración tienen su equivalente en sucesos paralelos de nuestro tiempo. El cuento puede tener interpretaciones variadas, pero su mensaje central es bien claro: no importa lo avanzada que esté tecnológicamente la sociedad del futuro, la naturaleza humana no va a cambiar nunca, y nuestros descendientes sentirán celos, odio, amor y todas las pasiones que sentimos nosotros hoy.

Espejo del tiempo

Era posiblemente el hombre más feliz de la tierra. El Gobierno Local le había concedido° dos acres de terreno en usufructo vitalicio° y una pensión progresiva. Tenía ahorrados diez mil bonos del First Vía Láctea° Bank. La
5 Liga Interespacial lo había condecorado°. Era miembro propietario del Consejo de los Quinientos y amigo íntimo del Jefe de la Galaxia.

Su casa estaba cubierta por una campana° atmosférica de nítida° transparencia que impedía el paso° de cuerpos y
10 ruidos extraños; en las paredes de la fachada° se había usado el pórfido° y en los interiores piedra mármol tipo serpentino, traída de Marte; las escaleras de aire congelado eran invisibles a simple vista°, y sólo aparecían tenues, verdes, amarillas o azuladas, cuando él encendía las luces. Tres
15 robots, incluyendo un astronauta, estaban a su servicio.

dado
en... para disfrutarlos mientras viviera / **Vía...** *Milky Way* / **lo...** le había dado una medalla

domo
clara / **el...** la entrada
facade
jasper

a... *to the naked eye*

*Competencias de poesía en que el mejor poeta recibe una flor. Fueron muy populares en el pasado, pero hoy no son tan comunes. A veces, la competencia se extiende a otros géneros literarios, como en este caso, en que se premiaron cuentos.

Era dueño de un computador bibliográfico que él había contribuido a perfeccionar y que todavía no se construía en serie°, una especie de° teletipo con cinta° magnetofónica y condensador de energía mental que transmitía al cerebro° el texto de sus registros° (setecientos cincuenta mil volúmenes) por medio de ondas° telepáticas. Poseía un Modigliani,* escaso recuerdo de la era preatómica. Le permitieron conservar° un ejemplar° de cada una de las piedras preciosas que descubrió en los siete planetas principales durante sus atrevidos° viajes de exploración. Su mujer, Elena, se mantenía ardiente y sumisa, como en los primeros días nupciales.

Aunque tenía obligación legal de declarar sus inventos, guardaba, pese a° los graves riesgos, tres en secreto: el espejo del tiempo, negro, cóncavo, imperfecto todavía, porque reflejaba el pasado en imágenes fieles° y sucesivas, pero aún no revelaba el futuro; el pulverizador protónico, capaz de° desintegrar la materia por medio de la condensación de energía estelar en un cono de luz y de reducir un cuerpo humano, en segundos, a pequeñas partículas de arena que se disolvían en el aire; y el detector de pensamientos° —disimulado° en un anillo de amatista— que usaba únicamente en la cátedra° para determinar el grado de percepción de sus alumnos, y en la ciudad, mientras la cruzaba en las naves electrónicas, para conocer las ideas contradictorias de las multitudes. Jamás lo había utilizado deliberadamente contra persona determinada para conocer sus íntimos pensamientos.

Estaban en la terraza. Era el cumpleaños de Elena. Él, para halagarla°, había construido con sus proyectores iónicos, en el lado izquierdo de la caja de vidrio que guardaba° la terraza, una media luna que semejaba° estar en el cielo y era exacto recuerdo de la real, destruida desde la tierra en la tercera y última guerra atómica.

Elena estaba recostada° en un diván°. Un vestido negro, con lentejuelas de azabache°, acrecentaba° su belleza. Sintió deseos de besarla. Cuando caminaba hacia ella se vio reflejado en los ventanales. Coronaban su cabeza los cuernos° de la luna. No percibió el simbolismo** sino al advertir° que Elena miraba también su imagen de cuernos amarillos y se sonreía imperceptiblemente, como si quisiera ocultar un sarcasmo ofensivo. Se detuvo. Volvió a verse de nuevo. Los paréntesis luminosos le salían de las sienes°. Elena no lograba extinguir la mirada° burlesca. Pasó revista° a la historia de su matrimonio. Recordó las

Glosses (right margin):

- **no...** *wasn't mass produced* / **una...** *some kind of* / *tape* / *brain*
- archivos
- *waves*
- quedarse con / *specimen*
- audaces
- **pese...** a pesar de
- exactas
- **capaz...** *able to*
- *thoughts*
- escondido
- las clases que enseñaba
- **para...** *to please her*
- protegía / parecía
- reclinada / sofá bajo
- **lentejuelas...** *jet stone* *sequins* / aumentaba
- *horns*
- darse cuenta de
- partes laterales de la frente / *look* / **Pasó...** *He went over*

---

*Amedeo Modigliani (1884–1920) fue un pintor y escultor italiano. Vivió una vida bohemia y loca en París y tiene influencias en su obra del francés Cézanne y del «período azul» de Picasso.

**En español, cuando uno de los esposos es infiel, se dice que le pone los cuernos al otro.

frecuentes ausencias de ella, sus inmotivadas vacilaciones°, *hesitations*
sus injustos olvidos°, aquellos gestos° contradictorios que *forgetfulness* / expresiones
la revelaban acosada° por recuerdos que desechaba° de perseguida / rechazaba
modo súbito°. Estaba siendo víctima de la pasión de los repentino
65 celos que los sociólogos habían declarado ya extinguida
en el género humano. Debería sobreponerse°, abandonar controlarse
la idea de iniciar un diálogo sutil de preguntas capciosas°. *tricky*
Elena podía entender el juego y denunciarlo°. Más acusarlo
peligroso aun sería hacer acusaciones directas. En el siglo
70 XXII, los celos revelaban un proceso atávico degenerativo,
constituían un índice° sólido para internar al enfermo en **un...** una indicación
las clínicas de aislamiento° y, cuando el caso era grave, en *isolation*
las de eliminación. Para no correr riesgos, decidió utilizar
el detector de pensamientos; sin que su mujer se diera
75 cuenta, averiguaría la verdad. Dio una vuelta° completa *turn*
a la amatista del anillo. La mente de Elena quedó al
descubierto°. «Pobre Diablo, ignora° que le he puesto los **al...** *exposed* / no sabe
cuernos.» La verdad le produjo escalofríos°. Aparecieron los *chills*
síntomas precisos: personalidad disminuida, evidencias de
80 fracaso, ansias vengativas°, deseos de conocer el incidente en **ansias...** deseos de
su totalidad, con los menores detalles. Dio vuelta de nuevo a venganza
la amatista del anillo. Conocer los pensamientos actuales° de presentes
ella no era suficiente. Quería saber con quién, desde cuándo,
dónde y por qué. Utilizaría el espejo del tiempo. Después
85 cumpliría sus posteriores designios°. **cumpliría...** *he would*
execute his subsequent
Sobreponiéndose a la tartamudez° que lo dominaba, *intentions* / *stuttering*
propuso a Elena que conociera sus últimos inventos. Cuando
ella entró al laboratorio, la sujetó de los brazos y la colocó
violentamente frente al espejo del tiempo. Apareció Elena,
90 después de diez imágenes sucesivas, totalmente desnuda
en los brazos de su amante. Era el vecino, el mismo que
reparaba los cinturones voladores. Entonces, sin poderse
contener, enloquecido°, disparó el pulverizador protónico *insane with rage*
contra ella. Después apuntó° hacia las paredes, hacia el *he aimed*
95 techo, en un intento de total destrucción que ya no pudo
consumar porque perdió el sentido°. **perdió...** se desmayó
El diario de mayor circulación de la ciudad donde acaeció **acaeció...** pasó el hecho /
el suceso°, lo relató en su real y exacta medida°. **en...** con fidelidad
«Pedro Benavides, de cincuenta años de edad, Doctor
100 en Ciencias Físicas, profesor jubilado° de la Universidad retirado
Central, se encerró en su casa de habitación° el lunes recién° **casa...** domicilio / *just*
pasado, echó llave° por dentro, y en un acceso° de furia, **echó...** cerró con llave /
destruyó muebles, floreros, lámparas. Después se escuchó ataque
un inquietante° silencio que duró tres días. Al cabo de° preocupante / **Al...** Después de
105 ese tiempo, la policía, a pedimento° de los vecinos, allanó° petición / *broke into*
el domicilio. Benavides se encontraba sobre el piso del
dormitorio, desnudo, inconsciente, empuñando un soplete° **empuñando...** *holding*
con la mano derecha. Cuando volvió en sí° pronunciaba *tightly a blowtorch* /
palabras incoherentes. En las diligencias instruidas por **volvió...** *he regained*
consciousness

110 el juez encargado del sumario°, consta° que el profesor
Benavides perdió la razón° el lunes trece, día del encierro°,
al advertir que su mujer de nombre Elena, se había fugado°
del hogar con Oliverio Ramos, obrero de veinte años que
trabajaba como aprendiz en un cercano taller° de reparación
115 de bicicletas».

> **diligencias...** *legal*
>   *proceedings instituted by*
>   *the judge in charge of the*
>   *case* / *it is recorded*
> **perdió...** se volvió loco /
>   **del...** en que se encerró
>   con llave
> escapado / *shop*

APLICACIÓN

A. Vocabulario.

Escoja en la lista las palabras apropiadas para sustituir las secciones en cursiva.

acceso / acrecentar / al cabo / allanó / atrevidos / concedido / denunciarlo / disimular /
el paso / en usufructo / fugado / guardaba / había conservado / perder la razón / pese a /
sin sentido / sobreponerse / una campana

1. El gobierno le había *dado* mucho terreno *para disfrutarlo mientras viviera* y él había
   sabido *aumentar* su riqueza.
2. *A pesar de* los grandes riesgos, el profesor *se había quedado con* muchas piedras
   preciosas obtenidas en sus *audaces* viajes interplanetarios.
3. Los edificios tenían *un domo* especial que los *protegía* e impedía *la entrada* de ruidos.
4. Sabía que tenía que *controlarse* y *ocultar* sus celos porque su esposa podía *acusarlo* a las
   autoridades.
5. El pobre profesor tuvo un *ataque* de furia y temió *volverse loco*.
6. *Después* de tres días, la policía *entró a la fuerza en* la casa y encontró a Benavides
   desmayado. Estaba solo porque su mujer se había *escapado*.

B. Comprensión.

Conteste basándose en la lectura.

1. ¿Por qué era este hombre el más feliz de la tierra?
2. ¿Cuál era el propósito de la campana atmosférica?
3. ¿Cómo describe el narrador la casa de este hombre?
4. ¿Cómo era el computador y qué se podía hacer con él?
5. ¿Qué inventos guardaba el hombre en secreto? (Son tres.)
6. ¿Qué había construido este hombre en la terraza?
7. ¿Qué le había pasado a la luna real?
8. Cuente el episodio de los cuernos.
9. ¿Qué les pasaba en el siglo XXII a las personas celosas si eran denunciadas a las
   autoridades?
10. ¿Qué descubrió el hombre cuando usó el anillo de amatista? ¿Y el espejo del tiempo?
11. ¿Cuál fue su reacción al descubrir esto?
12. ¿Quién era este hombre según el diario?
13. ¿En qué condiciones estaba cuando lo encontró la policía?
14. ¿Por qué había perdido él la razón?

(© Joaquín Salvador Lavado (QUINO) Esto No ES Todo – Ediciones de La Flor, 2001)

C. Interpretación.

Conteste según su opinión personal.

1. ¿Lo convenció a Ud. el narrador en la primera parte del cuento de que la historia sucedía en realidad en el siglo XXII? ¿Por qué (no)?

2. La explicación de estos inventos y de su funcionamiento parece casi una caricatura tomada de un programa para niños. ¿Cuál es la razón de esto? ¿Cree Ud. que el autor lo hace a propósito? Si la respuesta es sí, ¿por qué lo hace?

3. Se dice que uno de los robots era un astronauta. ¿Por qué podría necesitar Benavides esta clase de robot?

4. El narrador dice que Elena se mantenía «sumisa». ¿Qué indica esto sobre la sociedad del siglo XXII?

5. El narrador dice que la luna fue destruida en la tercera guerra atómica. ¿Cree Ud. que va a haber tres guerras atómicas? ¿Por qué (no)? ¿Qué destrucción causarían éstas?

La Plaza Morazán, en el centro histórico de San Salvador, está siempre llena de gente. Al fondo se ve la catedral. (Jose Enrique Molina/Age Fotostock America, Inc.)

6. El espejo del protagonista reflejaba el pasado, pero no el futuro. ¿Es más interesante ver el pasado o el futuro? ¿Por qué? ¿Qué le gustaría a Ud. ver en un espejo así?

7. Aunque aparentemente el episodio del presente y el del futuro son similares, tienen una diferencia muy importante en el caso de Elena. ¿Cuál es?

8. Se habla en el cuento del hombre que reparaba los cinturones voladores, pero no se explica qué eran éstos. ¿Cómo imagina Ud. que eran y para qué se usaban?

9. El autor de este cuento es abogado. ¿Cómo se ve esto en la última parte de la narración?

D. Intercambio oral.

Use los temas en un intercambio oral con sus compañeros de clase.

1. **El detector de pensamientos.** ¿Por qué (no) le gustaría a Ud. tener un anillo así? ¿Qué pensamientos le gustaría poder leer? ¿Sería bueno que los profesores tuvieran este anillo? ¿Por qué (no)? El profesor Benavides usaba el anillo en clase para saber si sus alumnos comprendían sus explicaciones. ¿Para qué cree Ud. que lo usaría su profesor/a?

2. **La sociedad del futuro.** La sociedad que se describe en este cuento es muy avanzada técnicamente, pero el individuo en ella está controlado y debe informar de sus actos al Estado. ¿Será así la sociedad del futuro? O por el contrario, ¿habrá en la sociedad perfecta armonía y total libertad para el individuo? Los estudiantes expondrán sus predicciones.

3. **Los robots.** ¿Llegará el momento en que todos tendremos nuestro propio robot? ¿Qué le gustaría a Ud. que hicieran sus robots? ¿Qué problemas podría haber en un mundo lleno de robots?

4. **El espejo del tiempo.** Este cuento presenta los mismos sucesos básicos en dos planos diferentes. ¿Debemos pensar que todo sucedió en el futuro y que el espejo que el hombre tenía en el siglo XXII lo trasladó al pasado? ¿O que los verdaderos sucesos ocurren en nuestro presente y la locura del hombre los imagina sucedidos en el siglo XXII? ¿Está loco el profesor Benavides?

Sección gramatical

Uses of *para*

The general concept behind **para** is aim, goal, destination, either real or figurative.
Para is used to express:

1 Purpose, aim (*in order to*).

Mi hermano estudia para ingeniero.	*My brother is studying to be an engineer.*
El profesor Benavides usaba el anillo para asegurarse de que sus estudiantes lo comprendían.	*Professor Benavides used the ring to make sure that his students understood him.*
Benavides construyó una campana especial para proteger su casa.	*Benavides built a special dome to protect his house.*
No hay que ser rico para ser feliz.	*It is not necessary to be rich in order to be happy. (You don't have to be rich...)*

2 Motion toward a specific destination.

Parto para el Brasil esta tarde.	*I am departing for Brazil this afternoon.*
La ambulancia acababa de salir para la casa de Benavides.	*The ambulance had just left for Benavides's house.*
Las mujeres iban para el mercado con grandes cestas.	*The women were on their way to the market with large baskets.*

3 Use or suitability. Also for whom or for what something is meant.

Te olvidaste de poner en la mesa copas para vino.	*You forgot to put wineglasses on the table.*
Éste es el mejor remedio para el dolor de cabeza.	*This is the best remedy for headaches.*
Hay una venta especial de ropa para niños.	*There is a special sale on children's clothes.*
Benavides había traído mármol de Marte para su casa.	*Benavides had brought marble from Mars for his house.*
Benavides construyó la luna artificial para Elena.	*Benavides built the artificial moon for Elena.*

4 Deadlines or a definite point in time.

El carpintero tendrá la mesa lista para la semana que viene.	*The carpenter will have the table ready by next week.*
Temo que para el siglo XXII ya no existirá la Tierra.	*I am afraid that by the 22nd century the Earth will no longer exist.*
Este reporte es para el primero de diciembre.	*This paper is due on December the first.*
—¿Qué hora es? —Faltan diez minutos para las tres.	*"What time is it?" "It is ten minutes to three."*

5 *Compared with, considering (that).*

Esta casa es demasiado grande para una familia tan pequeña.	*This house is too large for such a small family* (considering that the family is so small).
Hoy hace mucho calor para noviembre.	*Today it is very warm for November.*
El espejo del tiempo era peligroso para Elena.	*The time mirror was dangerous for Elena. (*It wouldn't necessarily be dangerous for someone else.*)*
Ella tiene ya sesenta años pero se ve joven para su edad.	*She is already sixty but she looks young for her age* (considering her age).

6 *To be about to, to be on the verge of.** **Listo para** means *ready to.*

Estaba muy nerviosa y le faltaba poco para echarse a llorar.	*She was very nervous and she was about to start crying.*
Hay muchas nubes negras en el cielo. Está para llover.	*There are many black clouds in the sky. It is about to rain.*
Los plátanos vienen congelados y listos para freír.	*The plantains come frozen and ready to be fried.*
Estábamos para salir cuando oímos la explosión.	*We were about to go out when we heard the explosion.*

---

* In many Spanish American countries, and especially in Mexico, **estar por** is used instead of **estar para** to express *to be about to, to be on the verge of.*

Llevaré paraguas porque está por llover.	*I'll carry an umbrella because it is about to rain.*
Espera a Juan, está por llegar.	*Wait for Juan, he'll be arriving any minute. (He is about to arrive.)*

In some countries, especially in the Caribbean, **estar al** is the expression commonly used in this case:
Llevaré paraguas porque está al llover.
Espera a Juan, está al llegar.

APLICACIÓN

A. Respuestas que requieren *para*.

1. Explique el uso de los siguientes objetos usando la preposición **para** en su respuesta.

   ¿Para qué se usa/n...?

   a. el líquido corrector
   b. unos anteojos oscuros
   c. la guía de teléfonos

   d. las toallas de papel
   e. un monedero
   f. el jabón

2. Dé una fecha futura —exacta o probable— para cada pregunta.

   ¿Para cuándo...?

   a. terminará este curso
   b. te graduarás de la universidad

   c. piensas casarte
   d. cambiarás el coche que tienes por uno nuevo

3. Identifique al destinatario de cada acción usando **para**.

   ¿Para quién/es...?

   a. explica el profesor la lección
   b. compras tú flores a veces

   c. son la mayoría de las cartas que llegan a tu casa
   d. compras regalos de Navidad

4. Conteste las preguntas explicando el propósito de las acciones.

   ¿Para qué...?

   a. lavas tu ropa
   b. cierras a veces las cortinas
   c. estudias

   d. ahorras dinero
   e. vas al cine
   f. llamas por teléfono a tus amigos

B. Comparando.

Establezca comparaciones usando **para** y basándose en la información que se da en cada caso.

Modelo: Esta casa tiene cinco dormitorios. En mi familia hay sólo tres personas.
→ *Esta casa es demasiado grande para mi familia.*

1. El coche costaba $5.000. Yo sólo había ahorrado $3.000.
2. La temperatura del horno es de 450°F. El pastel hay que hornearlo a 350°F.
3. Nenita sabe resolver ecuaciones de álgebra. Nenita tiene sólo diez años.
4. Peso ciento veinte libras. Mido seis pies de estatura.
5. Hoy la temperatura es de 50°F. Estamos en el mes de junio.

Uses of *por*

There are two basic concepts behind **por**. One involves the subject's feelings and explains the motivation or reasons for an action; the other deals with the physical aspects of an action and introduces details such as approximate time, approximate location, as well as means or manner of performing the action, agent of an action, etc.

Por is used to express:

1 Motivation, reasons, compulsion (*because of, out of, for, on behalf of, on account of*).

No pudimos ir por el mal tiempo.	*We couldn't go because of the bad weather.*
Benavides actuó de esa manera por celos.	*Benavides acted that way out of jealousy.*
Gonzalo hace muchos sacrificios por sus hijos.	*Gonzalo makes many sacrifices for his children.* (for their sake)
El abogado rogó al juez por su cliente.	*The lawyer pleaded with the judge on behalf of his client.*
El Papa recibió el Premio Nobel por su labor por la paz.	*The Pope received the Nobel Prize on account of his work for peace.*

2 Feelings or attitudes of the subject toward a person or thing; also *to be for, to be in favor of.*

Siento gran admiración por ese autor.	*I feel great admiration for that author.*
Su odio por aquel hombre no podía describirse con palabras.	*His hatred for that man could not be described with words.*
María siempre vota por los candidatos republicanos.*	*María always votes for the Republican candidates.*
Estoy cien por ciento por esa ley.	*I am one hundred percent for that law.*

3 The object of an errand, usually with verbs like **ir, venir, mandar, enviar.**

Vine por el libro que dejé aquí ayer.	*I came for the book that I left here yesterday.*
Como no quería cocinar, envié al robot por comida al restaurante.	*Since I didn't want to cook, I sent the robot to the restaurant for food.*
Mi esposa se siente muy mal. Voy por el médico.	*My wife feels very sick. I am going for the doctor. (I'm going to get the doctor.)*

---

*In Spain, **votar** is used as a transitive verb: **En 2005 la mayoría de los españoles votó la constitución europea y en 2008 votó a Rodríguez Zapatero.**

4   Approximate location or time; place of transit (*around, in, by, through, throughout, along*).

El explorador dijo que había piedras preciosas por ahí.	*The explorer said that there were precious stones around there.*
Nos gustaría viajar por España.	*We would like to travel around Spain.*
La Alhambra se comunica con el Generalife por un túnel.	*The Alhambra is connected to the Generalife by a tunnel.*
—¿Por dónde se sale de este edificio?	*"How does one get out of this building?"*
—Por aquí.	*"This way."*
Pasó por mi lado sin verme.	*He passed by my side without seeing me.*
El día está precioso. Demos un paseo por la avenida.	*The day is very beautiful. Let's stroll along the avenue.*

5   Duration of an action. **Por** is frequently omitted in this case.

Nos quedaremos en la ciudad (por) una semana.	*We will stay in the city (for) a week.*
Estuvo discutiendo con el vendedor (por) dos horas.	*He was arguing with the salesman for two hours.*
Estuvimos sin vernos (por) un mes.	*We didn't see each other for a month.*

6   Substitution, exchange, price.

No creo lo que dices. ¿Me tomas por tonta?	*I don't believe what you are saying. Do you take me for a fool?*
Mi amigo está enfermo. ¿Puedo examinarme por él?	*My friend is sick. May I take the exam for him (in his place)?*
Como el novio vive en Europa, se casarán por poder.	*Since the bridgegroom lives in Europe, they will be married by proxy.*
Un inversionista me ofreció mucho dinero por este cuadro.	*An investor offered me a lot of money for this painting.*

Sustituir por does not mean *to put (be) in the place of* but *to replace with*. Note that the elements involved are inverted in the Spanish sentence.

Sustituya los nombres por pronombres.	*Substitute pronouns for the nouns (Replace the nouns with pronouns.)*
Sustituiré el azúcar por sacarina.	*I will substitute saccharin for sugar. (I will replace sugar with saccharin.)*

To substitute for in the sense of one person taking the place of another, is **sustituir a**.

Ayer el profesor Padilla sustituyó a nuestro profesor, que estaba enfermo.	*Yesterday Professor Padilla substituted for our professor, who was sick.*

7   Percentage, rate, multiplication. Frequent English equivalents: *per, by.*

Con el cinturón volador, una persona podía recorrer una milla por minuto.	*With the flying belt a person could go one mile per minute.*
Tres por cuatro son doce.	*Three times four is twelve. (3 × 4 = 12)*
¿Trabajas por hora o trabajas a destajo?	*Do you work by the hour or do you work on a piecework basis?*
El cuarenta por ciento de los habitantes del país son analfabetos.	*Forty percent of the inhabitants of the country are illiterate.*

8   Means, manner, instrument, agent.

Echaron a los huelguistas por la fuerza.	*They threw the strikers out by force.*
Usando mi calculadora resolví la ecuación como por arte de magia.	*Using my calculator I solved the equation as if by magic.*
Me dieron todas las instrucciones por teléfono.	*They gave me all the instructions by telephone.*
La terraza estaba protegida por una campana aisladora.	*The terrace was protected by an isolating dome.*
Las piedras del río habían sido redondeadas por el agua.	*The rocks in the river had been rounded by the water.*

9   Incompleteness (*yet to be done, yet to be finished*).

El puente está por terminar.	*The bridge is yet to be finished.*
Hay todavía muchos inventos por perfeccionar.	*There are still many inventions to be perfected.*

APLICACIÓN

A. Frases incompletas.

Complete de manera original.

1.   Siento gran simpatía por...
2.   En las próximas elecciones votaré por...
3.   Siempre hago lo que puedo por...
4.   Pagué... por...
5.   Treinta y seis es el resultado de multiplicar...
6.   Me gusta mucho pasear por...
7.   Camino de mi casa, paso por...

8. Siento amor por...
9. Entré en esta habitación por...
10. El salario mínimo en nuestro estado es... por...

B. Entrevista.

Pregúntele a un/a compañero/a.

1. ¿Has dicho a veces cosas desagradables por celos? ¿Por otra razón? ¿Cuál?
2. ¿Te han tomado alguna vez por otra persona? ¿Por quién?
3. ¿Vives por aquí o vives lejos de aquí?
4. ¿Nacieron todos Uds. por la misma época?
5. ¿Tienes algún trabajo por hacer? ¿Cuál?
6. ¿Te gustaría que otra persona pudiese tomar tus exámenes por ti? ¿Quién?
7. ¿Conoces a alguien que se haya casado por poder?
8. ¿Te comunicas con tus amigos ausentes por correo tradicional o por correo electrónico?
9. Más o menos, ¿qué por ciento de hispanos hay en esta región?
10. ¿Sientes mucha admiración por tu profesor/a de español?
11. Si no puedes devolver un libro de la biblioteca personalmente, ¿por qué medio lo envías?
12. ¿Cuánto hay que pagar generalmente por una entrada para un concierto?

C. Sustituciones.

Exprese las siguientes oraciones de manera diferente, usando **sustituir**.

Modelo: No usaré más mi automóvil. Usaré en cambio una bicicleta.
     → **Sustituiré** mi automóvil **por** una bicicleta.

1. A nuestra juventud no le gusta la seda. Todos prefieren el algodón.
2. No quiero este café. Prefiero que me traiga un té.
3. Mi gato Quiqui se murió. Ahora tengo otro gato llamado Pomponio.
4. Echaron a la Srta. Robles de su empleo y contrataron al Sr. Martín.
5. Antes comía mantequilla, pero el médico me ordenó que comiera margarina.
6. El ladrón se llevó las monedas de oro. Dejó en su lugar dinero falso.
7. Por favor, tráigame maíz en vez de berenjena.
8. Íbamos a leer *Doña Perfecta* en ese curso, pero el profesor prefirió que leyéramos *Misericordia*.
9. El sofá de la sala era muy viejo y mis padres compraron un sofá nuevo.
10. Antes usaba un reloj despertador para despertarme, pero ahora uso un radio reloj.

IDIOMATIC PHRASES WITH *POR*

al por mayor	*wholesale*	**por eso**	*for that reason*
al por menor	*retail*	**por gusto**	*unnecessarily, for the fun of it*
por adelantado	*in advance*	**por las nubes**	*sky-high* (price or praise)
por ahora	*for the time being*	**por lo general**	*as a general rule*
por casualidad	*by accident*	**por lo menos**	*at least*
por completo	*completely*	**por lo tanto**	*consequently, therefore*
por consiguiente	*therefore*	**por lo visto**	*apparently*
por decirlo así	*so to speak*	**por ningún motivo**	*under no circumstances*
por desgracia	*unfortunately*	**por otra parte**	*on the other hand*
por Dios	*for heaven's sake*	**por regla general**	*as a (general) rule*
por encima	*hastily, cursorily*	**por suerte**	*luckily*
por entero	*entirely*	**por supuesto**	*of course*
por escrito	*in writing*	**por... vez**	*for the... time*

Por casualidad vi el anuncio de ese apartamento en el periódico. *Por regla general*, no leo el periódico, pero ayer lo leí *por encima*. *Por lo visto* era mi día de suerte. *Por lo tanto*, decidí ir inmediatamente a ver el lugar. Visitaba ese barrio *por primera vez*. La casera puso el apartamento *por las nubes*, añadiendo que acababan de pintarlo *por completo*. También dijo que esperaba que yo no la hubiese molestado *por gusto*, y que tenía que pagar dos meses *por adelantado* para que me dieran un contrato *por escrito*. ¡*Por Dios*! Yo gano muy poco. *Por consiguiente*, he decidido que no puedo alquilar ningún apartamento *por ahora*. *Por lo menos*, puedo vivir con mis padres, y ellos no me echarán *por ningún motivo*. ¡Soy un tipo que nació de pie, *por decirlo así*!

By accident *I saw the ad for that apartment in the newspaper.* As a rule *I don't read the newspaper but yesterday I read it* hastily. Apparently *it was my lucky day.* Consequently, *I decided to go immediately to see the place. I was visiting that neighborhood* for the first time. *The landlady praised the apartment* to the skies, *adding that it had just been* completely *repainted* (*they had just painted it* completely). *She also said that she hoped I had not bothered her* unnecessarily *and that I had to pay two months* in advance *in order for them to give me a* written *lease.* For Heaven's sake! *I earn very little.* Therefore, *I have decided that, for the time being, I can't rent any apartment.* At least *I can live with my parents, and they won't throw me out* for any reason. *I am a guy who was born lucky,* so to speak!

COMMON VERBS FOLLOWED BY *POR*

acabar por	*to end up by*	**morirse por**	*to be dying to*
brindar por	*to drink to*	**optar por**	*to choose to*
esforzarse por	*to strive to, for*	**preguntar por**	*to inquire about, to ask for*
interesarse por	*to be interested in, to inquire about*	**preocuparse por**	*to worry about*
luchar por	*to struggle to, for*	**trepar por**	*to climb up*
		votar por	*to vote for*

Aunque Peralta se esforzó mucho por vender su invento al principio, acabó por abandonar el proyecto.	*Although Peralta strove hard to sell his invention at first, he ended up abandoning the project.*
Brindemos por los que luchan por la libertad.	*Let's drink a toast to those who struggle for freedom.*
Me moría por conocer al nuevo huésped, pero opté por ser discreta.	*I was dying to meet the new guest, but I chose to be discreet.*
Si deseas causar una buena impresión, debes preguntar por la salud de su madre.	*If you wish to make a good impression, you should inquire about his mother's health.*
Las ratas treparon por la soga para subir al barco.	*The rats climbed up the rope to get on the ship.*

APLICACIÓN

A. Comentarios personales.

Haga un comentario original en cada caso, usando la expresión que se da entre paréntesis.

1. La semana pasada robaron tres coches de los estacionamientos de la universidad. (por eso)

2. Quisiera un empleo mejor que el que tengo, pero es difícil encontrar un buen trabajo en estos tiempos. (por ahora)

3. Mi amiga tiene sesenta gatos y quince perros. ¡Gasta una fortuna en comida de animales! (al por menor / al por mayor)

4. La vocación de Alberto por la música es increíble. (por entero)

5. No sé el significado del verbo «conchabar». ¿Lo sabes tú? (por primera vez)

6. Si va Ud. de noche por una calle oscura y ve que atacan a alguien, ¿huye del lugar o acude a ayudar a la víctima? (por supuesto)

7. Muchos piensan que los hijos adoptivos tienen derecho a saber quiénes son sus padres naturales. (por otra parte)

8. Tengo que escribir un informe para mi clase del Siglo de Oro, pero el profesor no dijo si debe ser extenso o puede ser corto. (por lo menos)

9. Cuando el carpintero comenzó a hacerme el armario en julio, le pagué el costo total, y tardó tres meses en terminar el trabajo. (por adelantado)

10. He buscado la llave de mi casa por todas partes, pero no la encuentro. (por suerte)

11. Mi compañero de apartamento es muy desordenado, no lava los platos que usa, ni siquiera hace su cama. (por consiguiente)

12. Muchas personas aprovechan la mañana del domingo para dormir, otras hacen ejercicio, otras van a la iglesia. ¿Qué haces tú? (por lo general)

B. Completar.

Escoja la expresión de la columna derecha que completa correctamente cada espacio en blanco.

1. **Un encuentro con Fernando.** Fernando y yo no nos veíamos mucho, pero fuimos al mismo colegio de niños y éramos amigos, _____. _____, me alegré cuando lo vi parado en la esquina. Hacía mal tiempo; era uno de esos días en que uno no sale _____, sino por obligación. Comenzó a llover. Casi nunca llevo el paraguas cuando salgo, pero esta vez lo traía _____, y ofrecí compartirlo con Fernando. «No compartas tu paraguas con otra persona _____, me dijo, trae mala suerte». _____, Fernando es muy supersticioso.

2. **Mi auto no funciona.** Los precios de los mecánicos están _____. Mi mecánico me dio un presupuesto _____ para reparar mi auto; lo miré _____ y me pareció razonable. Pero ahora he leído la letra pequeña y, _____, el arreglo va a costarme un dineral.

por casualidad

por decirlo así

por desgracia

por encima

por escrito

por gusto

por las nubes

por lo tanto

por lo visto

por ningún motivo

C. Frases incompletas.

Complete de manera original.

1. El ladrón entró en el banco trepando por...
2. Si me quieres como dices, debes interesarte más por...
3. Todos discutían. Juanito y Rosa querían ir a bailar, Pablo y Lucía insistían en ir al cine, y Humberto y Marta preferían ir al bingo. Yo opté por...
4. Si una persona inventa una mentira y la repite un número infinito de veces, acaba por...
5. Durante la recepción, todos levantaron las copas y brindaron por...
6. Hace un calor horrible. Me muero por...
7. Cuando te dije que debías trabajar más y dormir menos, no fue por interferir en tu vida, sino porque me preocupo por...
8. Él se llama Federico, pero todos lo conocen por Freddy. Cuando llegues a la residencia estudiantil, pregunta por... y no por...
9. Las notas son muy importantes en el expediente de un estudiante. Debes esforzarte por...
10. El insecto había caído en un vaso de agua y luchaba por...

Special uses of *para* and *por*

Sometimes the difference between **para** and **por** is quite subtle and either one may be used depending on whether the speaker wishes to stress (a) the purpose or goal of an action, or (b) its motivation. Such is the case in the following sentences.

Ernesto se casó con la viuda para apoderarse de su dinero.	*Ernesto married the widow to get her money.*
Ernesto se casaría con la viuda por apoderarse de su dinero.	*Ernesto would marry the widow because he wants to get her money.*

Also compare the following:

1 **Trabajar para** (*to be employed by*) and **trabajar por** (*to work on behalf of*).

El tío de Ramón trabaja para la Compañía de Electricidad.	*Ramón's uncle works for the Electric Company.*
El tío de Ramón ha trabajado mucho por los pobres.	*Ramón's uncle has worked a lot for the poor.* (on their behalf)

2 **Hacer... para** (*to make . . . for*) and **hacer... por** (*to do . . . for*).

Hice esto para ti.	*I made this for you.* (A material object to give to you.)
Hice esto por ti.	*I did this for you.* (For your sake, on your behalf.)

3 **Luchar para** and **luchar por** both mean *to struggle to.* The use of **para** emphasizes the goal and implies that the subject not only struggled to achieve something, but succeeded in achieving it. **Por**, on the other hand, focuses on the struggle and is not concerned with the results.

Luché mucho para abrirme paso.	*I struggled a lot to get ahead.* (And I succeeded.)
Luché mucho por abrirme paso, pero fracasé.	*I struggled a lot to get ahead, but I failed.*

4 **Para** + personal pronoun or noun expresses an opinion.

Para mí, (que) el asesino fue el camarero.	*In my opinion, the murderer was the waiter.*

Por + personal pronoun is used to indicate a person's indifference toward something.

Por mí, puedes hacer lo que te parezca.	*For all I care (As far as I am concerned) you may do whatever you please.*

APLICACIÓN

A. Completar.

Complete los espacios en blanco, decidiendo entre *para* y *por*.

1. **Mi examen médico.**

Todos debemos hacernos un examen médico ___por___ año, pero yo había aplazado el mío ___por___ mucho tiempo ___por___ indolencia. ___Por___ fin, el sábado le pedí un turno ___por___ teléfono al doctor Bisturí ___para___ hacerme un examen, y ayer fui a su consulta. Bisturí me hizo pasar ___por___ un túnel extraño mientras él, en la habitación contigua, me veía ___por___ televisión. También me sacó sangre ___para___ enviarla al laboratorio. Me dijo que yo estaba en condiciones físicas bastante malas ___para___ mi edad. (Tengo sólo veinticinco años.) Al final no me recetó nada, sólo me aconsejó que dejara de fumar. «Es muy malo ___para___ la salud —añadió—. Sus pulmones están afectados ___por___ el cigarro. Estoy seguro de que Ud. tiene cierta dificultad ___para___ respirar». Pagué cien dólares ___por___ este consejo tan original, y prometí que haría lo posible ___para___ seguirlo.

2. **Viaje a Iquitos.**

Salimos ___por___ Iquitos al amanecer. La navegación _____ el río iba a durar _____ varias horas y llevábamos refrescos y provisiones _____ comer durante el recorrido. Mi esposo hacía este viaje _____ placer, porque siempre le ha fascinado la selva; yo iba _____ acompañarlo y no quedarme sola en casa. _____ mí era el primer viaje a esa región; mi esposo había estado allí antes, porque trabaja _____ una compañía exportadora y va al Perú frecuentemente _____ asuntos de negocios.

Pronto fuimos atacados _____ millares de mosquitos, que volaban _____ todas partes y esperaban a que estuviésemos descuidados _____ acribillarnos con sus picadas. Los indígenas nos dieron ramas _____ espantarlos. _____ la prisa al salir, habíamos olvidado en el hotel el repelente _____ mosquitos. Otro problema era que a veces teníamos que utilizar la mímica _____ comunicarnos con los indígenas, porque no nos entendían bien.

La selva es impresionante. _____ un pintor de paisajes debe ser el paraíso. Daría cualquier cosa _____ saber pintar _____ copiar la luz que se filtra _____ los árboles de hojas gigantescas.

3. **Un turista y un guía.**

El turista caminaba _____ una calle del puerto, asediado _____ los vendedores de «souvenirs», mientras se esforzaba _____ descifrar un mapa que llevaba en la mano. Cuando me vio, se me acercó _____ preguntarme _____ una dirección que llevaba apuntada en un papel. _____ ser extranjero, hablaba bastante bien el español. Me dijo que tenía que estar de regreso en el puerto _____ las cuatro, porque su barco zarpaba esa tarde _____ la Florida, y me preguntó si dos horas eran suficiente tiempo _____ hacer un recorrido breve _____ la ciudad. Añadió que tenía mucho interés _____ conocerla. La dirección que él buscaba queda _____ la parte sur, lejos de los muelles. _____ llegar a ese sitio había que tomar un taxi. Como soy muy servicial, me ofrecí _____ acompañarlo. Siento gran cariño _____ mi ciudad y me gusta mostrarla y hablar de ella. Tomamos un taxi y _____ el camino le fui explicando lo que sabía sobre los lugares _____ los que pasábamos. Cuando llegamos a la dirección que él buscaba, me dio las gracias _____ todo y quiso compensarme _____ mi servicio. _____ supuesto, rehusé enérgicamente el dinero que me daba, diciéndole que yo no hacía estas cosas _____ dinero y que _____ mí era un placer ayudar a un visitante. Me pidió perdón _____ su falta de tacto y me explicó que, _____ saber yo tanto de la historia de mi país, me había tomado _____ un guía profesional. Me dio su dirección _____ escrito y me prometió hacer _____ mí lo mismo que yo había hecho _____ él si algún día visitaba la Florida.

B. Situaciones y comentarios.

Haga un comentario original basado en cada una de las siguientes situaciones y usando las expresiones explicadas en *Special Uses of* **para** *and* **por** (página 251).

1. Ud. planea un viaje con dos amigos. Cada uno de ellos tiene un hotel favorito y quiere hacer reservaciones en él, pero Ud. no tiene preferencia por ningún hotel en especial y les dice a sus amigos:...

2. Era muy difícil entrar en el estadio el sábado por la noche, porque iba a cantar Enrique Iglesias y había cientos de personas tratando de entrar al mismo tiempo.

   a. Ud. se cansó de los empujones y el tumulto y decidió irse a su casa en vez de seguir tratando de entrar. Al llegar a su casa, le explicó a su madre:...

   b. Ud. persistió y, por fin, consiguió entrar. Una vez dentro del estadio, encontró a un amigo y le explicó que no había sido fácil la entrada diciéndole:...

3. Tomás Minaya tiene un empleo como inspector en el gobierno municipal. Hablando de Minaya y su empleo, Ud. dice:...

4. Su madre es una mujer maravillosa. El Día de las Madres Ud. le envía una tarjeta agradeciéndole todos sus sacrificios. Ud. escribe:...

5. Lisa ha faltado mucho a sus clases este semestre y está estudiando muy poco. Ud. expresa una opinión pesimista sobre las notas que recibirá Lisa:...

6. Es el cumpleaños de su novio/a y Ud. ha hecho un pastel en su honor. Ud. le entrega una caja con el pastel dentro y le explica su contenido, diciéndole:...

7. Ud. admiraba mucho la labor de la Madre Teresa y explica el motivo de su admiración diciendo:...

Compound Prepositions

In Spanish two or more words are often combined to form compound prepositions. Sometimes one or more of the components of a compound preposition serves no other purpose than to intensify the meaning of the verb that accompanies it. The sentence **¡Qué mal educado! Pasó por delante de nosotros sin saludar** (*What an impolite man! He passed in front of us without saying hello*.) also could be expressed without **por**, but using **por** stresses the idea of movement in the verb **pasó**.

Many compound prepositions establish spatial relationships and can be grouped in pairs of opposite meaning, as shown in the following chart.

al lado de, junto a	*by, next to*	**separado/a de**	*separated from*
alrededor de	*around*	**a través de**	*through*
arriba de, encima de	*on, over, on top of*	**debajo de**	*under, beneath*
cerca de	*near*	**lejos de**	*far from*
delante de*	*before, in front of*	**detrás de**	*behind*
frente a, enfrente de*	*facing, in front of*	**de espaldas a**	*with one's back toward*
fuera de	*outside (of)*	**dentro de**	*inside (of)*

***Frente a**, **enfrente de**, and **delante de** are often interchangeable, but you cannot use the first two unless the person or thing that is in front of you is facing you.

En esta aula, el profesor está *frente a* **(***delante de***) los estudiantes, y los estudiantes que están sentados en la primera fila están** *delante de* **los que están sentados en la segunda.**

In this classroom the professor is in front of *the students, and the students who are seated in the first row are* in front of *those who are seated in the second row.*

La cola *frente al* **(***delante del, enfrente del***) teatro era larga; había más de veinte personas** *delante de* **mí.**

The line in front of *the theater was long; there were more than twenty people* in front of *me.*

Other common compound prepositions include:

a causa de	*on account of, because of*	**a pesar de**	*in spite of*
acerca de	*about, concerning*	**con respecto a**	*in regard to, with respect to*
además de	*besides*	**después de**	*after*
a excepción de	*with the exception of*	**en contra de**	*against*
a fuerza de	*by + -ing, by dint of*	**en cuanto a**	*as for*
antes de	*before* (time or order)	**en lugar de, en vez de**	*instead of*

En cuanto al **viejo, que andaba con dificultad** *a causa de* **su artritis, era malicioso** *además de* **avaro.** *A pesar de* **haber nacido muy pobre, había conseguido amasar una fortuna** *a fuerza de* **ser ahorrativo. Vivía en una choza** *junto al* **río** *en vez de* **vivir en el pueblo,** *cerca de* **sus hijos. Nadie lo visitaba,** *a excepción de* **su nieto.**

As for the old man, who walked *with difficulty* because of *his* arthritis, he was cunning besides *being a miser.* Despite *having been born very poor, he had succeeded in amassing a fortune* by (dint of) *being thrifty. He lived in a hut* by *the river* instead of *living in town,* near *his children. Nobody visited him* with the exception of *his grandson.*

Note that often one of the components of a compound preposition is an adverb that can be used alone.

Trajeron antes los bocaditos; el champán lo sirvieron después.

They brought the appetizers first; the champagne was served later.

Si dejas tu bicicleta fuera, se oxidará.

If you leave your bicycle outside, it will get rusty.

APLICACIÓN

A. Preposiciones compuestas.

Dé el equivalente en español de las palabras entre paréntesis.

1. **Mi cuarto.** No tengo baño (*inside*) mi cuarto; en mi apartamento hay un solo baño, que está (*near*) la cocina, (*next to*) la habitación de mi compañero. Mi cuarto no es muy grande, y parece más pequeño porque las cosas están frecuentemente (*outside*) el ropero: hay zapatos (*under*) la cama, ropa (*on top of*) las sillas, libros (*behind*) la puerta. A veces, cuando me paro (*in front of*) el espejo, no puedo verme porque tengo montones de discos (*on top of*) la cómoda (*in front of*) mí. Pero, (*in spite of*) tanto

desorden, me siento bien en mi cuarto. Miro (*through*) la ventana y veo los arbustos que hay (*around*) el edificio. También veo a varios niños que juegan (*far from*) la calle, en un patio.

2. **La reunión del lunes.** Nos reunimos el lunes (*before*) la clase para hablar (*with respect to*) la nueva cafetería y también (*about*) los problemas de estacionamiento. Sólo (*by dint of*) paciencia o de mucha suerte consigue uno estacionarse aquí. (*In spite of*) la fuerta lluvia, todos estábamos en la reunión, (*with the exception of*) Alejandro y Eduardo. Alejandro avisó que no asistiría (*on account of*) el mal tiempo; (*as for*) Eduardo, (*instead of*) llamar, envió una nota, que llegó dos días (*after*) la reunión. Siempre está (*against*) todo y no coopera con nadie.

Sección léxica

Ampliación: Sustantivos formados con el participio pasivo

Tanto en inglés como en español, muchos participios pasivos se usan como adjetivos, pero en español, además, los participios, igual que los adjetivos en general, hacen muchas veces el oficio de nombres sustantivos.

Participios como adjetivos:

El profesor Benavides era un hombre casado.	*Professor Benavides was a married man.*
Benavides se volvió loco cuando su querida esposa lo traicionó.	*Benavides went mad when his beloved wife betrayed him.*

Participios como nombres sustantivos.*

Todos los empleados de Benavides eran robots.	*All of Benavides's employees were robots.*
El parecido de la luna artificial con la real era asombroso.	*The similarity of the artificial moon and the real one was amazing.*

---

*En el habla popular de algunos países y especialmente de México, algunos participios pasivos adquieren significados interesantes al sustantivarse.

Es un *mantenido*. (Un hombre que no trabaja y vive de su mujer.)

Esa chica es una *igualada*. (Es poco respetuosa y se comporta como si fuera igual a sus superiores.)

Aquella mujer era la *entretenida* del general. (Era su amante.)

Sabes que eres mi *consentido*. (Eres mi favorito.)

No soy una *ofrecida*. (Una mujer «fácil».)

El marido de Inés es un *desobligado*. (Una persona irresponsable, que no cumple con sus obligaciones.)

La siguiente lista contiene algunos participios comunes y sus significados adjetivales y nominales.

	COMO ADJETIVO	COMO NOMBRE SUSTANTIVO
acusado/a	accused	defendant
alumbrado/a	lit	lighting, illumination (m.)
arrepentido/a	repentant, regretful	repentant person
atrevido/a	daring	insolent person
bordado/a	embroidered	embroidery, needlework (m.)
caído/a	fallen	fallen person; fall (f.)
casado/a	married	married person
condenado/a	condemned, convicted	convict
desconocido/a	unknown	stranger
detenido/a	detained; under arrest	detainee
dicho/a	said	saying (m.)
divorciado/a	divorced	divorced person; divorcée
empleado/a	employed	employee
enamorado/a	in love	lover, suitor
escrito/a	written	writing, text (m.)
fracasado/a	failed	failure, person who fails
graduado/a	graduated	graduate
hecho/a	made; done	fact; happening (m.)
herido/a	wounded	wounded person; wound (f.)
impreso/a	printed	printed matter (m.)
impuesto/a	imposed	tax (m.)
invitado/a	invited	guest
lavado/a	washed	washing (m.)
parecido/a	similar	likeness, similarity (m.)
pedido/a	requested, ordered	request, order (m.)
presumido/a	vain, conceited	conceited person
prometido/a	promised; engaged	fiancé; fiancée
querido/a	dear, beloved	lover, mistress
reservado/a	reserved	private room or compartment (m.)
tejido/a	woven, knitted	weave; knit; tissue (anat.) (m.)
vencido/a	beaten, defeated; expired (medicine, permit, etc.)	defeated one, loser
zurcido/a	darned, mended	mend, darn, patch (m.)

APLICACIÓN

A. Definiciones de personas.

Diga qué nombre se le da a la persona o personas que...

1. recibió una sentencia de cárcel
2. detuvo la policía
3. tiene esposo/a
4. ha dicho cosas ofensivas
5. acusan de un crimen
6. es vanidoso y cree que vale mucho
7. no ha triunfado en la vida
8. ha venido a la fiesta que Ud. da
9. ama a otra
10. trabaja en una compañía
11. rompió legalmente su matrimonio
12. no se conoce
13. ha recibido heridas
14. tienen relaciones extramatrimoniales
15. acaba de terminar sus estudios

B. Definiciones de cosas.

Diga qué nombre se le da a...

1. la mercancía que pedí porque la quiero comprar.
2. el sistema de luces de la ciudad.
3. lo que alguien escribió.
4. la labor que estoy bordando.
5. los papeles que se imprimieron.
6. el trabajo de lavar la ropa.
7. el porcentaje del sueldo que se le da al gobierno.
8. un remiendo que puse en unos pantalones rotos.
9. una sección privada en un restaurante.
10. una tela que alguien tejió.
11. el acto de caer.
12. un refrán o expresión de uso popular.

C. Necesito un intérprete.

Exprese en español.

1. an embroidered blouse
2. my beloved relatives
3. an expired license
4. a fact
5. a knitted cap
6. my divorced friend
7. the beaten team
8. my fiancé
9. the fallen trees
10. an unknown fact
11. a daring act
12. the badly lit streets
13. similar problems
14. repentant sinners
15. reserved seats
16. married people

Distinciones: Palabras del español que equivalen a *to take*

1. **tomar** = *to take (in one's hand; to take notes* [tomar apuntes], *a medicine; to drink a beverage)*

Toma el dinero que te debo.	*Take the money I owe you.* (Generally said while handing the money to the person.)
El doctor me dijo que tomase las pastillas tres veces al día.	*The doctor told me to take the pills three times a day.*

2. **coger*** = *to take or grab an object; to take a vehicle*

Si cogemos el tren de las cuatro, llegaremos a tiempo.	*If we take the four o'clock train, we will get there on time.*
El policía logró coger a la suicida por los cabellos.	*The policeman succeeded in grabbing the suicidal woman by the hair.*

3. **llevar** = *to take (to carry, transport, accompany someone or something; to lead* [said of a road])

Yo llevaba varios libros pesados, pero por suerte él me llevó a casa en su coche.	*I was carrying several heavy books but luckily he took me home in his car.*
El niño no va nunca solo a la escuela; su madre lo lleva.	*The boy never goes to school alone; his mother takes him.*
¿Adónde me lleva este camino?	*Where will this road take me?*

4. **llevarse** = *to take (to steal)*

—¡Nos han robado! —¿Qué se llevaron?	*"We've been robbed?" "What did they take?"*

OTROS EQUIVALENTES DE *TO TAKE*

1. **quitar** = *to take (to remove from); to take away*

Quita esa caja de la cama; está sucia.	*Take that box off the bed; it's dirty.*
Si quitas tres dólares, nos quedan siete.	*If you take away three dollars, we will have seven left.*

2. **quitarse** = *take off* (what one is wearing)

Él entró en el agua sin quitarse los zapatos.	*He went into the water without removing his shoes.*

---

*En la Argentina, el Uruguay y el Paraguay, **coger** tiene un sentido obsceno y ha sido sustituido por **agarrar** y **tomar**. En México, por el mismo motivo, se prefiere el verbo **tomar**, aunque **coger** se oye a veces.

3. **despegar** = *to take off* (said of a plane)

   El avión despegará en unos minutos.   *The plane will take off in a few minutes.*

4. **sacar (tomar) una fotografía** = *to take a picture*

   En el zoológico sacaremos fotos   *At the zoo we will take pictures of*
   de los monos.   *the monkeys.*

5. **hacer un viaje** = *to take a trip*

   ¿Te gustaría hacer un viaje a   *Would you like to take a trip to*
   Italia el próximo verano?   *Italy next summer?*

6. **dar un paseo, una vuelta** = *to take a walk, a stroll; to go for a ride*

   Es muy agradable dar un paseo al atardecer.   *It is very pleasant to take a walk at dusk.*

7. **sacar** = *to take out*

   Abrió el armario y sacó dos copas   *He opened the cabinet and took*
   y una botella.   *out two wineglasses and a bottle.*

8. **dormir (echar) una siesta** = *to take a nap*

   En el verano me gusta echar una   *In the summertime I like to take a*
   siesta bajo los árboles.   *nap under the trees.*

9. **tomarse (cogerse) unas vacaciones** = *take a vacation*
   tomarse (cogerse) un descanso = *to take time off*

   Ud. se ve cansado. Debe tomarse   *You look tired. You ought to take*
   un descanso (unas vacaciones).   *some time off (a vacation).*

APLICACIÓN

A. Conversaciones muy breves.

Un/a estudiante lee una pregunta o comentario de la columna izquierda y otro/a estudiante le responde con el comentario apropiado de la columna derecha.

1. ¿Puedes prestarme tu libro?
2. Es bueno caminar después de comer.
3. Tu primo no está en estas fotos.
4. Hace mucho calor en esta habitación.
5. ¿Duerme Ud. a veces por la tarde?
6. Necesito ir de compras, pero mi coche está roto.

a. Quítalos y ponlos en el estante.
b. Pues, te llevo en el mío.
c. Yo sí, lleva al pueblo de San José.
d. ¿No pudiste coger el autobús de las tres?
e. No podrá despegar hasta mañana.
f. Es verdad. Él no la lleva a ninguna parte.

7. Un ladrón entró en nuestra casa.

8. Estoy extenuada, necesito descansar.

9. No sé adónde va este camino.

10. Marta se queja de que su marido siempre sale solo.

11. El avión todavía está en la pista porque hay una tormenta de nieve.

12. No tengo espacio para escribir, hay muchos libros sobre la mesa.

13. ¿Qué instrucciones te dio el doctor?

14. Siento haber llegado tan tarde.

g. Es que tienes el abrigo puesto. Quítatelo.

h. Que tome la medicina una vez al día.

i. Tómate unas vacaciones.

j. Es que no le gusta que le saquen fotografías.

k. Por supuesto, aquí está, tómalo.

l. ¿Se llevó todas las joyas?

m. Vamos a dar un paseo por el parque.

n. Sí, echo una siesta si tengo tiempo.

B. Oraciones incompletas.

Complete de manera original, fijándose en los equivalentes de *to take*.

1. Se necesita sacar una licencia para...

2. El niño lloraba porque le quitaron...

3. Con mi comida, siempre tomo...

4. En esta clase es importante que tomes...

5. La madre llevaba a la niñita...

6. El platillo volador despegó...

7. Nunca he estado en Europa y me gustaría hacer...

8. Mi novio tiene un coche nuevo, pero no puede llevarme... y tengo que tomar...

9. El médico me dijo que siempre lleve... y que tome...

10. Después de almorzar, algunas personas echan...

11. Mi amiga sacó... y me dijo: «Toma...»

12. Esta carretera lleva a...

Para escribir mejor

La narración

Es difícil enseñar a narrar por tratarse de un arte muy personal, pero hay pautas generales que ayudarán al estudiante a mejorar su técnica narrativa.

RECOMENDACIONES GENERALES

Narrar es, básicamente, contar acciones y hechos ocurridos. La narración necesita movimiento, porque los sucesos y hechos forman parte de una progresión que va hacia un desenlace. El relato no tiene que ser cronológico; puede comenzar en el momento presente e ir hacia atrás, lo cual probablemente aumentará el interés del lector. Pero, cronológica o no, la narración debe ser ordenada.

Es importante comenzar bien. Abra con un párrafo sencillo, que presente datos o personajes importantes para la historia que va a contarse. Observe que «Espejo del tiempo» comienza con una sencilla afirmación rotunda: «Era posiblemente el hombre más feliz de la tierra» y a continuación, nos va presentando al protagonista a través de sus éxitos y expone las circunstancias de su vida que explican por qué es tan feliz.

Es necesario estar familiarizado con el ambiente en que se desenvuelve la acción. Si Ud. inventa un lugar imaginario, básese al hacerlo en un lugar que conozca bien, o combine elementos de varios lugares que conozca. Si va a narrar sobre una época pasada, busque información sobre las costumbres y la vida de la época. Los personajes deben encajar en el ambiente por su personalidad y comportamiento. Si va a narrar sobre el futuro, como se hace en la lectura, utilice su fantasía, pero evite el absurdo; su narración debe ser siempre verosímil dentro del marco en que se desenvuelve.

MANERAS DE ANIMAR EL RELATO

Su narración será más interesante si Ud. describe el ambiente y los personajes además de enumerar los sucesos. Pero evite el detallismo excesivo. Un narrador que da demasiados detalles es aburrido, tanto si está narrando oralmente para sus amigos en la vida real, como si está escribiendo. No olvide lo que dijimos en el capítulo 7 al referirnos al diálogo: un diálogo breve intercalado en la narración le da vida a ésta.

El elemento humano es importante. Aunque los sucesos que se cuentan sean comunes o triviales, resultarán interesantes si hay en ellos interés humano.

Una buena manera de animar el relato es «dramatizándolo», es decir, separándolo mentalmente en secciones que formen episodios o pequeños actos. También se anima creando cierto suspenso y evitando que el lector pueda adivinar el desenlace antes del final, como hace Méndez en «Espejo del tiempo».

Los personajes son muy importantes en la animación del relato. Preséntelos como seres vivos, con características físicas y espirituales parecidas a las de personas que Ud. ha encontrado en la vida real. Ser buen observador ayuda mucho en esto. Identifíquese con sus criaturas y trate de pensar como ellas pensarían.

No sea prolijo al informar al lector sobre el carácter de los personajes. Es mejor que ellos mismos se vayan revelando, a medida que avanza la narración, a través de sus palabras, sus actos y sus reacciones. Observe que a lo largo del cuento nos damos cuenta de qué clase de persona es Elena sin que el narrador nos lo diga ni ella hable.

PLANOS NARRATIVOS

Puede narrarse en primera o en tercera persona. En este último caso, hay varios subplanos, los más importantes de los cuales son el de narrador omnisciente y el de narrador-testigo presencial. El narrador omnisciente sabe todo lo que pasó y puede hasta entrar en la conciencia de los personajes y saber lo que sienten. El narrador-testigo presencial cuenta en tercera persona, pero a veces se mete en la narración con un «yo» ficticio o auténtico.

APLICACIÓN

A. Divida el cuento «Espejo del tiempo» en episodios o actos breves e invente un título apropiado para cada uno.

B. Escoja el tema **Viaje al pasado** que se sugiere en los Temas para composición que siguen y escriba una narración siguiendo las recomendaciones que se han dado.

Esta pequeña casa modelo tiene un domo protector similar al que se describe en el cuento «Espejo del Tiempo». ¿Habrá casas así antes que termine el siglo XXI? (Paul Taylor/Getty Images, Inc.)

TEMAS PARA COMPOSICIÓN

Escriba una composición sobre uno de estos temas.

1. **El mundo del mañana.** ¿Cómo lo imagina Ud.? Trasládese el número de años que prefiera hacia el futuro y cuente lo que ve su imaginación. ¿Qué adelantos hay? ¿Qué problemas? ¿Son mejores o peores los seres humanos? ¿Tienen los humanos del futuro las mismas pasiones y defectos que nosotros? ¿Cómo es la sociedad?

2. **Viaje al pasado.** ¿Preferiría Ud. trasladarse al pasado? ¿Qué época le parece más interesante? ¿Qué momento histórico le gustaría presenciar? Supongamos que es posible ir hacia atrás y cambiar el curso de la historia: ¿qué suceso histórico va a cambiar Ud.?

3. **Los problemas de nuestro mundo.** ¿Cuáles, en su opinión, son los más importantes? ¿Cuál es su causa? ¿Cómo pueden resolverse? ¿Hay algunos que no tienen solución? ¿Se van a extender estos problemas al futuro? ¿Habrán desaparecido o por lo menos mejorado muchos de los problemas en los próximos cien o doscientos años?

4. **La historia de Elena.** De Elena sólo sabemos que es la esposa del profesor Benavides y que le fue infiel con el hombre que reparaba los cinturones voladores (en el siglo XXII) o las bicicletas (en nuestra época). Invente una historia para Elena, quién era, cómo era, por qué se había casado con Benavides, cómo era la relación entre los esposos, por qué ella no lo amaba, por qué lo engañó con otro hombre.

CAPÍTULO 10

Esta es Elena Garro en su juventud. Ya estaba divorciada del famoso escritor Octavio Paz, con quien se casó muy joven, pero todavía no había vivido las amarguras del exilio. (EFE/©Corbis)

Lectura

Introducción

El cuento «La factura» (*The Bill*), de la gran cuentista mexicana Elena Garro, fue publicado primero en francés, ya que la escritora vivía en París en la época en que lo escribió. Se dice que el cuento está inspirado en una situación similar que le sucedió a la autora.

Elena Garro nació en Puebla, México, en 1916, pero pasó parte de su niñez y juventud en la Ciudad de México, donde conoció al famoso escritor y premio Nobel Octavio Paz, con quien se casó en 1937 y con quien tuvo una hija, Helena, que es también escritora. Elena y Octavio se divorciaron en 1959.

El estar casada con un escritor tan brillante fue negativo para la carrera de Elena como escritora, porque su esposo no la dejó terminar sus estudios y además opacó su carrera literaria.

En 1968 tuvo lugar en la Ciudad de México una gran manifestación estudiantil que fue reprimida de modo sangriento por el gobierno del presidente Díaz Ordaz. No se sabe exactamente cuántos estudiantes murieron; la cifra estimada fluctúa entre 68 y 400. Elena Garro acusó públicamente a importantes escritores e intelectuales izquierdistas de haber instigado a los estudiantes a la protesta, abandonándolos después. Esto le ganó muchos enemigos y corrieron toda clase de rumores negativos contra ella. Sintiéndose hostigada y perseguida, huyó con su hija de México. Vivió 20 años exiliada de su país en Madrid y en París y pasó grandes necesidades económicas.

La obra de Elena Garro es muy extensa y valiosa y se le considera precursora del realismo mágico en México. Es autora de diecisiete obras teatrales y once novelas, la más famosa de las cuales es quizás *La casa junto al río* (1983). Sus cuentos se han reunido en varias colecciones; las más importantes son: *La semana de colores* (1964) y *Andamos huyendo Lola* (1980).

Garro regresó a México a principios de los 90. Los últimos años de su vida los pasó en la ciudad de Cuernavaca, donde vivía rodeada de numerosos gatos. Murió en Cuernavaca en agosto de 1998.

«La factura» es un cuento de suspenso con un final impredecible, que pone énfasis en la vida difícil de las personas inmigrantes o exiliadas en un país extranjero. Su escenario es París, pero pudiera haber sucedido en cualquier gran ciudad del llamado «primer mundo». Es un cuento pesimista, porque las circunstancias van encerrando a la protagonista en un círculo de injusticias del cual no puede escapar. Pero el que lo lea, será seguramente más amable y comprensivo la próxima vez que encuentre a un inmigrante.

La factura

María encontró la factura en el buzón. «Hay un error. ¡Mil quinientos dólares* de electricidad!... ¡Es una locura!»,—se dijo incrédula. Miró los muros° sucios del pasillo y los botes grises con tapas naranja, que servían para tirar la basura. La escalera gastada la llevó hasta su estudio, encastrado° entre dos patios interiores. El rincón ocupado por la cocina se cubría de una humedad viscosa°, pues ella prefería no abrir la ventana, por la que entraban arañas panzonas° que hacían

paredes

empotrado

pegajosa
with big bellies

5

---

* Este cuento sucede en París, pero la autora da el equivalente en dólares de la cantidad, que en aquella época era aproximadamente de 15.000 francos.

su nido en el patio «negro como la boca del infierno». «¿El
infierno?», ya no había ni infierno ni cielo, ni recompensa,
ni castigo, ni bien, ni mal, sólo había facturas urgentes que
pagar.

La nota que ella encontró en su buzón la acusaba de
una deuda de mil quinientos dólares, suma que ella nunca
había visto. ¿Cómo era posible si ella vivía en la oscuridad?
Contempló las lámparas de cobre que pendían° del
techo y vio que sólo una bombilla no estaba fundida.° Esa
bombilla no alcanzaba a romper las tinieblas° del estudio.
Era inútil ir a hablar con el propietario, que vivía del otro
lado de la puerta azul de la cocina. María había colocado
allí un enorme baúl para evitar la impresión sórdida de la
promiscuidad.

Estaba convencida de que el señor Henry era un hombre
extraño. Llevaba colocado en lo alto de la cabeza un
pequeño gorro negro, que se diría hecho con un trozo de
media, usaba pantuflas de fieltro° y cuando la encontraba en
la escalera apenas la saludaba. La presencia de su inquilina
lo inquietaba. Temía que la extranjera estropeara los muros
de su casa. Observaba cómo adelgazaba y vigilaba detrás de
los vidrios de su ventana que daba sobre el patiecillo negro
los movimientos de la intrusa°.

María desde su ventana cerrada veía la silueta del
hombre, su perfil anguloso°, su nariz ganchuda°, su piel
grisácea y el pequeño bonete colocado en lo alto de su
cabeza. «Es temible».., —se dijo preocupada. ¿Por qué lleva
esas pantuflas? La nota de la electricidad la sobresaltó°. No
podía pagarla: pero ¿cómo vivir en la oscuridad absoluta?
Recorrió con la mirada el cuarto miserable y se preguntó
qué demonios° hacía ella en París. Recordó a algunos
conocidos que vivían en cuartuchos semejantes al suyo. Dos
de ellos trabajaban en los drenajes y otros eran veladores°
nocturnos en hoteles de paso°. Eran extranjeros que alguna
vez fueron arquitectos, abogados o jefes de empresa en
su país. Ahora todos vestían harapos° y levantaban los
hombros° cuando ella les preguntaba:

—¿Por qué no vuelves a tu país?

—¿A mi país?... bueno, tú sabes, la política.

Habían olvidado su pasado y sus vidas se habían disuelto
en la ciudad de muros de piedra gris, castaños° verdes y el río
cruzado de puentes propicios° para el suicidio. Vivían como
ella en estudios de muros pegajosos° con «servicios»° ubica-
dos en algún agujero sin ventilación, y con cocinetas negras y
ahumadas°. No protestaban y ante la amenaza de las facturas
huían a otro agujero negro o bien optaban por el suicidio. No
eran bien vistos° en las agencias de alquiler de pisos.

La empleada de la tienda que hacía fotocopias, exclamó al
ver la nota que María mostraba:

---

colgaban
burnt out
oscuridad

pantuflas... *felt slippers*

alguien que no tiene derecho
a estar en un lugar
delgado y con ángulos / con
forma de gancho

startled

qué... *what the heck*

watchmen
de... modestos

ropa vieja y rota
levantaban... *they shrugged*

chestnut trees
favorables
sticky / cuartos de baño

manchadas de humo

well liked

—¡Por Dios!

No debía pagar esa factura, y excitada escribió una carta
60   para protestar por la enormidad de la suma.

—Envíela recomendada° y con acuse de recibo. Vaya a   certificada
la agencia a protestar y exija que revisen la instalación y el
contador°. ¡Pero exíjalo a gritos! —le aconsejó la jovencita.   meter
«Gritando», pensó María con excepticismo. Y sonrió casi con
65   ironía.

Del correo fue a la agencia de electricidad. La actitud
amable de los empleados se transformó en frases despóticas
al escuchar que protestaba por el monto° de la deuda.   suma

Un joven se acercó para mirar las pantallas electrónicas
70   que mostraban cifras que ella no podía ver. Discretamente el
joven se acercó a ella y le dijo en voz baja que la cuenta del
propietario no marcaba nada.

—Conectó su corriente sobre su contador. —Le explicó
que el viejo Henry era conocido en la agencia y amigo de un
75   ministro; era riquísimo—. La mejor cosa que puede hacer es
mudarse, —le dijo convencido.

Durante varios días visitó agencias de pisos de alquiler.
No encontró nada. Además, le exigían «la hoja de pago»
de su trabajo y carecía de empleo. Vivía de una pequeña
80   pensión que le enviaba su familia.

Se cruzó varias veces con el señor Henry, que la miró con
sus ojos de cuchillo y le produjo escalofríos°. El hombre   *chills*
parecía muy sombrío. —Tal vez sabe que me fui a quejar de
la factura—, se dijo en la noche, y un insomnio cargado de
85   malos augurios° la mantuvo despierta toda la noche.   *omens*

Muy temprano corrió a buscar a Miguel, que a esa hora
salía del hotelucho de mala nota° donde trabajaba de   reputación
velador. Tenía muy mala cara.

—¿Sabes?, estoy perdiendo la memoria. Leí que la falta
90   de sueño destruye el cerebro. —María lo miró con pena y en
el camino le pidió consejo.

—¿Qué dices? ¿Mil quinientos dólares? Es un robo a
mano armada. ¡Lárgate° de ese antro°!   Vete / *dump*

—¿Sin pagar?

95   —¡Sin pagar!

Era fácil decirlo. La electricidad pertenecía al Estado°.*   gobierno
¿Cómo podía escapar a una deuda de Estado? Miguel pensó
que María era una autómata que había perdido todos sus
resortes° defensivos, ella pensaba lo mismo de su amigo.   *means*
100   Al volver a su estudio, encontró sus papeles en un orden
diferente del desorden en que los había dejado. El señor
Henry había entrado. Su olor muy personal impregnaba el
cuarto.

---

* En Francia las compañías de electricidad y gas no son empresas privadas como en los Estados Unidos, sino que
son administradas por el gobierno.

El jueves siguiente dos inspectores llegaron muy agitados.
Verificaron a gran velocidad la instalación, y a coro° y en voz
alta exclamaron:

—¡Todo está correcto!

—¿Correcto? ¡Me roban la electricidad! —gritó ella.
El inspector de bigote enorme la amenazó:

—¡Mañana usted recibirá una carta!—Y se fueron dando
un portazo°.

La carta era un aviso: el lunes le cortarían la electricidad.
¡Sin remisión°! Le quedaban veinticuatro horas para
resolver su problema. Se iría a un hotel. Pero, ¿cómo llevarse
sus papeles, sus libros y su ropa sin que el señor Henry se
diera cuenta? Allí estaba, pegado a los vidrios como una
enorme mariposa nocturna.

Corrió al mercado a pedir unas cajas de cartón; durante
la noche lo arreglaría todo. Fue a buscar un cuarto de hotel.
No encontró nada, los turistas habían tomado todos los
cuartos de la ciudad. Al amanecer salió en busca de Miguel y
éste aceptó cederle lo que le quedaba de su dinero. Después
corrió al banco a retirar hasta el último franco. Actuando
con rapidez podría pagar la factura.

—Ya es tarde —le anunciaron dos jóvenes empleados
vestidos con camisas a cuadros.

Era inútil protestar en el piso de arriba.—Ya es tarde—,
le repitieron los trabajadores que se apresuraban a irse de
fin de semana. Desolada, vagabundeó° por la ciudad, que
de pronto le pareció una prisión enorme. Recordó lo que
alguien había escrito en la cárcel de su país: «En este lugar
maldito/donde reina la tristeza/no se castiga el delito/se
castiga la pobreza».

Una vez° en su estudio la invadió un tierno olor a
madreselva°, olor que envolvía el recuerdo de su casa. Sobre
la acera de enfrente vivía la bella Marta.

La veía llegar siempre con ramos de azucena° y las flores
blancas sobre su traje negro la transformaban en un paisaje
lunar, aunque su llegada se produjera al mediodía, cuando
el sol giraba glorioso sobre las aceras florecidas de mimosas
y magnolias. María y sus hermanas acodadas° a la ventana
espiaban las idas y venidas de Marta, que se parecía a
Narda, la novia del mago Mandrake*. Su amante era alto
y estacionaba su automóvil en la orilla de la acera y en dos
saltos desaparecía. Ahora la inesperada presencia de la
casa de Marta, de su amante, y de sus hermanas envueltas
en el aroma de las madreselvas le produjo el bendito sueño
esperado y del que no iba a despertar jamás.

a... a la vez

dando... cerrando la puerta violentamente
Sin... Definitivamente

wandered

Una... Cuando estuvo
honeysuckle

type of lily

apoyadas en los codos

---

* El mago Mandrake fue un personaje muy popular por muchos años en las tiras cómicas que publicaban los periódicos, especialmente en la década de los cuarenta y cincuenta. Mandrake tiene poderes sobrenaturales y lucha por el bien y la justicia con la ayuda de su asistente, Lotario. Narda, su novia, es una princesa.

150 El señor Henry abrió la puerta del estudio, después, con precaución, abrió las llaves del gas de la cocina, tomó el dinero del bolso de María, dejó la factura de la electricidad y salió con sus pantuflas de fieltro. «Suicidio de una extranjera», creyó leer en algún rincón de algún periódico. Volvió a su departamento, recordó que debía quitarse el pequeño

155 bonete y lo colgó con cuidado de una percha. Ahora por fin podía dormir tranquilo, mantendría su palabra: su departamento y el estudio que lo agrandaba no tenían inquilino, el comprador estaría satisfecho con el departamento vacío. El señor Henry era un hombre muy serio en los negocios, pero

160 de eso a que fuera respetado...

APLICACIÓN

A. Vocabulario.

Complete, escogiendo la palabra apropiada de la lista.

a coro / acodadas / ahumados / antro / escalofríos / intrusa / fundida / madreselva / muros / pantuflas / panzonas / pende / portazo / tinieblas / vagabundea / velador

1. Había arañas _____ en el patio y a María le daban mucho miedo.
2. La bombilla que _____ del techo no sirve, está _____ , por eso el cuarto está en _____ .
3. Como era extranjera, todos la consideraban una _____ .
4. Su amigo no podía dormir por las noches, porque trabajaba como _____ nocturno.
5. El departamento era un verdadero _____ y la cocina tenía _____ pegajosos y _____ .
6. El señor Henry era un hombre sombrío, y cuando la miraba le producía _____ .
7. No hacía ruido al caminar porque llevaba _____ de fieltro.
8. Cuando varias personas hablan a la vez, digo que hablan _____ .
9. Un arbusto que tiene flores con un olor delicioso es la _____ .
10. Si cierro la puerta con mucha fuerza, digo que doy un _____ .
11. María y sus hermanas espiaban a la vecina _____ a la ventana.
12. Cuando uno camina por todos lados sin un destino fijo, se dice que _____ .

B. Comprensión.

Conteste según la lectura.

1. ¿Qué factura encontró María en su buzón?
2. Describa el lugar donde vivía María.
3. ¿Por qué no podía ella haber consumido $1.500 de electricidad?
4. ¿Cómo era el Sr. Henry y qué llevaba?
5. ¿Qué trabajos tenían los amigos de María?
6. ¿Qué hacían ellos cuando llegaban las facturas?

7. ¿Qué le aconsejó a María la muchacha que hacía las fotocopias?

8. ¿Qué le dijo el joven de la agencia de electricidad?

9. ¿Qué consejo le dio su amigo Miguel?

10. ¿Qué dijeron los hombres que vinieron a inspeccionar la instalación?

11. ¿Por qué decidió María pagar la factura? ¿Cómo consiguió el dinero?

12. Cuente lo que recordaba María antes de dormirse.

13. ¿Qué hizo el Sr. Henry cuando entró en el estudio de María?

14. ¿Por qué le interesaba tanto al Sr. Henry que no hubiera inquilinos en el estudio?

C. Interpretación.

Conteste según su opinión personal.

1. ¿Está Ud. de acuerdo en que «La factura» es un título apropiado para este cuento? ¿Por qué (no) es esta factura tan importante?

2. ¿Qué detalles del cuento enfatizan la vida difícil de los inmigrantes?

3. La narradora menciona varias veces las pantuflas de fieltro del Sr. Henry. ¿Por qué son importantes estas pantuflas en el cuento?

4. La autora dice que Henry observaba cómo María adelgazaba. En su opinión, ¿por qué adelgazaba ella?

5. ¿Por qué sonrió María casi con ironía ante los consejos de la chica de las fotocopias?

6. ¿Por qué (no) tiene razón Miguel cuando habla de los efectos de la falta de sueño?

7. De la línea 86 a la 130 vemos como todos los sucesos se precipitan. ¿De qué manera consigue la autora darnos la impresión de que la protagonista está acorralada?

8. En su opinión, ¿por qué (no) es cierto lo que dice el verso que recuerda María?

9. ¿Por qué (no) es apropiado que María sienta el olor de las madreselvas y recuerde su niñez antes de dormirse?

10. Este cuento tiene un final abrupto e inesperado. ¿Lo/a sorprendió a Ud. este final? Explique.

11. ¿Por qué es irónica la afirmación que se hace en el último párrafo: «Ahora por fin podía dormir tranquilo».

D. Intercambio oral.

Use los temas en un intercambio oral con sus compañeros de clase.

1. **La avaricia de los propietarios**. Todos los días vemos en las noticias cómo muchos propietarios explotan a sus inquilinos y quieren hacer que se muden para recibir más renta. ¿Está controlado el alquiler en la ciudad donde Ud. vive? ¿De qué manera hostigan (*harass*) algunos propietarios a sus inquilinos?

2. **La escasez de la vivienda**. Un problema que presenta esta historia es la escasez de la vivienda en París. ¿Cuáles son los resultados de la escasez de vivienda en una ciudad? ¿Hay escasez de vivienda en el pueblo o ciudad donde Uds. viven? Si un/a estudiante no quiere vivir en la residencia estudiantil de la universidad, ¿es fácil para él/ella encontrar un departamento? ¿Viven algunos de Uds. todavía en casa de sus padres? ¿Por qué (no)?

3. **Las características de un asesino**. Generalmente, en las novelas y cuentos de misterio nadie sospecha la identidad del asesino hasta que el autor la revela al final. ¿Hay detalles en este cuento que nos hacen sospechar antes del final que el señor Henry

Escena de «Los pilares de la cárcel», obra teatral de Elena Garro, que se representó por primera vez después de muerta la autora en el teatro Sor Juana de la UNAM, en la ciudad de México. Es una obra corta, inspirada en el canto y juego infantil «Los pilares de doña Blanca». (Alejandro Melendez/NewsCom)

puede llegar a matar? ¿Es lógico que alguien llegue a ese extremo por codicia (*greed*)? Explique en qué basa su opinión.

4. **La discriminación contra los inmigrantes**. Todos sabemos que muchas personas en los Estados Unidos tienen sentimientos hostiles hacia los inmigrantes. Pero esto pasa también en otros países. ¿Qué datos nos da la autora que presentan una situación similar en Francia? ¿Por qué personas que fueron arquitectos, abogados o jefes de empresa en su país permancen en el extranjero y soportan que los discriminen?

Sección gramatical

Placement of Descriptive Adjectives

Limiting adjectives (those indicating number or quantity) are placed in Spanish before the noun. So are demonstratives, indefinites, and possessives in their unstressed form. The problem of placement concerns only descriptive adjectives since they can either precede or follow the noun. The rules concerning the position of descriptive adjectives are very flexible. Good writers use adjective position to achieve certain effects, taking into consideration such elements as rhythm and sound. There are, however, some general guidelines that can help inexperienced writers to place adjectives correctly.

1 Descriptive adjectives follow the noun when they are differentiating, that is, when they distinguish between one noun and others of its kind. Adjectives that refer to color, size, shape, condition, nationality, group, or any type of classification are differentiating adjectives. (In English, since all adjectives precede the noun, differentiating adjectives are distinguished by vocal stress: The *blond* child was the one who said that.)

Por favor, pon la mesa *redonda* **frente al sillón** *azul*, **y la alfombra** *grande* **en mi habitación.**	*Please put the* round *table in front of the* blue *chair, and the* large *rug in my bedroom.*
Cambié el curso de química *orgánica* **por uno de sicología** *aplicada.*	*I changed the course on* organic *chemistry for one in* applied *psychology.*

The adjectives **buen(o)** and **mal(o)** may precede or follow the noun.

Después de un día *malo*, **se necesita un** *buen* **descanso.**	*After a* bad *day one needs a* good *rest.*

2 Since past participles used as adjectives normally express a condition, they have a differentiating function and follow the noun in most cases.

En el nido *caído* **había un pajarito con un ala** *rota* **y un pajarito** *muerto.*	*In the* fallen *nest there was a bird with a* broken *wing and a* dead *bird.*

3 Adjectival phrases (those formed with **de** + noun) always follow the noun. So do descriptive adjectives when modified by an adverb.

Javier hablaba con una chica *bastante bonita*, **que llevaba un traje** *de noche.*	*Javier was talking to a* rather *pretty girl who was wearing an* evening *gown.*

4 A descriptive adjective following a noun is as important as the noun. When the descriptive adjective precedes the noun, it becomes nondifferentiating; in other words, its importance is minimized and it functions as an ornament or to add color.

An easy way to decide whether or not an adjective is nondifferentiating is to try to eliminate it. If the adjective can be omitted without a loss in meaning, it is probably nondifferentiating and should be placed before the noun. In the sentence *His father gave him a beautiful clock for his birthday*, the word *beautiful* can be omitted without great loss in meaning. In the sentence *His father gave him an alarm clock for his birthday*, omitting *alarm* would leave the meaning incomplete. So we say **un hermoso reloj** and **un reloj despertador**.

5 There are three main types of nondifferentiating descriptive adjectives.

a. Adjectives that express qualities inherent in the noun and, therefore, form a concept with it. One says **La fría nieve cubría el campo, Un violento huracán destruyó la cosecha**, and **El ágil atleta saltó los obstáculos.** These are expected adjectives. One expects snow to be cold, a hurricane to be violent, and an athlete to be agile. Note that all these purely ornamental adjectives could be omitted without loss of meaning in the sentences. However, if one says **No me gusta la sopa fría, Juan es un hombre violento**, and **Necesitan una chica ágil**, it is evident that **fría, violento**, and **ágil** cannot be eliminated. **No me gusta la sopa** would have a different meaning while **Juan es un hombre** and **Necesitan una chica** would have little meaning or no meaning at all.

Study the following quotations from a description of the town of Málaga by Rubén Darío.

«Los hombres pasan con sus trajes *nuevos*, los sombreros *grises cordobeses*, los zapatos de charol...».

Note that all the adjectives here follow the noun because they have a differentiating function: they are describing what kind of suits, hats, and shoes those men are wearing.

«Sol *andaluz*, que vieron los *primitivos* celtas, que sedujo a los *antiguos* cartagineses, que deslumbró a los navegantes *fenicios*, que atrajo a los *brumosos* vándalos, que admiró a los romanos...».

The adjectives **andaluz** and **fenicios** geographically distinguish the sun and the navigators respectively and, therefore, they follow the noun. **Primitivos, antiguos** and **brumosos** are used to refer to three of the ancient peoples that colonized the Iberian Peninsula. Anybody who knows the history of Spain would expect these adjectives to be used with reference to these peoples. Furthermore, they could be omitted without the meaning of the sentence being affected.

«Junto a las *doradas* naranjas *dulcísimas*, se ve la *americana* chirimoya».

Doradas precedes **naranjas** because it is an adjective one expects to be applied to oranges. **Dulcísimas** follows because it has a differentiating quality; it is telling us what kind of oranges these are. The position of **americana** preceding **chirimoya** is an interesting case, since adjectives of nationality rarely precede the noun. But the **chirimoya** (a tropical fruit unknown in the United States) is not a Spanish fruit. **Americana** (here meaning *from the New World*) is "expected" and nondifferentiating in this case since there are no **chirimoyas** except the ones from America.

b. Subjective adjectives are also nondifferentiating. Complimentary statements, like those found in the social pages of the newspapers, belong to this category.

La *linda* señorita Marieta Camejo, hija de la *elegante* dama Lucía Cortés viuda de Camejo, se casará el sábado próximo con el *distinguido* abogado Pablo Enrique Castillo Vergara.	Pretty *Miss Marieta Camejo, daughter of the* elegant *lady Lucía Cortés widow of Camejo, will marry the* distinguished *lawyer Pedro Enrique Castillo Vergara next Saturday.*

c. Adjectives that normally would be differentiating are often placed before the noun in poems or in written descriptions that have a poetic tone.*

A la *solitaria* mansión de *esbeltas* y *elegantes* columnas, se llegaba por un *retorcido* sendero.	*One reached the* lonely *mansion with its* slim *and* elegant *columns by a* winding *path.*

---

*In Spanish, an adjective placed before the noun has a more elegant tone than one that follows.

6 Other cases of a descriptive adjective preceding the noun.
   a.   In some set phrases.

a corto (largo) plazo	*short (long) term*
Bellas Artes	*Fine Arts*
La Divina Comedia	The Divine Comedy
libre pensador (librepensador)	*freethinker*
mala hierba**	*weed*
mala suerte	*bad luck*
(la) pura verdad	*(the) real truth*
el Santo Padre	*the Holy Father*
(hacer) su santa voluntad	*(to do) as one pleases*
una solemne tontería	*a very foolish thing*

   b.   In exclamations.

¡Qué hermoso día!	*What a beautiful day!*
¡Increíble suceso!	*An unbelievable incident!*

APLICACIÓN

A. ¿Antes o después?

Coloque los adjetivos en el lugar apropiado.

1. **Bailes mexicanos.**

El Palacio de (*Bellas*) _____ Artes _____ de la (*hermosa*) _____

_____ ciudad _____ de México es un (*suntuoso*) _____

edificio _____ de (*blanco*) _____ mármol _____, situado en

una (*céntrica*) _____ sección _____ de la (*populosa*) _____

capital _____. Allí suele presentarse el (*folklórico*) _____ ballet

_____, un (*maravilloso*) _____ espectáculo _____ de

(*regionales*) _____ trajes _____ y (*típicos*) _____ bailes

_____.

2. **La niña vuelve a casa.**

Aquél era en verdad un (*miserable*) _____ barrio _____. Los

(*decadentes*) _____ edificios _____ se agrupaban como buscando

(*recíproco*) _____ apoyo _____. Un (*flaco*) _____ gato

****Mala hierba** is used also in a figurative sense to refer to people:

Esa chica es mala hierba, no quiero que mi hija ande con ella.	*That girl is a bad influence; I don't want my daughter to go around with her.*

_____ hurgaba en los (*atestados*) _____ cubos de basura _____.

Media docena de (*semidesnudos*) _____ chiquillos _____ saltaban

rientes frente a una (*abierta*) _____ toma de agua _____ para

refrescarse con el (*fresco*) _____ chorro _____. El agua corría veloz

hacia la alcantarilla, dejando a su paso (*pequeños*) _____ charcos _____

en el (*irregular*) _____ pavimento _____. Dos (*raquíticas*)

_____ palomas _____ hundían con ansia el pico en uno de los charcos.

—Aquí es —dijo la niña desde el (*mullido*) _____ asiento _____ del

(*elegante*) _____ coche _____ con una (*tímida*) _____ vocecita

_____. El señor que conducía y su esposa intercambiaron (*compasivas*)

_____ miradas _____. Una (*gorda*) _____ mujer _____

de (*canoso*) _____ pelo _____ estaba sentada a la puerta del

(*ruinoso*) _____ edificio _____. Llevaba un (*desteñido*) _____

vestido _____. La mujer dirigió al coche una (*curiosa*) _____ mirada

_____. La (*trasera*) _____ puerta _____ se abrió y la (*frágil*)

_____ chiquilla _____ saltó a la acera y corrió hacia la (*sorprendida*)

_____ mujer _____.

3. **Visita a una mina.**

   Cuando llegaron a la (*angosta*) _____ entrada _____ de la mina,

   José Asunción, un (*flaco*) _____ minero _____, entró delante para

   guiar a los (*impresionados*) _____ turistas _____. Caminaron todos

   despacio por el (*oscuro*) _____ túnel _____, guiándose por la (*débil*)

   _____ luz _____ de la linterna que llevaba el minero.

4. **Una tormenta en el mar.**

   Era una (*tropical*) _____ tormenta _____. El (*pesquero*) _____

   barco _____ en que íbamos se movía como un juguete de las (*furiosas*)

   _____ olas _____. El (*fuerte*) _____ viento _____

   azotaba la cubierta de la (*desamparada*) _____ embarcación _____.

   Debajo se agrupaban los (*temerosos*) _____ pasajeros _____ Olga, que

   era una (*religiosa*) _____ mujer _____, rezaba en (*alta*) _____

   voz _____.

B. La inauguración del Parque de la Constitución.

Imagine que Ud. es un/a cronista social que describe un acto para un periódico. Para cada nombre en cursiva, escoja uno de los adjetivos que se dan, adaptando su terminación. Hay más adjetivos que nombres, para que Ud. pueda escoger y ser creativo/a. No use el mismo adjetivo dos veces. (Observe que, en este caso, la mayor parte de los adjetivos son adornos.)

alegre	emocionante	nuevo
antiguo	gentil	obligado
azul	hermoso	principal
bello	honorable	remodelado
bien coordinado	ilustre	rojo
bonito	inolvidable	romántico
caluroso	límpido	simpático
distinguido	lujoso	solemne
eficiente	memorable	típico
elegante	multicolor	vivo

La *ceremonia* de inauguración del *Parque* de la Constitución, contó con la asistencia de *funcionarios* de la ciudad. El *señor* alcalde asistió, acompañado de su *esposa* y su *hija*. También vimos allí, en un *palco* destinado a las *autoridades*, al *jefe* de policía y a tres de nuestros *concejales*. La *música* estuvo a cargo de la *banda municipal*, que tocó *marchas* y *canciones*. Poco antes de que comenzaran los *discursos*, la *esposa* del alcalde cortó la *cinta* que sujetaba más de cien *globos*. Fue un *espectáculo* verlos cubrir el *cielo* de esta *tarde* de agosto.

C. Descripciones con adjetivos.

Añada adjetivos originales a las siguientes descripciones, tratando de usar un tono poético. Puede cambiar un poco las oraciones si así lo desea.

1. **Tormenta de verano**. Las nubes avanzaban acumulándose hasta formar una especie de maraña. Eran grises, casi negras. Se veía que se acercaba un chubasco. De pronto, se oyó un trueno a lo lejos. Hilos de agua comenzaron a caer oblicuamente, empapando la hierba y los matorrales. La luz de los relámpagos atravesaba el cielo. Todo duró menos de media hora. El sol salió cuando menos se esperaba. El campo olía a limpio, y los pajaritos, saliendo de Dios sabe dónde, cantaban en las ramas de los árboles.

2. **Amanecer en el campo**. Cuando salimos al campo empezaba a amanecer. Todos dormían todavía. La tranquilidad del paisaje invitaba a la meditación. Vi en lontananza unas lomas, casi cubiertas por la niebla. Parecían gigantes. Después fuimos viendo señales de vida. Por un puente pasaba una recua de mulas. Rebaños de ovejas subían por la falda de una loma, y en el prado, un grupo de palomas volaba sobre el techo de un caserón. Yo iba en un caballo y los demás en mulas. Cuando pasábamos cerca de alguna casa, los perros nos perseguían ladrando.

DIFFERENCES IN THE MEANING OF ADJECTIVES ACCORDING TO POSITION*

	BEFORE THE NOUN	AFTER THE NOUN
antiguo	*former, of long standing, ex-*	*very old, ancient*
cierto	*certain*	*sure, definite*
diferente	*various*	*different*
medio	*half*	*average*
mismo	*same, very*	*-self*
nuevo	*another*	*brand-new*
pobre	*poor (unfortunate, pitiful)*	*penniless, needy*
propio	*own* (used as an intensifier)	*own* (of one's ownership)
puro	*sheer*	*pure*
raro	*rare (few)*	*strange, odd, uncommon*
simple	*just, mere*	*simple-minded*
único	*only, single*	*unique*
viejo	*old* (of long standing)	*old* (in years)

---

*This list is based on general usage. However, the use of position to express differences in meaning is not a practice followed rigidly by native speakers; sometimes context and not position determines the meaning.

Examples:

La *pobre* Ana Carbonel era una persona *rara*. A la muerte de sus padres, se había mudado a un edificio *viejo*, no lejos de su *antigua* casa. Salía en *raras* ocasiones y había acumulado, en el *único* dormitorio de su departamento, un montón de cachivaches *antiguos* que le daban a la habitación un aspecto *único*.

Poor *Ana Carbonel was an* odd *person. On her parents' death, she moved into an* old *building, not far from her* former *house. She went out on* rare *occasions and she had accumulated, in the* only *bedroom of her apartment, a lot of very* old *stuff which gave the room a* unique *look.*

Lo vi todo con mis *propios* ojos.

I saw everything with my very own *eyes.*

No vivo con mis padres sino en mi *propio* apartamento, pero algún día quiero tener casa *propia*.

I don't live with my parents but rather in my own *apartment but I want to own a house* of my own *some day.*

APLICACIÓN

A. ¿Antes o después?

Coloque los adjetivos en el lugar apropiado.

1. La (*única*) _____ medicina _____ que le recetó el médico fue que

   respirara (*puro*) _____ aire _____.

2. En mi (*antiguo*) _____ barrio _____ la mayoría de las familias eran de

   (*media*) _____ clase _____.

3. (*Cierta*) _____ señorita _____ Pardo llamó para interesarse por el

(*antiguo*) _____ espejo _____ que quieres vender. Le expliqué que

tenía un (*raro*) _____ marco _____ y que era una (*vieja*) _____

pieza _____.

4. Ésta no es la (*misma*) _____ foto _____ de la actriz, sino una (*diferente*)

_____ foto _____. La (*misma*) _____ actriz _____ me la

envió firmada por su (*propia*) _____ mano _____.

5. Don Jorge era un (*simple*) _____ hombre _____ y (*raras*) _____

veces _____ comprendía mis razonamientos.

6. Por (*pura*) _____ suerte _____ conseguí localizar a Ernesto y fui con

él a ver al (*pobre*) _____ Rodrigo _____, que estaba muy enfermo.

Rodrigo se emocionó al ver a sus (*viejos*) _____ compañeros _____.

7. Sirvieron (*diferentes*) _____ frutas _____, pero yo sólo comí (*media*)

_____ naranja _____.

8. Debes hacer ese negocio, es un (*cierto*) _____ éxito _____ y una

(*única*) _____ oportunidad _____.

9. Mi amigo Juan no tiene un (*nuevo*) _____ coche _____, éste es el

(*mismo*) _____ coche _____ que tenía, pero (*mismo*) _____

Juan _____ lo pulió y está muy brillante.

10. Era un (*pobre*) _____ joven _____ y comenzó siendo un (*simple*)

_____ empleado _____, pero ahora tiene (*propio*) _____

negocio _____ y es rico.

POSITIONING TWO OR MORE DESCRIPTIVE ADJECTIVES

1 Very often a noun is modified by two or more descriptive adjectives. The first thing to do in this case is to decide whether all these adjectives are of the same type. There are three possible combinations:

a. nondifferentiating adjective + noun + differentiating adjective

Su madre siempre nos preparaba deliciosos postres cubanos.

Her mother always prepared delicious Cuban desserts for us.

Deliciosos is far more subjective than **cubanos**. Of the two adjectives, **deliciosos** is the one that could be omitted without a loss in meaning.

When one of the adjectives is an adjectival phrase, the other adjective, whether nondifferentiating or not, is often placed before the noun to provide some kind of stylistic balance for the adjectival phrase. This is true especially if the adjective is somewhat subjective. In the following examples, **costoso** and **lejano** may be relative terms depending on who is saying them.

Marta llevaba un costoso traje de noche.	*Marta was wearing an expensive evening gown.*
Siempre pasan las vacaciones en un lejano pueblo de pescadores.	*They always spend their vacation in a distant fishing town.*

But:

Aurelio compró un traje de lana gris.	*Aurelio bought a gray wool suit.*

Gris, being an objective, differentiating adjective here, cannot precede **traje**.

   b. noun + differentiating adjectives

Lope era un joven sensible, tímido e inteligente.	*Lope was a sensitive, shy, and intelligent young man.*

Sensible, tímido, and **inteligente** are adjectives of the same kind; all are part of Lope's description. Note that in Spanish the first two adjectives are separated by a comma and the second and third by a conjunction.

   c. nondifferentiating adjectives + noun

Acabo de leer *Lo que el viento se llevó,* **una larga e interesante novela sobre la Guerra Civil.**	*I have just read* Gone with the Wind, *a long and interesting novel about the Civil War.*

Larga and **interesante** are two adjectives one expects to be applied to *Gone with the Wind.* They are nondifferentiating. Note also that these adjectives could be omitted.

2   There is a preference in the order of two or more differentiating descriptive adjectives: the adjective considered most important is placed closest to the noun.

Mi prima se especializa en literatura española medieval.	*My cousin specializes in medieval Spanish literature.*

The speaker considers **española** to be the more important word of the classification and **medieval** to be a subdivision. But it is also possible to say **Mi prima se especializa en literatura medieval española.** In this case, the speaker's cousin specializes in medieval literature, and within this specialization, **española** is considered a subdivision.

APLICACIÓN

A. Todo en su lugar.

Coloque cada par de adjetivos junto al nombre en cursiva, en la posición más apropiada. Los adjetivos se dan en orden alfabético; es posible que sea necesario invertir el orden y también usar **y** en algunos casos.

1. (azul / tibia) Todo sucedió en una *mañana* del mes de abril.
2. (vasta / verde) Los caballos galopaban por la *llanura*.
3. (tropical / violenta) Una *tormenta* destruyó la cosecha.
4. (enormes / puntiagudos) Cuando el cazador vio los *colmillos* del jabalí, tuvo tanto miedo que no pudo disparar.
5. (aterciopelados / fragantes) Deshojó uno por uno los *pétalos* de la rosa.
6. (blanco / celular) Le regalé a mi madre un *teléfono*.
7. (desierto / oscuro) Era una noche sin luna, y nadie los vio escaparse por el *camino*.
8. (de noche / pequeño) La chica llevaba un *bolso* en la mano.
9. (modernos / pedagógicos) Mi profesor es un admirador de los *sistemas*.
10. (blancos / escasos) El viejo se peinaba los *cabellos*.
11. (fiel / viejo) Gracias a la amistad de mi *amigo* Miguel, resolví el problema.
12. (huérfana / pobre) Anita me da lástima porque es una *niña*.
13. (inmenso / familiar) El caballero vivía solo en el *caserón*.
14. (cálidas / transparentes) Me encantan las *aguas* de las playas del Caribe.
15. (complicados / matemáticos) ¡Es un genio! Resolvió esos *problemas* en un minuto.

Special Forms of the Absolute Superlative

An absolute superlative is an intensifier that expresses a very high degree of a quality without establishing a comparison. The most common ways to form an absolute superlative are (a) by using **muy**, and (b) by dropping the last vowel of the adjective—if there is one—and adding **-ísimo, -ísima, -ísimos, -ísimas.***

However, **muy** is not the only adverb that may intensify an adjective. Possible substitutes include **absurdamente, astronómicamente, atrozmente, bien, harto, especialmente, excepcionalmente, extraordinariamente, extremadamente (en extremo), enormemente, excesivamente, incalculablemente, increíblemente, terriblemente, sumamente.**

Soy bien tímido y me pongo sumamente nervioso cuando hablo con una persona a quien considero excepcionalmente inteligente.

I am very shy and I become extremely nervous when I am talking to a person whom I consider to be exceptionally intelligent.

---

*Remember that **-z** changes to **-c: feliz** > **felicísimo**; **-c** to **-qu: blanco** > **blanquísimo**; **-g** to **-gu: largo** > **larguísimo**; and **-ble** to **-bil: notable** > **notabilísimo**.

It is also possible to use the prefixes **extra-** and **super-**.

Esa máquina es superrápida, pero Ud. debe ser extracuidadoso al usarla.	*That machine is extremely fast, but you should be extra careful when you use it.*

In the case of the adjectives ending in **-ísimo**, especially in the written language, there are (a) some alternate forms. The adjectives listed in (b) don't take the **-ísimo** ending and instead have special superlative forms.

(a) alternate forms			**(b) special words**		
buenísimo	=	**bonísimo, óptimo**	célebre	>	**celebérrimo**
fuertísimo	=	**fortísimo**	libre	>	**libérrimo**
grandísimo	=	**máximo**	mísero	>	**misérrimo**
malísimo	=	**pésimo**	sabio	>	**sapientísimo**
pequeñísimo	=	**mínimo**			
pobrísimo	=	**paupérrimo**			

APLICACIÓN

A. Dígalo de otro modo. Reemplace **muy** y los adjetivos terminados en **-ísimo/a/os/as** y sus variantes con adverbios, prefijos o palabras de las listas anteriores.

1. Cuando oí las palabras muy alentadoras del señor Cruz, me sentí felicísimo. No solamente me ofrecía un puesto muy importante en una compañía conocidísima, sino además un sueldo muy alto. A mí, que me crié en una familia pobrísima, este éxito me producía un orgullo grandísimo y una satisfacción muy especial.

2. Fue un partido emocionantísimo. Nuestro equipo es muy célebre, pero el equipo rival era muy agresivo y por un tiempo larguísimo pareció que los nuestros sufrirían una derrota humillantísima. Pero nuestro entrenador es muy sabio y usó estrategias habilísimas. Al final, nuestros buenísimos jugadores quedaron a la altura de su merecidísima reputación.

3. El cuarto que nos destinaron en el hotel era malísimo, muy oscuro y de dimensiones pequeñísimas. La cama era muy incómoda y estaba habitada por unas chinches ferocísimas que daban unas picadas muy dolorosas. Por supuesto, nuestra estadía en aquel hotel fue brevísima: a la mañana siguiente, furiosísimos, nos marchamos.

Sección léxica

Ampliación: Formación de adjetivos

En la lectura aparecen los adjetivos derivados **anguloso, ganchuda** y **grisácea**. Como éstos, muchos adjetivos se forman por derivación, al añadir uno o más sufijos a un sustantivo o adjetivo. Algunos de estos sufijos son:

1. **-ado**

colcha	**acolchado**	óvalo	**ovalado**
corazón	**acorazonado**	perla	**perlado**
cuadro	**cuadrado**	rosa	**rosado**
naranja	**anaranjado**	sal	**salado**

2. **-(i)ento**

amarillo	**amarillento**	grasa	**grasiento**
avaro	**avariento**	hambre	**hambriento**
calentura	**calenturiento**	polvo	**polvoriento**
ceniza	**ceniciento**	sed	**sediento**

3. **-ino**

alabastro	**alabastrino**	muerte	**mortecino**
cristal	**cristalino**	púrpura	**purpurino**
daño	**dañino**		

Este sufijo se combina frecuentemente con nombres geográficos e históricos.

los Andes	**andino**	el rey Alfonso	**alfonsino**
capital	**capitalino**	la reina Isabel	**isabelino**

4. **-izo**

cobre	**cobrizo**	paja	**pajizo**
enfermo	**enfermizo**	plomo	**plomizo**
huida	**huidizo**	rojo	**rojizo**
olvido	**olvidadizo**		

5. **-oso**

cariño	**cariñoso**	lluvia	**lluvioso**
chiste	**chistoso**	moho	**mohoso**
engaño	**engañoso**	orgullo	**orgulloso**
fango	**fangoso**	pasta	**pastoso**
fatiga	**fatigoso**	tierra	**terroso**
lujo	**lujoso**	trampa	**tramposo**

6. También se forman adjetivos combinando sufijos con otras partes de la oración.* Por ejemplo, **-ón** forma adjetivos de mucho uso en la lengua oral y a veces se combina con nombres, como en el caso de las arañas **panzonas** de la lectura, pero otras veces se combina con verbos. Algunos de los adjetivos formados con **-ón** son despectivos.

adular	**adulón**	jugar	**juguetón**
burlar	**burlón**	llorar	**llorón**
criticar	**criticón**	mandar	**mandón**
comer	**comilón**	preguntar	**preguntón**
dormir	**dormilón**	responder	**respondón**

---

*En *Ampliación* del Capítulo 9 se explicó el uso del participio pasivo en **-ado, -ido** para formar adjetivos. En el Capítulo 13 se explicará el uso participio activo (de presente) y otras terminaciones frecuentes que equivalen a *-ing*.

APLICACIÓN

A. Sustituciones.

Busque el significado de los adjetivos de las listas anteriores que no conozca. Después use los más apropiados para reemplazar las partes en cursiva de las siguientes oraciones. A veces deberá añadir también la forma correcta de **ser** o **estar**.

1. Yo *tenía mucha sed* y ese arroyo *que parecía un cristal* invitaba a beber.
2. *A mi perro le gusta mucho dormir*, pero también *le gusta mucho jugar y comer*.
3. Hay caras *en forma de corazón* y caras *semejantes a un cuadro*, pero según los estetas, la cara ideal debe *tener forma de óvalo*.
4. Era un tipo muy repulsivo. Tenía los dientes *casi amarillos* y el pelo *con mucha grasa*.
5. Como eran *de la capital*, no podían adaptarse a la vida *de los Andes*.
6. El camino antes *tenía mucho polvo*, pero después de la lluvia se puso peor, porque *se llenó de fango*.
7. *Hay engaño en* ese negocio porque *a Jiménez le gusta mucho hacer trampa*.
8. La lámpara *tenía mucho moho* y había perdido su hermoso brillo *de cobre*.
9. Ella se pintó las uñas con un esmalte *con tonos de perla* muy bonito, pero el contraste entre el color *púrpura* de sus labios y su tez *como el alabastro*, le daba aspecto *de enferma*.
10. Me gustan las personas *que dicen chistes* y también las *que me demuestran cariño*. Detesto a las *que me adulan* y también a las *que son avaras*.
11. ¡Qué matrimonio! La mujer es *la que manda* y el marido *critica siempre a todo el mundo*.
12. Las frutas verdes *hacen daño*, no las comeré aunque *tenga mucha hambre*.

B. Describiendo a personas.

¿Cómo calificaría Ud. a una persona que..?

1. lo olvida todo
2. tiene calenturas
3. tiene mucho orgullo
4. nunca se queda callada cuando alguien dice algo
5. disfruta burlándose de todo
6. pregunta demasiado

C. Describiendo cosas y personas.

¿Qué adjetivo aplicaría Ud. a algo (o a alguien) que...?

1. es de lujo
2. parece una pasta
3. se parece a la tierra
4. causa fatiga
5. pertenece a la época de la reina Isabel
6. tiene el color de la ceniza
7. parece estarse muriendo

Distinciones: Equivalentes de *to miss*

El verbo *to miss* se emplea con significados muy diversos, y por lo tanto, tiene diferentes equivalentes en español. Aquí daremos algunos que son bastante comunes.

Cuando *to miss* es transitivo en inglés (tiene complemento directo)

1 *to miss = to fail to hit =* no acertar(le), no dar(le) (a uno)

El asesino le disparó a su víctima, pero no (le) acertó.	*The murderer fired at his victim but he missed (him).*
Aquel malvado chico me tiró una piedra, pero no me dio.	*That wicked boy threw a rock at me but he missed (me).*

2 *to miss = to long for, to mourn the absence of, to feel the lack of =* echar de menos, extrañar

Los inmigrantes echan mucho de menos (extrañan mucho) a su patria.	*The immigrants miss their homeland very much.*
No pude dormir anoche porque echaba de menos (extrañaba) mi cama.	*I couldn't sleep last night because I missed my bed.*

3 *to miss = to notice the absence of; to lack =* faltar(le) (a uno) (Esta construcción se explica también en el capítulo 3.)

Alguien entró en mi departamento. Me faltan algunos papeles.	*Someone entered my apartment. I am missing some papers.*
A este cuento le falta la última página.	*This story is missing the last page.*

4 *to miss = to fail to enjoy =* perderse

No quisiera perderme ese concierto.	*I wouldn't want to miss that concert.*
No te pierdas esa película; es excelente.	*Don't miss that movie; it's excellent.*

5 *to miss = to fail to attend, to be absent from =* faltar a (el trabajo, clase, una reunión, una cita, etc.)

Los estudiantes que faltan mucho a clase no salen bien en los exámenes.	*Students who miss class a lot do not do well in the exams.*
Miguel no faltaba nunca a su trabajo porque temía que lo despidieran.	*Miguel never missed work because he was afraid they might fire him.*

6 *to miss = to fail to catch some form of transportation =* perder, írse(le) (a uno)

Date prisa o perderemos (se nos irá) el avión.	*Hurry up or we'll miss the plane.*
Falté a clase ayer porque perdí (se me fue) el autobús.	*I missed class yesterday because I missed the bus.*

7 *to miss = to make a mistake* = equivocarse en

Sacaste tan mala nota porque te equivocaste en las respuestas de cinco preguntas del examen.	*You got such a bad grade because you missed the answers to five questions in the exam.*

Cuando *to miss* es intransitivo en inglés (no tiene complemento directo)
to miss = to fail = **fallar, fracasar**

¡Anda! Pídele a Margarita que salga contigo. No puedes fallar.	*Go on! Ask Margarita to go out with you. You can't miss.*
Con este reparto, la película no puede fracasar.	*With this cast, the movie can't miss.*

Algunas expresiones que usan *miss*.

1 *to be missing = to be lacking* = faltar

En esta fiesta no falta nada. Tampoco falta nadie de importancia.	*At this party nothing is missing. No one of importance is missing either.*

2 *to be missing = to have disappeared* = estar, (haber) desaparecido (Very much used for people and planes.)

La niña está desaparecida hace un mes y la policía teme que esté muerta.	*The girl has been missing for a month and the police fear she is dead.*
El avión ha desaparecido. Se cree que cayó al mar.	*The plane is missing. It is believed that it fell into the ocean.*

3 *to just miss + –ing = to escape or avoid* = faltar poco para que + subjuntivo

Poco faltó para que nuestro coche chocara con el camión.	*Our car just missed hitting the truck.*
Faltó poco para que tuviéramos un accidente.	*We just missed having an accident.*

4 *to miss a chance (the opportunity to)* = perder (una) ocasión (la oportunidad) de (para)

Él nunca pierde ocasión de humillarme.	*He never misses a chance to humiliate me.*
Si no vas con nosotros a la fiesta, perderás la oportunidad de conocer a Penélope Cruz.	*If you don't go with us to the party, you'll miss the opportunity to meet Penelope Cruz.*

APLICACIÓN

A. Aquí falta algo.

Complete las oraciones con el equivalente apropiado de *to miss*.

1. Al principio de vivir en Europa, Elena _____ a sus gatos, y después de varios
   años de ausencia, _____ a su patria.

2. Es tarde; tenemos que llamar un taxi ahora mismo si no queremos _____ el
   tren de las seis.

3. No sabes lo que te _____ por no venir a cenar a casa. Mi madre hizo una paella
   deliciosa.

4. Cuando regresamos a casa después de las vacaciones, vimos que _____ la
   computadora y los televisores.

5. El avión _____ . Temen que haya caído en la cordillera de los Andes.

6. Aunque el examen era muy fácil, _____ la última respuesta.

7. La secretaria tiró el papel al cesto, pero no _____ y el papel cayó al suelo.

8. Te van a despedir del trabajo si sigues _____ tanto.

9. _____ tres citas consecutivas con el médico, pero prometo no _____ la
   próxima vez.

10. No _____ la oportunidad de invertir en ese negocio; es un negocio muy seguro,
    no puedes _____ .

11. A la pobre vieja _____ todos los dientes.

12. Estaba en el borde del puente y _____ para que cayera al río.

13. Tu informe es excelente, no _____ nada.

14. No _____ el concierto de Shakira. Va a ser sensacional.

B. Invención.

Invente una oración con cada una de estas expresiones:

echar de menos	no acertar(le)	faltar a	faltarle
perderse	írsele	fracasar	perder la oportunidad de
estar perdido	faltar		

Para escribir mejor

La descripción

Una descripción es la representación de una escena, persona, animal o cosa por medio de palabras. A veces el escritor es como una cámara fotográfica y trasmite al lector una imagen objetiva de la realidad; otras veces, es más como un pintor y da al lector la imagen de la realidad tal como él la ve.

En una descripción objetiva, es decir, de cámara fotográfica, no suele haber toques personales ni metáforas, sólo los adjetivos necesarios para que el lector pueda «ver» los objetos. Esta clase de descripción se encuentra, principalmente, en escritos de carácter técnico o científico.

En una descripción subjetiva, por el contrario, hay generalmente comparaciones, metáforas y abundancia de adjetivos puramente decorativos, porque el escritor no quiere simplemente que «veamos» los objetos, sino además compartir con nosotros sus sentimientos o reacciones hacia ellos. La mayor parte de las descripciones que encontramos en obras literarias son subjetivas, aunque algunas lo son mucho más que otras.

DESCRIPCIONES DE LUGARES

El siguiente ejemplo está tomado de *Camino de perfección*, del español Pío Baroja, y se distingue por su subjetivismo extremo.

> Aquel anochecer lleno de vaho, de polvo, de gritos, de mal olor; con el cielo bajo, pesado, asfixiante, vagamente rojizo; aquella atmósfera, que se mascaba al respirar; aquella gente endomingada, que subía en grupos hacia el pueblo, daba una sensación abrumadora, aplastante, de molestia desesperada, de malestar, de verdadera repulsión.

Aquí el novelista al describir se concentra en las sensaciones que la escena despierta en el protagonista y no en la escena en sí. Observe el uso de adjetivos como **asfixiante, abrumadora, aplastante**, que dan idea de la opresión que siente el personaje.

La descripción anterior nos presenta una escena que se mueve ante un personaje inmóvil. En el próximo ejemplo, también de *Camino de perfección*, tanto el personaje como la escena se mueven, y tenemos la impresión de estar viendo una película.

> Volvíamos andando por la Castellana hacia Madrid. El centro del paseo estaba repleto de coches; los veíamos cruzar por entre los troncos negros de los árboles; era una procesión interminable de caballos blancos, negros, rojizos, que piafaban impacientes; de coches charolados con ruedas rojas y amarillas, apretados en cuatro o cinco hileras, que no se interrumpían; los lacayos sentados en los pescantes con una tiesura de muñecos de madera.

La sensación de movimiento se obtiene aquí por medio de la enumeración rápida de los carruajes.

RECOMENDACIONES GENERALES

El primer paso para una buena descripción es la observación de un sujeto (ya sea real o ya sea creado en la mente del escritor, combinando elementos reales). Esta observación no tiene que ser sólo visual, puede contener elementos apreciados con los otros sentidos. Baroja, por ejemplo, en su primera descripción, menciona gritos y mal olor.

El segundo paso es sumamente importante, consiste en ordenar y seleccionar los detalles que van a escribirse. Como se aconsejó en el caso de la narración, debe evitarse el detallismo excesivo, pues una enumeración demasiado completa o minuciosa resulta aburrida.

Al llegar al tercer paso, que es el acto de escribir, deben escogerse con cuidado los adjetivos para que produzcan en el lector el efecto que se desea. Deben también evitarse las palabras demasiado comunes y los verbos de significado general o vago, como ser, haber, hacer y tener.

EL RETRATO

Uno de los retratos más famosos de la literatura castellana es el que hace don Miguel de Cervantes de sí mismo:

> Éste que veis aquí, de rostro aguileño, de cabello castaño, frente lisa y desembarazada, de alegres ojos y de nariz corva, aunque bien proporcionada, las barbas de plata, que no ha veinte años fueron de oro, los bigotes grandes, la boca pequeña, los dientes ni menudos ni crecidos, porque no tiene sino seis, y ésos mal acondicionados y peor puestos, porque no tienen correspondencia los unos con los otros; el cuerpo entre dos extremos, ni grande ni pequeño, la color viva, antes blanca que morena, algo cargado de espaldas y no muy ligero de pies; éste digo que es el rostro del autor de *La Galatea* y de *Don Quijote de la Mancha*.

Este autorretrato —puramente físico— de Cervantes es tan preciso, que un artista podría dibujar al escritor tal como era guiándose sólo por su descripción.

RETRATOS DE ANIMALES

Casi tan famoso como el autorretrato de Cervantes, es el retrato del burro Platero que hace Juan Ramón Jiménez en *Platero y yo*.

> Platero es pequeño, peludo, suave; tan blando por fuera, que se diría todo de algodón, que no lleva huesos. Sólo los espejos de azabache de sus ojos son duros cual dos escarabajos de cristal negro...
>
> Es tierno y mimoso igual que un niño, que una niña...; pero fuerte y seco por dentro, como de piedra. Cuando paso sobre él, los domingos, por las últimas callejuelas del pueblo, los hombres del campo, vestidos de limpio y despaciosos, se quedan mirándolo.
>
> —Tien' asero...
>
> Tiene acero. Acero y plata de luna, al mismo tiempo.

Observe que el poeta no hace una descripción minuciosa, sino que ha escogido los aspectos que él aprecia más en su burro: la suavidad de su piel, la cual lo hace parecer hecho de algodón, y la dureza de sus ojos, como escarabajos de cristal negro. Estos ojos duros no son un signo negativo, al contrario, indican entereza de carácter, hecho que se confirma más adelante, cuando la gente comenta que el burrito «tiene acero». El retrato no es solamente físico; el escritor nos habla de su carácter: es tierno, mimoso y al mismo tiempo fuerte y seco por dentro.

APLICACIÓN

A. Escoja una de las descripciones de lugares que se dan como modelo e imítela. Explique las impresiones que Ud. trata de dar al lector.

B. Describa un lugar que Ud. haya visitado o que desee visitar.

C. Basándose tanto como sea posible en el autorretrato de Cervantes, descríbase a sí mismo/a. La descripción puede ser idealizada.

D. ¿Tiene Ud. un animalito? Descríbalo, indicando sus rasgos físicos más característicos, y dé también algún detalle que informe al lector sobre su carácter.

Lo mismo que sucedía con los inmigrantes en París en el cuento «La factura», los hispanos que viven en los Estados Unidos tienden a agruparse. Y lo mismo que aquellos, la mayor parte de los inmigrantes viven aquí en barrios modestos. Los letreros de esta calle de El Paso, Texas son una prueba de la presencia hispana. (Andre Jenny/Alamy)

TEMAS PARA COMPOSICIÓN

Escriba una composición sobre uno de estos temas.

1. **El señor Henry paga por su crimen**. Invente una continuación para el cuento en la que el señor Henry es descubierto y paga por su crimen. Por ejemplo, la policía averigua que Miguel le dio dinero a María y ella obtuvo el resto de su cuenta de banco y podía pagar la electricidad. Ese dinero no se encuentra en su bolso. La policía también se entera de que el señor Henry es responsable de la cuenta tan alta, porque le robaba la electricidad a su inquilina. Por otra parte, él tenía un motivo: quería vender su apartamento.

2. **Un final feliz**. María no muere. Tiene una pesadilla con el mago Mandrake y despierta a tiempo para abrir la ventana, o de alguna otra manera se despierta. Los vecinos huelen el fuerte olor a gas que sale al patio cuando María abre la ventana y vienen a auxiliarla. ¿Qué más sucede? ¿Puede ella conseguir que la ley castigue al rico y poderoso señor Henry? ¿Encuentra un lugar mejor para mudarse y vivir en paz?

3. **El departamento donde vivo**. Si Ud. vive en un departamento, cuente en qué circunstancias lo consiguió. ¿Lo comparte con alguien? ¿Cómo es su departamento? Haga un paralelo entre el edificio donde Ud. vive y el edificio donde vivía María. ¿Está Ud. cómodo/a en el lugar donde vive? ¿Por qué (no)?

4. **Los inmigrantes en los Estados Unidos**. Unos vienen por motivos políticos, otros, por razones económicas. Escoja un grupo de hispanos (cubanos, puertorriqueños, mexicanos o cualquier otra nacionalidad) e investigue su historia en la red. ¿Cuántos hay? ¿En qué ciudades radican principalmente? ¿Cuando comenzaron a venir? ¿Qué otros datos encontró sobre ellos?

CAPÍTULO 11

Imágenes como la de esta jovencita enviando un mensaje de texto son muy comunes hoy a cualquier hora y en cualquier lugar del mundo. Pero, aunque los jóvenes son el grupo más aficionado a esta forma de comunicación, personas de todas las edades la utilizan. (Adrian Weinbrecht/Cultura/Getty Images, Inc.)

Lectura

Introducción

Ud. va a leer en este capítulo un artículo de Doménico Chiappe publicado en la revista electrónica *Letras Libres*. El autor nació en Lima en 1970, pero sus padres emigraron a Venezuela cuando él era un niño pequeño y en este país se crió, estudió y comenzó su labor periodística. Desde 2001 vive en España, donde ha obtenido títulos universitarios y ha publicado varias obras, en su mayoría pertenecientes a los géneros de narrativa multimedia o hipermedia. Chiappe recibió en 2003 el premio Ramón J. Sender por su colección de cuentos *Párrafos sueltos* y es autor de la novela *Entrevista a Mailer Daemon*.

El tema de la lectura son los mensajes de texto (SMS en inglés), un fenómeno muy importante en la sociedad contemporánea, que ha creado un nuevo lenguaje, producto de la necesidad de brevedad y rapidez.

El autor analiza las características del lenguaje de los mensajes de texto, escritos para ser leídos en silencio, no pronunciados, pues son en realidad abreviaturas de la palabra escrita. Él explica los problemas especiales que encuentra uno al enviar un mensaje en español, que lo obligan a alterar la ortografía y a eliminar tildes y diéresis. Para Chiappe, el lenguaje de los mensajes de texto puede llegar a convertirse en un lenguaje culto. El artículo termina con algunos ejemplos de signos usados en español en esta clase de escritura.

Mensajes de texto, un nuevo lenguaje

La propagación casi virulenta° de los mensajes de texto, enviados por telefonía móvil (dos billones al año), acelera un proceso revolucionario en la escritura: un nuevo lenguaje, iconográfico° y totalmente funcional, que produce textos
5 que sólo pueden ser leídos en silencio: no son pronunciables. No se recitan, se interpretan. Como lenguaje no fonético, por su magnitud y alcance°, no tiene precedentes en la cultura occidental.

Al leer cualquier SMS escrito por un usuario habitual,
10 que envía al menos° 500 mensajes de texto al año, se aprecia que los contenidos transmitidos por teléfono celular no se redactan° de la misma manera que el texto tradicional. En la edad primitiva de los SMS, se comenzó a abreviar la palabra, generalmente mediante la supresión de vocales. Así°, la
15 palabra leída se reconocía por su semejanza° aproximada con la palabra escrita tradicional. Es decir, la nueva palabra escrita emuló a la palabra escrita antigua, así como la escritura convencional imitó el sonido de esas palabras que reproduce. Con esta mutación del texto, el lenguaje escrito
20 de los SMS dejó de sustentarse° en el sonido y se basó en la vista°. Los SMS generan una mutación de la escritura, una evolución del lenguaje.

Algunas veces, el objeto o la acción se simboliza a partir de° su imagen, como en el caso del emoticono, la
25 forma avanzada de lenguaje SMS, que simboliza la idea

maligna

que utiliza imágenes o íconos

trascendencia

al...*at least*

escriben

De esta manera
parecido

apoyarse
sight

a... tomando como base

y el objeto. Por ejemplo: ¡-o significa «aburrido/aburrida/
aburrimiento»; %-(, «confusión/resaca°». Pero si se usa el

hangover

paréntesis inverso: %-) indica «borrachera/enamoramiento».
Cuando se simboliza a partir de la palabra que le denomina
en la escritura convencional, adquiere un valor iconográfico:
30 las letras sin significado aparente causan una imagen en
la mente del lector, pero la imagen no es la de un objeto u
acción, como en el caso de la palabra escrita convencional,
sino la imagen de la palabra que denomina al objeto. Por
ejemplo: ftbl, «fútbol»; amr, «amor»; vdd, «verdad». ¿Por qué
35 no ha podido instaurarse° el lenguaje escrito tradicional en

establecerse

este espacio? Hay, al menos, tres razones:
1) La limitación de caracteres impuesta por las empresas°

compañías

telefónicas. El territorio de la escritura se fragmenta en
40 parcelas° de 1.120 bits, un dato que suele traducirse en 160

secciones

caracteres. Para el escritor de SMS, la brevedad apremia°.

es esencial

El papiro° era, podía ser, interminable. Y eso afectaba

papyrus

el lenguaje. El libro códice° cambió la expresión textual.

libro antiguo manuscrito
(codex)

Simplificó la escritura; se popularizó el punto; se impuso
45 el párrafo, con lo que la escritura se alejó de la expresión
oral. Con la obligatoria ruptura° de la lectura para pasar de

interrupción

página, se numeraron las hojas, aparecieron los capítulos
y se inventó el índice. En los SMS, la oración simple, la
mínima forma de expresión, se simplifica aún más: suprime°

elimina

50 partes esenciales de su estructura y las oraciones prescinden
del° sujeto, o del verbo, o del predicado. Se sostiene° en

prescinden... *do without /*
apoya / agudeza mental

la sugerencia; por tanto, en la perspicacia° del lector. En
efecto, el espacio limitado afecta la forma del texto: se hace
breve, fragmentado y sugerido, como los microcuentos
55 tradicionales o los chistes.
2) La herramienta de escritura. Este lenguaje utiliza
solamente el teclado° del móvil° como instrumento, que,

keyboard / teléfono celular
(Sp.)

a diferencia del teclado de la máquina de escribir y del
ordenador°, realiza una discriminación sobre las letras. El

computadora (Sp.)

60 teclado consta de° doce teclas, y sólo ocho funcionan para

consta... se compone de

introducir letras. El 30% necesita que el botón se apriete
una sola vez, otra cantidad similar necesita dos toques°

key strokes

y otra, tres. Pero algunas requieren cuatro pulsaciones°,

key strokes

como el caso de la **s**, una de las más empleadas en idioma
65 castellano, y de la vocal **o**, cuando el sistema incluye la **ñ**.
El teclado de los móviles imita al que se ideó con el primer
teléfono de tonos. En este caso, a pesar de que las empresas
de telefonía facturan° 60 mil millones de dólares al año, los

send bills for

fabricantes no han seguido al ritmo de las necesidades que
70 crean con sus máquinas. Además, aunque el teclado ofrezca
la posibilidad de caracteres con tilde y diéresis, la correcta
ortografía se penaliza: los móviles están programados por
un alfabeto llamado GSM, de 138 símbolos, en el que se
excluyen las letras con tilde y con diéresis. Sólo los símbolos
75 incluidos dentro del alfabeto GSM pesan siete bits (con lo

que un mensaje se factura cada 160 caracteres). Si se aprieta
otra letra, el sistema cambia automáticamente al alfabeto
Unicode, en el que cada signo ocupa 16 bits y el mensaje se
cobra cada 70 caracteres. Los usuarios suplen° las carencias°   *sustituyen / what's missing*
80 con invención, y fabrican este nuevo lenguaje. Una cifra°   número [de usuarios]
revela que el emisor° cada día se siente más cómodo con   el que envía el mensaje
esta escritura SMS y que el público percibe que el mensaje
llega con eficacia.
    3) Las características propias del mensaje. Aun cuando
85 desaparezcan las limitaciones técnicas y se superen° los   venzan
aspectos de longitud° del texto y discriminación de las   *length*
letras, este lenguaje, por ahora circunscrito° a lo juvenil   limitado
como una jerga° de barrio, no perderá arraigo°. Al contrario,   *slang* / permanencia
seguirá popularizándose porque refleja la necesidad de
90 lo instantáneo, de la velocidad en que se vive y que exige
respuestas igual de rápidas, porque la conexión es continua y
la comunicación inmediata.
* * * * * * *

    Cuando las limitaciones técnicas se superen, ya sea por°   **ya**... *whether it be by*
la iniciativa de los proveedores° de servicios o por la acción   *providers*
95 de los informáticos o los *hackers*, el lenguaje SMS iniciará
su andadura° literaria. Ahora es como el lenguaje sin   en este contexto: camino
pretensiones° que los bárbaros utilizaban para el ganado°   aspiraciones / *cattle*
y la familia. Sin embargo, la llegada de un autor forjará°   creará
un lenguaje culto. Como hizo Dante con el italiano, este
100 autor hará literatura. Una literatura, no obstante°, sin   sin embargo
posibilidades de pronunciación, lo cual, con los medios de
comunicación actuales quizás tenga poca importancia, pues
usted ¿cómo se comunica más: escribiendo por e-mail o
hablando por teléfono?
105   Unas mínimas convenciones:

------<-@	obsequio/rosa/declaración de amor o amistad
/	terminación "mente" y terminación "ción"
=/	igualmente
*	beso
:)	feliz
:d	muy feliz
:p	burla/broma/sacar la lengua
1kf?	verse un rato/tomar un café
20	vente
20 xak	ven acá/ven a casa
9o	nuevo
x	por/para
kdd	encuentro/reunión/quedada°
d+	demás/además/demasiado
dnd	dónde
dm1tq	llámame por teléfono
e-m	correo electrónico
find	fin de semana

date (Sp.)

APLICACIÓN

A. Vocabulario.

Escoja las palabras apropiadas para reemplazar las secciones en cursiva.

a partir de / consta / el alcance / el ordenador / empresas / forjará / las carencias / móvil / perspicacia / pretensiones / pulsaciones / redactan / resaca / semejanza / sostiene / superan / suplen / suprime

1. Frecuentemente, el lenguaje de los SMS no tiene *parecido* con la escritura común.
2. No se puede predecir *la trascendencia* de los mensajes de texto en el futuro, si las *compañías* telefónicas *vencen* algunas dificultades técnicas.
3. El *celular*, a diferencia de *la computadora*, tiene un teclado que *se compone* de sólo doce teclas y discrimina según las letras. Por ejemplo, hay letras que necesitan hasta cuatro *toques*.
4. El lenguaje de los SMS no tiene *aspiraciones* y se *apoya* en la *agudeza mental* del lector. Este lenguaje *elimina* partes esenciales de la oración.
5. Cuando los usuarios *escriben* un mensaje, *sustituyen* con su creatividad *lo que falta*.
6. Hay un emoticono que simboliza *lo que tengo al día siguiente de una borrachera*.
7. El autor piensa que en el futuro alguien *creará* un lenguaje culto *tomando como base* este lenguaje, pero yo no lo creo.

B. Comprensión.

Conteste según la lectura.

1. ¿Cómo es el nuevo lenguaje producido por los mensajes de texto?
2. ¿Cómo se abreviaban las palabras en la edad primitiva de los mensajes de texto?
3. ¿Qué simbolizan los emoticonos?
4. ¿Cómo cambió la escritura del papiro al libro códice?
5. ¿Cómo cambia la oración simple en los SMS?
6. ¿Cuál es el instrumento de escritura de los mensajes de texto?
7. ¿Qué pasa con la **s** y la vocal **o**?
8. ¿Por qué, según el autor, no perderá arraigo el lenguaje de los mensajes de texto?
9. ¿Con qué lenguaje del pasado compara el autor el lenguaje de los mensajes de texto?
10. ¿Cómo predice el autor que será la literatura que se hará con los mensajes de texto?

C. Interpretación.

Conteste según su opinión personal.

1. El autor califica la propagación de los mensajes de texto como «casi virulenta». ¿Por qué dice esto?
2. ¿Está Ud. de acuerdo en que este lenguaje no tiene precedentes en la cultura occidental? ¿Por qué (no)?
3. ¿Por qué dice el autor que esta escritura tiene un valor iconográfico?
4. ¿Por qué compara el escritor los SMS con los microcuentos y los chistes?
5. ¿Qué problema hay para una persona que quiera utilizar tildes y diéresis?

6. En los mensajes en español se escribe **ke** en vez de **que**, se elimina la **h** y se usa **y** en vez de **ll**. ¿Por qué cree Ud. que se hace esto?

7. En su opinión, ¿qué pasará en el futuro con los mensajes de texto y su lenguaje?

8. ¿Tiene razón el autor cuando sugiere al final que la gente se comunica más por e-mail que por teléfono? Explique su opinión.

D. Intercambio oral.

Use los temas en un intercambio oral con sus compañeros de clase.

1. **La vida antes y después de los teléfonos celulares.** ¿De qué manera han mejorado los teléfonos celulares la vida de la gente? ¿La han perjudicado en algo? ¿Hay abuso en el uso de estos teléfonos? ¿Debe haber reglas de etiqueta para el uso de los celulares? ¿Por qué (no)?

2. **La popularidad de los mensajes de texto.** Muchas personas, especialmente los adolescentes, prefieren enviar mensajes de texto que hablar por teléfono o dejar mensajes en el teléfono. ¿Cuál es la razón para esto? ¿En qué consiste el atractivo de los mensajes de texto?

3. **¿Se deteriora el lenguaje?** Muchos lingüistas hispanos están preocupados. ¿De qué manera pueden contribuir los SMS al deterioro de la ortografía? ¿Y de la sintaxis? ¿Pasa lo mismo en inglés?

4. **El lenguaje de los adolescentes.** A los adolescentes siempre les ha gustado tener su propio lenguaje. ¿Por qué? En muchos países hispánicos los jovencitos hablan en «vesre», que significa «al revés», o en «chi», sistema que consiste en añadir «chi» antes de cada sílaba para que las palabras suenen diferentes. Es algo parecido al *pig latin*. ¿Cómo es el *pig latin*? ¿Lo usaba Ud. cuando era niño/a? ¿Tiene algo en común el lenguaje de los mensajes de texto con estos lenguajes?

5. **Diccionarios de SMS.** Hay varios y se pueden encontrar fácilmente en la red con sólo escribir en el buscador el título de este tema. También la Real Academia Española está preparando uno. ¿Por qué se interesa en esto la Academia? Igualmente, existen diccionarios de SMS en inglés. ¿Los conoce Ud? ¿Los ha usado? ¿Por qué (no)?

Las computadoras son hoy tan importantes en nuestra vida, que nos cuesta trabajo pensar en un mundo donde no existieran. Este niño hispano disfruta y aprende al mismo tiempo mientras hace su tarea escolar. (Jupiter Images/Getty Images, Inc.)

Sección gramatical

Uses of the Future Tense

1 Spanish and English share some characteristics concerning the future tense.

    a. Each has a simple and a perfect future tense.

Mi cuenta de teléfono será muy alta el mes que viene.	*My phone bill will be very high next month.*
Para el domingo, habrán terminado de pintar la casa.	*By Sunday, they will have finished painting the house.*

    b. Each has a common substitute for the future.

Mi cuenta de teléfono va a ser muy alta el mes que viene.	*My phone bill is going to be very high next month.*

    c. Each may use a present tense as a substitute for the future to convey an idea of certainty, this usage being more frequent in Spanish than in English.

Esta noche salen para Santiago.	*Tonight they leave for Santiago.*

    d. Each may use the future tense as a command.

Carlitos, te comerás las espinacas quieras o no.	*Carlitos, you will eat your spinach whether you want to or not.*

2 However, there are some important cases in which the languages do not match.

    a. When *will* is used in English to ask a person to do something, **querer**, and not the future, is used in Spanish.

Necesitamos más sobres, ¿quieres traerlos?	*We need more envelopes. Will you bring them?*
¿Quieres cargarme este paquete, por favor?	*Will you carry this package for me, please?*

Likewise, unwillingness to do something is indicated in Spanish by **no querer**.

¿Qué hago ahora? Carlitos no quiere comerse las espinacas.	*What do I do now? Carlitos will not eat his spinach.*
Lo he intentado todo, pero mi coche no quiere arrancar.	*I have tried everything but my car won't start.*

b. When *will* is used in English in a tag question meant to corroborate a previous statement, **¿verdad?** is used in Spanish.

Estudiarás conmigo para el examen, ¿verdad?	*You will study with me for the exam, won't you?*
No vas a fallarme, ¿verdad?	*You won't fail me, will you?*

c. In English, *will* is often used to express a customary action or an ongoing situation. In this case, the equivalent in Spanish is the present tense.

Siempre pueden ocurrir accidentes.	*Accidents will happen.*
Un gato siempre encuentra un buen lugar para dormir.	*A cat will always find a good place to sleep.*
Este coche hace 30 millas por galón.	*This car will do 30 miles per gallon.*

APLICACIÓN

A. Las peticiones de Ana.

Ana es hipocondríaca y siempre dice que está muy enferma y les pide a otras personas que hagan cosas por ella. Formule las peticiones de Ana en cada caso, usando el verbo **querer** y basándose en las claves que se dan. No repita los verbos.

Modelo: A su hermano Agustín/ cartas
     → *Agustin, ¿quieres echarme estas cartas en el buzón?*

1. A mí / el supermercado
2. A Rosa, la vecina / una ambulancia
3. A su médico / una receta
4. A su sobrina Luisita / las zapatillas
5. A su esposo y a su hija / varias medicinas
6. A su sobrino Alfonsito / un bastón

B. No quieren hacerlo.

Todos están muy ocupados, y como saben que Ana no está realmente enferma, no quieren ayudarla. Ella se queja. Exprese sus quejas basándose en las peticiones que inventó en el ejercicio anterior e imitando el modelo.

Modelo: *Le pido a mi hermano Agustín que me eche estas cartas, pero no quiere.*

Uses of the Conditional Tense

1 In both Spanish and English, the conditional expresses an event that would (or would not) take place subsequent to a reference point in the past.

Octavio dijo que me enviaría un mensaje.	*Octavio said that he would send me a message.*

You have learned that the present of **ir** + **a** + infinitive is an alternate for the future tense. Likewise, the imperfect of **ir** + **a** + infinitive can be used as an alternate for the conditional.

Octavio dijo que me iba a enviar un mensaje.	*Octavio said that he was going to send me a message.*

2 In Chapter 1 you learned that unwillingness to perform an action in the past is expressed with the preterite of **no querer**.

Les pedí a mis amigos que me ayudaran, pero no quisieron.	*I asked my friends to help me but they wouldn't.*

3 In Chapter 1 you also learned that the Spanish equivalent of *would* when it means *used to* is the imperfect tense, not the conditional.

Cuando yo era niña, mi padre preparaba el desayuno los domingos y después toda la familia iba a la iglesia.	*When I was a little girl, my father would prepare breakfast on Sundays and, afterward, the whole family would go to church.*

4 In Chapter 6 you learned that in order to indicate an unlikely or contrary-to-fact situation in Spanish, the imperfect subjunctive is used in the **si** (*if*) clause and the conditional in the conclusion.

Si no usaras «eñes», el mensaje te costaría menos.	*If you didn't use "eñes", the message would cost you less.*

5 The conditional is used with verbs such as **deber**, **desear**, **gustar**, **poder**, **preferir**, and **querer** to convey politeness or to soften a suggestion. Note that the English conditional can be used similarly.

¿Podría Ud. darme el número del profesor Alarcón? Me gustaría llamarlo.	*Could you give me Professor Alarcón's number? I would like to call him.*
No deberías dejar que tu hija usara tanto su celular.	*You shouldn't allow your daughter to use her cell phone so much.*

APLICACIÓN

A. Las promesas de Miguel.

Ud. y su compañero/a conocen a Miguel, un chico que nunca cumple sus promesas. Su compañero/a dice que Miguel va a hacer algo y Ud. le explica que él prometió hacer algo diferente. La promesa debe ser original.

Modelo: Miguel va a... llevar a su novia a la playa el sábado.
→ *Pero él prometió que iría a mi casa a estudiar conmigo.*

Miguel va a...

1. alquilar una película de horror.
2. comer en casa de Armando.
3. el cine con dos amigos.
4. pasar la tarde chateando en internet.
5. jugar al tenis con su hermano.
6. la discoteca esta noche.

B. Hablando de Ana, la hipocondríaca.

Basándose en el ejercicio B de la pág. 297, diga que las personas no hicieron lo que Ana les pidió que hicieran.

Modelo: *Ana le pidió a su hermano Agustín que le echara estas cartas, pero él no quiso.*

C. Peticiones y sugerencias.

Haga una oración con cada uno de los siguientes verbos, usando el condicional para suavizar su pedido o sugerencia: **deber**, **desear**, **gustar**, **poder**, **preferir**, **querer**.

Ways to Express Conjecture and Probability in Spanish

In English, when a speaker is uncertain about the facts of a situation, he or she can express conjecture or probability in several ways. For example, if uncertain about the whereabouts of a wallet, one can say: "I wonder where my wallet is" or "Where can my wallet be?" One can also speculate: "It must be in my desk" or "It's probably in my desk." We shall study next the various ways in which conjecture and probability are expressed in Spanish.

1 Using the future tense.
Unlike English, the future tense is very frequently used in Spanish to express probability or conjecture with respect to a present time. Note that the English concepts *I wonder* and *probably* are contained in the Spanish verb forms.

—**Mi celular está sonando. ¿Quién será?**   *"My cell phone is ringing. I wonder who it is."*

—**Será Rafael. Dijo que te llamaría hoy.**   *"It's probably Rafael. He said that he would call you today."*

—**¿Dónde estarán mis lentes? No puedo leer sin ellos.**   *"Where can my glasses be? I can't read without them."*

—**Estarán donde los dejaste.**   *"They must be where you left them."*

—**¡Muy gracioso!**   *"Very funny!"*

The common expression *God only knows* is rendered in Spanish with the future of probability: **Sabrá Dios**.

Sabrá Dios qué nuevos adelantos tecnológicos tendremos en los próximos veinte años.   *God only knows what new technological advances we will have in the next twenty years.*

Often the Spanish future progressive (future of **estar** + **-ndo** form of main verb) is preferred to the simple future in order to avoid possible ambiguity.

¿Qué estarán buscando en la biblioteca?   *I wonder what they are looking for in the library.*

«¿Qué buscarán en la biblioteca?» might be ambiguous since it could also mean *What will they look for in the library?*

2   Using the conditional.

Just as the future tense may express probability or conjecture with respect to the present, so the conditional may express probability or conjecture with reference to the past.

¿Sería Rafael quien me llamó?   *I wonder if it was Rafael who called me.*

Laura no oiría el teléfono porque estaría en otra habitación.   *Laura probably didn't hear the telephone because she was probably in another room.*

As seen in **1**. regarding the future tense, the Spanish conditional progressive (conditional of **estar** + **-ndo** form of main verb) is often preferred to the simple conditional in order to avoid possible ambiguity.

¿Qué estarían buscando en la biblioteca?   *I wonder what they were looking for in the library.*

«¿Qué buscarían en la biblioteca?» might be ambiguous since it could also mean *What would they look for in the library?*

APLICACIÓN

A. Hablando de tecnología.

Escoja en la columna de la derecha la oración que corresponde a cada oración de la columna izquierda.

1. Quiero ese empleo de ingeniero de sistemas.
2. Los celulares cambian constantemente.
3. Soy adicto a enviar mensajes de texto.
4. Quiero poner eñes en mis mensajes.
5. El celular de Antonio no funciona.
6. El autor escribió una novela en que entrevista a Mailer Daemon.
7. No he podido comunicarme con Susana.
8. Ella nunca usa haches en sus mensajes.

a. Tu cuenta de teléfono será enorme.
b. No podrá llamarte hasta que no lo arregle.
c. ¿Qué le preguntará?
d. ¿Cómo serán dentro de diez años?
e. Tendrá apagado su celular.
f. Querrá ahorrar una letra.
g. ¿Qué requisitos pedirán?
h. ¿Qué botón tendré que pulsar?

B. Me pregunto.

Hágase preguntas originales a Ud. mismo/a basándose en las siguientes situaciones.

Modelo: Es medianoche y está sonando el teléfono.
→ *¿Quién llamará a estas horas?*

1. Ud. no sabe la dirección de su amiga y ella no quiso dársela.
2. Ud. ha perdido sus llaves.
3. Tocan a la puerta.
4. Ella gana muy poco y paga un alquiler altísimo.
5. Ud. no sabe el nombre del nuevo compañero.
6. Lilita le dijo que tenía algo importante que contarle.
7. Esta computadora me gusta, pero aquí no dice el precio.
8. El problema es serio y Uds. no encuentran una solución.

C. En un restaurante.

Un/a compañero/a comenta lo que pasó en el restaurante y Ud. hace conjeturas originales para explicar la causa.

Modelo: Alicia comió muy poco.
→ *No tendría apetito.*

1. Una señora entró caminando muy despacio.
2. A mis amigos y a mí nos dieron una mesa muy mala.
3. Alicia no pidió carne.
4. Un hombre le estaba leyendo el menú a su esposa.
5. Pepín pidió una gaseosa de dieta.
6. El camarero cambió un vaso de la mesa contigua a la mía.
7. Un joven le traducía al camarero lo que decía su novia.
8. Un señor trató de pagar con un cheque.
9. Uno de los clientes llamó al gerente.
10. En una mesa, un niño estaba llorando.

3 Using the future perfect and the conditional perfect to express probability or conjecture.

The future perfect and the conditional perfect may also express probability or conjecture with relation to present perfect and past perfect time, respectively.

Future perfect:

Nadie contesta. ¿Se habrán ido ya?	*Nobody answers. I wonder if they have already left.*
Adolfo se habrá llevado el dinero.	*Adolfo probably has taken the money.*

Conditional perfect:

Nadie contestaba. ¿Se habrían ido ya?	*Nobody answered. I wondered if they had already left.*
Todos se preguntaban si Adolfo se habría llevado el dinero.	*They all wondered if Adolfo had taken the money.*

APLICACIÓN

A. Las preguntas de don Abelardo.

Don Abelardo vive en un pueblo pequeño y es muy curioso. Exprese las preguntas que se hace don Abelardo sobre sus vecinos usando el futuro perfecto.

Modelo: ¿Quién marcaría sus iniciales en este árbol?
    → *¿Quién habrá marcado sus iniciales en este árbol?*

1. ¿Se mudarían ya los Pérez del rancho «Las azucenas»?
2. ¿Cuánto le costarían a doña Asunción los muebles que compró?
3. ¿Se casaría la hija de Jiménez que fue a estudiar a la ciudad?
4. ¿Se pelearía Margarita con su novio?
5. ¿Perdería su casa la viuda de Domínguez?
6. Y si la perdió, ¿decidiría mudarse con sus hijos?
7. ¿Quién robaría el dinero del banco?
8. ¿Quién cortaría las flores del parque?

B. Impresiones de viaje.

Un viajero que recorrió en automóvil varias regiones rurales de Sudamérica, anotó en su diario las cosas que le parecían extrañas. Exprese esas preguntas, usando el condicional perfecto de los infinitivos que se dan.

1. En aquel pueblecito no había escuela, pero los doce hijos de Tomás sabían escribir. Me pregunté dónde (enseñarles).
2. Cuando la mujer de Tomás estuvo enferma, él la había llevado al hospital de la ciudad. ¡Eran tan pobres! ¿Cómo (pagar) el viaje?
3. La semana anterior, Tomás había vendido varias mantas en el mercado. Me preguntaba cuánto (ganar).

4. Un día, fui con Tomás al mercado y lo oí hablar unas palabras en inglés con los turistas. ¿Cómo (aprender) inglés en aquel lugar remoto?

5. En el mercado vi a dos jóvenes campesinos con camisetas que decían «New York». ¿Dónde (comprarlas)?

6. Todas las familias del pueblecito vivían muy pobremente. Me pregunté por qué el gobierno no (hacer) ya algo por ellos.

DEBER DE AND *HABER DE* TO EXPRESS CONJECTURE AND PROBABILITY

There are two other ways of conveying suppositions and approximations in Spanish.

1. **deber de***

El joven llegó solo al pueblo. No debía de tener familia.	*The young man arrived in town alone. He probably didn't have a family.*
Debe de haberse perdido en la ciudad.	*He must have gotten lost in the city.*

2. **haber de****

Rosalía ha de haberse casado con Víctor por complacer a sus padres.	*Rosalía must have married Víctor to please her parents.*
Mi compañero de cuarto ha de estar durmiendo, porque se oyen ronquidos.	*My roommate must be sleeping because you can hear snoring.*

APLICACIÓN

Traduzca sin usar ni **probablemente** ni **me pregunto**.

Juan y María, two gossips, have just attended the second marriage of a famous American actress and a European politician.

JUAN:	I wonder if she's already expecting.
MARÍA:	She probably is. (*Emplee* **deber de**.)
JUAN:	I wonder how they met.
MARÍA:	It must have been during his recent visit to Hollywood.
JUAN:	No, they had probably met before, while he was still married.
MARÍA:	Your friend Gertrudis probably told you that. She must be the biggest gossip in town. (*Emplee* **haber de**.)

---

*In modern Spanish the **de** is sometimes omitted.

Haber de can mean to *be supposed to* and to *have to* and indicate obligation: **Hemos de cumplir varios requisitos** We have to fulfill several requirements; **Mi casa ha de ser blanca como una paloma.** My house should be white like a dove. (García Márquez, *Cien años de soledad*). However, **haber de** can also be used to indicate probability, in most the same way that *must* in English can express probability rather than obligation. This usage is common in some countries, especially in Mexico.

Sección léxica

Ampliación: Vocabulario comercial

En vista de que la sección *Para escribir mejor* trata de cartas tanto personales como comerciales, conviene repasar con anticipación el vocabulario relacionado con los negocios. Las listas que se dan a continuación contienen palabras de uso muy común en los bancos y en el mundo comercial en general. Aprenda las que no sepa, y luego aplíquelas en los ejercicios que siguen.

El banco

el balance	*balance*
la banca	*banking* (as an institution)
el billete	*bill* (*bank note*)
el/la cajero/a	*teller*
el capital	*principal; capital*
la cifra	*figure, number*
cotizarse	*to be quoted*
la cuenta corriente (de cheques)	*checking account*
la cuenta de ahorros	*savings account*
el cheque	*check*
la chequera	*checkbook*
el cheque sin fondos (sobregirado)	*overdrawn check*
el crédito	*credit*
la fianza	*guarantee*
el efectivo; en efectivo	*cash; in cash*
el endoso	*endorsement*
el giro	*draft*
la hipoteca	*mortgage*
el interés	*interest*
la inversión	*investment*
la letra	*installment*
la mensualidad	*monthly payment*
la moneda	*currency; coin*
la operación	*transaction*
el pagaré	*I.O.U.*
la planilla	*application* (*form*)
el préstamo	*loan*

la quiebra; declararse en quiebra (bancarrota)	*bankruptcy; to declare bankruptcy*
el saldo	*balance*
el sobregiro	*overdraft*
la sucursal	*branch (commercial)*
el tipo de cambio	*exchange rate*

El comercio en general

la acción	*stock*
el/la accionista	*stockholder*
a plazos	*in installments, over time*
el/la apoderado/a	*manager; person with power of attorney*
la bolsa	*stock exchange*
la caja chica (de menores)	*petty cash*
el/la comerciante	*tradesman, tradeswoman, merchant*
el/la consumidor/a	*consumer*
al contado	*in cash* (as opposed to *in installments*)
el/la contador/a (público/a)	*(public) accountant*
la contribución, el impuesto	*tax*
el contrato de arrendamiento	*lease*
el/la corredor/a de bienes raíces	*real estate broker*
la empresa/la compañía	*company*
la firma	*signature; commercial firm*
la ganancia	*gain, profit*
el inventario	*inventory*
el mercado; comercializar	*market; to market*
la mercancía	*merchandise*
el/la notario/a público/a	*notary public*
el pago adelantado	*advance (payment)*
la pérdida	*loss*
el plazo	*deadline*
el seguro	*insurance*
la sociedad anónima (S.A.)	*corporation (Inc.)*
el/la socio/a	*partner, associate*
el sueldo	*salary*
el/la tenedor/a de libros	*bookkeeper*
vencer	*to expire; to fall due*
el/la vendedor/a	*salesperson*

APLICACIÓN

A. Conversaciones que se oyen en un banco.

Complete con las palabras apropiadas para que los diálogos tengan sentido.

1. JUANITO: Quiero solicitar un _____ para comprar un automóvil.

   EMPLEADO: ¿Tiene trabajo fijo y crédito establecido? Si no, necesitará darnos una

   _____ o conseguir una persona que lo garantice.

   JUANITO: Tengo trabajo y crédito. Además, mi padre puede firmar si es necesario.

   Él ha hecho varias _____ de negocios con este banco, pero no

   aquí, sino en la _____ de la calle de Atocha.

   EMPLEADO: Muy bien. Puede llenar esta _____.

   JUANITO: Si pido cincuenta mil pesos, ¿de qué cantidad será la _____ que
   tendré que pagar?

   EMPLEADO: De unos $1.700. Parte de esa cantidad es para los intereses, y la otra

   parte cubre el _____.

2. SR. SMITH: Para enviar dinero a España necesito hacer un _____, ¿verdad?
   CAJERO: Sí, es la mejor manera.

   SR. SMITH: ¿Podría decirme cuál es la _____ de España, y a cómo se

   _____ en dólares?

   CAJERO: El euro. La cotización ahora es de _____ por dólar.

3. SRTA. CORTÉS: Quisiera abrir dos cuentas: una _____ y otra de _____.

   EMPLEADA: En seguida, señorita. Llene Ud. esta _____ con sus datos.

   SRTA. CORTÉS: ¿Qué _____ pagan Uds. por los ahorros?

   EMPLEADA: El uno por ciento si la _____ del _____ es menor
   de $5.000.

   SRTA. CORTÉS: Voy a depositar este cheque de $200 en la cuenta de ahorros. El

   depósito de la cuenta corriente será en _____. Aquí tiene Ud.

   $500 en cinco _____ de a cien.

   EMPLEADA: El cheque no tiene _____ detrás. Fírmelo, por favor. Después

   vaya al _____ de la izquierda. Él se ocupará de sus depósitos.

   SRTA. CORTÉS: Tengo una pregunta. Mis cheques... ¿podrían ser rosados? Me gustaría

   una _____ rosada también.

   EMPLEADA: Lo siento, señorita, sólo puede Ud. escoger entre el azul y el gris.

4. JACINTO: ¡Pobre Martínez! Ha perdido mucho dinero, porque ha hecho varias

_____ malas últimamente.

MAURICIO: Sí, oí decir que tiene varios _____ vencidos y no ha podido

pagarlos. Ha dado además varios cheques sin _____.

JACINTO: Me dijeron también que piensa hacer una segunda _____ sobre
su casa.

MAURICIO: Ésa sería una solución para no tener que declararse en _____.

B. Transacciones comerciales.

Identifique la palabra a que se refiere cada una de las siguientes definiciones.

1. persona que garantiza que la firma de un documento es auténtica
2. antónimo de **pérdida**
3. manera de pagar poco a poco una deuda
4. documento que firmo cuando alquilo un apartamento
5. inversión con la que varios individuos participan en una compañía
6. persona que representa a otra legalmente
7. dinero que recibe periódicamente un empleado por sus servicios
8. compañía formada por accionistas
9. lista de la mercancía que hay en un negocio o tienda
10. persona que vende casas y edificios

C. Qué decir al hacer negocios.

Escoja diez palabras de la lista de _El comercio en general_ (página 305) y defínalas en
español. Puede utilizar un diccionario como ayuda, pero trate de usar sus propias palabras.

Distinciones: Distintos significados y usos de la palabra _cuenta_

En la _Ampliación_ hay algunos casos del uso de **cuenta**, como **cuenta corriente** y **cuenta de
ahorros**. A continuación examinaremos los usos más comunes de esta palabra.

1. Algunos significados del sustantivo **cuenta.**

    a. **cuenta** = _account_

Quiero abrir una cuenta de ahorros en este banco.	_I want to open a savings account at this bank._
Cárguelo todo a mi cuenta.	_Charge everything to my account._

    b. **cuenta** = _check; bill_

El camarero nos traerá la cuenta.	_The waiter will bring us the check._
No hemos pagado la cuenta del teléfono.	_We haven't paid the phone bill._

c. **cuenta** = *count*

El estudiante se equivocó tanto, que el profesor perdió la cuenta de sus errores.	*The student made so many mistakes that the professor lost count of his errors.*
La cuenta atrás del satélite ya ha empezado.	*The countdown of the satellite has now begun.*

d. **cuenta** = *bead*

Le regalé a mi abuela un collar muy bonito con cuentas de cristal.	*I gave my grandmother a very beautiful necklace with glass beads.*

2. Algunas expresiones con **cuenta(s)**:
   a. **a (por) cuenta y riesgo de uno** = *at one's own risk*

Si inviertes tu dinero en esa empresa, va a ser a tu cuenta y riesgo.	*If you invest your money in that company, it's going to be at your own risk.*

   b. **a fin de cuentas** = *after all*

A fin de cuentas, ellos saben lo que hacen.	*After all, they know what they're doing.*

   c. **ajustarle las cuentas a alguien** = *to give someone a piece of one's mind; to retaliate*

¡Qué lástima! Nunca pude ajustarle las cuentas a ese ladrón.	*What a pity! I was never able to give that thief a piece of my mind.*

   d. **caer en la cuenta (de)** = *to realize, to catch on*

Cuando caí en la cuenta de que me habían mentido, era demasiado tarde.	*When I realized that they had lied to me, it was too late.*

   e. **darse cuenta de** = *to realize, to notice, to be aware of*

Nos damos cuenta de lo importante que es la lengua española.	*We are aware of how important the Spanish language is.*

   f. **en resumidas cuentas** = *in short*

En resumidas cuentas, tendremos que tener paciencia.	*In short, we'll have to be patient.*

   g. **hacer (de) cuenta que** = *to pretend*

Haz de cuenta que no los viste.	*Pretend that you didn't see them.*

   h. **más de la cuenta** = *too much, too many, too long*

Voy a tener problemas con el dinero a fin de mes, porque he gastado más de la cuenta.	*I'll have money problems at the end of the month because I have spent too much.*

i. **por (de) cuenta de uno** = *on one (at one's expense)*

    Esta comida corre por mi cuenta.   *This meal is on me.*

    Generalmente, los gastos de la boda son   *Usually, the wedding expenses are paid*
    de cuenta del padre de la novia.   *by the father of the bride.*

j. **presentar las cuentas del Gran Capitán*** = *to pad a bill or one's expense account*

    Cuando mi tío volvió de su viaje de   *When my uncle returned from his*
    negocios, presentó las cuentas del   *business trip, he padded his expense*
    Gran Capitán y lo despidieron.   *account and was fired.*

k. **sacar la cuenta (hacer cuentas)** = *to make the calculation*

    No sé cuánto te debo. Tendremos   *I don't know how much I owe you. We'll*
    que sacar la cuenta (hacer cuentas).   *have to figure it out (add it up, work it out).*

l. **tener (tomar) en cuenta** = *to bear in mind*

    Ten en cuenta que muchas personas   *Bear in mind that many elderly*
    mayores no saben enviar mensajes   *people can't send text messages.*
    de texto.

m. **trabajar por cuenta de uno (por cuenta propia)** = *to be self-employed*

    —¿Para qué compañía trabajas?   *"For what company do you work?"*

    —No trabajo para una compañía;   *"I don't work for a company; I'm*
    trabajo por mi cuenta.   *self-employed."*

APLICACIÓN

A. Completar.

Complete de manera original, usando las palabras **cuenta/cuentas**.

1. Como uso mucho el aire acondicionado, mi _____ de electricidad es siempre muy alta.

2. El joven llegó a su casa borracho y el padre lo estaba esperando para _____.

3. Eres demasiado inocente y crédula. Inés te dijo varias mentiras y tú no _____.

4. Hay mucha nieve y el camino está muy peligroso. Si sales en el auto, lo harás _____.

5. Tuve que comprar una llanta nueva, cargar el acumulador y arreglar los frenos; _____ gasté mucho dinero.

6. Alberto es muy aburrido y habla demasiado. Por eso, cada vez que lo veo en la calle, _____ que no lo vi.

*Se dice que Gonzalo Fernández de Córdoba (conocido como «el Gran Capitán») les presentó a los Reyes Católicos una lista falsa de sus gastos durante una expedición.

7. Sé cuál es el problema de Laura, pero no te lo digo porque vas a contárselo a todo el mundo. Tú hablas _____.

8. Mi novio repara computadoras, pero no está empleado en una empresa, él trabaja _____.

9. —Brenda y yo acordamos que yo pagaría la mitad de sus gastos, pero me presentó _____ tratando de cobrarme una suma astronómica. —¿Y tú le pagaste? —No, yo _____ otra vez, y el total correcto era la mitad de lo que ella quería cobrarme.

10. Si hay estudiantes hispanos en esta clase, el profesor debe _____ que para ellos estos ejercicios son más fáciles que para los estudiantes que no son hispanos.

11. —Le he repetido a Ernesto las instrucciones muchas veces, tantas que ya he perdido _____. —Pues no debes repetírselas más; _____, él tiene un manual y puede leerlas él mismo.

12. No me gustan los collares de _____ muy grandes.

13. Tengo _____ abierta en esta tienda, pero prefiero pagar al contado.

14. En España, muchos restaurantes incluyen la propina en _____.

15. No te preocupes si no tienes dinero; los gastos de esta noche corren _____.

Para escribir mejor

Las cartas

CARTAS COMERCIALES

1. *El formato*

Igual que en inglés, las cartas comerciales en español tienen dos posibles formatos, según donde comiencen las líneas y los párrafos: estilo bloque y estilo semibloque.

Estilo bloque

Estilo semibloque

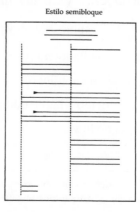

Muchos buzones son muy originales. Éste, en forma de cabeza de león, es muy antiguo y está en la ciudad de la Habana. (F. Scholz/Age Fotostock America, Inc.)

En las cartas en español, es común que el margen de la izquierda sea más ancho que el de la derecha o igual a éste, pero no más estrecho. A diferencia de lo que sucede en inglés, el margen de la derecha se trata de mantener en español lo más parejo posible. Esto es fácil de hacer hoy gracias a la computadora, que «justifica» los espacios si uno lo desea. Si Ud. no quiere «justificar» las líneas de su carta, tenga presente que frecuentemente deberá dividir las palabras para que el margen no quede muy disparejo y que, si la división en sílabas no es su fuerte, debe repasarla.

2. *Partes de una carta*
   a. *La fecha*

Se escribe de cuatro a ocho líneas más abajo del membrete, según la longitud de la carta. Incluye lugar, día, mes y año, pero si el lugar se indica en el membrete, no es necesario repetirlo aquí. Recuerde que en español el día se pone antes del mes (**4 de junio, 2011**) y que los números ordinales no se usan en las fechas, con excepción del primero de mes, abreviado **1°** o **1ero: 1° de abril, 2011***.

   b. *El nombre y la dirección*

Son los mismos del sobre. En España, era común en el pasado usar **D., Dña.** (don, doña) además de cualquier otro título, pero este uso ha ido perdiendo fuerza: **Sr. D. José Guzmán Landívar, Sra. Dña. Esperanza Barnet Vda. de Rondón.** Algunas abreviaturas comunes que se usan en los títulos son:

Admor.	administrador
Arq.	arquitecto
Cía.	compañía
D.	don
Dña.	doña

---

*Este es el uso de Hispanoamérica; en España se utiliza el número 1 para el primero de mes.

Dr., Dra.	doctor, doctora
Ema.	eminencia
Excmo.	excelentísimo
Genl.	general
Hno., Hna.	hermano, hermana
Hon. Sr. Pdte.	honorable señor presidente
Ilmo. (Ilo.)	ilustrísimo
Ing.	ingeniero
Ldo., Lda. (Lcdo., Lcda.), Lic.	licenciado, licenciada
Mons.	monseñor
Pbro.	presbítero
Rdo. P. (R. P.)	reverendo padre
Rda. M. (R. M.)	reverenda madre
S. E.	su excelencia
Sr., Sres.	señor, señores
Sra., Sras.	señora, señoras
Srta., Srtas.	señorita, señoritas
S. Sa.	su señoría (*for some dignitaries, like judges*)
Supertte.	superintendente
S. A.	sociedad anónima (*Inc., in English*)
S. de R. L.	sociedad de responsabilidad limitada (*Limited Liability Co.*)
Vda.	viuda

Algunas abreviaturas usadas en las direcciones son:

Avda., Av.	avenida	**E.P.M.**	en propia mano (*hand delivered*)
Apdo.	apartado (de correos)*	**izqo., izqa.**	izquierdo/a
dcho., dcha.	derecho/a	**No.**	número
Dpto.	departamento	**Prova.**	provincia

c. *La línea de atención*

Se coloca generalmente debajo de la dirección, y se usa cuando la carta va dirigida a una compañía, pero su contenido interesa a una persona en especial. Su abreviatura es **Atn.**

d. *La línea de referencia*

Va a la derecha, entre la dirección y el saludo. Se abrevia **Ref.**

---

*En algunos países de Sudamérica se usa la palabra **casilla**.

e. *El saludo*

El saludo se escribe dos líneas después de la dirección. En inglés, las cartas informales utilizan una coma en el saludo; en español, se usan dos puntos siempre.

Algunas fórmulas comunes de saludo son:

Estimado/a/os/as + título

Apreciado/a/os/as + título

Distinguido/a/os/as + título

Honorable + título (para un presidente u otro dignatario)

El saludo tradicional **Muy Sr. (Sres.) mío(s) (nuestro[s])** todavía se usa, pero la tendencia moderna es de reemplazarlo por uno de los de la lista anterior.

f. *El cuerpo de la carta*

Una carta de respuesta comienza con un acuse de recibo. Algunas fórmulas tradicionales de acuse de recibo, que equivalen más o menos a *to be in receipt of*, son:

Acuso recibo de su atta. del 28 del mes pdo. ... (atta. = atenta carta; pdo. = pasado)

Recibí su atta. de fecha 15 del cte. ... (cte. = corriente, refiriéndose a este mes**)**

Acabo (Acabamos) de recibir su carta del 14 de octubre...

Otros principios comunes, equivalentes a *in reply to your letter,* son:

En contestación a su carta del mes de enero p. pdo. ... (p. pdo. = próximo pasado).

Me apresuro a contestar su carta de ayer 3 de febrero...

Estas fórmulas pueden resultarle muy útiles si no sabe cómo comenzar, pero hoy en día se da preferencia a un estilo más personal. Es mejor comenzar indicando las razones por las que se escribe e introducir el acuse de recibo de modo casual en las primeras líneas.

Siento mucho no poder enviarle los informes que solicita en su carta del 6 de septiembre...

Los libros que les pedí por correo el pasado mes de julio, han llegado a mi poder en malas condiciones...

Estoy interesado en el empleo que Uds. anuncian en *El Sol* del pasado domingo...

Tenemos el gusto de informarle que el crédito que solicitó en su carta del 10 de mayo...

g. *La despedida o cierre*

Algunas expresiones tradicionales que se utilizan para terminar:

Muy agradecido/a por su atención, quedo de Ud(s). atte. (atentamente), S. S. (Su servidor/a),

En espera de sus gratas noticias, quedo de Ud(s). atentamente,

De Ud. atto/a. (atento/a) y S.S.,

Quedamos de Ud(s). atte.,

En espera de su contestación, me reitero su atto/a. S.S.,

Sin más por ahora,

Sin otro particular por el momento, quedo de Ud(s). S.S.,

Respetuosamente, S.S.S., (Su seguro/a servidor/a),

Queda suyo/a afmo/a. (afectísimo/a),

h. *Iniciales, anexos o adjuntos y copias*

Las iniciales del que firma la carta y las del que escribe se colocan juntas en la parte inferior izquierda del papel, separadas por una raya diagonal. Dos espacios más abajo van los **anexos**, si los hay. Si se envían copias de la carta a otra(s) persona(s), el/los nombre(s) se escribe(n) al final, precedido(s) de **c.c. (con copia).**

Las iniciales **P.S. (post-scriptum)** usadas en inglés, pueden usarse también en español. Es más común, sin embargo, usar las iniciales **P.D. (posdata).**

i. *Recomendaciones generales*

Sea conciso y claro. Trate de ser amable y fino, aun cuando se trate de una carta de queja. Al final de este capítulo encontrará Ud. varios modelos de cartas, pero es imposible incluir un modelo para cada circunstancia que pueda presentarse en la vida real. Así que practique escribiendo el mayor número de cartas posible. La única manera de aprender a escribir buenas cartas, es escribir muchas.

CARTAS PERSONALES

El formato de las cartas personales es, obviamente, mucho más flexible que el de las cartas de negocios. Sin embargo, las siguientes listas de saludos y despedidas pueden resultar útiles.

Saludos:

(Muy) Estimado/Querido Joaquín:	*Dear Joaquín,*
Queridísima (Adorada) mamá:	*Dearest Mother,*
Amor mío:	*My love,*
Mi vida:	
Mi cielo:	

Las expresiones **Mi vida** y **Mi cielo**, muy comunes entre enamorados, no pueden traducirse al inglés. Por otra parte, no hay equivalentes en español para palabras como *Honey, Sweetheart, Darling,* etc.

En algunos países y sobre todo en el Caribe, las palabras **negro/a, negrito/a, chino/a, chinito/a** se usan como formas de tratamiento. Estas palabras expresan cariño y no tienen nada que ver con la raza de la persona.

Despedidas:

Afectuosamente,	*Affectionately,*
Cariñosamente, Con cariño,	*Fondly,*
Recibe el cariño de	*With love,*
Te besa y abraza	*A kiss and a hug,*

Muchos abrazos de	*Hugs from*
Siempre tuyo/a,	*Yours forever,*
Se despide de ti,	*Good-bye now,*
Tu novio/a que te adora,	*Your sweetheart who adores you,*
Recibe el eterno amor de	*With the eternal love of*
Con mucho amor de	*Much love,*

APLICACIÓN

A. Cartas bien escritas.

Decida qué afirmaciones son ciertas y cuáles son falsas y corrija las falsas.

1. En español se usa una coma después del saludo en las cartas de tipo más familiar.
2. El margen de la derecha no debe ser más ancho que el margen de la izquierda.
3. Si la ciudad se indica en el membrete, no es necesario repetirla en la línea de la fecha.
4. Lo mismo que en inglés, *atención* se abrevia en español *Att.*
5. El saludo más usado hoy es *Muy Sr. mío.*
6. Una carta debe imitar la manera en que se hablaría a la persona.
7. La abreviatura *p. pdo.* significa *por pedido.*
8. En español nunca se escriben dos títulos seguidos antes del nombre.
9. Cuando se incluye algún otro papel adicional en una carta, se escribe la palabra *Anexo* en la esquina inferior izquierda.
10. No es recomendable explicar inmediatamente el motivo de la carta.

B. Abreviaturas usadas en cartas.

Identifique las abreviaturas.

1. R. P. Mendía
2. Valdés y Cía, S. A.
3. Estimado Sr. Admor.
4. P. D.
5. Hon. Sr. Pdte.
6. Recibí su atta. del 3 del cte.
7. Quedo afmo. S.S.S.
8. Hno.
9. Avda.
10. E.P.M.
11. Me reitero su atto. S. S.
12. Quedamos de Uds. atte.
13. Distinguida Lcda. Castillo
14. Apreciado Ing. Gutiérrez
15. S. E.
16. R. M. Mónica Pérez Gil
17. c.c.
18. No.
19. Prova.
20. Apdo.

C. Saludos y despedidas en las cartas.

Practique los saludos y despedidas de las cartas personales, escribiendo una breve carta a un amigo o familiar querido, a su novio/a, etc.

MODELOS DE CARTAS

Lea con cuidado los siguientes modelos de cartas. Algunos ejercicios de las páginas 320 y 321, se basan en ellos.

1. **Modelo de carta comercial (de negocio a negocio)**

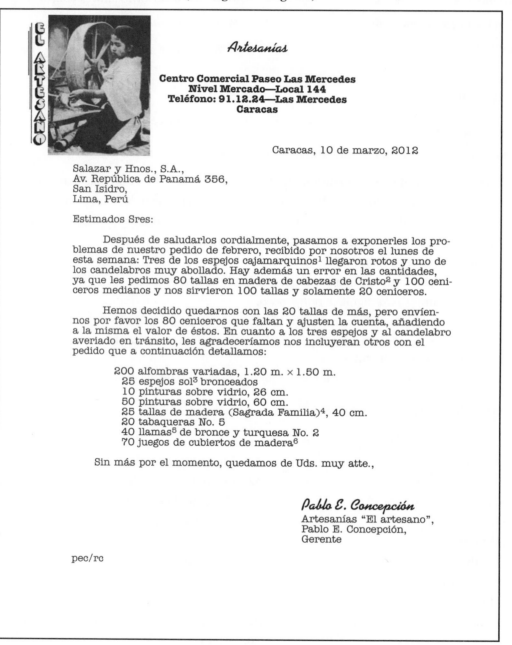

Artesanías

**Centro Comercial Paseo Las Mercedes
Nivel Mercado—Local 144
Teléfono: 91.12.24—Las Mercedes
Caracas**

Caracas, 10 de marzo, 2012

Salazar y Hnos., S.A.,
Av. República de Panamá 356,
San Isidro,
Lima, Perú

Estimados Sres:

Después de saludarlos cordialmente, pasamos a exponerles los problemas de nuestro pedido de febrero, recibido por nosotros el lunes de esta semana: Tres de los espejos cajamarquinos[1] llegaron rotos y uno de los candelabros muy abollado. Hay además un error en las cantidades, ya que les pedimos 80 tallas en madera de cabezas de Cristo[2] y 100 ceniceros medianos y nos sirvieron 100 tallas y solamente 20 ceniceros.

Hemos decidido quedarnos con las 20 tallas de más, pero envíennos por favor los 80 ceniceros que faltan y ajusten la cuenta, añadiendo a la misma el valor de éstos. En cuanto a los tres espejos y al candelabro averiado en tránsito, les agradeceríamos nos incluyeran otros con el pedido que a continuación detallamos:

200 alfombras variadas, 1.20 m. × 1.50 m.
25 espejos sol[3] bronceados
10 pinturas sobre vidrio, 26 cm.
50 pinturas sobre vidrio, 60 cm.
25 tallas de madera (Sagrada Familia)[4], 40 cm.
20 tabaqueras No. 5
40 llamas[5] de bronce y turquesa No. 2
70 juegos de cubiertos de madera[6]

Sin más por el momento, quedamos de Uds. muy atte.,

Pablo E. Concepción
Artesanías "El artesano",
Pablo E. Concepción,
Gerente

pec/rc

---

[1]Espejos típicos de la zona de Cajamarca en Perú.
[2,4]Los motivos religiosos son comunes en las artesanías hispanas.
[3]Espejos típicos peruanos con adornos que imitan rayos de sol.
[5]La llama, animal originario del Perú y Bolivia, es también un motivo común en la artesanía de estos países.
[6]Tenedor y cuchara grandes, propios para servir ensaladas.

2. Modelo de carta comercial (de negocio a cliente)

Metrocentro Sur 1240
San Salvador, El Salvador C.A.
Tel. 20 45 18

12 de diciembre de 2011

Sr. Luis Monteblanco
Cuscatancingo Calle Central
Casa #21
San Salvador

Ref.: Factura No. 397

Estimado señor:

Por tercera vez nos han devuelto, por falta de fondos, un cheque suyo por \$8,000.00[1], que es el saldo que arroja su cuenta. Dicha devolución, unida a su silencio, empeora su situación y varía por completo la opinión que teníamos formada de Ud., como un buen cliente que siempre cumplía con sus obligaciones.

En vista de las circunstancias, nos vemos obligados a poner el caso en manos de nuestros abogados, para que ellos adopten las medidas pertinentes.

Le aclaramos que a su deuda de \$8,000.00 hemos agregado la cantidad de \$400.00, importe del cinco por ciento de interés por demora en el pago de la misma.

Atentamente,

Mueblería Imperial

Carmen Méndez Vda. de Fonseca
Carmen Méndez Vda. de Fonseca
Propietaria

CMF/ala

---

[1]El dólar americano es la moneda oficial de El Salvador desde 2001. Observe que en El Salvador, a diferencia de lo que sucede en la mayoría de los países hispanos, se escriben las cantidades igual que en los Estados Unidos, con una coma indicando los miles y un punto indicando los decimales.

3. Modelo de carta para solicitar empleo

Robert T. Williams
7507 Bender Dr.
Austin, Texas 78749
email: rtwill@yahoo.com

3 de mayo de 2013

Sr. Emilio García Soto,
Joyería *Miraflor*,
Avenida Morelos 25,
México, D.F.

Distinguido señor:

Por medio de su sobrino Pablito Guzmán, que es viejo amigo mío, he sabido que, a partir del próximo mes de septiembre, va a necesitar Ud. un tenedor de libros que trabaje por las tardes en su establecimiento, y deseo ofrecerle mis servicios.

Seguramente le sorprenderá que le escriba desde Texas. Permítame explicarle que pienso instalarme en México a mediados de junio. Voy a matricularme en dos cursos universitarios para extranjeros, pero como las clases son por la mañana, estaré libre para trabajar a partir del mediodía.

Como puede Ud. ver por esta carta, escribo bien el español. Lo hablo también bastante bien y, como pienso permanecer en México por lo menos un año, lo hablaré todavía mejor en el futuro.

Le incluyo mi hoja de vida. Como verá en ella, voy a graduarme este semestre de Bachiller en Administración de Negocios, con especialidad en Contabilidad. Si Ud. lo desea, puedo hacer además que una compañía local donde he trabajado le envíe una carta de recomendación.

Quedo en espera de su apreciable respuesta.

Afmo. y S.S.

Robert T. Williams
Robert T. Williams

Anexo: Hoja de vida

4. Modelo de correo electrónico de tipo personal

Para: ecamar@hotmail.com

De: jarmas@earthlink.net

Asunto: Noticias de su hijo

Fecha: 11/6/2011 8:35 P.M.

Queridísima mamá:

Siento mucho no haber escrito en tres semanas, pero he tenido algunos problemas. Sé que le extrañará a Ud.[1] que le escriba a la dirección de la oficina y no a la de casa, pero no quiero que papá vea esta carta hasta que Ud. hable con él de lo que voy a contarle.

Como sabe, papá se oponía a que yo comprara carro cuando vine a estudiar a los Estados Unidos, por considerar que era peligroso. Pues tenía razón.

He tenido un accidente. No se asuste, no fue grave, aunque el carro quedó en bastante mal estado. Yo, gracias a Dios, no necesité quedarme en el hospital. Fue un milagro. Sólo me rompí dos dientes delanteros con el golpe, pero ya me los están arreglando. Por cierto, necesito $950 para el dentista. ¡Cómo se va a poner papá!

El otro problema que tengo se refiere al chófer del otro carro, que quedó destrozado, aunque el hombre solamente se partió un brazo. Ahora va a ponerme pleito, porque afirma que fue mi culpa, que la luz estaba en verde de su lado y que tengo que pagarle una indemnización grande, más el costo de su automóvil. Estará Ud. pensando que el seguro cubre todo esto. ¡Aquí es donde está verdaderamente el problema, pues se me olvidó pagarlo! Esto me tiene desesperado. No sé qué hacer. Por favor, mami, explíqueselo todo a papá con dulzura, porque se va a poner como un energúmeno.

Por lo demás, todo anda bien, incluyendo mis estudios. Le volveré a escribir pronto, informándole sobre la situación con el otro chófer. O tal vez es mejor que me llame Ud.

La quiere mucho su hijo,

Jairo

P.D. No es verdad lo de la luz, pero no puedo probarlo.

---

[1]Jairo, el autor de este correo, es probablemente colombiano, porque en Colombia es común el uso de **Ud**. entre padres e hijos. El **tú** lo usan generalmente los jóvenes sólo con sus amigos de la misma edad.

APLICACIÓN

A. Solicitud de empleo.

Escriba una carta similar a la número 3, dirigida a un negocio o compañía en un país hispano, donde Ud. ofrece sus servicios para trabajar por unos meses.

B. La respuesta.

Conteste una de las cartas modelo como si Ud. fuera el/la destinatario/a.

C. Un correo electrónico.

Escriba un correo electrónico basándose en la siguiente situación:

Ud. acostumbra a comprar por catálogo. Recibió su pedido equivocado y lo devolvió, pero la segunda vez volvieron a enviarle la mercancía que no era. Ud. escribe un correo electrónico de queja a la compañía.

(©Joaquín Salvador Lavado (QUINO) Bien, Gracias. ®Y Usted? Ediciones de La Flor, 1976)

D. Carta a un amigo.

Un amigo o una amiga suya va a casarse y Ud. está invitado/a a la boda, pero no puede asistir. Escriba una carta personal breve, excusándose y acompañando un regalo.

TEMAS PARA COMPOSICIÓN

Escriba una composición sobre uno de estos temas.

1. **Un buen jefe o una buena jefa.** Explique lo que Ud. considera un buen jefe o una buena jefa. ¿Preferiría Ud. que su jefe fuera hombre o mujer? ¿Por qué? Explique lo que debe y lo que no debe hacer un buen empleado.

2. **Diálogo entre la madre y el padre de Jairo.** Lea otra vez el correo electrónico que aparece en la página 319 y escriba un diálogo entre la madre y el padre de Jairo, basándose en la información que da él en su correo. La madre tratará de defender a su hijo, pero... ¿y el padre? ¿Cómo reaccionará él cuando su esposa le cuente lo sucedido?

3. **Los correos electrónicos.** ¿De qué manera han revolucionado las comunicaciones? Basándose en las reglas que Ud. aprendió en *Para escribir mejor*, ¿qué diferencias diría Ud. que hay entre escribir una carta formal tradicional y escribir un correo electrónico? ¿Qué ventajas tienen los correos electrónicos sobre el correo tradicional? ¿Cuándo escribe Ud. cartas? Si escribe muy pocas cartas, ¿por qué no escribe más? ¿Han incluido los correos electrónicos en el volumen de correspondencia que manejan las oficinas de correos? ¿Cree Ud. que en el futuro ya no habrá correspondencia de papel? ¿Por qué (no)?

CAPÍTULO 12

Día de mercado en Guatemala. Éste es el mercado de Chichicastenango, uno de los que se describen en la lectura, donde cientos de personas se reúnen muy temprano para comprar y vender una gran variedad de mercancías. (Wendy Connett/Robert Harding/Getty Images, Inc.)

Lectura

Introducción

Este artículo, de Cristina Morató, se publicó en la sección de viajes del periódico español *El Mundo*. La autora nos describe los mercados de Guatemala, llenos de color, y nos habla también de las costumbres indígenas, que unen las ceremonias católicas con los antiguos ritos de la religión maya. En el artículo se describen además los hermosos paisajes de ese país montañoso y volcánico.

La lectura termina en el pueblecito apartado de San Mateo Ixtatán, y la autora afirma que es entonces que ha llegado al verdadero corazón maya.

La autora menciona en su artículo el *Popol Vuh*, llamado «Biblia de los mayas», cuyos manuscritos fueron destruidos por los conquistadores, quienes querían borrar el pasado para convertir más fácilmente a los indígenas al catolicismo.

Irónicamente, fue un sacerdote, Francisco Ximénez, quien en 1702 encontró una copia del *Popol Vuh* escrita en quiché y la tradujo al español. A través de los años, la traducción de Ximénez ha pasado por muchas manos, y en la actualidad se encuentra en la Biblioteca Newberry, en Chicago.

La llamada «Biblia maya» está dividida en tres partes. En la primera parte se explica el origen del hombre, cuya carne los dioses formaron con maíz. Los dioses hicieron tres intentos, y fue sólo en el cuarto que consiguieron crear al ser humano. El novelista guatemalteco Miguel Ángel Asturias se inspiró en este episodio para su novela *Hombres de maíz*. La segunda parte del *Popol Vuh* trata del tiempo anterior a la creación y narra las aventuras míticas de dos dioses gemelos: Hunahpú y Xbalanqué. La tercera parte es una historia del pueblo quiché (maya) hasta la llegada de los conquistadores.

La ruta de los mercados mayas

En el interior de la iglesia de Santo Tomás Chichicastenango, Guatemala, una anciana maya cubre el suelo con ramas de pino y se dispone a orar° a sus santos protectores. Enciende varias velas de distintos colores, al pie del altar
5   deposita panochas° de maíz y una botella de aguardiente° al tiempo que murmura° una oración en lengua quiché. Fuera, en las escalinatas°, los líderes espirituales de los indígenas, llamados chuchkajaues, balancean interminablemente sus incensarios de copal°, mientras recitan ensalmos° en
10 honor del antiguo calendario maya y de sus antepasados enterrados bajo el suelo de la iglesia.

Pero los empinados° escalones° de piedra de Santo Tomás sirven también como escenario de uno de los mercados más concurridos y coloristas de Guatemala. Todos los jueves y
15 domingos, la plaza central de esta aldea del Quiché se llena de improvisados tenderetes°.

Glosses (right margin):

rezar

mazorcas / licor fuerte, hecho generalmente con caña de azúcar / *whispers* / escaleras exteriores
resina de un árbol / *spells*

steep / steps

puestos (*stands*)

Chichicastenango, encaramado° sobre la ladera de una colina, es uno de los pueblos más activos del Altiplano° y tiene una masiva afluencia° de turistas. Su nombre en quiché

20 significa «lugar de los chichicastes», que es una variedad de ortigas° muy urticantes° que se encuentran en esa región y con las que es mejor no tropezarse. A sus habitantes se les apoda «mashenos» y mantienen con orgullo sus tradiciones y ritos ceremoniales. Este pueblo de montaña, fundado por los

25 españoles en 1540 con la ayuda de los misioneros dominicos, conserva aún buena parte de su encanto colonial.

Las estrechas callejuelas empedradas° convergen en una amplia plaza custodiada° por la iglesia de Santo Tomás y la capilla° del Calvario. Para los quichés, Chichicastenango

30 es su ciudad sagrada, porque fue donde se encontró el manuscrito del *Popol Vuh*, la Biblia de los mayas, que narra cómo el hombre fue creado a partir del maíz. Las autoridades eclesiásticas permiten que todavía hoy se sigan practicando en la iglesia de Santo Tomás —construida sobre

35 las ruinas de un antiguo templo— las ceremonias que datan del siglo XVI y cuyo origen se debe al sincretismo de las religiones católica y maya.

Es día de mercado en Chichi° y los comerciantes, desde primeras horas de la madrugada, ocupan toda la plaza

40 central y sus calles adyacentes con sus pesados fardos°. Lentamente extienden en el suelo frutas y verduras como un auténtico arco iris°, mientras en los tenderetes otros indígenas instalan las artesanías tan apreciadas por los turistas: las máscaras rituales de madera, los textiles

45 elaborados a mano, las mantas° de lana, los chales° de seda, se amontonan° entre cientos de antigüedades, imágenes de santos y piezas precolombinas. Al mediodía, el mercado es ya un hervidero° de gente dedicada con fervor al arte del regateo°, única manera de sentar° la base de los precios.

50 Es pues el momento de buscar refugio en los frescos patios de algunos de sus hoteles coloniales y aprovechar para degustar° los deliciosos platillos locales, como el popular lomito° de ternera a la barbacoa acompañado de frijoles.

Desde Chichicastenango, rumbo° al norte, la ruta de

55 los mercados conduce a la región Quiché, habitada en su mayoría por población indígena. En medio de una impresionante geografía de valles solitarios, suspendidos a más de 3.000 metros de altitud, campos de maíz y colinas tapizadas° de pinos, aparecen casas de adobe y techo de

60 paja°. Los mayas actuales°, descendientes de aquellos sabios que predecían los eclipses, son un pueblo que ha sido capaz de conservar sus lenguas, parte de sus costumbres y rituales, así como su vestimenta° cargada° de simbolismo. En estas latitudes es frecuente ver a las mujeres sentadas frente a sus

65 rústicos telares° mientras sus hijas hilan° a mano el algodón con el típico huso de malacate°.

---

subido
high plateau
abundancia

nettles / that produce a rash

pavimentadas con piedra
protegida
iglesia pequeña

abreviatura de
   Chichicastenango
bultos o sacos

rainbow

blankets / shawls
pile up

muchedumbre ruidosa
haggling / establecer

probar
loin
con dirección

cubiertas
straw / de hoy

ropa / llena

looms / spin
huso... *type of spindle*

La ciudad de Quetzaltenango, fundada en 1524 por Pedro de Alvarado, es el punto de partida para visitar los mercados más interesantes, como el de San Francisco el Alto y Momostenango. Cada viernes, mestizos° e indígenas llegan de las más remotas aldeas para ofrecer e intercambiar sus productos como hicieron antaño° sus antepasados. Poco conocido por los turistas, este mercado, distante sólo 20 kilómetros de la ciudad, es el más grande del Altiplano y uno de los más reputados de América Central. El pueblo descansa a 2.610 metros de altura, rodeado de cerros° abruptos y montañas, donde abundan las cascadas. Desde la plaza central en un día claro se divisan° como telón de fondo° los majestuosos volcanes de Santa María y Cerro Quemado. La bruma° envuelve de madrugada sus calles adoquinadas°, al tiempo que los primeros vendedores llegan de sus respectivas aldeas a pie, cargando en sus espaldas pesados sacos de azúcar y maíz, o caminando junto a sus cabras y cerdos, que llevan atados de un cordel.

En San Francisco el Alto aún se practica el trueque° y los vendedores hablan en términos de onzas y libras.* El mercado rodea la iglesia colonial y cada producto ocupa su parcela° precisa: aquí los panes° de sal o de azúcar (panelas), más allá las flores, el incienso y las especias (achiote°, canela, pimientos frescos y desecados). En las mesas centrales se amontonan pilas de telas, y detrás de la iglesia estalla° el colorido de los puestos de frutas y verduras. Sin embargo, lo más tradicional de San Francisco el Alto es su curioso mercado de animales, que tiene lugar ese mismo día en una gran explanada. Aquí se pueden comprar desde gatos y perros, hasta bueyes, vacas, mulas y hermosos pavos en un ambiente de lo más° festivo. No muy lejos, el mercado de Momostenango es conocido por sus excelentes artesanías de lana que se elaboran como en tiempos de la conquista. Son famosos sus ponchos, alfombras, mantas, tapices° y bufandas que se ponen a la venta los miércoles en su plaza central.

Más al norte, la ruta se hace cada vez más difícil, y en la época de lluvias, es sólo apta para vehículos de doble tracción. Aun así, merece° la pena visitar uno de los pueblos más fascinantes de esta región: San Mateo Ixtatán. En esta apartada aldea habitan los indígenas chuj, que trabajan desde tiempos inmemoriales la sal. Su pequeño mercado permite conocer la original vestimenta de las mujeres, que lucen°, como verdaderas reinas, largas túnicas de algodón bordadas° en su parte central con motivos geométricos en forma de sol. Hemos llegado al auténtico corazón maya.

Glosas:
- personas que son mezcla de indio y español
- en el pasado
- montañas pequeñas
- **se...** se pueden ver / **telón...** *backdrop* /niebla / *paved with cobblestones*
- *barter*
- espacio de terreno / bloques o barras / bija (*annatto*)
- *bursts out*
- **de...** muy
- *tapestries*
- vale
- llevan de manera elegante *embroidered*

---

*La escritora, una española, se sorprende de que en los mercados no se usen kilogramos como en España. Pero lo cierto es que en muchos países hispanoamericanos se pesa por libras, aunque se miden las distancias en kilómetros.

APLICACIÓN

A. Vocabulario.

Complete las oraciones escogiendo la palabra apropiada de la lista.

antaño / arco iris / capillas / cerros / chal / divisar / empinada / encaramado / escalones / fardos / hervidero / husos / manta / mestizos / oran / paja / regatear / rumbo a / tapiz / tenderetes / telares / trueque / vestimentas

1. Para llegar al templo había que subir más de cien _____. Era difícil subir, pues además, la escalinata era muy _____.

2. Desde temprano, la plaza es un _____ de gente y están instalados los _____ donde se venden variadas mercancías.

3. Los pobres vendedores bajan de los _____ cargando _____ muy pesados.

4. Muchas veces, los indígenas no usan dinero para comprar, pues practican el _____, o sea, intercambian mercancías.

5. En el pueblo hay una iglesia principal y varias _____, y los indígenas mayas todavía _____ a sus dioses en ellas, como se hacía _____.

6. En el puesto compré un _____ para la sala y un _____ para mi esposa, y después de mucho _____, los conseguí a muy buen precio.

7. Cuando hace frío, es conveniente tener una _____ de lana.

8. En nuestro viaje _____ las montañas, podíamos _____ las casas de los campesinos, con paredes de adobe y techo de _____.

9. Después de la lluvia, se veía en el cielo un _____.

10. _____ en unas piedras, un vendedor gritaba, anunciando su mercancía.

11. Las mujeres hilaban en _____ con _____ y llevaban _____ con motivos geométricos.

12. Aunque muchos de los vendedores eran indios puros, había también _____.

B. Comprensión.

Conteste según la lectura.

1. ¿Qué hace en la iglesia la anciana maya?
2. ¿Qué hacen en el exterior de la iglesia los líderes espirituales de los indígenas?
3. ¿Qué hay los jueves y domingos en la plaza central de Chichicastenango?
4. ¿Qué otros mercados guatemaltecos modestos y remotos se mencionan?
5. ¿Por qué se llama así Chichicastenango?
6. ¿Por qué es Chichicastenango una ciudad sagrada?

7. ¿Cuáles son algunas de las cosas que se venden en el mercado de Chichicastenango?

8. ¿Qué es apropiado hacer al mediodía?

9. ¿Cómo son las casas de los mayas actuales?

10. ¿Qué han conservado los mayas de hoy?

11. ¿Qué llevan los vendedores al mercado de Quetzaltenango?

12. ¿Qué cosas se pueden comprar en el mercado de San Francisco el Alto? ¿Qué animales?

13. ¿Por qué es conocido el mercado de Momostenango?

14. ¿Cómo se visten las mujeres de San Mateo Ixtatán?

C. Interpretación.

Conteste según su opinión personal.

1. ¿Por qué es importante el primer párrafo? ¿Qué aprendemos a través de él de los mayas y sus costumbres?

2. ¿Cuál es la ventaja de que los días de mercado sean diferentes según el pueblo?

3. En su opinión, ¿qué influencia ha tenido la afluencia de tantos turistas en el mercado de Chichicastenango?

4. ¿Qué es sincretismo de religiones? ¿Cómo se ve este sincretismo en Guatemala?

5. En todos los mercados se practica el regateo. ¿Favorece esto al comprador, al vendedor o a ambos?

6. Desde el punto de vista humano, ¿qué impresión recibimos cuando leemos que los vendedores llegan a pie, cargando pesados sacos de azúcar y maíz?

7. ¿Por qué dice al final la autora: «Hemos llegado al auténtico corazón maya»?

Esta señora guatemalteca vende sus hermosas telas tejidas en el mercado de Solola. Los precios finales de su mercancía los va a determinar el regateo, que es un verdadero arte. (San Rostro/Age Fotostock America, Inc.)

D. Intercambio oral.

Use los temas en un intercambio oral con sus compañeros de clase.

1. **Los mayas de hoy.** El tiempo parece haberse detenido para los indígenas de Guate-mala. ¿Es esto bueno o malo? ¿Viven estos indígenas una vida fácil o difícil? ¿Por qué? ¿De qué manera cambiaría Ud. la situación de ellos? ¿Qué cosas cambiaría si pudiera? ¿Por qué (no) las cambiaría?

2. **Los turistas.** Los turistas pueden clasificarse en diferentes grupos, por ejemplo, según los sitios que prefieren visitar. Hay turistas interesados en la historia y el arte, los hay compradores, los hay que lo comparan todo con su país de origen, etc. Los estudiantes comentarán las diferentes clases de turistas. ¿Por qué tienen tan mala fama muchos turistas norteamericanos?

3. **Preferencias personales al viajar.** ¿Es mejor visitar lugares exóticos y poco conocidos o visitar grandes centros turísticos y capitales? ¿Por qué? ¿Qué ventajas y desventajas hay en cada caso? ¿Qué inconveniente tiene visitar un país cuyo idioma no se conoce?

4. **Los compradores compulsivos.** ¿Cuáles son sus características? ¿Qué problemas tienen ellos? ¿Cuándo puede considerarse que el comprar es una adicción? ¿Son más compradores los hombres o las mujeres? ¿Compran los hombres y mujeres adictos a las compras diferentes clases de mercancía? ¿Se ha arrepentido Ud. alguna vez de haber comprado algo? ¿Qué cosa y por qué?

Sección gramatical

Verbs Used Reflexively

Before discussing the passive voice later in this chapter, it will be helpful to examine the concept of *reflexive* verbs and verbs used *reflexively*.* Remember that a very common way to express the passive voice in Spanish is with a *reflexive* construction.

A verb is said to be reflexive when its action is directed back on the grammatical subject. (A simpler definition states that a Spanish verb is reflexive when it is used with an object pronoun—**me, te, se, nos, os, se**—of the same person as the subject of the verb.)

The principal reflexive uses of verbs are described below. Bear in mind that some of the subtleties of the reflexive can only be learned through years of experience with the language.

1 Some verbs are always used reflexively in Spanish.

arrepentirse (de)	*to repent, be sorry about (regret)*
atreverse (a)	*to dare*
jactarse (de)	*to boast*
quejarse (de)	*to complain*
Miguel se jacta de que no hay nada que él no se atreva a hacer.	*Miguel boasts that there is nothing that he doesn't dare to do.*
La turista se quejaba de que no tenía dinero, y se arrepentía de haber gastado tanto en el mercado.	*The tourist complained that she had no money and regretted having spent so much at the market.*

---

*We retain the traditional terms *reflexive* and *reflexively* although in some cases they are less precise than *pronominal* and *pronominally*, translations of the Spanish **pronominal** and **pronominalmente**.

1. Celebración de la Semana Santa en la ciudad de Antigua, Guatemala, a 45 km. de la capital. Las calles se cubren de hermosas alfombras como ésta, hechas con gran paciencia y arte, de serrín (*sawdust*) teñido de muchos colores. Observe a los hombres vestidos de guerreros romanos que van a desfilar en la procesión. (©ORLANDO SIERRA/AFP/Getty Images News and Sport)

2. Chac, el dios maya de la lluvia, tiene una antorcha en la mano como símbolo de su poder. Esta estatua está en las ruinas de Copán, en Honduras, consideradas por la UNESCO patrimonio universal. (©Robert Francis/Robert Harding World Imagery/Getty Images)

3. Guatemala. Templo en la gran plaza de las ruinas de Tikal. Es peligroso subir esta escalinata tan empinada, pero muchos turistas lo hacen. (Ken Welsh/Age Fotostock America, Inc.)

4. Esta figura de terracota guatemalteca pertenece al período clásico maya (300–900). Se usaba para quemar incienso. (©Museo Nacional, Guatemala City, Central America/The Bridgeman Art Library/Getty Images)

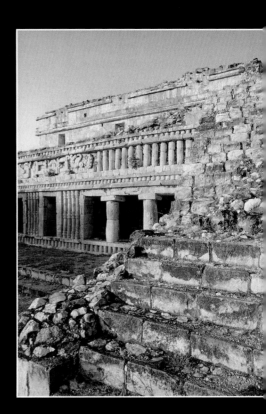

5. Ruinas del Palacio de Sayil, Yucatán. (©Michael Townsend/Photographer's Choice/Getty Images)

6. Plaza de las Monjas y Pirámide del Mago en las ruinas mayas de Uxmal, México. (©altrendo travel/Getty Images.)

2 Transitive verbs are often used reflexively.

    a. Many of these verbs show the following pattern: If the subject performs the act on someone else, the reflexive pronoun is not used (column **a**); if the subject is the person affected, the reflexive pronoun is used in Spanish, even though it may not be used in English (column **b**). Observe that the English translation differs in columns (**a**) and (**b**).

(a)		**(b)**	
acostar	*to put to bed*	**acostarse**	*to go to bed*
divertir	*to amuse*	**divertirse**	*to have a good time, enjoy oneself*
llamar	*to call*	**llamarse**	*to be named*
sentar	*to seat*	**sentarse**	*to sit down*

La mujer acostó a su bebé en la cuna y luego ella se acostó en la hamaca.	*The woman put her baby to bed in its crib and then she lay down in the hammock.*
A veces los cómicos divierten al público pero ellos mismos no se divierten.	*Sometimes comedians amuse the public but they themselves do not have a good time.*

    b. Often a Spanish transitive verb requires the reflexive pronoun when no other direct object is expressed.* Observe that in the following cases, the English translation is the same.

derretir(se)	*to melt*	**extender(se)**	*to extend*
detener(se)	*to stop*	**secar(se)**	*to dry*

Para hacer esa salsa, debe Ud. derretir la mantequilla primero.	*To make that sauce you should melt the butter first.*
Hacía mucho calor y el helado se derritió.	*It was very hot and the ice cream melted.*
El ranchero extendió el brazo para señalar el límite de sus tierras, que se extendían hacia el oeste.	*The rancher extended his arm to indicate the limit of his land, which extended toward the west.*
Si la ropa no se seca pronto, tendré que secarla en la secadora.	*If the clothes don't dry soon, I'll have to dry them in the dryer.*
Cuando detuve el coche junto a la vía del ferrocarril, vi que un tren se detenía para no atropellar una vaca.	*When I stopped the car at the crossing, I saw that a train was stopping in order not to run over a cow.*

---

*Recall what was said in Chapter 3 about the use of the *dative of interest* with verbs used reflexively.

3 Numerous verbs—transitive and intransitive—acquire different meanings when used reflexively.

comer	*to eat*	**comerse**	*to eat up*
dormir	*to sleep*	**dormirse**	*to fall asleep*
ir	*to go*	**irse**	*to go away, go off*
llevar	*to carry*	**llevarse**	*to carry off*

Antonio se comió todos los frijoles.	*Antonio ate up all the beans.*
A Cristina le gusta dormir, pero con frecuencia le cuesta trabajo dormirse.	*Cristina likes to sleep, but frequently she has a hard time falling asleep.*

In other cases, the shift of meaning may not be translatable and/or may vary from one Spanish-speaking area to another. Some verbs that are not reflexive in Spain are used reflexively in Spanish America.

desayunar(se)	*to have breakfast*	**enfermar(se)**	*to get sick*
despertar(se)	*to wake up*	**morir(se)**	*to die*

(Me) desperté a las ocho y a las ocho y media desperté a mi hermanito.	*I woke up at eight o'clock and at eight-thirty I woke up my little brother.*

If we examine some of the differences between **morir** and **morirse**, the complexity of this problem becomes evident. **Morir** often refers to a death that occurs in an accident or under violent circumstances.

Muchos soldados murieron en la batalla.	*Many soldiers died in the battle.*
El niño murió en el incendio.	*The child died in the fire.*

Morirse expresses the idea *to die* (of natural causes), *to be dying, to be moribund.*

El enfermo se muere y quiere ver a su hijo.	*The sick man is dying and he wants to see his son.*

Both **morir** and **morirse** can be used figuratively; the latter is found most often with human subjects.

A medida que mueren las costumbres viejas, nacen las nuevas.	*As old customs die, new ones are born.*
Nos morimos por ir a ese concierto.	*We are dying to go to that concert.*
Durante el espectáculo, Mariano se moría de (la) risa.	*During the show Mariano was dying of laughter.*

4 Many verbs are used reflexively when referring to actions that involve a part of the body or an article of clothing of the grammatical subject.

Al quitarse las botas, Enrique se lastimó el tobillo izquierdo.	*On removing his boots, Enrique hurt his left ankle.*

Note that the reflexive pronoun is not used when the action is purely voluntary and no external instrumentality (including another body part) is involved.

El niño cerró los ojos y extendió la mano para recibir el regalo de sorpresa.	*The child closed his eyes and extended his hand to receive the surprise gift.*

5 A number of verbs may acquire a causative meaning when used reflexively.

cortarse el pelo	*to have one's hair cut*
empastarse una muela (un diente)	*to have a tooth filled*
retratarse	*to have one's picture taken*
sacarse una muela (un diente)	*to have a tooth extracted*
Ayer Manuel se cortó el pelo porque iba a retratarse.	*Yesterday Manuel got a haircut because he was going to have his picture taken.*

APLICACIÓN

A. ¿Se necesita un pronombre?

Añada un pronombre reflexivo si es necesario.

1. Con este calor, la nieve que cayó anoche _____ derretirá rápidamente.

2. Cuando los heridos _____ abrieron los ojos, vieron que estaban en el hospital.

3. Mi mamá me dijo que _____ acostara a mi hermanito.

4. Ellos siempre _____ arrepienten de sus malas acciones después de hacerlas.

5. Cuando el aire acondicionado no funciona bien, _____ quejamos.

6. Fui al dentista para empastar _____ un diente.

7. Después de comer _____, ella _____ puso el sombrero y _____ fue de la casa.

8. Si _____ comes todos esos bombones, vas a enfermar _____.

9. Cuando llegó el médico, el paciente ya _____ estaba muriendo.

10. Ella es siempre la primera en levantar _____ la mano para contestar.

11. Si el profesor es aburrido, los alumnos _____ dormirán.

12. Antes de volar, el águila _____ extendió las alas.

B. La visita de mis amigos.

Traduzca.

Last night I was dying to go to bed early because I had had a tooth extracted in the afternoon. However, when I was about to put on my pajamas, some friends arrived, explaining that they wanted to amuse me with several new jokes, so I didn't dare say anything. How could I complain in a case like this? I didn't get to sleep until after midnight, and my friends drank up all the beer and soda that I had in the house. They also took a gallon of ice cream, saying that they didn't want it to go to waste during my "illness."

IMPERSONAL USE OF *SE*

Se is found with the third-person singular of the verb (used intransitively) to mean *one, they, people, you* (indefinite).* This construction is similar to the reflexive substitute for the passive discussed on pages 336–337, but is much less common.

Hoy día se habla mucho de los problemas sicológicos.

Nowadays people talk a lot about psychological problems.

En el campo se vive mucho más tranquilamente que en la ciudad.

In the country one lives much more peacefully than in the city.

In order to use a reflexive verb impersonally, one must add **uno/a** or **una persona**.

Si uno (una persona) se alaba constantemente, se aburren sus oyentes.

If a person praises himself constantly, his listeners get bored.

APLICACIÓN

A. Actividades del fin de semana.

Haga un comentario en cada caso usando oraciones impersonales con se. Añada uno/a si es necesario.

Modelo: *Nos divertimos* mucho en la boda de Pepe, pero *bebimos* demasiado.
            → *En las bodas **uno se divierte** mucho, pero a veces **se bebe** demasiado.*

1. Los sábados por la mañana, mi hermano y yo *nos entretenemos* cortando la hierba del jardín.
2. Otras veces, *vamos* de compras al supermercado.
3. Los sábados por la noche *me reúno* con amigos y *bailo* en la discoteca.
4. Como los sábados *me acuesto* después de medianoche, los domingos *me levanto* mucho más tarde que en los días de semana.
5. En casa *comemos* mucho en el desayuno los domingos.

---

*It should be noted that the indefinite or impersonal English *you* is sometimes expressed in Spanish by **tú**, especially in the spoken language. Occasionally **usted** is also used in this way.

A veces en la vida (tú) trabajas mucho y no tienes éxito.

Sometimes in life you work hard and you're not successful.

6. Mi familia es tradicional, por eso después del desayuno *asistimos* a los servicios religiosos.

7. Cuando *salimos* de la iglesia *conversamos* un rato con los vecinos.

8. Los domingos *almorzamos* en un restaurante.

9. Por la tarde, mis hermanos y sus amigos *juegan* al fútbol en el parque.

10. Yo, si *estoy cansada*, *me quedo* en casa; *duermo* la siesta o *me siento* a leer.

The Passive Voice

Speakers of Spanish and English have at their disposal two voices, or ways, to indicate the relation of the subject of the verb to the action expressed by the verb. In the active voice, the subject *performs* the action.

El Padre Francisco Ximénez tradujo el Popol Vuh.

Father Francisco Ximénez translated the Popol Vuh.

On the other hand, in the passive voice the subject is the *recipient* of the action.

El Popol Vuh fue traducido por el Padre Francisco Ximénez.

The Popol Vuh was translated by Father Francisco Ximénez.

The passive voice may be expressed in Spanish by means of various constructions.

THE TRUE PASSIVE (*SER* + PAST PARTICIPLE)

When an agent (performer) is expressed or strongly implied, **ser** is used with the past participle in Spanish, much as the verb *to be* is used in English with the past participle.

Las máscaras rituales son talladas a mano por los nativos.

Ritual masks are carved by hand by the natives.

Según el Popol Vuh, el hombre fue creado de maíz por los dioses.

According to the Popol Vuh, man was created out of corn by the gods.

En aquella época fueron construidas todas las casas de la cuadra.

At that time all the houses on the block were built.

Aquellos árboles han sido plantados en la última semana.

Those trees have been planted during the last week.

Observations:

1. The foregoing construction, which so closely parallels English usage, is much less frequently used in Spanish. Much preferred are the active and/or reflexive structures discussed below. The overuse of the true passive is regarded as a stylistic defect. Especially frowned upon is the use of the present progressive of **ser** + present participle, e.g. **El edificio está siendo construido por una empresa extranjera**. It is much better Spanish to say **Una empresa extranjera construye (está construyendo) el edificio**.

2. You must not use the true passive in Spanish when the English subject is an indirect object. In the sentence *We were given the bad news yesterday*, it is clear that *we* is an indirect object if the sentence is converted to the active voice: *They gave the bad news to us yesterday*. One should say either **Nos dieron la mala noticia ayer** or **Se nos dio la mala noticia ayer**.

THE INDEFINITE THIRD-PERSON PLURAL OF THE ACTIVE VERB

When the agent is not expressed or strongly implied, a very common equivalent of the English passive voice is the indefinite third-person plural of the active verb.*

In this construction, the subject in Spanish is not **ellos** or **ellas** but an unexpressed indefinite *they*. The English subject becomes the direct object in Spanish.

Tallan a mano las máscaras rituales.	*Ritual masks are carved by hand. (They carve the ritual masks by hand.)*
Según el Popol Vuh, crearon al hombre de maíz.	*According to the Popol Vuh, man was created out of corn. (According to the Popol Vuh, they created man out of corn.)*
En aquella época construyeron todas las casas de la cuadra.	*At that time all the houses on the block were built. (At that time they built all the houses on the block.)*
Han plantado aquellos árboles en la última semana.	*Those trees have been planted during the last week. (They have planted those trees during the last week.)*

THE APPARENT PASSIVE (*ESTAR* + PAST PARTICIPLE)

In English, the isolated sentence *Mario was wounded* can be interpreted two ways: (a) it could refer to an action in which someone wounded Mario or (b) it could refer to the state or condition that Mario was in as a result of the fact that someone wounded him.**

In Spanish, the first meaning is expressed by **ser** + past participle: **Mario fue herido**. The second meaning is not really a passive because no action is expressed and therefore **estar** + past participle is used: **Mario estaba herido**.

Cuando yo me mudé a esa cuadra, ya todas las casas estaban construidas.	*When I moved to that block all the houses were already built.*
Ya están plantados los árboles, ¿verdad?	*The trees are already planted, aren't they?*
El delincuente estuvo encarcelado de 1995 a 2005.	*The criminal was locked up from '95 to '05.*

Carefully observe the resultant states expressed in the following sentences.

El agua está compuesta de oxígeno e hidrógeno.	*Water is composed of oxygen and hydrogen.*

---

* The active structure exists in English, but is not used nearly so often as in Spanish. In the following examples, observe how the active voice is preferred in Spanish, whereas the passive is used in English.

A Maruja no le gusta que la critiquen.	*Maruja doesn't like to be criticized.*
Seguramente esta tarde echarán al correo los dos paquetes.	*The two packages will definitely be mailed this afternoon.*
Y ¿piensas tú que cuando nos morimos no nos piden cuenta de nuestras acciones? (Galdós, *Miau*, cap. 27)	*And do you think that when we die we are not asked for an account of our actions?*

Some grammarians of English use the term *statal passive*, which corresponds to **estar + past participle, and *actional passive*, which corresponds to **ser** + past participle.

México está limitado al norte por los Estados Unidos y al sur por Guatemala.	*Mexico is bordered on the north by the United States and on the south by Guatemala.*
Las montañas estaban cubiertas de nieve.	*The mountains were covered with snow.*

In none of the above cases does the verb **estar** express an action taking place at the time indicated by the tense, which is a function of **ser** + past participle. In short, these examples only *look like* the passive voice.

APLICACIÓN

A. Dígalo de otro modo.

Vuelva a escribir los siguientes pasajes, formando oraciones de voz pasiva con los verbos que se indican.

Modelo: *Las campañas electorales **fueron iniciadas** por los candidatos políticos hace varios meses.*

1. Los candidatos políticos *iniciaron* las campañas electorales hace varios meses. Ya *han visitado* muchas ciudades y *visitarán* muchas más. Todos los días sus partidarios los *alaban*, mientras que sus adversarios los *condenan*. En algunos lugares, los ciudadanos los *han aplaudido* y, en otros, los *ha abucheado* el público. Muchos periódicos *recomiendan* a los candidatos preferidos, pero frecuentemente el público no *sigue* tales recomendaciones. Al final, los ganadores *celebrarán* su triunfo con grandes fiestas.

Modelo: *Los centros urbanos **fueron abandonados** misteriosamente por los mayas.*

2. Los mayas *abandonaron* misteriosamente los centros urbanos alrededor del año 900 después de J.C. y los toltecas, que emigraban del norte, se fundieron con ellos. Los toltecas *adoptaron* la religión y las costumbres mayas. Hoy millones de turistas *visitan* Guatemala, porque es un lugar muy interesante. Chichicastenango es una ciudad muy antigua, pues la *fundaron* los españoles en 1540. Los quichés la *consideran* sagrada porque allí los misioneros cristanos *encontraron* el Popol Vuh, que narra, entre otras cosas, cómo los dioses *crearon* a los humanos.
    En la iglesia de Santo Tomás, vi que una vieja *cubría* el suelo con ramas de pino, y en la plaza, vi que los líderes espirituales *balanceaban* los incensarios de copal. La iglesia católica permite que los mayas *practiquen* las ceremonias religiosas de sus antepasados.
    Era día de mercado en Chichi, y los comerciantes *habían ocupado* la plaza central desde la madrugada. Los vendedores *extendían* en el suelo frutas y verduras como un auténtico arco iris, y también *instalaban* docenas de tenderetes.
    Los mayas de hoy *han conservado* sus lenguas primitivas y también sus costumbres. Por ejemplo, las mujeres mayas *hilan* a mano el algodón para hacer telas. Y muchos guatemaltecos todavía *hablan* la lengua quiché y otras 28 lenguas.

B. En un mercado maya.

Exprese el estado resultante de los verbos de las siguientes oraciones. Observe que la mayoría de los verbos tienen complemento directo, pero algunos son reflexivos.

Modelo: La anciana colocó ofrendas al pie del altar.
→ *Las ofrendas estaban colocadas al pie del altar.*
Los domingos, los mercados se llenan de gente.
→ *Los domingos, los mercados están llenos de gente.*

1. La anciana cubrió el suelo con ramas de pino.
2. La anciana se arrodilló ante el altar.
3. La iglesia de Santo Tomás custodia la plaza.
4. Las autoridades eclesiásticas permiten el sincretismo de las religiones católica y maya.
5. Los comerciantes ocupan toda la plaza central.
6. Las mercancías se amontonan en el suelo.
7. El camarero ya sirvió los frijoles.
8. La población indígena habita la región de Quiché.
9. Las mujeres hilaron a mano las mantas.
10. Cerros y montañas rodean el pueblo.
11. Varios vendedores se sentaron en los escalones de piedra.
12. Las mujeres bordaron sus túnicas con motivos geométricos.

The Reflexive Substitute

In this construction, there are two different structures: one for things, animals, and groups of persons; another for individualized persons. Usually the agent is not expressed nor strongly implied.

1 Things, animals, and groups of persons

In this case, the English subject becomes the subject of the Spanish active verb used with **se**. If the subject is singular, the verb is singular; if the subject is plural, the verb is also plural.*

En aquella época se construyeron todas las casas de la cuadra.	*At that time all the houses on the block were built.*
Ese árbol se plantó el verano pasado.	*That tree was planted last summer.*
Se pueden comprar perros y gatos en el mercado de animales.	*Dogs and cats can be bought at the animal market.*
Se seleccionarán varias jóvenes para una prueba de cine.	*Several young women will be selected for a screen test.*
Los maestros recién graduados se enviaron a la nueva escuela.	*The recently graduated teachers were sent to the new school.*
No se permiten niños pequeños en el hospital.	*Small children are not allowed in the hospital.*

---

*When a group of persons is the subject, some grammarians apply the term **cosificación** to this structure.

Observations:

In this construction, the verb most often precedes the subject. However, the subject may precede if it is modified by a definite article, a demonstrative, or a possessive. Thus it is correct to say **Las casas se construían con madera** (but not **Casas se construían con madera**); **Aquellos árboles se han plantado recientemente** (but not **Árboles se han plantado recientemente**).

2 Individualized person(s)

When the English subject is an individualized person, the reflexive passive permits the use of **se** + third-person singular of the verb only and the English subject becomes the Spanish direct object.

Se admira mucho a esas dos profesoras.	*Those two professors are much admired.*
Se creó al hombre de maíz.	*Man was created out of corn.*

Note the use of the personal **a** in the preceding examples.

    a. If direct object pronouns are required, the preferred forms of the third person are **le, les, la, las**. However, many native speakers, especially in Spanish America, avoid the construction involving reflexive and feminine direct object pronouns.

Se la admira mucho.	*She is much admired.*
Se le creó de maíz.	*He was created out of corn.*

    b. If a direct object noun precedes se, a redundant pronoun is added between se and the verb. Again the third-person pronouns used are **le, les, la, las**.

A Andrés se le castigará por haber tomado el auto sin permiso.	*Andrés will be punished for having taken the car without permission.*
A Sarita se la premió por haber salvado al niño que se ahogaba.	*Sarita was rewarded for having saved the drowning boy.*

RECAPITULATION

1 If the subject is thing(s), animal(s), or group(s) of persons, use **ser** + past participle if the agent is expressed or strongly implied.

Esos ritos fueron prohibidos el año pasado por las autoridades eclesiásticas.	*Those rites were forbidden last year by the ecclesiastical authorities.*

If the agent is not expressed or strongly implied, use:
    a. the reflexive substitute with agreement of subject and verb,

Se prohibieron esos ritos el año pasado.	*Those rites were forbidden last year.*

    b. or, the impersonal third-person plural of the active verb.

Prohibieron esos ritos el año pasado.	*They forbade those rites last year.*

2 If the subject is an individualized person or persons, use **ser** + past participle if the agent is expressed or strongly implied.

> **Esos sacerdotes mayas fueron entrevistados por el periodista.**
>
> *Those Mayan priests were interviewed by the journalist.*

If the agent is not expressed or strongly implied use
  a. the impersonal third-person plural of the active verb,

> **Entrevistaron a esos sacerdotes mayas.** *They interviewed those Mayan priests.*

  b. or, less frequently, the reflexive substitute with **se** + third-person singular of the active verb.

> **Se entrevistó a esos sacerdotes mayas.** *Those Mayan priests were interviewed.*

APLICACIÓN

A. En Chichicastenango.

Transforme las oraciones de la voz pasiva a la activa como se hace en el modelo.

Modelo: Las velas de colores fueron encendidas por esa anciana.
→ *Esa anciana encendió las velas de colores.*

1. La indígena nos dijo que su túnica había sido tejida por ella misma.
2. El visitante fue recibido amablemente por los nativos.
3. La operación fue hecha con mucha destreza por el curandero.
4. El premio a las alfombras de flores es concedido por un jurado.
5. Las ceremonias fueron aceptadas hace siglos por la Iglesia católica.
6. No es probable que toda esa mercancía sea comprada por los turistas.
7. Esos tapices son muy admirados por los expertos en tejidos.
8. El puesto era atendido personalmente por el dueño.
9. El calendario maya ha sido estudiado por muchos historiadores.
10. La iglesia de Santo Tomás fue construida por los españoles sobre un antiguo templo.
11. La ceremonia fue interrumpida por los gritos de los turistas.
12. Me dijeron que esos vendedores serían multados por el gobierno.

B. Dígalo usando pasiva refleja.

Transforme las oraciones de la voz pasiva con **ser** a la pasiva refleja, como se hace en el modelo.

Modelo: Los paquetes serán enviados mañana.
→ *Se enviarán los paquetes mañana.*
El libro fue vendido ayer.
→ *Se vendió el libro ayer.*

1. Esa calle fue empedrada recientemente.
2. Toda la mercancía era colocada según su tamaño.
3. Todos los chicos del pueblo ya fueron vacunados.
4. El café es cultivado en esa región.
5. Las medicinas fueron distribuidas entre los pobres.
6. Las ortigas serán exterminadas con un líquido especial.
7. Esas artesanías han sido exhibidas en muchos museos.
8. La iglesia será decorada con muchas flores.
9. Los niños no son admitidos en las ruinas.
10. El copal es quemado en un incensario.

C. Hablando de personas.

Cambie las siguientes oraciones de voz pasiva a una construcción con **se**. Observe que todos los sujetos son personas definidas, y que por lo tanto, el verbo será siempre singular y se necesita la preposición **a**.

Modelo: Su hija fue contratada hace dos semanas.
→ *Se contrató a su hija hace dos semanas.*

1. Los prisioneros serán juzgados por el delito de robo.
2. De repente, el turista es sorprendido robando artesanías.
3. Dudo que el inspector haya sido enviado a las ruinas.
4. El gobernador fue elegido en las elecciones de 2010.
5. Los niños son llevados ante el sacerdote.
6. Varios policías fueron golpeados durante los disturbios.
7. El director dijo que esa estudiante sería premiada.
8. El hombre había sido herido con un machete.
9. El médico mandó que los heridos fueran conducidos inmediatamente al hospital.
10. La cantante no es aplaudida con entusiasmo.

D. Pronombres por personas.

Reemplace ahora con pronombres a las personas de las transformaciones que hizo en el ejercicio anterior.

Modelo: Se contrató a su hija hace dos semanas.
            → *Se **la** contrató hace dos semanas.*

E. Anuncios en el periódico.

Cambie las oraciones que tienen **yo** o **Ud**. como sujeto, a oraciones de pasiva refleja.

Modelo: Alquilo una habitación moderna y bonita.
            → *Se alquila...*

1. Vendo auto Chevrolet del 2006 y garantizo que está en buenas condiciones. Puede Ud. verlo en Santa Rosa 315. Pido una cantidad moderada y doy facilidades de pago.

2. Necesito operarias para taller de costura. Pago buen salario y ofrezco además vacaciones y seguro de salud. Favor de no llamar si Ud. no tiene experiencia. Exijo también buenas referencias. Ud. debe ser residente legal de este país.

F. Terrorismo en el aeropuerto.

Cambie las construcciones de pasiva refleja a construcciones de tercera persona del plural impersonal en el siguiente pasaje.

Modelo: Por suerte, se encontró la bomba antes que estallara.
            → *Por suerte, encontraron la bomba antes que estallara.*

En la noche del viernes se colocó una bomba en una de las salas de espera del aeropuerto internacional. Se sospecha que los culpables pertenecen a un grupo terrorista al que se persigue en varios países. No hubo muertos, pero sí heridos, que se transportaron inmediatamente al hospital. Se dice que se vio a una mujer sospechosa, vestida de negro, pero los testigos que se entrevistaron no pudieron dar muchos informes.

Sección léxica

Ampliación: La contribución de las lenguas indígenas al español

Cuando los españoles llegaron al Nuevo Mundo, encontraron gente, objetos, animales y plantas que no conocían, y aprendieron los nombres nativos de esas cosas, pues no había nombres en español para ellas. La lengua taína y otras lenguas menores de las islas del Caribe dieron más palabras al español que las lenguas del continente (tales como el nahuatl, hablado por los aztecas, y el quechua, hablado por los incas) pues el Caribe fue la región donde los conquistadores llegaron primero. Cuando los españoles pasaron al continente americano, llevaron las palabras que ya habían aprendido en el Caribe, y éstas frecuentemente predominaron sobre el vocabulario local.

La lengua quiché, hablada por los mayas, dio muy pocas palabras al español, probablemente porque en la región se hablaban, además del quiché, muchas otras lenguas indígenas.

APLICACIÓN

A. Significado.

En la lectura se explica que Chichicastenango significa «lugar de los chichicastes». Basándose en esto, ¿puede Ud. decir qué significa Quetzaltenango?

B. Origen de las palabras.

A continuación se dan 44 palabras, agrupadas según su origen. Ud. probablemente sabe el significado de muchas de ellas. (Algunas han pasado también al inglés con ciertas modificaciones). Diga qué significan. Si no lo sabe, búsquelas en el glosario al final del libro.

1. *Taíno y otras lenguas del Caribe:* ají / barbacoa / bohío / butaca / cacique / canoa / carey / ceiba / chapapote / cocuyo / comején / enagua / guayaba / hamaca / huracán / maguey / maíz / mamey / papaya / piragua / sabana / tiburón / yuca

2. *Nahuatl:* aguacate / cacahuate / camote / chicle / chocolate / galpón / hule / jícara / sinsonte / tamal / tomate / zopilote

3. *Quechua:* alpaca / cancha / coca / cóndor / mate / pampa / papa / vicuña / yapa (ñapa)

C. Completar

Complete con palabras apropiadas de la lista.

aguacate / alpaca / bohío / butaca / cacahuate / cacique / camote / canchas / canoas / carey / ceiba / chapapote / chicle / cóndor / enagua / galpón / guayaba / hamaca / hule / jícara / mamey / mate / papa / piraguas / sabana / sinsonte / tiburones / tomate / vicuña / yapa / yuca / zopilote

1. Era peligroso viajar por el mar Caribe en _____ y en _____, porque había muchos _____ en esas aguas.

2. Siempre me siento a estudiar en una _____ cómoda.

3. Me gusta poner _____ y _____ en mis ensaladas.

4. A Moctezuma le servían el chocolate en una _____.

5. El maní se llama _____ en México.

6. El _____ es un ave pequeña que canta y el _____ y el _____ son aves de rapiña.

7. En Sudámerica, el _____ es frecuentemente el sustituto del café.

8. La _____ y la _____ son animales de la familia de los camellos.

9. El _____ se usa para asfaltar las calles.

10. El _____ que tanto nos gusta mascar es producto de un árbol de la selva amazónica.

11. El _____ donde vivía el jefe o _____ era más grande que los otros y tenía una _____ donde él dormía.

12. En ese hotel hay dos _____ de tenis.

13. El _____ es una clase de tortuga.

14. Los utensilios de trabajo de la finca se guardan en un _____.

15. En la finca, tengo árboles frutales de _____ y de _____ y árboles que no producen frutas como la _____.

16. La _____, el _____ y la _____ son raíces comestibles.

17. La _____ es un regalo que me hace un comerciante cuando compro algo.

18. Cuando no había plásticos, se usaba el _____ como material impermeable.

19. Una _____ es un terreno llano y extenso.

20. En algunos países, la palabra _____ es sinónimo de «falda».

Distinciones: *To get*

Pocos verbos en inglés cuentan con tan extensa variedad de significados como el verbo *to get* (pretérito: *got;* participio pasivo: *got, gotten*). A continuación se presenta una muestra de los muchos usos de este verbo junto con sus equivalentes en español.

1. Los equivalentes en español de *to get* en el sentido de *to become* se han tratado en el capítulo 6. Es conveniente que los repase.

2. En el inglés informal especialmente, el verbo *to get* reemplaza frecuentemente a *to be* en la voz pasiva para recalcar el resultado más que la acción. El equivalente más común en español es una construcción reflexiva.

No sabemos cómo se rompió la ventana.	*We don't know how the window got broken.*
A veces el portero no puede abrir las puertas porque se pierden las llaves.	*Sometimes the janitor can't open the doors because the keys get lost.*

3. Algunos significados básicos de *to get*. Cuando *to get* quiere decir:
   a. *to obtain* = **obtener, conseguir, lograr**

Si Alfonso se gradúa, conseguirá un empleo mejor.	*If Alfonso graduates, he will get a better job.*
Luis siempre logra lo que quiere.	*Luis always gets what he wants.*

   b. *to buy* = **comprar**

Los Sánchez compraron un coche nuevo la semana pasada.	*The Sánchez family got a new car last week.*

c. *to catch (an illness)* = **coger, pescar**

Dolores ha cogido (pescado) un resfriado.	*Dolores has got a cold.*

d. *to understand* = **comprender, entender**

Verónica contó un chiste pero yo no lo entendí.	*Verónica told a joke but I didn't get it.*

e. *to fetch, go and bring, bring* = **buscar, ir a buscar, traer; llamar, ir por**

Traigan (busquen, vayan a buscar) sus libros y podremos estudiar juntos.	*Get (go and get) your books and we'll be able to study together.*
Hay que ir por el médico inmediatamente.	*It's necessary to get the doctor at once.*

f. *to arrive (at), reach* = **llegar**

Acabamos de llegar a casa.	*We just got home.*
¿A qué hora llegarán a San José?	*What time will they get to San José?*

g. *to receive* = **recibir, tener**

Ayer los señores Alvarado recibieron varias cuentas.	*Yesterday Mr. and Mrs. Alvarado got several bills.*
Me encanta la vocecita de mi computadora que dice: «Tienes carta».	*I love the little voice on my computer that says: "You've got mail."*

4. *To get* se usa también en numerosas expresiones idiomáticas cuyos equivalentes en español tienen que aprenderse uno por uno. A continuación se enumeran algunas de las expresiones más comunes.

a. *to get along with* = *to be compatible* = **congeniar con, llevarse (bien)**

Algunos jóvenes no se llevan bien con sus padres.	*Some young people don't get along with their parents.*

b. *to get back at (even with) for* = **desquitarse de (por)**

Emilita se desquitará con sus enemigos por esa mala jugada.	*Emilita will get even with her enemies for that dirty trick.*

c. *to get off (vehicle), to descend from* = **apearse (de), bajar(se) (de)**
to get off (clothes, shoes, etc.) = *to take off* = **quitar(se)**

(Nos) bajaremos del tren en la próxima parada.	*We'll get off the train at the next stop.*
Me cuesta trabajo quitarme estas botas.	*It's hard for me to get these boots off.*

d. *to get on (vehicle)* = **subir a, montar (en) (a)**
   to get on (clothes, shoes, etc.) = *to put on* = **poner(se)**

Subamos a este tren.	*Let's get on this train.*
No puedo ponerle este vestido a Mercedes; le queda chico.	*I can't get this dress on Mercedes; it's too small for her.*

e. *to get out* = *to go out, to go away* = **salir**

La mujer les dijo a los chicos que saliesen de su jardín.	*The woman told the kids to get out of her garden.*

f. *to get out* = *to take out* = **sacar**

El joven sacó una tarjeta de crédito y pagó la cuenta.	*The young man got out a credit card and paid the bill.*

g. *to get rid of* = **deshacerse de, salir de**

Tenemos que salir (deshacernos) de este auto; no sirve para nada.	*We have to get rid of this car; it's no good at all.*

APLICACIÓN

A. Completar

Complete las narraciones con los equivalentes de las palabras entre paréntesis.

1. **Los consejos obvios de mi tía.**

   El año pasado, pasé las Navidades con mi tía, que es viuda y vive en Madrid. Apenas (*I got*) _____ a Madrid, quise ver la ciudad. Mi tía me hizo las siguientes recomendaciones, que me parecieron innecesarias: «Si vas a caminar por la ciudad, (*get on*) _____ tus zapatos más cómodos. Si tomas un autobús, (*don't get on*) _____ si no estás muy seguro de que va a donde tú quieres ir, y asegúrate antes de (*getting off*) _____ de que ésa es tu parada». Y terminó (*getting out*) _____ del fondo de un baúl un abrigo viejo de mi tío mientras me decía: «Hace frío; ponte este abrigo para que no (*get*) _____ un resfriado».

2. **Mi fiesta de cumpleaños.**

   Muchos amigos vinieron a mi fiesta de cumpleaños, pero (*I got*) _____ pocos regalos. (*I don't get it*) _____. Tal vez algunos no tenían dinero o tal vez quisieron (*to get even*) _____ porque (*I didn't get them*) _____ nada a ellos en su cumpleaños. La fiesta estuvo tan buena, que muchos no querían irse al final, y me costó trabajo (*to get rid*) _____ de ellos. Tuve que (*get angry*) _____ y decirles: «Por favor, (*get out*) _____ de mi casa; es tarde y tengo mucho sueño».

3. **¡Voy a Guatemala!**

Ayer al (*get on*) _____ al metro, vi que mi amiga Cristina iba en el mismo vagón. Apenas me vio, me mostró un pasaje que llevaba en su bolsa y me dijo: «Mira lo que (*I just got*) _____. Voy a Guatemala en julio. ¿Quieres ir conmigo?» Cristina y yo (*get along very well*) _____, por eso dije que sí. «(*Go get*) _____ tu tarjeta de crédito y (*get*) _____ el pasaje hoy mismo para que puedas (*get*) _____ un asiento junto al mío» —me dijo Cristina. «Cuando (*we get*) _____ a Guatemala tenemos que (*get*) _____ un mapa en la oficina de turismo, porque no quiero (*get lost*) _____».

B. Necesito un intérprete.

Traduzca.

1. I hope she doesn't get rid of the dog I got her.
2. I always get nervous before getting on a plane.
3. She wanted to play another game to get even with her opponent.
4. The man was talking in a low voice and I couldn't get what he was saying.
5. They told me your mother got pneumonia in the hospital.
6. I got in late because my keys got lost.
7. We got an e-mail from Sophia yesterday.
8. According to Federico's cousin, he doesn't get along with his neighbors.
9. I can't get this ring off; it's too tight.
10. Get off the elevator when it gets to the fifth floor.

Para escribir mejor

El informe

Un escritor escribe por muchos motivos, y los principales son: (a) para crear una obra literaria, (b) para expresar lo que siente y piensa, (c) para proporcionar información al que lee (*escritos expositivos*) y (d) para exponer tesis o teorías y convencer al lector de que acepte y apoye su punto de vista (*escritos persuasivos*). Los informes que escriben los estudiantes pertenecen a las clases (c) (*expositivos*) y (d) (*persuasivos*). Aquí nos concentraremos en el informe clase (c), que presenta datos obtenidos de una investigación previa y que es el más común.

El estudiante va a proporcionar con su trabajo información a un lector que, en este caso, es su profesor/a. Este lector será el juez del estudiante, y tiene suficientes conocimientos y práctica para distinguir un trabajo serio y bien investigado de uno escrito con precipitación y un mínimo de esfuerzo. Es, por lo tanto, importante que Ud. planee con tiempo su informe y dedique varias semanas al proyecto.

Algunas personas suponen que un buen escritor puede sentarse frente a un papel en blanco o una computadora y crear, por arte de magia, un trabajo perfecto. Nada más lejos de la verdad. Escribir es un *proceso* con diferentes pasos: el plan general, la búsqueda y organización del material, el borrador, la revisión y la versión terminada.

Una buena manera de planear un trabajo es ir de lo general a lo específico. Supongamos que una estudiante, Carmen, debe escribir un informe para su clase de Civilización Hispanoamericana y ha decidido explorar el tema de las culturas precolombinas. Éstas son demasiado numerosas para agruparlas en un simple informe, así que Carmen limita el tema a una de las más importantes: la azteca. El tema, en este punto, es todavía demasiado amplio. Una visita de Carmen a la biblioteca o una exploración de Internet le demuestran que hay una extensa bibliografía sobre los aztecas, tanto en español como en inglés. La lectura del índice de algunos de estos libros la hace interesarse en un enfoque: *costumbres y vida diaria*. Carmen recuerda entonces que en el libro de texto del curso de civilización se habla de Hernán Cortés y de Bernal Díaz del Castillo, y de la impresión que ambos recibieron al ver a Tenochtitlán, la capital mexicana. Carmen tiene una idea: ¿por qué no buscar datos sobre Tenochtitlán? De aquí surge la idea central del trabajo: *Tenochtitlán, centro de la cultura azteca*.

Una vez enfocado el tema, Carmen comienza a leer o a sacar datos de Internet y a tomar apuntes. Al compilar la información, la organiza en torno a varias preguntas: ¿Quiénes eran los aztecas? ¿En qué época se desarrolló su civilización? ¿Qué costumbres, tipo de gobierno, religión, tradiciones, tenía este pueblo? ¿Cómo era su capital? ¿En qué sentido era similar o diferente a las ciudades europeas de la época? ¿Cómo era la vida diaria de los habitantes de Tenochtitlán?

Es muy importante comenzar un escrito con un pasaje corto que capte la atención del lector e indique la intención y el enfoque del trabajo. Carmen tiene aquí muchas opciones, como se verá en los siguientes comienzos que ella prepara:

Principio 1

El tema de este trabajo son las costumbres, religión y tradiciones de los aztecas y la vida en Tenochtitlán, su capital.

Principio 2

Los aztecas eran un conjunto de siete tribus o pueblos diferentes, que compartían la creencia de haber surgido de cuevas en la isla mítica de Aztlán, en medio de un lago. Los mexicas, fundadores de Tenochtitlán, eran una de esas tribus.

Principio 3

El escudo de armas de la moderna República de México tiene un águila posada sobre un cacto o nopal, con una serpiente en la boca. Esta figura ilustra el mito de la fundación de Tenochtitlán, la capital azteca.

Principio 4

Tenochtitlán, la capital azteca, tenía menos de doscientos años de fundada cuando fue conquistada en 1521 por Hernán Cortés y sus hombres.

El principio 1 es sensato, pero demasiado común. Los principios 2 y 3 son mejores, pero contienen demasiados datos y no van a hacer impacto en la persona que comienza a leer. Carmen decide que estos pasajes son más apropiados para colocarlos más adelante, y utiliza el pasaje número 4 como principio, continuando con el pasaje 2. Su próximo paso será hablar de la peregrinación de los mexicas hasta encontrar el águila y el lago que señalaban el sitio donde debían fundar su ciudad.

Como Carmen ha organizado sus datos desde el principio en torno a ciertas preguntas, le resulta fácil ahora hacer subdivisiones en el tema y desarrollar sus ideas en el borrador de su trabajo. A lo largo de éste, debe evitar el plagio, presentando con sus propias palabras la información obtenida. Si considera que algo resultará más interesante citándolo textualmente, lo hará así, pero no olvidará las comillas. Para evitar el plagio involuntario, es conveniente usar comillas desde el principio, al obtener los datos, en aquellos pasajes que se han copiado textualmente.

Es importante utilizar fuentes variadas para obtener información, y seleccionar entre las fuentes las que parezcan más objetivas. Además, Carmen misma debe tratar de ser objetiva en su presentación, y darse cuenta de la connotación de cada palabra que utiliza. Por ejemplo, antes de calificar de horribles, crueles y barbáricos los sacrificios humanos de los aztecas, tiene que considerar que estos sacrificios eran parte de un rito, y se justificaban dentro de la religión de este pueblo, porque el sol debía alimentarse diariamente con sangre para no perecer. Del mismo modo, Carmen debe abstenerse de usar adjetivos demasiado duros y negativos para calificar la conducta de los españoles. Los hechos deben evaluarse dentro de su marco histórico, y todas las conquistas de la historia han sido crueles. Esta regla del objetivismo no significa, por supuesto, que no se puedan incluir opiniones personales en el informe que se escribe, sino que toda opinión debe explicarse y justificarse, basándola en datos concretos.

Una vez terminado el borrador, Carmen lo revisa, leyéndolo varias veces y haciendo los cambios, adiciones y supresiones que se requieran. Consulta un diccionario para asegurarse de que usó las palabras correctamente y de que las escribió bien, con los acentos requeridos. Carmen ha sabido utilizar bien las palabras de enlace presentadas en el capítulo 3, y por eso sus párrafos tienen la coherencia necesaria.

Al pasar su trabajo en limpio, Carmen debe seguir las normas de la *Modern Language Association (MLA)*, ya que el hacerlo le dará a su informe el requerido toque profesional. Estas normas indican cómo y dónde poner las notas, cómo preparar la bibliografía, qué subrayar, etc. Hay varios sitios en internet donde se pueden conseguir. Escriba «MLA Style Sheet» en su buscador.

Una vez que el escritor posee el dominio de la materia, resulta fácil encontrar un título. Éste puede ser descriptivo y repetir la idea central: «Tenochtitlán, centro y reflejo de la civilización azteca», o puede ser creativo: «Tenochtitlán, la Venecia del Nuevo Mundo», «El lago del águila y la serpiente», etc.

Ya tiene Ud., a través del informe de Carmen, un proceso práctico para escribir un informe. Por supuesto, existen otros procedimientos, y la práctica le enseñará a personalizar estos consejos y crear su sistema propio.

APLICACIÓN

A. Investigación.
Busque en periódicos y revistas, preferiblemente en español, un ejemplo de un artículo persuasivo y un ejemplo de un artículo expositivo, y explique por qué los clasifica Ud. de esta manera.

B. Hacer un informe.
Imite el procedimiento que siguió Carmen en el caso de Tenochtitlán. Escoja un tema general, redúzcalo hasta llegar a un punto específico y prepare después preguntas para organizar la información que se necesitaría para escribir un informe sobre ese tema. Puede usar, si lo prefiere, uno de los temas que se dan en la siguiente lista.

1. el amor
2. la guerra contra el terrorismo
3. las computadoras
4. la vida en un pueblo pequeño
5. los gordos
6. la comercialización de las fiestas tradicionales

La civilización maya no se concentró en lo que es hoy Guatemala, sino que se extendió hasta México y Honduras. En la foto se ve el Templo de los Guerreros en las ruinas mayas de Chichén Itzá, México. (Andrea Pistolesi/Getty Images, Inc.)

TEMAS PARA COMPOSICIÓN

Escriba una composición sobre uno de estos temas.

1. **Las religiones precolombinas.** Estas religiones compartían ritos comunes, como el de los sacrificios humanos. Algunas se centraban en el culto del sol. Busque información y escriba sobre las creencias de las civilizaciones precolombinas.

2. **Los efectos de la lectura.** El artículo que leímos en este capítulo apareció en la sección de viajes de un periódico. El principal propósito de esta clase de artículos es informar y atraer a posibles viajeros. ¿Cree que este artículo cumple bien su propósito de atraer turistas? ¿Por qué (no)? ¿Se sintió Ud. atraído/a por las descripciones que contiene? ¿Qué cosas le parecieron más (menos) interesantes? ¿Por qué (no) le gustaría a Ud. visitar Guatemala?

3. **Un país que visité/que me gustaría visitar.** ¿Ha visitado Ud. otros países? ¿Le gustaron? ¿Cómo es allí la vida? Hable de sus experiencias. Si no ha viajado nunca al extranjero, busque información sobre uno o más países, visítelos en su imaginación y diga lo que piensa de ellos. ¡Feliz viaje!

CAPÍTULO 13

Esta marcha en Los Angeles es una de las muchas que los inmigrantes sin papeles han organizado para pedir una reforma migratoria. Se estima que en los Estados Unidos hay en estos momentos 12 millones de personas indocumentadas. (Stefano Paltero/©AP/Wide World Photos)

Lectura

Introducción

El siguiente artículo se publicó en el periódico *La Nación* de Buenos Aires. Su autor, Claudio Iván Remeseira, es corresponsal de *La Nación* en los Estados Unidos.

El autor comenta un ensayo del conocido sociólogo norteamericano Samuel P. Huntington (1927–2008), titulado "The Hispanic Challenge" («El desafío hispano»). El ensayo de Huntington es, a su vez, una condensación del libro *Who Are We?*, que había publicado en 2004 y en el cual exponía las mismas ideas.

Como Ud. verá en la lectura, Huntington quería que los Estados Unidos fuera fiel al legado de nuestros padres fundadores, que consistía, según él, en mantener el inglés como idioma único y en mantener además los valores de la religión protestante y los conceptos de ética y trabajo.

Según Huntington, la identidad americana se está perdiendo porque en una gran sección del país se habla español y predominan las costumbres hispanas. Para él, los inmigrantes hispanos de hoy son diferentes de la inmigración europea del siglo XIX.

El Sr. Remeseira no está de acuerdo con todo lo anterior y explica sus razones, reforzándolas con las opiniones de otros escritores presentes y pasados.

La amenaza latina

En su ensayo «El desafío hispano» Samuel P. Huntington, el mundialmente famoso autor de *El choque° de civilizaciones,* nos entrega la más articulada, fervorosa° y frágil defensa del racismo anglosajón surgida en mucho tiempo.

5   La tesis central del ensayo es que la inmigración latinoamericana amenaza con dividir a los Estados Unidos en dos pueblos, dos culturas y dos lenguas distintas e incompatibles. A diferencia de las olas migratorias del pasado, dice Huntington, los latinoamericanos no se asimilan
10 al *mainstream* estadounidense, forman sus propios enclaves lingüísticos y rechazan los valores protestantes, que son la esencia del sueño americano. El autor no hace distinciones entre países de origen, pero pone énfasis en los mexicanos, que junto con sus descendientes constituyen el 60 por ciento
15 de la población hispana local°.

Huntington describe un fenómeno que nadie discute: la creciente latinización de los Estados Unidos. En la última década del siglo XX, la diáspora latinoamericana se convirtió en la mayor corriente migratoria llegada a esta
20 nación en toda su historia. Los hispanos alcanzan° casi los 40 millones, desplazando° ligeramente a los afroamericanos como primera° «minoría». Se estima que en 2050 el 25 por ciento de los habitantes de los Estados Unidos será hispano.

clash

fervent

de los Estados Unidos

reach

quitándoles su lugar

top

25   Este aluvión° demográfico, afirma el autor, es la mayor *flood*
amenaza que hoy se cierne sobre° la identidad estadounidense. **se...** *hangs over*
Dicha° identidad, explica, se basa en «el credo americano», el *Said*
conjunto de valores e instituciones surgido del legado° de los *legacy*
Padres Fundadores. Las claves de este credo son «el idioma
30 inglés, el cristianismo, los conceptos ingleses del imperio° de *rule*
la ley y los valores protestantes del individualismo, la ética
del trabajo y la creencia en la capacidad y el deber de los
seres humanos de intentar crear un cielo° en la tierra». *heaven*
    El autor concede que las olas migratorias del pasado,
35 incluyendo las asiáticas, modificaron la cultura protestante
(aunque ésta siguió siendo la columna vertebral° de **columna...** *backbone*
la identidad nacional), pero cree que la inmigración
latinoamericana es esencialmente distinta de las anteriores.
Una serie de factores explica esa diferencia: la magnitud
40 y frecuente ilegalidad del flujo° migratorio; la tasa° de *flow / rate*
fertilidad de las mujeres hispanas, superior a la de las no
hispanas; la concentración de hispanos en el Sudoeste del país
y los supuestos derechos históricos de México a esa región;
la contigüidad° entre México y los Estados Unidos, que *cercanía*
45 facilita el contacto entre los inmigrantes y sus comunidades
de origen y debilita su lealtad° hacia el país anfitrión°; y *loyalty / host*
la expansión del castellano y de un bilingüismo hostil a la
hegemonía° del inglés en todo Estados Unidos. *predominio*
    Huntington teme que dichos factores estén incubando
50 una explosión de violencia racial. «Las pérdidas reales
o supuestas de poder y estatus de cualquier grupo
étnico, racial o económico, producen una reacción», dice
Huntington. Signos tempranos de esa reacción fueron el
referéndum de 1994, que restringía° el acceso de los hijos *limitaba*
55 de inmigrantes ilegales a los servicios sociales en California,
y el éxodo de blancos de ese estado. Pero lo peor estaría
aún por venir.
    Huntington advierte° el posible auge° de un movimiento *warns about / apogeo*
antihispano, antinegro y anti-inmigratorio entre varones° *hombres*
60 blancos de clase trabajadora y clase media, hombres
enardecidos° por la pérdida de trabajos y la marginación° *exaltados / aislamiento*
de su cultura y su idioma. Al igual° que negros e hispanos **Al...** Lo mismo
crearon organizaciones étnicas para luchar por sus intereses,
estos «nativistas blancos» podrían crear nuevas versiones
65 del Ku Klux Klan. El lema° de la República —*E pluribus* *motto*
unum, «de muchos, uno»— perdería todo sentido, y el sueño
americano se trocaría° en pesadilla°. *convertiría / nightmare*
    La mayor debilidad del ensayo es que no puede explicar
el éxito alcanzado por latinos en todos los estratos de la
70 vida estadounidense: de Jennifer López al gobernador de
Nuevo México Bill Richardson, pasando por millones de
trabajadores, profesionales y artistas, la lista de ejemplos es
abrumadora°. *overwhelming*

Richard Alba, profesor de SUNY-Albany, y coautor con
Victor Lee de *Remaking the American Mainstream* (Harvard
University Press, 2003), agrega que el grueso° de la evidencia *bulk*
disponible contradice a Huntington. «La mejor prueba de la
asimilación de los latinos es el abandono del español por el
inglés —dice—. La regla histórica, que también se cumple en
este caso, es que la tercera generación de inmigrantes pierde
la lengua de sus ancestros.»

Alba, que es descendiente de italianos, destaca° que *enfatiza*
Huntington retoma muchos argumentos esgrimidos° por la *usados*
literatura xenófoba del siglo XIX, cuando la masa extranjera
venía de Europa. «Los 'nativistas' norteamericanos de
entonces decían que la marea° de italianos pobres, incultos *tide*
y delincuentes que estaba inundando el país terminaría por
ahogar demográficamente a la población anglosajona», señala.
Otro tanto° se había dicho antes de los irlandeses. **Otro...** Lo mismo

La mayoría de los mexicano-americanos no siente
ningún conflicto de lealtades. «La ley de doble nacionalidad,
sancionada° durante la presidencia de Zedillo*, establece *aprobada*
en efecto, que los hijos de emigrantes pueden recuperar
la nacionalidad de sus padres, pero quienes lo han hecho
son muy pocos», dice Paloma Ojeda, jefa de prensa del
consulado mexicano en Nueva York.

Huntington dedica también unos párrafos a los cubanos,
y pone a Miami como ejemplo de lo que les espera a los
Estados Unidos ante la avalancha latina: una ciudad en
la que el español ha desplazado al inglés como lengua de
los negocios, la política y la vida cotidiana°. «La realidad *diaria*
es que la lengua dominante diaria en la mayoría de los
cubano-americanos de segunda y tercera generación es el
inglés —replica° la periodista e inmigrante costarricense *replies*
Naomi Daremblum—, y los cubanos en general están tan
integrados a este país que fijan° la política exterior de éste *determinan*
hacia América Latina».

La herencia hispana

Pero no siempre la actitud hacia los hispanos ha sido
negativa. La generación romántica de Washington Irving,
Henry Longfellow y Walt Whitman (la primera generación
que se hizo la pregunta que desvela° a Huntington: ¿qué es *quita el sueño (preocupa*
ser americano?) miró a España y a América Latina de otra *mucho)*
manera. Ellos sabían muy bien que la cultura de los Estados
Unidos tiene raíces en el pasado inglés, pero también
reivindicaron° sus raíces indígenas y españolas. *vindicated*

La herencia hispánica es particularmente notoria en Texas
y en los estados del Sudoeste —los primeros cowboys fueron
los vaqueros criollos° y mestizos que empezaron a colonizar *nativos*

---

*Ernesto Zedillo fue presidente de México de 1994 a 2000.

esa región veinte años antes de que los Peregrinos chocaran
con° Plymouth Rock—, pero los rastros° del pasado español
se encuentran también en otras partes del país, como Nueva
Orleáns, el valle del Misisipí y Nueva York. Después de todo,
casi dos tercios del actual territorio de los Estados Unidos
pertenecía a la corona° española apenas° una década antes
de la Declaración de Independencia.

    Walt Whitman —el descendiente de puritanos Walt
Whitman, el epítome de la americanidad Walt Whitman— fue
quizá quien mejor expuso° la importancia de ese legado. En
una carta de 1883, publicada en sus *Obras completas* bajo el
título «El elemento hispánico en nuestra nacionalidad», el
bardo° de Brooklyn aprovechó una invitación a los festejos°
del 333° aniversario de Santa Fe, capital de Nuevo México,
para reivindicar enérgicamente la tradición hispánica (a la
que según la costumbre de la época llama española) de los
Estados Unidos. Sus palabras fulminan° con la contundencia°
profética del *Canto a mí mismo*, la *hybris*° anglosajona de
Huntington: «La identidad americana del futuro estará
compuesta por muchos elementos; algunos de los más
importantes serán aportados° por lo español».

chocaran... llegaran a /
  vestigios

crown / sólo

explicó

poeta / fiestas

strike / fuerza
hubris (orgullo desmedido)

contribuidos

La unidad familiar es una característica bien conocida de la cultura hispánica. Varias generaciones están representadas en esta foto, incluyendo a las abuelitas, una de las cuales tiene 100 años. (©Jeff Greenberg/The Image Works)

APLICACIÓN

A. Vocabulario.

Reemplace las palabras en cursiva con sus equivalentes de la lista.

anfitrión / bardo / columna vertebral / contundencia / cotidiano / desvela / enardecido / expuso / festejos / legado / la marginación / otro tanto / rastros / la tasa / trocó / una pesadilla

1. Tuve *un mal sueño* y desperté muy nervioso.
2. El 4 de julio hay multitud de *fiestas* en nuestro país.
3. Teníamos tanta hambre, que cuando terminamos de comer, no quedaron *vestigios* de la comida en la mesa, y *lo mismo* sucedió con el vino.
4. Walt Whitman fue un *poeta* famoso.
5. *El porcentaje* de mortalidad en los países en desarrollo es enorme.
6. El profesor *explicó* con claridad los objetivos del curso a sus estudiantes.
7. Mis padres no me dejaron dinero; su *herencia* fue enseñarme a ser una buena persona.
8. El político, *exaltado* con su discurso, hablaba con *fuerza*.
9. Se fracturó la *espina dorsal* y los médicos dicen que quedará inválido.
10. El *dueño de la casa* ofreció champán a sus invitados.
11. El amor que sentía por él se *convirtió* en odio.
12. Concéntrate en aprender el vocabulario *de todos los días*.
13. No tengo suficiente dinero para pagar mis cuentas este mes, y esto me *preocupa mucho*.
14. Muchos critican *el aislamiento* de los nativos americanos en los Estados Unidos.

B. Comprensión.

Conteste según la lectura.

1. ¿Cuál es la tesis central de «El desafío hispano»?
2. Según Huntington, ¿en qué se diferencian los hispanos de los inmigrantes del pasado?
3. ¿Por qué pone Huntington el énfasis en los mexicanos?
4. Aproximadamente, ¿cuántos hispanos hay hoy en los Estados Unidos?
5. Según Huntington, ¿cuáles son las bases del credo americano?
6. ¿Cuál era el propósito del referéndum de 1994 en California?
7. Según Huntington, ¿quiénes van a formar el movimiento antihispánico? ¿Por qué van a formarlo?
8. Según el autor, ¿cuál... es la mayor debilidad del ensayo de Huntington?
9. En cuanto a la lengua, ¿cuál es la regla histórica para la tercera generación de inmigrantes?
10. ¿Qué pensaban los nativistas del siglo XIX sobre los inmigrantes italianos?
11. ¿Qué pasó en la Florida con los idiomas español e inglés?
12. ¿Qué actitud tuvieron Washington Irving, Henry Wadsworth Longfellow y Walt Whitman hacia lo hispánico?
13. ¿Qué pensaba Walt Whitman que iba a pasar en el futuro con la identidad americana?

C. Interpretación.

Conteste según su opinión personal.

1. El autor de la lectura usa el adjetivo «frágil» para referirse al ensayo de Huntington. ¿Qué quiere expresar él con esta palabra?

2. ¿Por qué está el autor de acuerdo con Huntington sobre la creciente latinización de los Estados Unidos?

3. ¿Cree Ud. que es objetiva la exposición de las ideas de Huntington que hace el autor de la lectura? ¿Por qué (no)?

4. Muy pocos mexico-americanos han reclamado la doble nacionalidad. ¿Qué indica esto?

5. ¿Cree Ud. que la historia de los inmigrantes italianos e irlandeses puede servir para predecir lo que sucederá en el futuro con la inmigración hispana? ¿Por qué (no)?

6. ¿Cómo contradice el autor de la lectura la acusación de monolingüismo en el sur de la Florida?

7. ¿Cuál es el propósito del autor de la lectura cuando cita a los tres escritores románticos norteamericanos? ¿Qué efecto tiene esto en el lector?

8. ¿Se ha cumplido la profecía de Walt Whitman que aparece en el último párrafo de la lectura? Explique.

D. Intercambio oral.

Use los temas en un intercambio oral con sus compañeros de clase.

1. **Hispanos famosos en los Estados Unidos.** A continuación se dan los nombres de hispanos muy conocidos. Cada estudiante escogerá un nombre, buscará información sobre esta persona en Internet, le hablará sobre él/ella a la clase y estará preparado/a para contestar las preguntas que le hagan sus compañeros.

   (moda) Oscar de la Renta, Carolina Herrera, Adolfo, Narciso Rodríguez, Isabel Toledo; (música y actuación) Salma Hayek, Jennifer López, Antonio Banderas, Andy García, Gloria Estefan; (política) Mel Martínez, Alberto Gonzales, Antonio Villaraigosa, Lincoln Díaz-Balart, Bill Richardson; (deportes) Alex Rodríguez «A-Rod», Mariano Rivera, Bernie Williams y Pedro Martínez.

2. **La hostilidad hacia los inmigrantes.** Algunas personas anti-inmigrantes son claramente racistas. A otras, sin embargo, simplemente les disgustan algunos aspectos de la avalancha de gente que, impulsada por la necesidad económica, cruza constantemente nuestras fronteras. Los estudiantes comentarán los aspectos principales de este fenómeno migratorio que no le gustan a alguna gente. Por ejemplo, la insistencia de los hispanos en hablar sólo en español y en mantener sus costumbres y tradiciones.

3. **La defensa de nuestras fronteras.** ¿Por qué (no) es importante proteger nuestras fronteras? ¿Por qué (no) es bueno que haya ciudadanos privados defendiendo nuestras fronteras, como en el caso de los «minutemen»? ¿Qué puede hacer el gobierno para cortar el flujo de ilegales?

4. **¿Son necesarios los inmigrantes?** ¿Hacen o no trabajos que los norteamericanos no quieren hacer? Una película llamada *A Day Without Mexicans* explora este asunto de manera cómica. ¿Qué pasaría si de repente desaparecieran todos los indocumentados que viven aquí? ¿De qué manera se alteraría nuestro ritmo de vida? ¿Por qué (no) es buena idea conceder permisos temporales de trabajo?

1. La venezolana Carolina Herrera es reina del mundo de la moda. (©Donald Bowers/Getty Images)

2. Alex Rodríguez, nacido en Nueva York de padres dominicanos, famoso tercera base de los Yankees, ha sido nombrado «Jugador más valioso» en varias ocasiones. (©J. McIsaac/Getty Images)

3. La mexicana Salma Hayek ha triunfado en Hollywood. (©Evan Agostini/Getty Images)

4. Gloria Estefan debe parte de su fama a su habilidad para combinar los ritmos norteamericanos con los de su nativa Cuba. (©Gustavo Caballero/ Getty Images)

5. Bill Richardson, el gobernador de Nuevo México, es hijo de una mexicana y un norteamericano de Boston, pero se crió en México y habla muy bien el español. (©Steve Snowden/Getty Images)

6. El actor Andy García es cubano. Vino a los EE.UU. a los 5 años como refugiado con sus padres. (©Kevin Winter/Getty Images)

7. Mel Martínez fue el primer senador cubano-americano de los EE.UU. Mel vino a este país desde Cuba a los 15 años gracias a la operación humanitaria Peter Pan, que ayudó a muchos menores a escapar del régimen comunista de Castro. Martínez renunció a su puesto en 2009 por motivos personales. (©CHRIS KLEPONIS/AFP/Getty Images News and Sport Services)

8. Sonia Sotomayor, nacida en NY, en una familia puertorriqueña, es desde agosto de 2009, la primera hispana elegida a la Corte Suprema de los EE.UU. Tiene un A.B. *summa cum laude* de Princeton y un J.D. de Yale. (J. Scott Applewhite/©AP/Wide World Photos)

9. Los republicanos Lincoln Díaz-Balart e Ileana Ros-Lehtinen, ambos nacidos en Cuba, representan al estado de la Florida en el Congreso. (©AP/ Wide World Photos)

Sección gramatical

Spanish Equivalents of the English -*ing* Form

The -*ing* suffix is one of the most frequently used endings in the English language. To understand the Spanish equivalents it is necessary to know how the terminologies and usages of English and Spanish differ in the matter of infinitives, participles, and gerunds.

Spanish terminology, with examples from the intransitive verb **arder**, is as follows:

1 infinitivo **arder**

2 infinitivo compuesto **haber ardido**

3 participio activo *(or* de presente) **ardiente**

4 participio pasivo *(or* de pretérito) **ardido**

5 gerundio (simple) **ardiendo**

6 gerundio compuesto **habiendo ardido**

The following sentences illustrate the uses of these forms:

1. a. **Vimos *arder* el bosque a lo lejos.** — *We saw the forest* burn *in the distance.*

   b. **Al *arder,* el bosque producía llamas altísimas.** — *On* burning, *the forest produced very high flames.*

2. **¿Cómo pudo el bosque *haber ardido* tan rápido?** — *How could the forest* have burned *so fast?*

3. **Era difícil andar por el bosque destruido a causa de las *ardientes* cenizas.** — *It was difficult to walk through the ruined forest on account of the* burning *ashes.*

4. **Todo el bosque ha *ardido* en unas horas.** — *The whole forest has* burned *in a few hours.*

5. a. ***Ardiendo* rápidamente, los árboles comenzaron a caer.** — *Burning rapidly, the trees began to fall.*

   b. **¿Está *ardiendo* todavía el bosque?** — *Is the forest still* burning?

   c. **Los animales huían del bosque *ardiendo*.** — *The animals were fleeing from the* burning *forest.*

6. ***Habiendo ardido* el bosque, no quedaban ciervos en la región.** — *The forest* having burned, *no deer were left in the area.*

Observe the basic differences in usage and terminology. In English, the verbal *-ing* may function

1 as a noun (called a gerund), or

2 as an adjective (called a present participle), or

3 as an adverb (called a present participle).

The Spanish equivalents of the above functions are as follows:

1 The infinitive acts as a verbal noun (example 1b, above).

2 The adjective role is played by the **participio de presente**, (example 3), or by the **gerundio** (rarely) (example 5c), or by some other mechanism, as will be explained.

3 The adverbial function is expressed by the **gerundio** (examples 5a and 5b).

It should be noted that the **participio de presente*** is formed as follows:

1 First conjugation: stem + -**ante**.

2 Second and third conjugations: stem + -**ente** or -**iente**.

It must also be noted that not all Spanish verbs possess this form.

ADJECTIVAL FUNCTION OF THE *-ING* FORM

The English *-ing*** form is frequently used as a predominantly adjectival form: an *embarrassing* situation, a *flourishing* culture.

Only the following three -**ndo** forms may be so used: **ardiendo, hirviendo**, and **colgando**. To express the equivalent of most adjectival *-ing* forms in Spanish, a number of devices are used.

1 Present participle (-**nte**)

Este libro es muy deprimente.	*This book is very depressing.*
Esa novela es muy emocionante.	*That novel is very touching.*

2 Past participle (-**ado**, -**ido**)

Las mujeres estaban sentadas en los bancos.	*The women were sitting in the pews.*
El herido estaba tendido en una camilla.	*The wounded man was lying on a stretcher.*

---

*This **participio**, despite its name, has lost its verbal character, becoming either (1) purely adjectival (**obediente, permanente**), or (2) purely nominal, i.e., a noun (**estudiante, presidente**).

For simplicity's sake, the terms "English *-ing* form" and "Spanish -ndo** form" will be used throughout the following discussion.

3 Prepositions (e.g., **de** or **para**) + infinitive or noun

una máquina de coser	*a sewing machine*
un aparato para oír, un aparato para sordos	*a hearing aid*
un líquido para fregar platos	*a dishwashing liquid*
lecciones de canto	*singing lessons*

4 **Que** clause

La policía está buscando una caja que contiene una bomba.	*The police are looking for a box containing a bomb.*
El profesor puso una tarea que requería mucho tiempo.	*The professor gave a time-consuming assignment.*

5 Certain suffixes: **-dor/a, -oso/a, -able, -ivo/a**, etc.

Su prima es muy encantadora y su tío es muy emprendedor.	*His cousin is very charming and his uncle is very enterprising.*
¡Qué situación más embarazosa!	*What an embarrassing situation!*
En la sala había dos sillas reclinables.	*In the living room there were two reclining chairs.*
Esos profesores son muy comprensivos.	*Those professors are very understanding.*

APLICACIÓN

A. La película de anoche.

Traduzca el siguiente párrafo al español.

My friend thinks that the movie we saw last night was boring but I found it amusing although rather ridiculous. The main character is a pill-popping girl who listens to deafening music day and night. Her parents aren't very understanding and her mother nags at her constantly in an irritating manner.

The girl's boyfriend is a beer-drinking guy and he has stolen some jewelry belonging to her mother. One day, the gun-toting boyfriend goes to her house and talks to her parents with threatening words. I didn't see the end because at this point I decided to wake up my sleeping friend and go home.

B. Mis problemas en la oficina.

Traduzca ahora el siguiente párrafo al inglés, usando tantos adjetivos terminados en *-ing* como sea posible.

En mi oficina ha habido problemas crecientes en los últimos días. Tres de las máquinas sumadoras y la copiadora se rompieron al mismo tiempo, y nuestro jefe adquirió una enfermedad contagiosa y tuvo que renunciar de repente. Siempre he tenido dificultades para adaptarme a una situación cambiante. Mi nuevo jefe es una persona exigente y ahora no sólo ha prohibido fumar, sino también usar celulares en la oficina.

USES OF THE *-ING* FORM AS A PURE NOUN OR AS A VERBAL NOUN

1 Frequently, in English, an *-ing* form is used as a pure noun, (i.e., it loses its verbal character). In these cases, the Spanish equivalent will be a specific noun.

el edificio alto	*the tall building*
Me gusta la cocina mexicana.	*I like Mexican cooking (cuisine).*
una advertencia obvia	*an obvious warning*

Other examples: beating (**paliza**), beginning (**principio**), boxing (**boxeo**), crying (**llanto**) ending (**fin, final**), exercising (**ejercicio**), the living (**los vivos**), meaning (**significado**), savings (**ahorros**), saying (**dicho**), smuggling (**contrabando**), writing (**escritura**).

2 More frequently, in English, the *-ing* form functions as a verbal noun (gerund) and may be used as subject, object, or predicate noun. It may also be used after a preposition. The Spanish equivalent of this usage is the infinitive. Remember the fundamental rule that the **-ndo** form is not used after **al** nor after a preposition.*

Yo ya sabía cómo era Madrid aun antes de haber estado ahí.	*I already knew what Madrid was like even before having been there.*
(El) fumar es un hábito que detesto.	*Smoking is a habit that I hate.*
Mi pasatiempo predilecto es dormir.	*My favorite pastime is sleeping.*
Después de graduarme, tendré que pasar mucho tiempo buscando empleo.	*After graduating, I'll have to spend a long time looking for a job.*

Note that the infinitive, especially when used as a subject of the sentence, may take the article **el**.

Me molesta el constante gotear de ese grifo.	*The constant dripping of that faucet is bothering me.*

3 In Spanish, a number of infinitives have become permanently nominalized, that is, they are used as masculine nouns.** Some of the most common are:

el amanecer	*dawn*	**el parecer**	*opinion*
el anochecer	*dusk*	**el pesar**	*sorrow*
el atardecer	*dusk*	**el poder**	*power*
el deber	*duty*	**el saber**	*knowledge*
el haber	*assets; income*	**el ser**	*being*

---

*There is one exception: In certain areas, **en** is sometimes followed by the **-ndo** form to describe an action (or state) that immediately precedes the action (or state) of the principal verb.

En acabando de estudiar, iremos al cine.	*As soon as we finish studying, we'll go to the movies.*

The English combination of the preposition *by* + *-ing* form is usually expressed in Spanish by the **-ndo** form alone; see page 255 for examples.

**For other uses of the infinitive, see page 369 in this chapter.

| ¿Cuál es tu parecer con respecto a los poderes síquicos de los seres humanos? | *What is your opinion regarding the psychic powers of human beings?* |
| Al atardecer, la belleza del paisaje adquiere una majestad única. | *At dusk, the beauty of the landscape takes on a unique majesty.* |

APLICACIÓN

A. Infinitivos y sustantivos.

Traduzca las palabras entre paréntesis.

1. Algunos estudiantes están cansados *(of answering)* tantas preguntas.
2. *(Doing exercises)* no es mi pasatiempo favorito.
3. Si no les gusta *(drinking)*, ¿por qué van a ese bar?
4. *(Walking)* es muy bueno para el corazón.
5. El motivo del *(crying)* de la chica era que le habían robado sus *(savings)*.
6. La razón por la cual todos lo evitan es su constante *(complaining)* de todo.
7. Yo vacilaba entre *(leaving)* o *(staying)*.
8. El jefe de los rebeldes declaró que *(surrendering, to surrender)* sería un acto de cobardía.
9. No vengan de visita sin *(letting me know)*.
10. El personaje está envuelto en un problema de *(smuggling)* y al *(beginning)* de la película recibe *(a beating)*.

B. Infinitivos sustantivados.

Complete de manera lógica, usando uno de los infinitivos sustantivados que se dan en la página 360. Haga contracciones si es necesario.

1. Aunque ella había ido muy pocos años a la escuela, su _____ era sorprendente.

2. _____ es muy hermoso en el campo, el sol es un disco rojo que se refleja en la copa de los árboles.

3. En los libros de contabilidad en español hay una sección que se llama el debe y otra que se llama _____.

4. Anoche soñé que entraba en mi casa un _____ de otro planeta con _____ sobrenaturales.

5. Algunos jefes no saben apreciar a los empleados que cumplen con su _____.

6. A mí me gusta dormir hasta tarde pero mi hermano, por el contrario, se levanta a _____ .

7. Las luces de la calle se encienden automáticamente a _____.

8. Paulino se disgustó con su amigo porque éste tomó una decisión que lo afectaba sin pedirle su _____.

9. Cuando le dijeron que Rosendo había muerto, su compadre sintió un gran _____.

10. _____ corrompe a la gente.

ADVERBIAL FUNCTIONS OF THE *GERUNDIO**

1 Absolute construction**

a. The **-ndo** form has its own subject and appears in a clause that is grammatically independent of the main clause. You will observe that in all these cases there exists an equivalent adverbial clause construction, which is more frequently used in the spoken language.

Permitiéndolo Dios, mañana terminaremos ese trabajo.	*God willing, tomorrow we'll finish that job.*

= conditional clause: **Si Dios lo permite...**

Habiéndose enterado ella de lo que pasaba, no le dijimos nada más.	*Since/As she had found out what was going on, we didn't say any more to her.*

= causal clause: **Puesto que/Como ella se había enterado de lo que pasaba...**

Llegando sus padres, los niños se callaron.	*When their parents arrived, the children became quiet.*

= time clause: **Cuando llegaron sus padres...**

Aun afirmándolo el jefe, no lo creo.	*Even though the boss says so, I don't believe it.*

= concessive clause: **Aunque lo afirme el jefe...**

b. Certain set phrases are also used in independent absolute constructions.

Resumiendo el asunto, ellos no tienen suficiente dinero.	*In short, they don't have enough money.*
Pensándolo bien, deme la corbata roja y no la verde.	*Now that I think about it, give me the red tie, not the green one.*
Volviendo al cuento, ¿qué piensas de mi plan?	*Returning to the subject, what do you think of my plan?*
Hablando del (ruin) rey de Roma, ahí viene el tipo de quien comentábamos.	*Speaking of the devil, there comes the guy that we were talking about.*

2 Reference to the subject of a sentence
When referring to the subject, the **-ndo** form is explanatory, nonrestrictive, parenthetical.

No queriendo ofender a ninguna de las dos, Alina no intervino en la discusión entre Fortunata y Jacinta.	*Not wishing to offend either of them, Alina didn't intervene in the argument between Fortunata and Jacinta.*

---

*Spanish grammarians emphasize the adverbial nature of the **-ndo** form whereas English grammarians insist on the adjectival functions of the *-ing* form. In both cases, however, there are those who recognize that the distinction between adverbial and adjectival is not always clear.

**An absolute construction is defined as a clause that is "relatively independent syntactically."

| ¿Haría Ud. eso, sabiendo lo peligroso que es? | *Would you do that, knowing how dangerous it is?* |

In English, the *-ing* form is often preceded by a word such as *while, by,* or *when.*

Caminando ayer por la calle, me encontré con Julio.	*While walking along the street yesterday, I ran into Julio.*
Practicando todos los días, aprenderemos a hablar mejor.	*By practicing every day, we will learn to speak better.*
Dirigiéndose a sus profesores, deben ustedes tratarlos de «usted».	*When addressing your professors, you should use the "usted" form with them.*
Hablando se entiende la gente.	*By talking, people understand one another.*
Será comiendo menos como rebajarás de peso.	*It will be by eating less that you will lose weight.*

3 Reference to the object of a sentence

The **-ndo** form is used after (a) verbs of perception (**ver, mirar, oír, sentir, notar, observar, contemplar, distinguir, recordar, hallar**, etc.), or (b) after verbs of representation (**dibujar, pintar, grabar, describir**, etc.).

| a. La vi saliendo del museo. | *I saw her leaving the museum.* |
| b. El artista pintó a su hermana recogiendo rosas en el jardín. | *The artist painted his sister picking roses in the garden.* |

Note that the **-ndo** form refers to an action represented as being in progress and as having a certain duration. Such an emphasis is lacking in the alternate construction:

| La vi salir del museo. | *I saw her leave the museum.* |

APLICACIÓN

A. Lo que están o estaban haciendo.

Primero, complete traduciendo las palabras entre paréntesis. Después, reemplácelas con expresiones originales apropiadas, usando también la forma **-ndo**.

Modelo: Parece que Ana está contenta hoy; ¿la oíste *(singing in the shower)?*
→ *cantando en la ducha. ¿La oíste riéndose?*

1. Me sorprendió ver a una persona tan seria *(dancing at a club)*.
2. *(Running quickly)*, Arturo llegó a tiempo.
3. Nos gusta observar los barcos *(entering the harbor)*.
4. *(Speaking of something else)*, ¿qué día llegarán tus amigos?
5. Margarita salió de la casa *(slamming the door)*.
6. El cuento es muy gráfico; por ejemplo, describe a un cirujano *(amputating a leg)*.

7. *(Hitting his opponent repeatedly)*, el boxeador consiguió noquearlo.

8. Encontré a Pepito *(changing the oil)* de su auto.

B. ¿Cómo se consigue?

Usando en español un gerundio equivalente a *by + -ing,* explique cómo se puede conseguir lo siguiente.

1. tener suficiente dinero para comprar un auto nuevo
2. hablar mejor el español
3. perder unas cuantas libras
4. gozar de buena salud
5. ser feliz
6. tener muchos amigos
7. sacar una A en este curso
8. no sentir frío en el invierno
9. no sentir mucho calor en el verano
10. pasar un buen rato

C. Mi viaje a México.

Sustituya cada frase en cursiva por una construcción con terminación **-ndo**, como en el modelo.

Modelo: *Si el tiempo lo permite,* llegaremos mañana.
→ ***Permitiéndolo*** *el tiempo, llegaremos mañana.*

1. Mi amigo Germán y yo discutíamos con frecuencia *mientras planeábamos* el viaje. Los dos trabajábamos horas adicionales, *ya que no teníamos* suficiente dinero. Pero, *como se acercaban* las vacaciones, sabíamos que *si no nos daban* algún dinero nuestras familias, no conseguiríamos reunir a tiempo la cantidad suficiente. Por fin, *cuando sólo faltaban* dos semanas, mi padre y la madre de Germán decidieron ayudarnos.

2. *Cuando íbamos* en el avión nos mareamos, porque el tiempo estaba muy malo. *Al llegar* a la Ciudad de México, descubrimos que hacía frío allí por las noches. Pero *como habíamos llevado* alguna ropa de abrigo, el frío no nos importó.

3. *Como éste era* nuestro primer viaje a México, todo nos pareció asombroso. Germán, *puesto que tiene* una cámara excelente, era el fotógrafo oficial. *Mientras estuvimos* en México no usamos el inglés. *Si hiciéramos* esto siempre, hablaríamos con más soltura el español.

ADDITIONAL OBSERVATIONS ON THE USE OF THE *-NDO* FORM

1 The "pictorial" use of the **-ndo** form
Like the *-ing* form in English, the Spanish **-ndo** form is used in captions.

«Washington atravesando el Delaware», de Emanuel Luetze (1851)	"Washington Crossing the Delaware," *by Emanuel Leutze (1851)*
El Rey inaugurando la exposición en el Palacio	*The King opening the exhibit at the Palace*

2 Como + -ndo = *as if* + *-ing*

Me respondió con pocas palabras, como criticando mi verbosidad.	*He replied with few words as if criticizing my verbosity.*
Sonreía, como queriendo ocultar su dolor.	*He was smiling as if trying to hide his sorrow.*

3 Incorrect uses of the **-ndo** form

The **gerundio** is sometimes used in cases that are considered incorrect by grammarians.

Ayer recibí un periódico que describía (*not* **describiendo**) **la boda.**	*Yesterday I received a newspaper describing the wedding.*

Describing does not refer to the subject of the sentence but only to the word *newspaper*. Its use is purely adjectival here; therefore, the **-ndo** form is not acceptable. Compare:

Escribió una novela criticando las condiciones sociales.	*He wrote a novel criticizing the social conditions.*

In this case, the **gerundio** refers to an activity of the subject of the sentence. The writer criticizes social conditions by writing a novel. If one wishes to emphasize the novel, however, only **que critica** is correct.

English-speaking persons must distinguish carefully between restrictive and nonrestrictive clauses (restrictive = necessary to the meaning of a sentence; nonrestrictive = not essential to the meaning of a sentence*). Only in the latter can the **-ndo** form be used. Note the difference between:

La muchacha, moviendo la cabeza, dijo que no.	*The girl, shaking her head, said no.* (The clause is nonrestrictive, parenthetical, explanatory.)
La muchacha que movía la cabeza, y no la otra, dijo que no.	*The girl shaking her head, and not the other one, said no.* (The clause is restrictive.)
Los estudiantes que se gradúan en junio no pueden votar ahora.	*Students graduating in June can't vote now.*

In the last example one cannot say **graduándose en junio** because *graduating in June* is restrictive (in Spanish: **especificativo**), not merely explanatory or parenthetical.

APLICACIÓN

A. ¿Comprendió Ud?

Conteste, basándose en los ejemplos que ilustran las reglas anteriores.

1. ¿Cuál es el tema de una pintura de Washington?
2. ¿Qué dice el pie de la fotografía del Rey?
3. ¿Por qué respondió él con pocas palabras?

---

*See Chapter 14, p. 386.

4. ¿Cómo sonreía él?

5. ¿Qué periódico recibiste ayer?

6. ¿Qué novela escribió él?

7. ¿De qué manera dijo la muchacha que no?

8. ¿Cuál de las muchachas dijo que no?

9. ¿Qué estudiantes no pueden votar ahora?

B. Ahora invente Ud.

Vuelva a contestar las preguntas del ejercicio anterior, pero use esta vez gerundios y cláusulas con **que** originales.

Modelos: ¿Cuál es el tema de una pintura de Washington?
→ *Washington luchando con sus tropas.*
¿Qué estudiantes no pueden votar ahora?
→ *Los estudiantes que no tienen identificación.*

C. Necesito un intérprete.

Traduzca al español.

People not having a passport cannot cross the border, unless they are immigrants working on the plantations. Several undocumented workers looking for a job tried to cross, but the troops guarding the entrance didn't let them. They explained that men wishing to work should show papers bearing an official stamp.

PROGRESSIVE TENSES IN SPANISH AND ENGLISH

1 In English, the present progressive and the imperfect progressive can express future time or intention to act, but such is not the case in Spanish. Compare the following examples:

Salen/Saldrán mañana por la mañana.	*They're leaving tomorrow morning.*
Iban a salir mañana por la mañana, pero cambiaron de idea.	*They were going to leave tomorrow morning, but they changed their mind.*

2 In English-language letters, the present progressive occurs in many set phrases that require the simple present in Spanish.

Le escribo...	*I am writing to you...*
Le adjunto...	*I am enclosing for you...*
Les enviamos...	*We are sending you...*

3 **Estar** is rarely combined in Spanish with the **–ndo** forms of **ir, venir, volver,** and **regresar.** It is never combined with the **–ndo** forms of llevar and usar when these verbs mean *to wear.*

—Jorgito, ven acá. —Voy.*	*"Jorgito, come here." "I am coming."*
—¿Por qué llevas ese traje tan elegante?	*"Why are you wearing that elegant suit?"*
—Porque voy a una fiesta.	*"Because I am going to a party."*
Esos inmigrantes regresan a su país porque no han encontrado trabajo aquí.	*Those immigrants are returning to their country because they haven't found work here.*
Elsa usaba un bastón ayer, ¿sabes si tuvo un accidente?	*Elsa was using a cane yesterday, do you know if she had an accident?*

4 The preterite progressive in Spanish emphasizes that a past and *completed* event was *ongoing* for a certain period of time.

Antonio estuvo estudiando toda la noche.	*Antonio spent the whole night studying.*

5 The present perfect and past perfect progressives may be used to emphasize continuity. However, as explained in Chapter 3 (page 76–77), in Spanish, alternate constructions exist under the circumstances described there.

Hemos estado leyendo toda la mañana.	*We've been reading all morning.*
Habían estado trabajando todo el día.	*They had been working all day.*

6 In addition to **estar**, some verbs of motion can be combined with **-ndo** forms to form progressive tenses. The most common are: **andar, continuar, entrar, ir, llegar, salir, seguir,** and **venir**.

Entré a la tienda pensando que no iba a comprar nada, salí cargando un of montón de paquetes y llegué a casa preguntándome cómo iba a pagar mis compras.	*I entered the store thinking I wasn't going to buy anything, left carrying a lot of packages, and arrived home wondering how I was going to pay for my purchases.*

The progressive can have special meanings when formed with some verbs of motion.

a. seguir, continuar + -ndo = *to continue* + *-ing* **(or + infinitive)**

Jacinto no quiere seguir (continuar) trabajando.	*Jacinto doesn't wish to continue working (to work).*

b. andar + -ndo = *to go around* + *-ing*

Isabel anda diciendo que ella sabe más que su profesor.	*Isabel goes around saying that she knows more than her professor.*

c. ir + -ndo = gradual occurrence; beginning of action or state

El dolor en el pie iba aumentando.	*The pain in his foot was getting worse and worse.*

---

*Remember that **ir** implies motion away from the speaker, whereas **venir** implies motion toward the speaker.

Poco a poco me voy acostumbrando a la vida del campo.	*I am gradually getting accustomed to country living.*
Ve calentando el horno mientras yo mezclo la masa.	*Start heating the oven while I mix the dough.*

d. venir + -ndo = continuity over a period of time

Inés viene gastando mucho dinero en ropa últimamente.	*Inés has been spending a lot of money on clothes lately.*
Hace varios meses que vengo sintiéndome mal.	*I have been feeling ill for some months now.*

APLICACIÓN

A. Decida Ud.

En algunos de los siguientes casos es correcto usar un tiempo progresivo y en otros no. Escoja la opción correcta de las dos que se dan entre paréntesis. A veces ambas opciones son correctas.

1. Cuando (estaba volviendo/volvía) a casa anoche, tuve un accidente.
2. Ya nos vamos. ¿(Vienes/Estás viniendo) con nosotros?
3. —¡Qué sombrero más ridículo (se prueba/se está probando) esa señora! —¿Cuál, la que (lleva/está llevando) el vestido azul?
4. (Le adjunto/Le estoy adjuntando) los documentos que necesita.
5. (La había estado esperando dos horas/Hacía dos horas que la esperaba) y ya (me iba/ me estaba yendo) cuando me avisó que (no venía/no estaba viniendo).
6. (Estoy comprando/Voy a comprar) toda mi ropa de invierno este fin de semana.
7. Ella tiene fama de elegante, pero el traje que (llevaba/estaba llevando) anoche era feísimo.
8. Estimado Sr Cortés: (Le escribo/Le estoy escribiendo) para avisarle que (llego/estoy llegando) a San Diego la semana que viene y pedirle que (planee/vaya planeando) las reuniones de vendedores que tenemos que organizar.

B. Situaciones hipotéticas.

Conteste usando su imaginación y una forma terminada en **-ndo** si es posible.

1. ¿Adónde ibas anoche cuando te vi?
2. ¿Cuánto tiempo hablaste con Pedro ayer?
3. ¿Vuestro abuelo llega mañana o pasado mañana?
4. Si vieras a mucha gente correr por la calle en la misma dirección, ¿qué te preguntarías?
5. ¿Qué decía el profesor cuando llegaste a clase?
6. ¿Qué hacen generalmente los chismosos?
7. ¿Se divorciaron sólo por ese problema, o habían tenido otros problemas antes? *(Use* **venir**.*)*
8. ¿Comienzas ahora a comprender el gerundio? *(Use* **ir**.*)*

9. Cuando ves a una persona sospechosa en una joyería, ¿qué te preguntas?
10. ¿Qué has hecho toda la tarde?
11. Si vieras que un amigo llevaba un abrigo en pleno verano, ¿qué le preguntarías?
12. Si a un estudiante le gusta hablar español, ¿qué hará después de esta clase? *(Use **seguir**.)*

OTHER USES OF THE INFINITIVE

Earlier in this chapter (page 360), two uses of the infinitive in Spanish were discussed: as a verbal noun and after prepositions. In addition, the infinitive is often found in constructions that are the equivalent of adverbial clauses.

Al bajar la escalera, vieron a Jesusita.	*When they went downstairs, they saw Jesusita.*

= time clause: **Cuando bajaron...**

De (A) no ser por ti, yo no hubiera ido a la fiesta.	*If it hadn't been for you, I wouldn't have gone to the party.*

= conditional clause: **Si no hubiera sido por ti...**

Por estudiar poco, sacarás malas notas.	*Since you study little, you'll get bad grades.*

= causal clause: **Puesto que estudias poco...**

APLICACIÓN

A. Unos días en el lago.

Exprese con una cláusula de infinitivo lo mismo que dicen las secciones en cursiva.

1. *Cuando me encontré* con Pilar en la calle, me invitó a pasar unos días con ella y otros amigos en su casa del lago.
2. *Puesto que vivo* en un pueblo aburrido, acepté encantada la invitación.
3. *Apenas llegué* a mi casa, le hablé del asunto a mi madre.
4. Mi madre objetó que *si iba* no podría tomar cursos de verano.
5. *Como yo tenía* mucho interés en ir, traté de convencer a mi madre de que necesitaba esa clase de vacaciones.
6. *Si yo no hubiera insistido,* mi madre no me habría dicho que sí.
7. *Cuando llegamos al lago y vi* el hermoso paisaje, me alegré de estar allí.
8. Pasé unos días fabulosos, *puesto que los amigos de Pilar son* también mis amigos.
9. *Como Pilar tenía* un bote grande, navegábamos por el lago todos los días.
10. *Si hubiera sabido* que me divertiría tanto, habría ido el año pasado, cuando Pilar me invitó por primera vez.

The Past Participle in Absolute Constructions

You already know that the past participle is a basic element of compound tenses (**he visto, habías hablado,** etc.) and you learned in Chapter 9 that many past participles can function as nouns as well as adjectives. In addition, the past participle is used in so-called absolute constructions that are found mainly in the written language.

1   The past participle may combine with a noun to form the equivalent of an adverbial clause.

Quitadas las rosas, el jardín sería mucho menos hermoso.	*If the roses were removed, the garden would be much less beautiful.*

= conditional clause: **Si se quitaran las rosas...**

Aun desaparecido el perro, el gato no se atrevía a maullar.	*Even though the dog had disappeared, the cat didn't dare to meow.*

= concessive clause: **Aunque el perro había desaparecido...**

Terminada la lección, todos salieron del aula.	*After the lesson ended, they all left the classroom.*

= time clause: **Después que terminó la lección...**

Note that in the case of the time constructions, the past participle may be preceded by **después de, luego de, una vez,** etc.: **Después de (Luego de, Una vez) terminada la lección, todos salieron del aula.**

2   The past participle may combine with a noun to express manner.

Señalaba, la mano extendida (extendida la mano), hacia la puerta.	*She was pointing with her hand extended toward the door.*

= expression of manner: **Señalaba con la mano extendida...**

APLICACIÓN

A. Dígalo de otro modo.

Exprese con una cláusula de participio pasivo lo mismo que dicen las siguientes oraciones.

Modelo: Después que recogieron la cosecha, los trabajadores migratorios se fueron.
          → *Recogida la cosecha, los trabajadores migratorios se fueron.*

1. Cuando escriba la composición, podré descansar un rato.
2. Si se lava el carro, se verá mucho mejor.
3. Aunque había llegado la hora de partir, nadie se levantaba de su silla.
4. Después que leyó el periódico, Jaime encendió el televisor.
5. Al morir mi abuela, mi abuelo se mudó con nosotros.
6. Si se cortan los árboles, desaparecerá la selva.
7. Aunque la canción no había terminado, todos comenzaron a aplaudir.
8. Cuando abrieron la tumba, vieron que estaba vacía.
9. Los soldados esperaban al enemigo [y] habían empuñado los fusiles.
10. Luego que se pusiera el sol, sería más difícil el viaje.

Sección léxica

Ampliación: Adjetivos en español que equivalen a *-ing*

Ud. ya conoce la mayoría de los adjetivos que siguen, aunque tal vez sin darse cuenta de que son equivalentes de adjetivos que terminan en *-ing* en inglés. ¿Cuántos puede traducir Ud. sin consultar el glosario?

1. Terminaciones frecuentes

   -ante; -ente, -iente

   asfixiante, brillante, chocante, determinante, extenuante, flotante, gobernante, hispanohablante, humillante, insultante, restante, sofocante; corriente, durmiente, existente, hiriente, naciente, pendiente, resplandeciente, siguiente, sobresaliente, sonriente

   -dor/a

   abrumador, acusador, adulador, agotador, alentador, cegador, conmovedor, desalentador, enloquecedor, enredador, ganador, innovador, inspirador, murmurador, revelador, tranquilizador, volador

   -ivo/a; -oso/a

   auditivo, decisivo, depresivo, efusivo, persuasivo, provocativo, rotativo; achacoso, amoroso, chismoso, enojoso, espumoso, furioso, indecoroso, jocoso, mentiroso, sudoroso, tembloroso

2. Otras terminaciones

   -able, -ero/a, -ado/a, -ido/a, -tor/a

   agradable, incansable, incomparable, interminable, potable; duradero; cansado, confiado; afligido, dolorido, perdido; productor, protector, reductor, reproductor, seductor

3. Una categoría muy corriente y expresiva de adjetivos terminados en *-ing* es la que combina un sustantivo con el participio. A continuación se dan algunos ejemplos. Como se verá, el equivalente en español varía según el caso, y frecuentemente exige el uso de una cláusula adjetival con **que**.

breathtaking	**que lo deja a uno sin respiración**
earsplitting	**ensordecedor**
eye-catching	**llamativo, que llama la atención, vistoso**
hair-raising	**que eriza, que pone los pelos de punta, que pone la carne de gallina, espeluznante**
heartbreaking	**que parte el alma, desgarrador**
heartwarming	**conmovedor**
mind-blowing	**alucinante**
mouthwatering	**que hace la boca agua**
nerve-shattering	**que destroza los nervios**
toe-tapping	**que invita a bailar**

APLICACIÓN

A. Faltan los adjetivos.

Complete con adjetivos de las listas anteriores.

1. Alejandro no es de un país _____, pero habla muy bien el castellano.

2. Algunas personas creen haber visto platillos _____.

3. Los faros del coche producían un brillo _____.

4. Tendremos un nuevo presidente, porque el partido _____ ha perdido las elecciones.

5. Nuestra casa de campo cuenta con agua _____, pero no podemos beberla porque no es _____.

6. Hace años que no leo la historia de la Bella _____.

7. Me gustan los vinos _____ de España.

8. Esa novela es tan larga que parece _____.

9. Sin ideas _____, no habrá progreso en el campo de la tecnología.

10. Estoy muy cansado después de varios días de trabajo _____.

B. Adjetivos y sus definiciones.

Diga qué adjetivo se usa para referirse a algo o a alguien que...

1. sobresale
2. humilla
3. abruma
4. sonríe
5. ama
6. adula
7. alienta
8. provoca
9. tiene achaques
10. siempre cuenta chismes
11. hiere
12. agrada

C. Creación de oraciones.

Forme participios de presente con los siguientes infinitivos, y úselos como adjetivos en oraciones.

Modelo: entrar **entrante**
         → *No volverán hasta el mes entrante.*

1. fascinar
2. sorprender
3. alarmar
4. salir
5. balbucir
6. intrigar
7. sobrar
8. corresponder

D. Reacciones y emociones.

Haga un comentario subjetivo usando uno de los adjetivos de la lista que se da en el número 3 (página 371) refiriéndose a las siguientes cosas o circunstancias.

1. una música muy alegre
2. las fotos de las víctimas de un terremoto
3. una comida deliciosa
4. una película de fantasmas
5. un concierto de rock
6. los rascacielos de Chicago por la noche
7. un auto deportivo rojo
8. las nuevas teorías sobre el origen del universo
9. el encuentro de un niño desaparecido con sus padres
10. el interrogatorio de la policía a una persona culpable

Distinciones: Equivalentes en español de *to move*

1. Cuando *to move* significa «cambiar el lugar o la posición de algo», su equivalente en español es **mover**.

El viento mueve las hojas de los árboles.	*The wind moves the leaves on the trees.*
Empujé el armario, pero era tan pesado que no pude moverlo.	*I pushed the cabinet, but it was so heavy that I couldn't move it.*

2. Cuando es el sujeto el que cambia de lugar o posición, *to move* es intransitivo y equivale a **moverse**.

Las hojas de los árboles se movían porque había viento.	*The leaves on the trees were moving because it was windy.*
—¡No se mueva o disparo! —dijo el asaltante.	*"Don't move or I'll shoot!" said the assailant.*

To move away es **alejarse (de)** y *to move closer* es **acercarse (a).**

No te oigo bien, ¿quieres acercarte?	*I don't hear you well. Will you move closer?*
En una excursión, no es buena idea alejarse del guía, porque uno se puede perder.	*On an excursion, it is not a good idea to move away from the guide because one may get lost.*

3. Cuando *to move on* significa *to advance* o *to make progress,* se usa **avanzar** en español.

El soldado siguió avanzando a pesar de estar herido.	*The soldier continued moving on in spite of being wounded.*
García estaba avanzando rápido en su trabajo.	*García was moving ahead rapidly with his work.*

4. Cambiar de residencia (de una ciudad, casa, apartamento, habitación, oficina, etc., a otro/a) es **mudarse (de)... (a).**

Anita va a mudarse con nosotras.	*Anita is moving in with us.*
Nos hemos mudado de la Tercera Avenida a la Calle Treinta y dos.	*We have moved from Third Ave. to Thirty-Second Street.*

Mudarse (de) también significa *to change clothes.*

Tengo que mudarme de ropa porque no llevaba paraguas y me mojé.	*I have to change clothes because I wasn't carrying an umbrella and I got wet.*

5. *To move* en el sentido de *to affect emotionally* es **conmover**. En los casos más específicos de *to move to tears, to anger,* etc., generalmente se usa **hacer +** infinitivo en español.

Su triste historia me conmovió profundamente.	*His sad story moved me deeply.*
Las tontas palabras de la mujer me hicieron enojar.	*The woman's silly words moved me to anger.*
La película era tan triste que hizo llorar a todos.	*The movie was so sad that it moved everybody to tears.*

6. En un juego, apuesta, etc., *to move* es **jugar**. En estos casos, *move* como sustantivo es **jugada**.

Juegue ahora, le toca a Ud.	*Move now, it is your turn.*
Ganaron mucho dinero gracias a una hábil jugada de la bolsa.	*They made a lot of money thanks to a smart move on the stock market.*

7. El equivalente en español de *on the move* es **en movimiento**.

Los trabajadores viajaban de pueblo en pueblo; siempre estaban en movimiento.	*Workers traveled from town to town; they were always on the move.*

APLICACIÓN

A. To move.

Complete las oraciones con equivalentes de *to move.*

1. Cuando yo era niña, viví en varias ciudades porque mi familia _____ mucho. A mi padre le gustaba estar siempre *(on the move)* _____, porque decía que era la mejor manera de *(to move on)* _____ económicamente.

2. Como la mayoría de las personas viejas, mi abuela es rutinaria y no le gusta que nadie _____ sus cosas de lugar.

3. Los hombres que me estaban _____ al nuevo apartamento _____ el armario que estaba en la esquina de mi habitación, y vi que algo *(moved away)* _____ velozmente. ¡Era un ratón!

4. No me gustan las películas tristes porque me *(move to tears)* _____.

5. Cuando mi hermano mayor se fue a la universidad, yo _____ a su habitación, pero no _____ mis muebles, porque los de él me gustaban más.

6. El viento de la tormenta tropical _____ violentamente las ramas de los árboles. Queríamos *(to move away)* _____ de la ciudad, pero el tráfico de la carretera _____ muy despacio.

7. Las autoridades ordenaron la evacuación de la ciudad, pero muchas personas no quisieron _____ de sus casas. El motivo era que no querían dejar a sus mascotas, y esto me _____.

8. El herido no _____ y tenía la ropa llena de sangre, pero cuando la enfermera lo _____ de ropa, él _____ un poco la cabeza.

9. Guillermo hizo una mala _____ en la bolsa *(stock market)* y perdió mucho dinero; por eso ha vendido su casa para _____ a una casa más pequeña.

10. Voy a *(move a little closer)* _____ porque desde aquí no puedo leer bien la pizarra.

11. ¡Qué calor hace! Y no hay brisa; no _____ ni una hoja.

12. —No _____ de aquí —le dijo la madre al niño—. Voy a _____ el auto para que no me pongan una multa y regreso en seguida.

Para escribir mejor

Recursos estilísticos

En la lengua hablada, pero sobre todo en la escrita, se usan muchos recursos para darle variedad y mayor expresividad al estilo. Aquí examinaremos tres de los más importantes: el símil, la metáfora y el sinónimo.

1. El símil se define como figura retórica que consiste en comparar explícitamente una cosa con otra. La comparación es explícita porque le antecede una de las siguientes expresiones: **como** (= *like, as),* **tan... como, más... que, al igual que**, etc.

Algunos de los ejemplos que hemos visto en las lecturas son:

a. ... hombres envilecidos como animales domesticados (Cap. 1)

b. ... moviendo la cola como un ventilador de retropropulsión (Cap. 3)

c. ... niños desbandados como ganado despavorido (Cap. 3)

d. ... se venden como pan caliente (Cap. 5)

e. ... se pegó a ella como un ciempiés (Cap. 6)

f. ... pegado a los vidrios como una enorme mariposa nocturna (Cap. 10)

g. ... las mujeres que lucen, como verdaderas reinas, largas túnicas de algodón bordadas (Cap. 12)

Tanto en español como en inglés existen símiles estereotipados que deben rehuirse. Se repiten tanto que han perdido su valor artístico. Algunos ejemplos son: blanco como la nieve, azul como el cielo, tan viejo como Matusalén.

2. La metáfora es una figura retórica que consiste en trasladar el sentido normal de las palabras a otro figurado por medio de una comparación tácita, por ejemplo, «**Esa persona es una víbora**». Si se dijera «**Las palabras de esa persona son como el veneno de una víbora**», la comparación no sería tácita, sino explícita, y por lo tanto, se trataría de un símil.

Los siguientes ejemplos de metáforas también están tomados de las lecturas.

a. ... porque adivinaba los tesoros de ternura que guardaba en su alma (Cap. 1)

b. ... pero no es fácil habituarse a un modesto paraíso después de tantos años de soportar el infierno (Cap. 2)

c. ... las fuertes espaldas de la pared (Cap. 6)

d. ... los paréntesis luminosos le salían de las sienes (Cap. 9)

e. ... con sus ojos de cuchillo (Cap. 10)

f. ... hemos llegado al auténtico corazón maya (Cap. 12)

g. ... la marea de italianos pobres ... estaba inundando el país (Cap. 13)

3. La palabra sinónimo se aplica a las palabras y expresiones que tienen un mismo o parecido significado, o alguna acepción equivalente, por ejemplo, voz, vocablo, palabra y término. Los sinónimos sirven para reforzar o aclarar la expresión de un concepto, por ejemplo, «**Cupido había lanzado una saeta (flecha) a la joven**». También sirven para evitar la repetición de la misma palabra.

Hemos visto muchos sinónimos en las lecturas, entre ellos los siguientes pares.

(C. 1)	bermejo / rojizo solariega / ancestral	(C. 8)	luchar / lidiar incongruencia / cosa ilógica
(C. 2)	lejanía / distancia alineado / en fila	(C. 9)	desechar / rechazar actual / presente
(C. 3)	pavor / mucho miedo nave / embarcación	(C. 10)	factura / cuenta tinieblas / oscuridad
(C. 4)	excusar / disculpar estrepitoso / muy ruidoso	(C. 11)	eliminar / suprimir vencer / superar
(C. 5)	equiparable / comparable llegada / arribo	(C. 12)	encaramado / subido rezar / orar
(C. 6)	vapor / barco pieza / habitación	(C. 13)	legado / herencia aislamiento / marginación
(C. 7)	sanación / cura fin / propósito		

Es importante recordar que la mayoría de los sinónimos son intercambiables únicamente en ciertos contextos, no en todos. La sinonimia, pues, es cuestión de grado, ya que depende del número de contextos en que los dos términos posean en común el mismo significado. Por ejemplo, **gazapo** es sinónimo de **conejo** y de **error**. Uno puede decir que «crían **gazapos** o **conejos** en esa granja» y que «Han cometido varios **gazapos** o **errores garrafales** en ese capítulo», pero uno no puede decir «Crían **errores** en esa granja» ni «Han cometido varios **conejos** en ese capítulo».

APLICACIÓN

A. Escriba cuatro oraciones originales usando un símil en cada una y cuatro oraciones usando una metáfora.

B. Escriba un parrafito ilustrando cómo se usan los sinónimos (a) para aclarar una expresión y (b) para evitar la repetición de la misma palabra.

C. Las palabras que aparecen en cursiva debajo se han tomado de la lista de sinónimos que se ha dado en esta sección. Reemplácelas con sus sinónimos.

1. La mansión *solariega* era de piedra *bermeja* y tenía más de veinte *habitaciones*.

2. A pesar de *la oscuridad*, pude ver los pinos *alineados* junto al camino.

3. Este tratamiento no es *equiparable* a los anteriores, pues su *propósito* no es *el aislamiento* del paciente, sino su *cura* total.

4. Todos los meses tengo que *luchar* con montones de *cuentas*. Voy a tener que *suprimir* algunos gastos.

5. Mi vecino se *disculpó* por aquella música *ruidosa* que no me dejaba dormir.

6. Es una *cosa ilógica*, pero Rosa espera con tanta ansiedad a Manolo, y no va a estar en el puerto cuando llegue el *barco* donde él viene.

7. Los niños sintieron un *miedo enorme* que no podían *superar* al ver en la *distancia* a los hombrecitos verdes que salían de la *embarcación*.

8. No debemos *rechazar la herencia* de nuestros antepasados, pues puede sernos útil en el momento *presente*.

9. A causa de la inundación, todos se habían *subido* en los techos, y allí *rezaban* esperando *la llegada* de los rescatistas.

Los hispanos que vienen a los EE.UU. se adaptan muy pronto a las costumbres norteamericanas, aunque la mayoría conserva además las de su país de origen. Esta familia hispana de Austin, Texas, horneó un pavo para celebrar el Día de Acción de Gracias. (©Bob Daemmrich/The Image Works)

TEMAS PARA COMPOSICIÓN

Escriba una composición sobre uno de estos temas.

1. **Mis antepasados inmigrantes.** A menos que sea Ud. nativo americano, tiene antepasados que no nacieron en los Estados Unidos. ¿De qué nacionalidades eran? ¿Desciende Ud. de los peregrinos que llegaron en el *Mayflower?* ¿Llegó de Europa alguno de sus antepasados en el siglo XIX o el siglo XX? Hable de uno o más de sus antepasados inmigrantes.

2. **El sueño americano.** ¿Qué es para Ud. el llamado sueño americano? ¿Existe todavía o es un concepto del pasado? Imagine que está Ud. hablando con un extranjero y explíquele este concepto, explicándole además otras características de la vida en los Estados Unidos.

3. **¿Qué es «ser americano»?** Esta pregunta puede contestarse de diferentes maneras. ¿Cómo la contestaría Ud.? ¿Tiene todavía validez el concepto de nuestros Padres Fundadores expuesto por Huntington o es anacrónico? Explique su opinión. ¿Por qué (no) es necesario haber nacido en este país para ser un buen americano? ¿Hay personas que no son buenos americanos aunque hayan nacido aquí? ¿Hay valores comunes que todos los americanos deben tener? ¿Cuáles?

4. **Un país hispánico.** Escoja un país que le interese y busque información sobre él en Internet. ¿Qué tamaño tiene? ¿Cuántos habitantes? ¿Qué puede decirse de sus ciudades principales? ¿Cómo es su clima? ¿Sus costumbres? ¿Música? ¿Comida? ¿Qué hechos importantes hay en su historia? ¿Qué sitios de interés puede visitar un turista?

CAPÍTULO 14

La imponente catedral de Santiago de Compostela es sin duda el monumento más famoso de Galicia, la patria chica de Emilia Pardo Bazán. La catedral es muy antigua, pues aunque su fachada es barroca y del siglo XVIII, el edificio se construyó en el siglo XIII. El nombre Compostela deriva de «campo de la estrella», pues según una leyenda, allí se encuentra enterrado el apóstol Santiago (St. James) y su tumba se descubrió en el siglo IX por una estrella que brillaba encima del sepulcro. (©Robert Frerck/Stone/Getty Images)

Lectura

Introducción

Ud. va a leer un cuento de Emilia Pardo Bazán (1851–1921), una gran novelista y cuentista española. Pardo Bazán fue una mujer de extensa cultura, vigorosa y fina a la vez, y muy liberada para su época. Expuso sus teorías sobre el arte y la novela en un ensayo muy polémico: «La cuestión palpitante». Pardo Bazán escribió dentro de la escuela literaria llamada realismo, a la cual pertenecen muchos grandes novelistas, como Galdós en España, Dickens en Inglaterra, Balzac en Francia y Dostoievski en Rusia.

Pardo Bazán va más allá del realismo, y trata de fundir en su obra las ideas del naturalismo francés y la tradición literaria española. Su novela más conocida, *Los pazos de Ulloa*, tiene lugar en Galicia, tierra natal de la escritora, y es un buen ejemplo de esta fusión.

En «El encaje roto», Pardo Bazán estudia los motivos de una joven para decir «no» en el último momento en la ceremonia de su boda. El cuento presenta un tema de gran importancia en todas las épocas y del cual se habla mucho hoy en día: el del peligro de casarse con una persona violenta.

El cuento comienza con el impactante «no» de Micaelita, la protagonista, y a continuación la narradora describe la boda y sus invitados, todo usando su imaginación, pues dice que no estaba presente. Desde la línea 55 a la línea 94, hay un cambio de narrador, pues la autora se ha hecho amiga de Micaelita, y ésta le cuenta los motivos que tuvo para no casarse.

El encaje roto

Convidada° a la boda de Micaelita Aránguiz con Bernardo Meneses, y no habiendo podido asistir°, grande fue mi sorpresa cuando supe al día siguiente que la novia, al pie° del altar, al preguntarle el Obispo de San Juan de
5 Arce si recibía a Bernardo por esposo, soltó° un «no» claro y enérgico. Como reiterada con extrañeza la pregunta por el sorprendido obispo se repitiese la negativa°, el novio, después de enfrentar un cuarto de hora la situación más ridícula del mundo, tuvo que retirarse, deshaciéndose la
10 reunión y el enlace° a la vez.

Parecíame ver el cuadro° y no podía consolarme de no haberlo contemplado por mis propios ojos: el salón atestado°, la escogida concurrencia°, las señoras vestidas de seda y terciopelo, con collares de pedrería°; la madre de
15 la novia, atareada°, solícita, de grupo en grupo, recibiendo felicitaciones; las hermanitas conmovidas, muy monas°, de° rosa la mayor, de azul la menor, ostentando° los brazaletes de turquesa regalo del cuñado futuro. El obispo que ha de bendecir la boda alternando° grave y afablemente,
20 sonriendo, dignándose soltar chanzas° urbanas o discretos elogios, mientras allá, en el fondo, se adivinaba el misterio del oratorio° revestido° de flores, una inundación de rosas blancas desde el suelo hasta la cupulilla°, donde convergen radios° de rosas y de lirios como la nieve, sobre

Convidada Invitada
asistir ir

al... *at*
dijo inesperadamente
Como... *As the question was repeated with amazement by the surprised bishop and the "no" was also repeated /* boda /
escena

lleno de gente / **la**... el selecto público / piedras preciosas / *busy*

bonitas / vestida de luciendo

mezclándose con la gente
bromas

capilla / cubierto
pequeña cúpula
hileras, líneas

25 rama verde. Y en el altar, la efigie de la Virgen protectora
de la aristocrática mansión, semioculta por una cortina de
azahar°, que envió desde Valencia el riquísimo propietario
Aránguiz, tío y padrino de la novia, el cual no vino en
persona por estar viejo y achacoso°. Estos detalles corren
30 de boca en boca, calculándose la magnífica herencia que
corresponderá a Micaelita, una esperanza más de ventura°
para el matrimonio°, el cual irá a Valencia a pasar su luna
de miel.

    En un grupo de hombres me imaginaba al novio, algo°
35 nervioso, ligeramente° pálido, mordiéndose el bigote sin
querer, inclinando la cabeza para contestar a las delicadas
bromas y las frases halagüeñas°.

    Y por último, veía aparecer en el marco de la puerta a
la novia... La pareja avanza conducida por los padrinos, la
40 cándida° figura se arrodilla al lado de la esbelta y airosa°
figura del novio... El Obispo formula una interrogación
a la cual responde un «no» rotundo° como una bala. Y
—siempre con la imaginación— yo notaba el movimiento
del novio, que se revuelve° herido; el ímpetu° de la madre
45 para proteger y amparar a su hija; la insistencia del Obispo...

    Todo esto, dentro de la vida social, constituye un terrible
drama. Y en el caso de Micaelita, al par que drama, fue
logogrifo°. Nunca llegó a saberse de cierto° la causa de la
súbita negativa.

50   A los tres años, me encontré con Micaelita en un
balneario° de moda. No hay cosa que facilite las relaciones
como la vida de balneario, y la señorita de Aránguiz se
hizo tan buena amiga mía, que una tarde, paseando hacia la
iglesia, me reveló su secreto. Esto es lo que me dijo:

55   «Fue la cosa más tonta. De puro tonta°, no quise decirla;
la gente siempre atribuye los sucesos° a causas profundas
y trascendentales, sin pensar que a veces nuestro destino lo
deciden las niñerías°, las pequeñeces° más pequeñas... Pero
son pequeñeces que significan algo, y para ciertas personas
60 significan demasiado.

    Confieso que mi novio me gustaba° mucho, más que
ningún hombre de los que conocía y conozco; creo que
estaba enamorada de él. Lo único que sentía era no poder
estudiar su carácter; algunas personas le juzgaban° violento;
65 pero yo le veía siempre cortés, deferente°, blando como un
guante°, y temía que me engañara ocultando una fiera y
avinagrada condición°.

    Llegó el día de la boda. Al vestirme el traje blanco,
admiré una vez más el soberbio volante° de encaje que lo
70 adornaba, y era regalo de mi novio. Había pertenecido a su
familia aquel viejo Alenzón° auténtico, —una maravilla— de
un dibujo° exquisito, digno del escaparate° de un museo.
Bernardo me lo había regalado encareciendo° su valor, lo

---

flor del naranjo

ailing

felicidad
los esposos

un poco
un poco

halagadoras

blanca y pura / elegante

enfático

squirms / impulso

puzzle / **de...** con seguridad

health spa

De... *Since it was so silly*
happenings

childish things / cosas
  insignificantes

me... me atraía físicamente

le... pensaban que era
deferential
blando... *soft as a glove*
una... *a cruel and bitter*
  nature
soberbio... hermoso y
  elegante vuelo
encaje muy fino hecho en
  Francia / diseño / vitrina
poniendo énfasis en

cual llegó a impacientarme°, pues por mucho que el
encaje valiese°, mi futuro esposo debía pensar que era
poco para mí.

Fui hacia el salón, donde me esperaba mi novio. Al
precipitarme° a saludarle llena de alegría, el encaje se
enganchó° en un hierro° de la puerta, con tan mala suerte,
que al quererme soltar, oí el ruido peculiar° del desgarrón°,
y pude ver que un jirón° del magnífico adorno colgaba sobre
mi falda. Pero también vi otra cosa: la cara de Bernardo,
contraída y desfigurada por el enojo más vivo°; sus pupilas
chispeantes°, su boca entreabierta ya para proferir la
reconvención° y la injuria°... No llegó a tanto°, porque
estaba rodeado de gente; pero en aquel instante fugaz se
alzó un telón° y detrás apareció desnuda un alma.

Debí de inmutarme°; por fortuna°, el tul de mi velo me
cubría el rostro. En mi interior, algo se despedazaba°, y el
júbilo con que atravesé el umbral° del salón se cambió en
horror profundo. Bernardo se me aparecía° siempre con
aquella expresión de ira, dureza y menosprecio° que acababa
de ver en su rostro. Yo no podía, no quería entregarme a tal°
hombre ni entonces ni jamás°».

—¿Y por qué no declaró Ud. el verdadero motivo, cuando
tantos comentarios se hicieron?

—Lo repito: por su misma sencillez... La gente no se
hubiese convencido jamás. Lo natural y vulgar° es lo que no
se admite. Preferí dejar creer que había razones de esas que
llaman serias.

irritarme

por... *no matter how much the lace might be worth*

Al... Cuando corrí / **se...** *got caught* / pieza de metal / característico / *big tear*
tira larga (*strip*)

intenso
flashing / **proferir...** *to utter a reprimand* / insulto / **No...** *He didn't go that far*

cortina de teatro / **Debí...** *My face probably fell* / suerte / rompía en pedazos / *threshold*
se... venía a mi memoria
desprecio
such a
ni... *never ever*

común

Estos novios españoles se toman fotos en los jardines del Alcázar de Córdoba. Es un hermoso escenario, con el Alcázar al fondo y un estanque bordeado de bonitas flores. (Barry Mason/Alamy)

APLICACIÓN

A. Vocabulario.

1. A continuación se da una lista de falsos cognados que aparecen en la lectura. Como Ud. sabe, esta clase de palabras son iguales o muy parecidas en español y en inglés. El significado de muchas de estas palabras en inglés fue originalmente igual al significado que tienen en español, pero hoy su acepción más común es, con frecuencia, diferente en las dos lenguas.

> **asistir** (*attend* pero también *assist*); **blando** (*soft*); **cándido** (*pure, innocent*); **fortuna** (*fortune*, pero también *luck*); **injuria** (*insult*); **matrimonio** (*matrimony*, pero también *husband and wife*); **peculiar** (*characteristic*); **suceso** (*happening, event*); **valor** (*value*, pero también *courage*); **ventura** (*happiness*); **vulgar** (*common, ordinary*)

Reemplace las palabras en cursiva con palabras apropiadas de la lista anterior, haciendo otros cambios que sean necesarios. (Algunas palabras se repiten.)

> **La boda de mi ex-mejor amiga.** Mi ex-mejor amiga celebrará su *boda* el 25 de mayo, pero no pienso *ir*. Es que hubo entre nosotras un *incidente* desagradable recientemente. Sé *lo que vale* la amistad y estoy triste. Mi amiga, que es divorciada tres veces, va a llevar el traje blanco tradicional y no se conforma con una boda *común*, sino que quiere una ceremonia espectacular. Se ofendió cuando le dije que era ridículo que llevara traje blanco y tratara de proyectar una imagen *pura e inocente*. Mi amiga está muy irritable últimamente, cosa *característica* de las mujeres antes de su boda, y me dijo algunos *insultos*. No le contesté porque, por *suerte*, mi carácter *no es fuerte* y no me gusta pelear. *La pareja* viajará a Cancún de luna de miel, y como no soy rencorosa, les deseo toda la *felicidad* del mundo.

2. Antónimos.

Encuentre en la columna de la derecha los antónimos de las palabras de la columna izquierda.

1.	achacoso	**a.**	aislarse
2.	airoso	**b.**	cosas importantes
3.	al pie	**c.**	descubierto
4.	alternar	**d.**	desierto
5.	atestado	**e.**	estima
6.	despedazarse	**f.**	feo
7.	menosprecio	**g.**	hablar seriamente
8.	mono	**h.**	lejos
9.	ostentar	**i.**	no romperse
10.	pequeñeces	**j.**	poco elegante
11.	revestido	**k.**	saludable
12.	soltar chanzas	**l.**	ocultar

B. Comprensión.

Decida cuáles de estas afirmaciones son falsas y explique por qué lo son.

1. La narradora no asistió a la boda.
2. Cuando el Obispo le preguntó a Bernardo si aceptaba a Micaelita como esposa, él dijo que no.
3. El padre de Micaelita iba de grupo en grupo recibiendo felicitaciones.
4. Micaelita era hija única.

5. Antes de la ceremonia, el novio estaba un poco nervioso.

6. Todos sabían la razón que tenía Micaelita para cancelar su boda con Bernardo.

7. A Micaelita no le gustaba su novio.

8. Micaelita sabía desde el principio que Bernardo era muy violento.

9. El novio le regaló a Micaelita un encaje antiguo de su familia.

10. El encaje se rompió porque se enganchó en la puerta.

11. El novio insultó a Micaelita frente a todos los invitados.

12. Micaelita no explicó el motivo de su negativa porque era muy sencillo.

C. Interpretación.

Conteste según su opinión personal.

1. La narradora dice que no asistió a la boda, y lo describe todo usando la imaginación. ¿Qué motivo tiene para hacer esto?

2. ¿Qué datos de la narración indican que los novios eran de una clase social alta?

3. ¿Tenía Micaelita razón para exasperarse cuando Bernardo ponía tanto énfasis en el valor del encaje? ¿Por qué (no)?

4. En su opinión, ¿por qué era falsa la actitud de Bernardo con Micaelita antes de la boda?

5. Micaelita dice que las cosas pequeñas son importantes. ¿Por qué fue importante para ella la reacción de Bernardo cuando se rompió el encaje?

6. ¿Cree Ud. que fue exagerada la reacción de Micaelita? ¿Merecía Bernardo otra oportunidad? Explique.

7. Si el día de su boda sucede un incidente similar al del cuento, ¿va a reaccionar Ud. como Bernardo/Micaelita? Explique.

8. Este cuento es del siglo XIX. Hoy los novios pueden conocerse mejor antes de casarse. ¿Es posible hoy que una persona se case sin saber hasta el último momento que su novio/a es una persona violenta? ¿Por qué (no)?

D. Intercambio oral.

Use los temas en un intercambio oral con sus compañeros de clase.

1. **Habla Bernardo.** Cuente la historia desde el punto de vista de Bernardo. ¿Se da cuenta él de que es una persona violenta? ¿Está realmente enamorado de Micaelita? ¿Cómo la ve él? ¿Cómo se siente él cuando ella decide cancelar la boda en el último minuto? ¿Qué planes tiene él ahora para su futuro?

2. **Habla la madre de Micaelita.** Cuente la historia desde el punto de vista de la madre. ¿Es ella una madre estricta? ¿Comprensiva? ¿Muy tolerante? ¿Pensaba ella que Bernardo era un buen esposo para su hija? ¿Cuál es su reacción ante el «no» de Micaelita? ¿Le da o no consejos a su hija? ¿Qué consejos? ¿Es el escándalo muy traumático para su familia? ¿Por qué (no)?

3. **Los problemas de casarse con una persona de carácter violento.** ¿Qué signos ayudan a decidir si una persona es o no violenta? ¿Qué dificultades tiene que enfrentar alguien que tiene un esposo (una esposa) así? ¿Se dan cuenta las personas violentas y de mal carácter de que lo son? ¿Cuáles pueden ser las causas de la violencia? ¿Es hereditaria? ¿Son más violentos los hombres que las mujeres? Explique en qué basa su opinión.

4. **Las ventajas y desventajas de vivir juntos.** Hoy en día muchos jóvenes viven juntos sin casarse. ¿Hay alguna razón para que esto sea tan frecuente? Si estas parejas deciden casarse más tarde, ¿ayuda al éxito del matrimonio el haber convivido antes? ¿Por qué (no)? ¿Qué desventajas de tipo legal tienen las parejas que no están casadas?

ARRAS NUPCIALES

Un recuerdo personalizado e inolvidable de tu ceremonia de bodas

---

Para pedidos por teléfono con tarjeta de crédito dentro de EUA continental . llamar al **1-800-257-4082**. Desde Puerto Rico al **1-532-1144**, y desde otros países al **1-(809) 532-1144**, o envíe este cupón con su cheque por US$195.00 más US$9.00 de manejo y franqueo a: **Adel Estudio, CPS Building Suite 650, 110 Ponce de Leon Blvd., Coral Gables, FL 33135**

Nombre _____

Dirección _____

_____ Tel. _____

☐ Acompaño cheque o giro postal.   Carguese a ☐ Visa ☐ Master Card

No. _____ Válida hasta: _____

Firma _____

Datos para personalizar su juego de 13 monedas

Nombre Novia _____

Nombre y Apellido Novio _____

Fecha de la boda _____

La costumbre de las arras es muy antigua en la tradición hispánica. La palabra ya se usaba en el siglo XII y se refería a un depósito que se daba como garantía en un negocio (*pledge*). En tiempos modernos, se llaman arras las trece monedas que el hombre da a la mujer en las bodas católicas como símbolo de su compromiso con ella. Esta costumbre, en una época muy popular, ha ido desapareciendo en muchos países y hoy se conserva sólo en algunos, como España y México.

Sección gramatical

Relative Pronouns

Relative pronouns refer to a preceding word, called an antecedent. Spanish relative pronouns are **que, quien, el que, el cual, lo que**, and **lo cual**. Relative pronouns are sometimes omitted in English, but they are never omitted in Spanish.

Los invitados hablan de la herencia que recibirá Micaelita.	*The guests are talking about the inheritance (that) Micaelita will receive.*
El tío de Micaelita es el señor que conocimos en Valencia.	*Micaelita's uncle is the gentleman (whom) we met in Valencia.*

USES OF *QUE*

Que is the most frequently used relative pronoun, since it may mean *that, who, whom*, or *which*, and it may refer to persons or things. **Que** is invariable in gender and number.

Las flores que decoran el oratorio son muy hermosas.	*The flowers that decorate the chapel are very beautiful.*
El obispo que iba a casar a Micaelita era amigo de la familia.	*The bishop who was going to marry Micaelita was a friend of the family.*
El hombre que saludé es mi vecino.	*The man whom I greeted is my neighbor.*
La puerta, que era muy vieja, tenía las bisagras oxidadas.	*The door, which was very old, had rusty hinges.*

As a relative pronoun, **que** is not used after prepositions except in the case of **con**, **de**, and **en**. This rule applies when **que** refers to either people or things.

Me sorprendió la facilidad con que resolviste el asunto de que hablamos ayer.	*I was surprised at the ease with which you resolved the matter about which we talked yesterday.*
La boda sería en la mansión en que vivía la familia Aránguiz.	*The wedding would be at the mansion where the Aránguiz family lived.*
No conozco a las personas con que soñé anoche.	*I don't know the people about whom I dreamed last night.*

USES OF *QUIEN*

Quien and its plural **quienes** refer to persons and are used in the following cases:

1 To express *who* in nonrestrictive clauses.*

Ofelia y Marta, quienes (que) estaban muy cansadas, no fueron a la boda.	*Ofelia and Marta, who were very tired, didn't go to the wedding.*
Emilia Pardo Bazán, quien (que) fue una gran cuentista, era gallega.	*Emilia Pardo Bazán, who was a great short story writer, was a Galician.*

Note that, although **quien(es)** can be used in the preceding cases, **que** is also possible. **Que** is in fact more common, especially in the spoken language.

---

* Nonrestrictive clauses are those that provide additional information about a preceding word without restricting its meaning. These clauses can be omitted without altering the essential meaning of the sentence. Nonrestrictive clauses are either set off by commas or preceded by a comma: **El Cónsul de México, quien llegó ayer, asistirá a la recepción. A la recepción asistirá el Cónsul de México, quien llegó ayer**. Note that in both cases we could remove the clause **quien llegó ayer** and still have a meaningful sentence: *The Mexican Consul will attend the reception*.

On the other hand, a restrictive clause is essential to identify or make specific the word to which it refers and its omission would produce a loss of meaning in the sentence. In the statement: **El hombre que llegó ayer es el Cónsul de México**, the omission of the restrictive clause **que llegó ayer** would leave the sentence incomplete since *The man is the Mexican Consul* would not identify or specify which man.

2 After a preposition.

El hombre hacia quien corría el niño, era mi hermano Manuel.	*The man toward whom the boy was running was my brother Manuel.*
Sus hijos, por quienes hizo tantos sacrificios, no lo quieren.	*His children, for whom he made so many sacrifices, don't love him.*
Los soldados contra quienes luchábamos, eran valientes.	*The soldiers against whom we were fighting were brave.*
No dijo el nombre de la persona para quien compró el regalo.	*He didn't say the name of the person for whom he bought the gift.*

USES OF *EL CUAL*

El cual and its inflected forms (**la cual, los cuales, las cuales**)* can refer to either persons or things. These forms are used in the following cases:

1 As alternates for **que** when referring to things in nonrestrictive clauses.

Las flores, que (las cuales) eran todas blancas, tenían una fragancia deliciosa.	*The flowers, all of which were white, had a delicious fragrance.*
El armario, que (el cual) es una antigüedad, nos costó un dineral.	*The cabinet, which is an antique, cost us a bundle.*

2 As alternates for **que** or **quien(es)** when referring to people in nonrestrictive clauses.

Fernando, que (quien, el cual) estaba borracho, insultó a todo el mundo.	*Fernando, who was drunk, insulted everybody.*
Las gemelas, que (quienes, las cuales) siempre se vestían igual, se parecían muchísimo.	*The twins, who always dressed alike, resembled each other very much.*
Los Dumois, que (quienes, los cuales) compraron la casa de la esquina, son extranjeros.	*The Dumois, who bought the house on the corner, are foreigners.*

El cual is more formal than **que** and, therefore, in everyday conversation **que** is preferred in the first and second cases.

3 To refer to things after a preposition, especially in the case of longer or compound prepositions.

¡Qué problema! Olvidé mis gafas, sin las cuales no veo nada.	*What a problem! I forgot my glasses, without which I can't see anything.*
El estuche dentro del cual guardo mis joyas, es bastante grande.	*The case inside which I keep my jewelry is rather large.*

---

*For brevity's sake only **el cual** will be cited henceforth.

La cuestión acerca de la cual discutimos, me preocupa.	*The matter about which we argued worries me.*
El sofá sobre el cual me senté, estaba húmedo.	*The sofa on which I sat was wet.*

4 To refer to persons after a preposition, as alternates for **quien(es)**. (See *Uses of quien*, No. 2, page 386.)

El hombre hacia el cual corría el niño, era mi hermano Manuel.	*The man toward whom the boy was running was my brother Manuel.*
Sus hijos, por los cuales hizo tantos sacrificios, no lo quieren.	*His children, for whom he made so many sacrifices, don't love him.*
Los soldados contra los cuales luchábamos, eran valientes.	*The soldiers against whom we were fighting were courageous.*
No dijo el nombre de la persona para la cual compró el regalo.	*He didn't say the name of the person for whom he bought the gift.*

USE OF *EL CUAL* TO AVOID AMBIGUITY

El cual is used to avoid ambiguity when there are two possible antecedents of different genders.

La hija de Tomás, la cual es artista, acaba de ganar un premio.	*Tomás's daughter, who is an artist, has just won a prize.*
Se lo explicamos todo al criado de la duquesa, el cual había ido con nosotros.	*We explained everything to the duchess's servant, who had gone with us.*
Clara no pudo enseñarme la carta de Enrique, la cual se había perdido en Madrid.	*Clara wasn't able to show me Enrique's letter, which had gotten lost in Madrid.*

EL QUE AFTER PREPOSITIONS

El que and its inflected forms (**la que, los que, las que**)* are used after prepositions as alternates for **el cual** and its forms in cases 3 and 4 above.

¡Qué problema! Olividé mis gafas, sin las que no veo nada.	*What a problem! I forgot my glasses without which I can't see anything.*
El estuche dentro del que guardo mis joyas, es bastante grande.	*The case inside which I keep my jewels is rather large.*
La cuestión acerca de la que discutimos, me preocupa.	*The matter about which we argued worries me.*
El sofá sobre el que me senté, estaba húmedo.	*The sofa on which I sat was wet.*

---

*For brevity's sake only **el que** will be cited henceforth.

El hombre hacia el que corría el niño, era mi hermano Manuel.	*The man toward whom the boy was running was my brother Manuel.*
Sus hijos, por los que hizo tantos sacrificios, no lo quieren.	*His children, for whom he made so many sacrifices, don't love him.*
Los soldados contra los que luchábamos, eran valientes.	*The soldiers against whom we were fighting were courageous.*
No dijo el nombre de la persona para la que compró el regalo.	*He didn't say the name of the person for whom he bought the gift.*

USE OF *LO QUE, LO CUAL*

Lo que, lo cual are neuter relative pronouns. They mean *which* (fact) and do not refer to a specific person or thing, but rather to a preceding idea.

Bernardo encarecía constantemente el valor del encaje, lo que (lo cual) irritaba a Micaelita.	*Bernardo stressed constantly the value of the lace, which irritated Micaelita.*
Mario llegó muy tarde a casa, lo que (lo cual) no le gustó a su padre.	*Mario got home very late, which his father didn't like.*
No sabíamos qué hacer, por lo que (lo cual) decidimos pedirle consejo.	*We didn't know what to do, for which reason we decided to ask him for advice.*
Soy una persona nocturna, por lo que (lo cual) tengo problemas con mi compañero de cuarto.	*I am a night person, on account of which I have problems with my roommate.*

APLICACIÓN

A. Hablando por teléfono.

Complete lo que Antonio le dice a su novia, combinando las frases con la información que se da en cada caso y usando **el/la cual** o **los/las cuales** según sea posible.

Modelo: Mi jefa tomaba decisiones (yo no estaba de acuerdo con ellas).
     → *Mi jefa tomaba decisiones con las cuales yo no estaba de acuerdo.*

    Amorcito, quiero darte unas noticias (te pondrás muy contenta con ellas). El banco (soy cajero en él) va a abrir una nueva sucursal. Además, el problema (te hablé de él) se resolverá pronto.
    ...... Las condiciones (trabajo bajo ellas) cambiarán mucho, porque la jefa (te comenté con respecto a ella) va a ser transferida.
    ...... Sí, la misma jefa varios empleados (presentaron quejas contra ella). Esto significa que el ascenso (soñaba con él) es casi seguro. ¡Ahora podremos llevar a cabo los planes (hemos hablado tanto sobre ellos)! Pronto tendrás el anillo (suspirabas por él).
    ...... Tengo que cortar la conversación, porque mi celular (te hablo con él) está casi descargado. Te espero a las cinco en el café (nos conocimos frente a él). Allí hablaremos de nuestro amor (no podría vivir sin él).

B. Orlando y sus dos amigos.

Reemplace **que** con **quien(es)** en los casos en que sea posible.

Cuando Orlando, que es mi mejor amigo, me vio entrar en la cafetería, me llamó para presentarme a dos jóvenes que estaban con él. Uno de ellos, que parecía extranjero, llevaba ropa que era, sin lugar a dudas, de otro país. Los saludé a los dos amablemente, pero el joven que llevaba la ropa extraña no pareció comprenderme. El otro muchacho, que era norteamericano, me explicó que su amigo era un griego que acababa de llegar de Atenas.

C. Leyendas de Guanajuato.

Complete usando el relativo apropiado. Si es posible usar otro relativo además de **que**, no use **que**. Haga contracciones con **a** y el artículo si es necesario.

1. Todos los viajeros _____ llegan a Guanajuato, México, visitan el Callejón del Beso, una calle sumamente estrecha a _____ se le atribuye una leyenda trágica de siglos pasados. La bella Carmen, _____ era hija única, tenía un novio a _____ su padre no quería. El joven, _____ se llamaba Luis, no estaba dispuesto a renunciar a su amor. Una ventana de la casa en _____ vivían Carmen y su padre daba a un callejón muy estrecho y era posible tocar desde esta ventana la casa _____ había enfrente. Don Luis compró esta casa, _____ estaba a la venta, para poder entrevistarse con su novia de ventana a ventana. Pero el padre de Carmen, _____ era un hombre orgulloso y muy violento, sorprendió a los jóvenes una tarde en el momento en _____ Luis besaba la mano _____ Carmen había extendido a través de la calle. El padre clavó un cuchillo en el pecho de su hija, _____ murió en el acto. Es por esto _____ al lugar se le llama el Callejón del Beso. Los enamorados _____ visitan hoy esta calle se besan en honor de Carmen y Luis.

2. Otra historia curiosa de Guanajuato se relaciona con las momias _____ se exhiben al público en vitrinas en una doble fila _____ tiene unos quince metros de fondo. Estas momias son cadáveres _____ se encontraron naturalmente momificados en sus tumbas, probablemente a causa del terreno de la región, _____ es rico en minerales. Es un espectáculo _____ a muchos les parece demasiado morboso. Hay allí momias _____ tienen posiciones extrañas y gestos horribles en la cara, _____ parece indicar que estos individuos fueron enterrados vivos. La explicación está en la epidemia de cólera _____ hubo en la ciudad en 1833, durante _____ murieron miles de personas. Con los métodos primitivos _____ tenía la medicina en aquella época, era difícil distinguir, de entre los cientos de víctimas diarias, a las personas _____ estaban realmente muertas y a las personas _____ no habían muerto todavía.

D. Aclaremos las cosas.

Introduzca una cláusula original en las oraciones, usando **el/la cual** o **los/las cuales** para evitar ambigüedad.

Modelo: El amigo de Rosaura se sacó la lotería.
            → *El amigo de Rosaura, el cual tiene mucha suerte, se sacó la lotería.*

1. La madre del director padece del corazón.
2. El abogado de la empresa nos aconsejará en esto.
3. La mujer de Pepe sufre de insomnio.
4. Los hijos de las presas jugaban en el patio de la cárcel.
5. El padrino de la niña es francés.
6. El ídolo de Pepita es un cantante famoso.
7. Las novias de los cadetes no podrán verlos mañana.
8. El abuelo de la condesa murió en esta habitación.
9. El emisario de la reina llevará la carta.
10. El peluquero de la actriz no habla muy bien el inglés.

E. Ampliando lo que se ha dicho.

Complete de manera original, usando **lo que (lo cual)** para referirse a la idea anterior.

Modelo: Carmita tiene la mala costumbre de pedirme dinero.
            → *Carmita tiene la mala costumbre de pedirme dinero, lo que (lo cual) me molesta mucho.*

1. Estoy sin trabajo.
2. El hombre decidió no beber más.
3. Me invitaron a una fiesta en la Casa Blanca.
4. Tenemos examen mañana.
5. Mi grupo favorito dará un concierto el mes que viene.
6. Siempre estás criticando a todo el mundo.
7. Mi amigo es fanático del fútbol.
8. El nuevo empleado era muy poco puntual.
9. Se me perdió la licencia para conducir.
10. Vivís en una casa demasiado pequeña.

RELATIVE PRONOUNS THAT CONTAIN THEIR OWN ANTECEDENT

The relative pronouns we have seen so far all refer to antecedents in the main clause. There are other relative pronouns, however, that contain their own antecedent. They are **quien** (*he/one who*), **quienes** (*those who*), **el que** and its inflected forms (*the one[s] who, the one[s] which*). These pronouns are found very often in proverbs and popular sayings. While **quien(es)** refers only to people, **el que** can refer to either people or things.

Quien ríe último, ríe mejor.	*He who laughs last laughs best.*
El que a hierro mata, a hierro muere.	*He who lives by the sword dies by the sword.*

Los que (Quienes) quieran ir, que levanten la mano.	*Those who want to go, raise your hands.*
No me gusta esa grabadora, la que tengo es mejor.	*I don't like that tape recorder, the one I have is better.*

These pronouns can also be used as objects.

Contratarán a quien (al que) llegue primero.	*They will hire the one who gets there first.*
Ella escribió al principio de la carta: «A quien pueda interesar».	*She wrote at the beginning of the letter: "To Whom It May Concern."*
Enviaron varias herramientas, pero no enviaron las que pedí.	*They sent several tools but they didn't send the ones (that) I requested.*

After the verb **haber, quien(es)** is used. **El que** is not correct in this case.

Hay quienes dicen que el alcalde no será reelecto.	*There are those who say that the mayor won't be reelected.*
Yo preparo esa sopa con agua, pero hay quien le pone leche.	*I prepare that soup with water, but there are some people who use milk.*
No había quien pudiera con ella.	*There was no one who could control her.*

A SPECIAL CASE OF AGREEMENT

When **quien(es)** or **el que** are the subjects of one clause and the other clause contains the verb **ser**, the verb in the relative clause tends to agree with the subject of **ser**.

Son ellas quienes (las que) tienen que pedir perdón.	*They are the ones who have to apologize.*
Seremos nosotros quienes (los que) decidiremos el caso.	*We will be the ones who will decide the case.*
Soy yo quien (el que) pago la cuenta.*	*I am the one who pays the bill.*
Eres tú quien (la que) me debes dinero, y no al revés.*	*You are the one who owes me money and not vice versa.*

THE NEUTER FORM *LO QUE*

1   The neuter form **lo que** is the equivalent of the English *what (the thing that)*. **Lo cual** is not interchangeable with **lo que** in this case.

El final de la novela fue lo que no me gustó.	*The end of the novel was what (the thing that) I didn't like.*
Lo que sucedió después fue increíble.	*What (The thing that) happened afterward was unbelievable.*

---

* In the case of yo and **tú,** a third-person verb can also be used. So, it is possible to say: **Soy yo quien (el que)** *paga* **la cuenta** and **Eres tú quien (la que)** *me debe* **dinero.** However, the agreement of both verbs with the subject of **ser** is perferred by many people since it gives a more personal tone to what is being said.

2   After verbs of information (**contar, decir, explicar, preguntar, saber**, etc.) **qué** (with an accent to indicate an indirect question) is interchangeable with **lo que**.

Explíqueme lo que (qué) hizo toda la tarde.	*Explain to me what you did the whole afternoon.*
El consejero nos preguntó lo que (qué) pensábamos hacer.	*The advisor asked us what we were planning to do.*

3   **Todo lo que** means *all* (*that*), *everything*.

Todo lo que necesitamos es dinero.	*All we need is money.*
Ud. puede comer todo lo que quiera por cinco dólares.	*You can eat all you want for five dollars.*
Le contaré a la policía todo lo que sé.	*I'll tell the police everything I know.*

RECAPITULATION

Relative pronouns are very often interchangeable in Spanish. The following summary refers to those cases where they are not.

1   **Que** cannot be used after a preposition other than **con, de,** and **en**.

La mesa en que escribo.	*The table on which I write.*
El bolígrafo con que escribo.	*The pen with which I write.*

But:

La mesa sobre la que (la cual) escribo.	*The table on top of which I write.*
El bolígrafo sin el que (el cual) no podría escribir.	*The pen without which I couldn't write.*

2   **Quien(es)** cannot be used in a restrictive clause.

El abogado que me representa.	*The lawyer who represents me.*
Los esquiadores que subieron a la cima.	*The skiers who went up to the top.*

3   Only **quien(es)** can be used after **haber** to express *one who, those who*, etc.

No hay quien pueda hacer eso.	*There is no one who can do that.*
Hubo quienes dijeron que el accidente fue planeado.	*There were those who said that the accident was planned.*

4 Only **lo que** can be used to express *what* in the sense of *that which*.

El vendedor no explicó lo que vendía.	*The salesman didn't explain what he was selling.*
Lo que Ud. necesita es descansar.	*What you need is to rest.*

APLICACIÓN

A. Que por lo cual.

Sustituya **lo que** por **lo cual** en el siguiente pasaje cuando sea posible.

Lo que me sucedió la semana pasada. Soy una persona muy distraída, *lo que* me ha ocasionado algunos problemas serios. Les contaré *lo que* me sucedió la semana pasada. Necesitaba enviar un paquete por correo, *lo que* no es una actividad agradable, porque siempre hay colas muy largas. ¡*Lo que* daría yo por que los paquetes pudieran ponerse directamente en el buzón! Cuando llegó mi turno, el empleado me preguntó *lo que* contenía el paquete y me dijo que tenía que ir a la mesa y llenar un papel, *lo que*, por supuesto, yo ya sabía pero había olvidado. No sé mucho inglés, *lo que* me dificultó el comprender *lo que* el empleado decía. Tuvo que repetirme tres veces las instrucciones de *lo que* necesitaba hacer.

Al llegar a la mesa, no encontraba mi bolígrafo y tuve que vaciar mi cartera. ¡No pueden Uds. imaginar todo *lo que* yo meto en una pequeña cartera! Por fin terminé *lo que* había ido a hacer al correo y volví a casa. Mi edificio tiene cerrada con llave la puerta principal, *lo que* es una buena medida de seguridad. Pero, cuando busqué la llave para abrir, descubrí que mi cartera estaba vacía. ¡Todo *lo que* había en la cartera se había quedado sobre la mesa del correo! Menos mal que alguien encontró mis cosas y se las entregó a un empleado. Todavía hay gente honrada, *lo que* es una suerte para las personas que, como yo, olvidan siempre *lo que* deben recordar.

B. ¿ Se puedo decir de otro modo?

Reemplace **lo que** con **qué**, si es posible.

1. Le pregunté a mi amigo *lo que* iba a hacer y me contestó que haría *lo que* yo quisiera.
2. La tienda cometió un error y no nos envió *lo que* pedimos.
3. ¿No sabes *lo que* le sucedió a Brenda?
4. Los ricos deberían dar a los pobres *lo que* les sobra.
5. No quiso contarme *lo que* pensaba comprar con tanto dinero.
6. Siempre le pido a mi padre *lo que* necesito.
7. No comprendo *lo que* haces solo en el parque a esta hora.
8. Puso sobre la mesa *lo que* tenía en los bolsillos.
9. El profesor dictó varias palabras, pero no nos explicó *lo que* significaban.
10. Tocar la guitarra es *lo que* más me gusta.

C. Oraciones incompletas.

Complete de manera original.

1. Los García se divorciaron y hay quienes piensan...
2. Para mí, el dinero no es esencial para la felicidad, pero hay quien considera...
3. El decano renunció a su puesto y hay quienes dicen...

4. No iré, pero hay quien piensa...

5. La reunión fue un fracaso; había quienes querían...

6. Muchos protestaron y hubo quien decidió...

7. Yo siempre voy al cine los sábados, pero hay quienes prefieren...

8. Tenemos un buen alcalde, pero no dudo que haya quien diga...

9. Nuestro país es rico, y es triste que haya en él quienes viven...

10. La misión es peligrosa, pero siempre habrá quienes quieran...

D. Más oraciones incompletas.

Complete de manera original.

1. Llamamos a María, pero fue José quien...

2. La idea original fue mía, pero fueron Uds. quienes...

3. Aunque todos bailan bien, son Pedro y Teresa los que...

4. No tiene Ud. que irse, soy yo quien...

5. No creo que la culpa fuera de tu novia. Serías tú el que...

6. Ellos prometieron lavar el carro, pero fuimos nosotros quienes...

7. Yo cocinaré, pero seréis vosotros los que...

8. El equipo jugó bastante mal, fui yo el que...

The Relative Adjective *cuyo*

Cuyo means *whose, which*, and *the ... of which*. It also has the forms **cuya/os/as**, since it agrees in gender and number with the noun it precedes.

Micaelita, cuyo tío vivía en Valencia, planeaba ir a esa ciudad de luna de miel.	*Micaelita, whose uncle lived in Valencia, was planning to go to that city on her honeymoon.*
No hace tanto frío en los dormitorios cuyas ventanas están herméticamente cerradas.	*It is not so cold in the bedrooms whose windows are tightly closed.*

The equivalent of *in which case* is **en cuyo caso**. *For which reason* is **por cuya razón**.

Es probable que llueva esta noche, en cuyo caso no iremos.	*It is likely that it will rain tonight, in which case we won't go.*
Ella nunca abre un libro, por cuya razón casi nunca sale bien en los exámenes.	*She never opens a book, for which reason she seldom does well in exams.*

Cuyo is repeated before two nouns of different genders and shows agreement with each one.

La actriz, cuya belleza y cuyo talento eran extraordinarios, merecía el premio.	*The actress, whose beauty and talent were exceptional, deserved the prize award.*

If the nouns are of the same gender, **cuyo** or **cuya**, not a plural form, precedes the first noun only.

La actriz, cuya belleza e inteligencia eran extraordinarias, merecía el premio.	*The actress, whose beauty and intelligence were exceptional, deserved the prize award.*
González, cuyo padre y hermano trabajan en la misma empresa, es el vicepresidente.	*González, whose father and brother work in the same company, is the vice president.*

The preceding rules apply to the plural also.

Do not confuse **cuyo** and its other forms with **¿De quién (de quiénes)** + **ser** + noun? which means *Whose* + noun + *to be*?

¿De quién es esa corbata?	*Whose tie is that?*
No sé de quiénes serán estos libros.	*I don't know whose books these can be.*

In English *Whose?* is often combined with a verb other than *to be*, but **¿De quién (de quiénes)?** requires the use of **ser**.

No dijeron de quién era el reloj que se llevó el ladrón.	*They didn't say whose watch the thief took (whose watch it was that the thief took).*
¿De quiénes eran hijos los niños que tuvieron el accidente?	*Whose children had the accident? (Whose children were the children who had the accident?)*

APLICACIÓN

A. La boda de Micaelita.

Imagine que Ud. asistió con un amigo a la boda de Micaelita. Ud. conocía a todo el mundo, pero su amigo no conocía a nadie. Diga qué información le dio a él sobre los asistentes, combinando **cuyo/a/os/as** con los datos que se dan en cada caso.

Modelo: Ése es el caballero (su esposa murió el año pasado).
     → *Ése es el caballero cuya esposa murió el año pasado.*

1. Ahí veo a una señora (su esposo y su hija no vinieron a la boda).
2. Conversando con la madre de la novia están los señores (su hija se casó el mes pasado).
3. Te presentaré a una pareja (su casa está junto a la mía).
4. Quiero que conozcas también a doña Beatriz (su hijo fue compañero mío).
5. Aquél es Luis Rangel (su novia fue antes novia de mi hermano).
6. El hombre que va hacia la puerta es Pepe Pérez (su padre estuvo en la cárcel).
7. La joven vestida de negro es mi amiga (sus padres han muerto en un accidente).
8. ¡Qué lástima que Emilia Pardo Bazán (sus novelas te gustan tanto) no haya venido a la boda!

Sección léxica

Ampliación: Los refranes

La lengua española es muy rica en refranes; los hay para todas las circunstancias de la vida diaria. «Hay más refranes que panes», dice uno de ellos. La mayoría de los refranes se originaron en la península Ibérica hace varios siglos, y algunos datan de la Edad Media, pero también hay refranes regionales que son originarios de Hispanoamérica. Como los refranes se han transmitido oralmente, a veces un refrán tiene diferentes versiones. La lista siguiente contiene algunos refranes que usan relativos y que tienen equivalentes en inglés.

1. **Antes que te cases, mira lo que haces.**

   Look before you leap.

2. **A quien le venga el guante, que se lo plante.**

   A quien le sirva el sayo, que se lo ponga.

   If the shoe fits, wear it.

3. **A quien madruga, Dios lo ayuda.**

   The early bird catches the worm.

4. **Bien predica quien bien vive.**

   He preaches well who lives well.
   Practice what you preach.

5. **Dime con quién andas y te diré quién eres.**

   A man is known by the company he keeps.

   Birds of a feather flock together.

6. **El que mucho abarca poco aprieta.**

   Grasp all, lose all.

7. **El que la hace, la paga.**

   You get what you deserve.

8. **El que tiene padrinos, se bautiza.**

   It is not what you know, it is whom you know.

9. **El que tiene tejado de vidrio, no tire piedras al del vecino.**

   People in glass houses shouldn't throw stones.

10. **En el país donde fueres, haz lo que vieres.**

    When in Rome, do as the Romans do.

11. **No es oro todo lo que reluce.**

    All that glitters is not gold.

12. **No hay mal que por bien no venga.**

    Out of everything bad, some good will come.

13. **No hay peor sordo que el que no quiere oír.**

    No one is so deaf as he who will not hear.

14. **Ojos que no ven, corazón que no siente.**

    Out of sight, out of mind.

15. **Quien busca, halla.**   *He who seeks, finds.*

16. **Quien calla, otorga.**   *Silence gives consent.*

17. **Quien más tiene, más quiere.**   *The more one has, the more one wants.*

18. **Quien mucho habla, mucho yerra.**   *He who talks much, errs much.*
                                                    Silence is golden.

19. **Quien no se aventura, no cruza la mar.**   *Nothing ventured, nothing gained.*

20. **Quien siembra vientos, recoge tempestades.** *As you sow, so shall you reap.*

APLICACIÓN

A. Refranes incompletos.

Complete los siguientes refranes sin consultar la lista anterior.

1. Bien predica...
2. A quien le venga el guante...
3. El que la hace...
4. Ojos que no ven...
5. Quien no se aventura...
6. Quien busca...
7. Quien calla...
8. Quien siembra vientos...
9. El que mucho abarca...
10. Quien más tiene...

B. Significados.

Explique el sentido de cinco de los refranes.

C. Opiniones.

¿Está Ud. de acuerdo con el refrán que dice: *No hay mal que por bien no venga?* Describa sus razones.

D. Un refrán para cada situación.

¿Qué refrán usaría Ud. en cada una de las siguientes circunstancias?

1. Ud. piensa hacer un viaje a España, pero el día de la partida se enferma. El avión se cae. Ud. dice...

2. Los González son, aparentemente, una familia modelo. Pero Ud., que los conoce íntimamente, sabe que no es así. Cuando un amigo le habla de lo buenos que son los González, Ud. comenta...

3. En algunos países hispánicos se considera de mal gusto que una persona lleve pantalones cortos, excepto en la playa. Ud. está en Buenos Aires con un amigo y él quiere salir en pantalones cortos a la calle. Ud. le aconseja...

4. Su amiga Juanita es muy habladora y a veces dice lo que no debe. Su comentario sobre las indiscreciones de Juanita es...

5. Varias personas muy capacitadas querían el mismo empleo, pero fue José Ruiz quien consiguió el puesto, porque el presidente de la compañía conocía a su padre. Los otros candidatos comentan...

6. Ud. tiene un amigo que bebe en exceso. Ud. le da buenos consejos continuamente, pero pierde su tiempo, porque él no lo escucha. Ud. le dice...

7. Ud. es una persona muy dormilona, y su madre siempre insiste en que se levante temprano. Ella le dice...

8. Cuquita no es muy honrada en su trabajo académico y se sabe que en el pasado presentó como suyos reportes escritos por sus amigos. Ahora Cuquita critica a un compañero que ha hecho esto. Ud. dice, refiriéndose a la actuación de Cuquita...

9. Ud. no conoce bien a Fernando, pero sí conoce a varios amigos de él que tienen muy mala fama. Basándose en esto, Ud. tiene una mala opinión de Fernando, y la justifica diciendo...

10. Su amigo Alberto está tan enamorado de una chica a quien conoció hace sólo un mes, que quiere casarse inmediatamente con ella. El consejo que Ud. le da es...

Distinciones: Algunos equivalentes españoles de *back*

1. Cuando *back* es un sustantivo.

back of animal	**el lomo**
back of book or house	**la parte de atrás**
back of book (spine)	**el lomo**
back of chair	**el respaldo**
back of check or document	**el dorso**
back of hand	**el dorso**
back of person	**la(s) espalda(s)**
background of picture	**el fondo**

2. Cuando *back* es un adjetivo.

back	**trasero, de atrás, posterior**
backdoor	**la puerta trasera (de atrás)**
back issue	**el número atrasado (anterior)**
back pay	**los atrasos, el sueldo atrasado**
back row	**la última fila**
backseat	**el asiento trasero (de atrás)**
backyard	**el patio**

3. Cuando *back* es un adverbio o es parte de una frase adverbial.

from the back	**por detrás**
in back of the house	**detrás de la casa**
in the back of the car	**en la parte trasera del coche**
in the back of the room	**al fondo de la habitación**

on one's back	**de espaldas**
some months (years, etc.) back	**hace unos meses (años, etc.),** **unos meses (años, etc.) atrás**
to be back	**estar de vuelta, (de regreso)**
to call back	**devolver la llamada**
to come (go) back	**volver, regresar**
to give back	**devolver**
to hold back	**contener**

4. Cuando *back* es verbo y se usa en expresiones.

to back away	**retroceder**
to back out (of an agreement)	**volverse atrás (echarse para atrás)**
to backpack	**viajar con mochila**
to back up (a vehicle)	**dar marcha atrás**
to back up (to support)	**respaldar**
to have one's back to the wall	**estar entre la espada y la pared**
to have one's back turned (toward in)	**estar de espaldas (a)**
to shoot (somebody) in the back	**dispararle (a alguien) por la espalda**

El caballo tiene el lomo lastimado.	*The horse's back is hurt.*
La parte de atrás del libro está en inglés.	*The back of the book is in English.*
Esa silla de respaldo duro no es buena para tu espalda.	*That chair with a hard back is not good for your back.*
Firme el dorso del cheque.	*Sign the back of the check.*
La última fila está al fondo de la habitación.	*The back row is in the back of the room.*
Cuando cobre mis atrasos, pediré los números atrasados de la revista.	*When I collect my back pay I'll order the back issues of the magazine.*
A su suegra le gusta manejar desde el asiento trasero del coche.	*His mother-in-law likes to drive from the backseat of the car.*
Cementamos nuestro patio hace unos meses.	*We cemented our backyard some months back.*
El bandido lo atacó por detrás.	*The bandit attacked him from behind.*
Cuando yo regresé, ella estaba de espaldas a la puerta.	*When I came back, she had her back toward the door.*

El auto dio marcha atrás y le dio a la parte de atrás de la casa.	*The car backed up and hit the back of the house.*
Si Ernesto me devuelve la llamada, le pediré que me devuelva mi dinero antes que regrese a España.	*If Ernesto calls me back, I'll ask him to give me back my money before he goes back to Spain.*
Le dispararon al policía por la espalda mientras trataba de contener a la multitud.	*They shot the policeman in the back while he was trying to hold back the crowd.*
Estoy entre la espada y la pared, porque prometí respaldarlos y no puedo.	*I have my back to the wall because I promised to back them up and I can't.*

APLICACIÓN

A. Necesito un intérprete.

Traduzca.

1. She backed up so suddenly that the child in the backseat got hurt.
2. I'll be back at six and I will call you back then.
3. I made an effort to hold back my anger; he had promised to back us up and now he was trying to back out.
4. In back of the house there was a large backyard. The assailants backed away, exited through the back door, and waited there.
5. After backpacking for several hours in the Rocky Mountains, my back ached; I put the back of my hand on my forehead and noticed that I had a fever.
6. When a man is shot in the back, he usually falls on his face, not on his back.
7. Six months back I began collecting the back issues of that magazine.
8. Since I always sit in the back row, the other students have their backs turned toward me.
9. You have to give me back my book, the one that has the answers on the back.
10. Don Alejandro was in the back of the room, sitting in a high-backed chair, with his back to the door when someone attacked him from the back.
11. They have their backs to the wall because the company refuses to give them their back pay unless they sign the back of that document.
12. The cat rubbed his back against the woman's legs.

Para escribir mejor

Repaso: Práctica de la puntuación y de los acentos gráficos

A. La coma y el punto y coma.

Repase el uso de la coma y del punto y coma, y añádalos donde sea necesario en los siguientes pasajes.

1. En julio se suda demasiado la badana de la gorra comprime la cabeza las sienes se hacen membranosas pica el cogote y el pelo se pone como gelatina. Hay que dejar a un lado por higiene y comodidad el reglamento desabotonando el uniforme liando al cuello un pañuelo para no manchar la camisa echando hacia atrás campechanamente la gorra.

Ignacio Aldecoa, El aprendiz de cobrador

2. Recuerdo que poco antes del 18 de julio una tarde en Madrid nos dirigíamos al colegio mis hermanos y yo con la niñera. Era aún primavera con un fuerte olor de madreselvas y jacintos tras las tapias de los jardines. Un sordo rumor primero lejano como el anuncio de una tempestad luego violento desgarrado bajaba calle abajo. Como un río que se desborda como un lejano río que avanza inexorable y arrollador en el deshielo bajaba el vocerío estremecedor: eran unas voces nuevas y terribles que clamaban que reclamaban que agredían.

Ana María Matute, El autor enjuicia su obra

B. Uso del acento gráfico.

Repase las reglas para el uso del acento gráfico y añada acentos donde sea necesario en los siguientes pasajes.

1. Los muros acolchados del estudio grande guardan aun los aplausos de la noche anterior. Las sillas revueltas perpetuan la confusion de ultima hora, y en tanto el salon vacio parece descansar del estentoreo dialogo de las voces, el piano enfundado, los microfonos cubiertos, esperan que la mujer de la limpieza los reintegre puntualmente brillantes al publico de las cinco, de las seis, de las diez de la noche.

Jesús Fernández Santos, La vocación

2. A partir de la construccion de la presa de Malpaso se pudo integrar la red electrica nacional de costa a costa. Yo habia estado tres veces en este lugar y nunca lo conoci completo, ya que sus cientos de islas y peninsulas, amen de la forma muy irregular del larguisimo y serpenteante lago, forman una innumerable cantidad de rincones, caletas y bahias. Acabo de regresar de una expedicion por la presa de Malpaso (con una pequeña lancha rapida de 75 h.p.), y en unas 40 horas de navegacion en total conocimos bastante bien este fantastico lugar.

México desconocido

C. Comas y acentos.

En el trozo que sigue se han suprimido las comas y los acentos gráficos. Añádalos donde sea necesario.

El hijo de don Agustin Abraham se ofrecio a acompañarnos durante un tramo del camino hacia Joya de Salas porque decia habia un corte que era un poco perdedizo. Ademas aprovecharia para buscar un «jabalin». En realidad lo que hacia era acompañarnos por gusto. Pocas veces llegan hasta alli visitantes con los que se pueda hablar de lo que uno mismo es asi que habia que aprovechar la oportunidad. A nosotros nos agrado esto porque pudimos convivir mas tiempo con el una persona sincera y con grandes deseos de aprender cualquier cosa. Pero ¿que podemos enseñarle? pensaba yo mientras caminabamos. Al fin me di cuenta que aprendia como eramos nosotros.

Conforme ibamos subiendo la vegetacion seguia cambiando. Pero no solo subiamos sino que tambien cambiabamos de vertiente en la sierra de la oriental a la occidental y eso nos habria de ofrecer paisajes sorprendentes. El camino estaba ahora desierto salvo por las aves los mosquitos las ardillas y otros animales que adivinabamos mas que ver por sus olores sus ruidos y sus huellas. Hacia lo mas alto el bosque se volvio blanco casi del mismo color de la roca. Los troncos tenian un color de ceniza apagada y estaban desnudos de hojas pero no carecian del perenne heno que colgaba como melena.

México desconocido

(© Joaquín Salvador Lavado (QUINO) Bien, Gracias. ¿Y Usted? – Ediciones de La Flor, 1976)

TEMAS PARA COMPOSICIÓN

Use el mayor número posible de relativos en su composición.

1. **Las diferencias en el matrimonio.** ¿Puede funcionar bien un matrimonio si las dos personas tienen diferentes niveles económicos? ¿Y educacionales? ¿Y si tienen grandes diferencias en gustos y opiniones? Explique su punto de vista, citando casos que conoce si lo desea.

2. **La edad ideal para casarse.** ¿Es importante la edad en la felicidad de un matrimonio? ¿Existe una «edad ideal»? ¿Debe una persona casarse con alguien que le lleva muchos años? ¿Y con alguien mucho más joven? ¿Hay un límite en la diferencia de edad? ¿Hay diferencias si la persona mucho mayor es el hombre o la mujer? ¿Conoce Ud. casos de parejas con grandes diferencias de edad que son felices?

3. **La experiencia en el amor.** ¿Tienen más probabilidades de fracasar en un matrimonio las personas divorciadas? ¿Y las que se han divorciado más de una vez? ¿Tiene más probabilidades de ser feliz una mujer que se casa con cierta experiencia? ¿Es importante que el hombre y la mujer sean igualmente expertos en cuestiones de amor?

4. **Las bodas suntuosas.** ¿Le gustan a Ud. las bodas elegantes o prefiere las ceremonias sencillas? Explique la razón de su preferencia. ¿Cómo va a ser su boda? (Si ya está casado/a, ¿cómo fue?) Describa una boda elegante a la que asistió. ¿Cómo eran los trajes de la novia y de su cortejo (*bridal party*)? ¿Cómo estaba adornada la iglesia? ¿Dónde se celebró la recepción? ¿Con quién fue Ud.? ¿Se divirtió mucho? ¿Por qué (no)?

Recommended Dictionaries

Collins Spanish Dictionary. Spanish–English, English–Spanish. (2005).
Larousse Spanish–English, English–Spanish Dictionary. Unabridged. (2008).
Moliner, María. *Diccionario de uso del español.* 2 vols. 3rd ed. (2007).
The Oxford Spanish Dictionary. Spanish–English, English–Spanish. (2008). Especially valuable are the numerous examples of usage.
Real Academia Española. *Diccionario de la lengua española.* 22nd ed. (2001) (4a. revisión, julio 2010). There is a version on CD-ROM. It is also possible to consult the RAE Dictionary on the Internet; their address is: http://www.rae.es
Real Academia Española. *Diccionario panhispánico de dudas.* (2005).
Seco, Manuel. *Diccionario de dudas y dificultades de la lengua española.* 11th ed. (2003).
Spanish Computing and Information Dictionary, Spanish–English, English–Spanish. (2nd revision, 2010).

Some of these dictionaries can be consulted and/or downloaded online.

The Spanish Alphabet (El alfabeto español)

Since Spanish words rarely need to be spelled out, many advanced students have forgotten the names of Spanish letters. Yet it is important for students to know these names so that spelling problems can be discussed in Spanish.

All the letters are feminine in gender. To form the plural, add **-es** to the names of the vowels and **-s** to the names of the consonants. The numbers refer to the observations that follow the list.

a	**a**	n	**ene**
b	**be** (1)	ñ	**eñe**
c	**ce**	o	**o**
ch	**che** (2)	p	**pe**
d	**de**	q	**cu**
e	**e**	r	**ere, erre** (4)
f	**efe**	s	**ese**
g	**ge**	t	**te**
h	**hache**	u	**u**
i	**i** (3)	v	**ve** (5)
j	**jota**	w	**ve doble** (6)
k	**ka**	x	**equis**
l	**ele**	y	**i griega** (7)
ll	**elle**	z	**zeta** (8)
m	**eme**		

Some observations on certain letters:

1. The letter **be** (*b*) represents two sounds, according to position: at the beginning of a breath group or after a nasal consonant the sound is occlusive (the lips are momentarily closed to produce the sound: **Benito, combinar**); in all other positions the sound is fricative (it is produced by friction and the lips touch very lightly or not at all: **cabe, robo**). The letter **ve** (*v*) represents exactly the same two sounds in most Spanish-speaking areas. Since **be** and **ve** are pronounced the same, Spanish-speaking people have invented various ways to distinguish orally the two letters: **Be** is called: **be alta, be grande, be larga, be de Barcelona, be de burro**; see note 5 below.

2. This letter is called **ce hache** in some areas.

3. Also called **i latina**.

4. The Academy Dictionary has remarked on this letter: *"Su nombre generalmente es **erre**; pero se llama **ere** cuando se quiere hacer notar que representa un sonido simple."* Some Spanish speakers refer to **rr** as **ere doble** or **doble ere**.

5. The **ve** is also called **uve** (Spain) or **u consonante**. For the reason explained in note 1, many Spanish speakers distinguish this letter from **be** by means of special names: **ve baja, ve chica, ve corta, ve de Valencia**, and **ve de vaca**.

6. Also called: **doble ve, uve doble, doble u**.

7. Also called: **ye**.

8. Variants are: **zeda, ceda**.

9. **Ch**, **ll**, and **rr** are considered units that can't be separated when the word is divided into syllables; however, their components are treated as separate letters for alphabetizing purposes in modern dictionaries. So **achacoso** is found between **acertado** and **acierto**, **callado** is found between **caliente** and **calmante**, and **perro** is placed between **perpetuar** and **persecución**.

Syllabication

Following are the basic rules for dividing words into syllables. This information is needed in order to: (1) pronounce words with the proper stress and to use written accents correctly, and (2) hyphenate words when necessary at the end of one line and the beginning of the next. Hyphenation of the latter type is especially important in Spanish because Spanish speakers try to keep the right margin as even as possible when writing or typing. (Computers offer the advantage of automatically justifying the line so that the right margin is even.)

1. A word has as many syllables as it has vowels. The term *vowel* is used in this context to refer to a single vowel, a diphthong, or a triphthong.

   ha-ra-pien-tos   ter-mi-nan-te-men-te

2. A single consonant is joined to the vowel that follows it. Bear in mind that **che**, **elle**, and **erre** are treated as single letters and are inseparable.

   la-ti-ga-zos   va-ca-cio-nes   chi-cha-rro-nes   be-lle-za   co-rral

3. In the case of two consonants appearing between vowels:

   a. consonantal groups formed by **b, c, f, g,** or **p** plus **r** or **l** as well as **d** or **t** plus **r** combine with the following vowel.

   ne-gro   a-plas-ta-da   de-trás

b. in other groups of two consonants, the first consonant joins the preceding vowel and the second joins the following vowel.

sal-pi-ca-du-ras   lar-go   ac-ci-den-te

4. When three or four consonants occur between vowels, the last two join the following vowel if they belong to one of the groups listed in 3a.

en-tre-cor-ta-do   nues-tros   en-gran-de-cer

5. Unlike English, in Spanish the **ese** is separated from the following consonant.

des-co-no-ci-do   es-tu-dia-ba   cons-cien-te

6. Any combination of two or more vowels that includes **u** or **i** forms an inseparable group (diphthong or triphthong). The most frequent diphthongs are:

ai, ay	**ai-re, hay**	**iu**	**viu-dez**
au	**cau-sa**	**oi, oy**	**sois, soy**
eu	**eu-fo-ria**	**ua**	**cuan-do**
ei, ey	**vein-te, ma-mey**	**ue**	**fuen-te**
ia	**far-ma-cia**	**ui**	**fuis-te**
ie	**vie-ne**	**uo**	**cuo-ta**
io	**vi-cio**		

The most frequent triphthongs are:

iai	**en-viáis**	**uai**	**a-mor-ti-guáis**
iei	**a-pre-ciéis**	**uei**	**con-ti-nuéis**

a. A written accent on the **i** or the **u** breaks the diphthong or triphthong, producing two separate syllables.

te-ní-a   con-ti-nú-a   co-me-rí-ais

b. Any other vowel combination is separated into distinct syllables.

a-pe-dre-a-ban   ca-pi-ta-ne-ó

c. However, according to so-called esthetic syllabication, as opposed to phonetic syllabication, there are two important exceptions to *a* and *b* above:

(1) At the end of a line, two vowels should not be separated, even when they form different syllables.

perío-do, not **perí-odo   pro-veer,** not **prove-er**

(2) At the end of a line, the syllables should not be separated in such a way that a single vowel remains alone; for example, the following divisions are *not* acceptable:

a-traer   ate-o

7. Prefixes form separate syllables.

des-ha-cí-an   im-po-ní-an

Nevertheless, when the prefix precedes s + consonant, the **s** is joined to the prefix.

cons-tan-te   ins-pi-rar

Spanish Grammatical Terminology: Verb Forms

Listed below are the names of the principal parts of the verb in Spanish, followed in each case by an example with English translation, and the usual English name of the verb form. The nomenclature is that recommended by the Royal Spanish Academy in its *Esbozo de una nueva gramática de la lengua española*.

1. infinitivo (**estudiar**, *to study*) infinitive
2. gerundio (**estudiando**, *studying*) present participle (see chapter 13)
3. participio pasivo (**estudiado**, *studied*) past participle

INDICATIVO *INDICATIVE*

4. presente (**Mario estudia español**. *Mario studies, does study, is studying Spanish.*) present
5. presente progresivo (**Mario está estudiando español**. *Mario is studying Spanish.*) present progressive
6. pretérito imperfecto* (**Mario estudiaba español**. *Mario used to study, was studying Spanish.*) imperfect
7. pretérito imperfecto progresivo (**Mario estaba estudiando español**. *Mario was studying Spanish.*) imperfect progressive
8. pretérito perfecto simple** (**Mario estudió español**. *Mario studied, did study Spanish.*) preterite
9. pretérito perfecto simple progresivo (**Mario estuvo estudiando español**. *Mario was studying Spanish.*) preterite progressive
10. pretérito perfecto compuesto (**Mario ha estudiado español**. *Mario has studied Spanish.*) present perfect
11. pretérito perfecto compuesto progresivo (**Mario ha estado estudiando español**. *Mario has been studying Spanish.*) present perfect progressive
12. pretérito pluscuamperfecto (**Mario había estudiado español**. *Mario had studied Spanish.*) pluperfect (past perfect)
13. pretérito pluscuamperfecto progresivo (**Mario había estado estudiando español**. *Mario had been studying Spanish.*) pluperfect progressive
14. futuro (**Mario estudiará español**. *Mario will study Spanish.*) future
15. futuro perfecto (**Mario habrá estudiado español**. *Mario will have studied Spanish.*) future perfect
16. condicional (**Mario estudiaría español**. *Mario would study Spanish.*) conditional
17. condicional perfecto (**Mario habría estudiado español**. *Mario would have studied Spanish.*) conditional perfect

SUBJUNTIVO *SUBJUNCTIVE*

18. presente (**[Ojalá que] Mario estudie español**. *[I hope] Mario studies Spanish.*) present
19. imperfecto (**[Ojalá que] Mario estudiara/estudiase español**. *[I wish] Mario would study Spanish.*) imperfect

---

*In order to simplify, this tense is called **el imperfecto** in this and other textbooks.
In order to simplify, this tense is called **el pretérito in this and other textbooks.

20. pretérito perfecto (**[Ojalá que] Mario haya estudiado español**. *[I hope] Mario has studied Spanish*.) present perfect

21. pretérito pluscuamperfecto (**[Ojalá que] Mario hubiera/hubiese estudiado español**. *[I wish] Mario had studied Spanish*.) pluperfect

IMPERATIVO *IMPERATIVE*

22. afirmativo (**Estudia (tú) español, Mario**. *Study Spanish, Mario*.) affirmative

23. negativo (**No estudies (tú) español, Mario**. *Don't study Spanish, Mario*.) negative

From the point of view of grammatical terminology, the sentence **Mario está estudiando español en la universidad** is composed of the following elements:

1. **Mario** = *el sujeto* = *subject*
2. **está estudiando español** = *el predicado* = *predicate*
3. **está estudiando** = *el verbo o el predicado verbal* = *verb or simple predicate*
4. **está** = *verbo auxiliar* = *auxiliary verb*
5. **est** = *el radical, la raíz* = *stem*
6. **-á** = *la terminación, la desinencia* = *ending*
7. **español** = *el complemento (directo)* = *(direct) object*
8. **en la universidad** = *el complemento circunstancial* = *adverbial complement*

Spanish Grammatical Terminology: Other Forms

Here the English term is followed by the Spanish equivalent and a Spanish example.

adjective: **el adjetivo**

> demonstrative adjective: **adjetivo demostrativo:** <u>este</u> libro
>
> descriptive adjective: **adjetivo calificativo:** la casa <u>blanca</u>
>
> numerical adjective: **adjetivo numeral:** <u>tres</u> pesos
>
> possessive adjective: **adjetivo posesivo:** <u>mi</u> lápiz
>
> stressed possessive adjective: **adjetivo posesivo enfático:** el pleito <u>mío</u>
>
> word used as an adjective: **palabra adjetivada:** una pierna <u>rota</u>

adverb: **el adverbio:** <u>lentamente</u>

(to) agree: **concordar (ue):** El adjetivo concuerda con el sustantivo.

agreement: **la concordancia:** «la casa amarilla» es un ejemplo de concordancia.

antecedent: **el antecedente:** En la oración «El gato que veo es de María», <u>el gato</u> es el antecedente de <u>que</u>.

clause: **la cláusula**

> adjective clause: **cláusula adjetival:** Busco una casa <u>que tenga tres dormitorios.</u>
>
> adverbial clause: **cláusula adverbial:** Comeremos <u>cuando lleguen nuestros invitados.</u>
>
> contrary-to-fact clause: **cláusula de negación implícita:** <u>Si fuera rico</u>, lo compraría.
>
> noun clause: **cláusula sustantiva:** Queremos <u>que se diviertan en la fiesta.</u>

conjunction: **la conjunción:** Traté de llegar temprano, <u>pero</u> no pude.

dative (of interest): **el dativo (de interés):** Se <u>me</u> murió el perrito.

(to) function as: **actuar como, funcionar como, hacer de:** En esta oración «el árbol» funciona como sujeto.

idiom: **el modismo:** <u>Tener hambre</u> es un modismo para el anglohablante.

intransitive: **intransitivo:** En la oración «Los árboles crecían rápidamente», <u>crecían</u> es intransitivo porque se usa sin complemento directo.

(to) modify: **modificar, calificar:** En la frase «un examen fácil» la palabra <u>fácil</u> modifica <u>examen.</u>

noun: **el nombre, el sustantivo:** <u>Vaso</u> es un nombre o sustantivo.

> direct object noun: **nombre complemento directo** (o **de objeto directo**): ¿Compraste <u>pan</u>?

> indirect object noun: **nombre complemento indirecto** (o **de objeto indirecto**): Le presté el dinero <u>a Teresa.</u>

> word used as a noun: **palabra sustantivada:** <u>El viejo</u> es un adjetivo sustantivado.

part of speech: **la parte de la oración:** Los adverbios son partes de la oración.

pronoun: **el pronombre**

> demonstrative pronoun: **pronombre demostrativo:** <u>ése</u>

> direct object pronoun: **pronombre (de) complemento directo** (o **de objeto directo**): <u>Lo</u> vi ayer.

> indefinite pronoun: **pronombre indefinido:** <u>algunos</u>

> indirect object pronoun: **pronombre (de) complemento indirecto** (o **de objeto indirecto**): <u>Le</u> vendí el carro.

> interrogative pronoun: **pronombre interrogativo:** <u>¿Quién?</u>

> personal pronoun: **pronombre personal:** <u>yo</u>

> possessive pronoun: **pronombre posesivo:** <u>el mío</u>

> reciprocal pronoun: **pronombre recíproco:** <u>Nos</u> vemos todos los días.

> reflexive pronoun: **pronombre reflexivo:** Ellos <u>se</u> acostaron muy tarde.

> relative pronoun: **pronombre relativo:** La película <u>que</u> vimos ayer era muy buena.

> subject pronoun: **pronombre (de) sujeto:** <u>Ellos</u> no lo hicieron.

required: **obligatorio:** La <u>a</u> es obligatoria en la oración «Vimos a Miguel».

(to) take (e.g., the subjunctive): **requerir (ie), tomar, llevar:** La conjunción <u>antes que</u> siempre requiere el subjuntivo.

tense: **el tiempo:** <u>Estudian</u> está en el tiempo presente.

transitive: **transitivo:** En la oración «<u>Están cortando</u> el césped» el verbo es transitivo porque se usa con el complemento directo.

voice: **la voz**

> active voice: **voz activa:** Abel <u>compró</u> esa propiedad.

> passive voice: **voz pasiva:** Esa propiedad <u>fue comprada</u> por Abel.

DEMONSTRATIVES

	MASCULINE	FEMININE
this	este	esta
these	estos	estas
that	ese	esa
those	esos	esas
that	aquel	aquella
those	aquellos	aquellas

The demonstrative pronouns have the same form as the above adjectives but bear an accent on the stressed syllable, although the written accent is no longer obligatory. In addition, there are neuter pronoun forms (**esto, eso, aquello**) that do not take a written accent.

It is helpful to remember that the demonstratives generally correspond to the adverbs listed below.

este, etc. → **aquí**

ese, etc. → **ahí**

aquel, etc. → **allí, allá**

Note that the demonstrative adjectives, when placed after the noun, convey a pejorative meaning. Also, the pronouns, when referring to persons, may be pejorative.

¿Qué le pasa al tipo ese?	*What's wrong with that guy?*
Ése no se calla nunca.	*That one never shuts up.*

POSSESSIVES (WITH CORRESPONDING SUBJECT PRONOUNS)

SUBJECT PRONOUNS	UNSTRESSED FORMS OF ADJECTIVE	STRESSED FORMS OF ADJECTIVE	PRONOUNS
yo	mi, mis	mío (-os, -a, -as)	el (los, la, las) mío (-os, -a, -as)
tú	tu, tus	tuyo (-os, -a, -as)	el (los, la, las) tuyo (-os, -a, -as)
él, ella, Ud.	su, sus	suyo (-os, -a, -as)	el (los, la, las) suyo (-os, -a, -as)
nosotros, -as	nuestro (-os, -a, -as)	nuestro (-os, -a, -as)	el (los, la, las) nuestro (-os, -a, -as)
vosotros, -as	vuestro (-os, -a, -as)	vuestro (-os -a, -as)	el (los, la, las) vuestro (-os, -a, -as)
ellos, ellas, Uds.	su, sus	suyo (-os, -a, -as)	el (los, la, las) suyo (-os, -a, -as)

There are also invariable neuter pronouns: **lo mío (tuyo, suyo, nuestro, vuestro, suyo)**.

Después de la boda, lo mío será tuyo y lo tuyo será mío.	*After the wedding, what is mine will be yours and what is yours will be mine.*

PERSONAL AND OBJECT PRONOUNS

PERSON SINGULAR			DIRECT OBJECT OF VERB		INDIRECT OBJECT OF VERB	
1	yo	*I*	me	*me*	me	*to me*
2	tú	*you*	te	*you*	te	*to you*
3	él	*he*	le, lo*; lo	*him; it*		
	ella	*she*	la	*her, it*		
	usted (Ud.)	*you*	le, lo*; la	*you (m); you (f)*	le (se)	*to him, to her, to you, to it*
PLURAL						
1	nosotros, -as	*we*	nos	*us*	nos	*to us*
2	vosotros, -as	*you*	os	*you*	os	*to you*
3	ellos	*they*	los	*them*		
	ellas	*they*	las	*them*	les (se)	*to them, to you*
	ustedes (Uds.)	*you*	los; las	*you (m) you (f)*		

*The majority of modern writers in Spain prefer **le** in this case (**leísmo**). The Spanish Academy and the majority of Spanish-American writers prefer **lo** in this case (**loísmo**).

MORE OBJECT PRONOUNS

OBJECT OF PREPOSITION		REFLEXIVE (DIRECT/INDIRECT OBJECT OF VERB)		REFLEXIVE OBJECT OF PREPOSITION	
(para) mí**	*(for) me*	me	*(to) myself*	(para) mí**	*(for) myself*
(para) ti**	*(for) you*	te	*(to) yourself*	(para) ti**	*(for) yourself*
(para) él	*(for) him*				
(para) ella	*(for) her*	se	*(to) himself, herself, yourself, itself*	(para) sí**	*(for) himself, herself, yourself,*
(para) usted	*(for) you*				
(para) nosotros, -as	*(for) us*	nos	*(to) ourselves*	(para) nosotros, -as	*(for) ourselves*
(para) vosotros, -as	*(for) you*	os	*(to) yourselves*	(para) vosotros, -as	*(for) yourselves*
(para) ellos	*(for) them*				
(para) ellas	*(for) them*	se	*(to) themselves, yourselves*	(para) sí	*(for) themselves, yourselves*
(para) ustedes	*(for) you*				

After the preposition **con, the pronouns **mí**, **ti**, and **sí** become **-migo**, **-tigo**, and **-sigo**.

Position of object pronouns (direct, indirect, reflexive):

1. They precede conjugated verb forms.
2. They follow and are attached to (a) the affirmative command, (b) the infinitive, and (c) the **-ndo** form.
3. If a conjugated verb is combined with an infinitive or **-ndo** form, the pronoun may either precede the conjugated verb form or be attached to the infinitive or **-ndo** form.

I. REGULAR VERBS

Principal Parts:	INFINITIVE	PRESENT PARTICIPLE*	PAST PARTICIPLE
1st conjugation:	**llamar**	**llamando**	**llamado**
2nd conjugation:	**correr**	**corriendo**	**corrido**
3rd conjugation:	**subir**	**subiendo**	**subido**

PRESENT INDICATIVE
(Infinitive stem + endings)

llamo -as, -a, -amos, -áis, -an
corro -es, -e, -emos, -éis, -en
subo -es, -e, -imos, -ís, -en

PRESENT SUBJUNCTIVE
(Infinitive stem + endings)

llame -es, -e, -emos, -éis, -en
corra -as, -a, -amos, -áis, -an
suba -as, -a, -amos, -áis, -an

IMPERFECT INDICATIVE
(Infinitive stem + endings)

llamaba, -abas, -aba, -ábamos, -abais -aban
corr ⎱ -ía, -ías, -ía, -íamos, -íais,
sub ⎰ -ían

IMPERFECT SUBJUNCTIVE
(Preterite 3rd person plural. *Drop* **-ron**, *add endings.*)

llama ⎫ -ra, -ras, -ra, -ramos,
corri ⎬ -rais, -ran
subie ⎭ -se, -ses, -se, -semos, -seis, -sen

PRETERITE
(Infinitive stem + endings)

llamé, -aste, -ó, -amos, -asteis, -aron
corr ⎱ -í, -iste, -ió, -imos,
sub ⎰ -isteis, -ieron

FUTURE
(Infinitive + endings)

llamar ⎫
correr ⎬ -é, -ás, -á, -emos, -éis, -án
subir ⎭

IMPERATIVE
(Applies also to radical-changing verbs.)

Singular: llama, corre, sube (*This is usually the same as 3rd singular indicative.*)
llame Ud., corra Ud., suba Ud. (*Same as 3rd person sing. pres. subj.*)
Plural: llamad, corred, subid (*Change* **r** *of infinitive to* **d**.)
llamen Uds., corran Uds., suban Uds. (*Same as 3rd. person pl. pres. subj.*)

CONDITIONAL
(Infinitive + endings)

llamar ⎫
correr ⎬ -ía, -ías, -ía, -íamos,
subir ⎭ -íais, -ían

---

*In the following tables the conventional term *present participle* is used to refer to the Spanish **gerundio**.

PRESENT PERFECT
(*I have called*) he, has, ha, hemos, habéis, han
PAST PERFECT
(*I had called*) había, habías, había, habíamos, habíais, habían
PRETERITE PERFECT
(*I had called*) hube, hubiste, hubo, hubimos, hubisteis, hubieron
FUTURE PERFECT
(*I will have called*) habré, habrás, habrá, habremos, habréis, habrán
CONDITIONAL PERFECT
(*I would have called*) habría, habrías, habría, habríamos, habríais, habrían
PRESENT PERF. SUBJ.   haya, hayas, haya, hayamos, hayáis, hayan
PAST PERFECT SUBJ. { hubiera, hubieras, hubiera, hubiéramos, hubierais, hubieran
hubiese, hubieses, hubiese, hubiésemos, hubieseis, hubiesen

Plus Past participle: **llamado**, **corrido**, **subido**

PAST PARTICIPLES

Regular past participles in English end in –**ed**. In Spanish, regular past participles end in –**ado** for –**ar** verbs and in –**ido** for –**er** and –**ir** verbs: **llamado, bebido, vivido**.

After strong vowels (**a, e, o,**) in the stem, the **i** in –**ido** requires a written accent: traer> traído, leer> leído, oír> oído.

Some verbs have irregular past participles. The following chart includes the most common:

COMMON VERBS WITH IRREGULAR PAST PARTICIPLES

abrir (*to open*)>	abierto	poner (*to put*)>	puesto
cubrir (t*o cover*)>	cubierto	componer (*to compose*)>	compuesto
descubrir (*to discover/uncover*)>	descubierto	disponer (*to dispose*) >	dispuesto
decir (*to say*)>	dicho	suponer (*to suppose*)>	supuesto
escribir (*to write*)>	escrito	romper (*to break*) >	roto
freír (*to fry*)>	frito	ver (*to see*)>	visto
disolver (*to disolve*)>	disuelto	prever (*to foresee*)>	previsto
hacer (*to do, make*)>	hecho	volver (*to go back*) >	vuelto
deshacer (*to undo*)>	deshecho	devolver (*to give back*) >	devuelto
morir (*to die*)>	muerto	envolver (*to involve, wrap*)>	envuelto
		revolver (*to stir*) >	revuelto
		resolver (*to resolve*) >	resuelto

II. RADICAL-CHANGING VERBS

(Verbs that change the last vowel of stem)

First Class   All belong to 1st and 2nd conjugations.

RULE: Stem vowel changes **e** > **ie, o** > **ue** in 1, 2, 3, singular and 3 plural in:

Present indicative

1st conj.
{
cerrar: cierro, cierras, cierra, cerramos, cerráis, cierran
encontrar: encuentro, encuentras, encuentra, encontramos, encontráis, encuentran
}

2nd conj.
{
querer: quiero, quieres, quiere, queremos, queréis, quieren
resolver: resuelvo, resuelves, resuelve, resolvemos, resolvéis, resuelven
}

Present subjunctive

1st conj.
{
cerrar: cierre, cierres, cierre, cerremos, cerréis, cierren
encontrar: encuentre, encuentres, encuentre, encontremos, encontréis, encuentren
}

2nd conj.
{
querer: quiera, quieras, quiera, queramos, queráis, quieran
resolver: resuelva, resuelvas, resuelva, resolvamos, resolváis, resuelvan
}

Second Class   All belong to 3rd conjugation.

RULE: Same changes as 1st class, plus **e** > **i, o** > **u** in:

1, 2, plural present subjunctive

mentir: mienta, mientas, mienta, mintamos, mintáis, mientan
morir: muera, mueras, muera, muramos, muráis, mueran

3 singular and plural preterite

mentir: mentí, mentiste, mintió, mentimos, mentisteis, mintieron
morir: morí, moriste, murió, morimos, moristeis, murieron

All persons imperfect subjunctive

mentir:
{
mintiera, mintieras, mintiera, mintiéramos, mintierais, mintieran
mintiese, mintieses, mintiese, mintiésemos, mintieseis, mintiesen
}

morir:
{
muriera, murieras, muriera, muriéramos, murierais, murieran
muriese, murieses, muriese, muriésemos, murieseis, muriesen
}

Present participle

mentir: mintiendo   **morir:** muriendo

Third Class   All belong to 3rd conjugation.

RULE: Change **e** > **i** in each place where ANY change occurs in 2nd class:

Example: servir

Present indicative: sirvo, sirves, sirve, servimos, servís, sirven
Present subjunctive: sirva, sirvas, sirva, sirvamos, sirváis, sirvan
Preterite: serví, serviste, sirvió, servimos, servisteis, sirvieron

Imperf. subjunctive:
{
sirviera, sirvieras, sirviera, sirviéramos, sirvierais,
sirvieran/sirviese, sirvieses, sirviese, sirviésemos,
sirvieseis, sirviesen
}

Present participle: sirviendo

OTHER IRREGULAR VERBS*

Andar (*to walk, go, stroll*)

Preterite	anduve, anduviste, anduvo, anduvimos, anduvisteis, anduvieron
Imp. subj.	anduviera, anduvieras, anduviera, anduviéramos, anduvierais, anduvieran
	anduviese, anduvieses, anduviese, anduviésemos, anduvieseis, anduviesen

Caber (*to fit, to be contained in*)

Pres. ind.	quepo, cabes, cabe, cabemos, cabéis, caben
Pres. subj.	quepa, quepas, quepa, quepamos, quepáis, quepan
Future	cabré, cabrás, cabrá, cabremos, cabréis, cabrán
Conditional	cabría, cabrías, cabría, cabríamos, cabríais, cabrían
Preterite	cupe, cupiste, cupo, cupimos, cupisteis, cupieron
Imp. subj.	cupiera, cupieras, cupiera, cupiéramos, cupierais, cupieran
	cupiese, cupieses, cupiese, cupiésemos, cupieseis, cupiesen

Caer (*to fall*)

Pres. ind.	caigo, caes, cae, caemos, caéis, caen
Pres. subj.	caiga, caigas, caiga, caigamos, caigáis, caigan
Preterite	caí, caíste, cayó, caímos, caísteis, cayeron
Imp. subj.	cayera, cayeras, cayera, cayéramos, cayerais, cayeran
	cayese, cayeses, cayese, cayésemos, cayeseis, cayesen
Pres. part.	cayendo
Past part.	caído

Dar (*to give*)

Pres. ind.	doy, das, da, damos, dais, dan
Pres. subj.	dé, des, dé, demos, deis, den
Preterite	di, diste, dio, dimos, disteis, dieron
Imp. subj.	diera, dieras, diera, diéramos, dierais, dieran
	diese, dieses, diese, diésemos, dieseis, diesen

Decir (*to say, tell*)

Pres. ind.	digo, dices, dice, decimos, decís, dicen
Pres. subj.	diga, digas, diga, digamos, digáis, digan
Future	diré, dirás, dirá, diremos, diréis, dirán
Conditional	diría, dirías, diría, diríamos, diríais, dirían
Preterite	dije, dijiste, dijo, dijimos, dijisteis, dijeron
Imp. subj.	dijera, dijeras, dijera, dijéramos, dijerais, dijeran
	dijese, dijeses, dijese, dijésemos, dijeseis, dijesen
Imperative	di
Pres. part.	diciendo
Past part.	dicho

Estar (*to be*)

Pres. ind.	estoy, estás, está, estamos, estáis, están
Pres. subj.	esté, estés, esté, estemos, estéis, estén
Preterite	estuve, estuviste, estuvo, estuvimos, estuvisteis, estuvieron
Imp. subj.	estuviera, estuvieras, estuviera, estuviéramos, estuvierais, estuvieran
	estuviese, estuvieses, estuviese, estuviésemos, estuvieseis, estuviesen

---

*Only tenses that have irregular forms are given here.

Haber (*to have*)

Pres. ind.	he, has, ha, hemos, habéis, han
Pres. subj.	haya, hayas, haya, hayamos, hayáis, hayan
Future	habré, habrás, habrá, habremos, habréis, habrán
Conditional	habría, habrías, habría, habríamos, habríais, habrían
Preterite	hube, hubiste, hubo, hubimos, hubisteis, hubieron
Imp. subj.	hubiera, hubieras, hubiera, hubiéramos, hubierais, hubieran
	hubiese, hubieses, hubiese, hubiésemos, hubieseis, hubiesen

Hacer (*to make, do*)

Pres. ind.	hago, haces, hace, hacemos, hacéis, hacen
Pres. subj.	haga, hagas, haga, hagamos, hagáis, hagan
Future	haré, harás, hará, haremos, haréis, harán
Conditional	haría, harías, haría, haríamos, haríais, harían
Preterite	hice, hiciste, hizo, hicimos, hicisteis, hicieron
Imp. subj.	hiciera, hicieras, hiciera, hiciéramos, hicierais, hicieran
	hiciese, hicieses, hiciese, hiciésemos, hicieseis, hiciesen
Imperative	haz
Past part.	hecho

Ir (*to go*)

Pres. ind.	voy, vas, va, vamos, vais, van
Pres. subj.	vaya, vayas, vaya, vayamos, vayáis, vayan
Preterite	fui, fuiste, fue, fuimos, fuisteis, fueron
Imp. subj.	fuera, fueras, fuera, fuéramos, fuerais, fueran
	fuese, fueses, fuese, fuésemos, fueseis, fuesen
Imp. indic.	iba, ibas, iba, íbamos, ibais, iban
Imperative	ve
Pres. part.	yendo

Oír (*to hear*)

Pres. ind.	oigo, oyes, oye, oímos, oís, oyen
Pres. subj.	oiga, oigas, oiga, oigamos, oigáis, oigan
Preterite	oí, oíste, oyó, oímos, oísteis, oyeron
Imp. subj.	oyera, oyeras, oyera, oyéramos, oyerais, oyeran
	oyese, oyeses, oyese, oyésemos, oyeseis, oyesen
Pres. part.	oyendo
Past part.	oído

Poder (*to be able, can*)

Pres. ind.	puedo, puedes, puede, podemos, podéis, pueden
Pres. subj.	pueda, puedas, pueda, podamos, podáis, puedan
Future	podré, podrás, podrá, podremos, podréis, podrán
Conditional	podría, podrías, podría, podríamos, podríais, podrían
Preterite	pude, pudiste, pudo, pudimos, pudisteis, pudieron
Imp. subj.	pudiera, pudieras, pudiera, pudiéramos, pudierais, pudieran
	pudiese, pudieses, pudiese, pudiésemos, pudieseis, pudiesen
Pres. part.	pudiendo

Poner (*to put*)

Pres. ind.	pongo, pones, pone, ponemos, ponéis, ponen
Pres. subj.	ponga, pongas, ponga, pongamos, pongáis, pongan
Future	pondré, pondrás, pondrá, pondremos, pondréis, pondrán
Conditional	pondría, pondrías, pondría, pondríamos, pondríais, pondrían
Preterite	puse, pusiste, puso, pusimos, pusisteis, pusieron
Imp. subj.	pusiera, pusieras, pusiera, pusiéramos, pusierais, pusieran
	pusiese, pusieses, pusiese, pusiésemos, pusieseis, pusiesen
Imperative	pon
Past part.	puesto

Querer (*to want, love*)

Pres. ind.	quiero, quieres, quiere, queremos, queréis, quieren
Pres. subj.	quiera, quieras, quiera, queramos, queráis, quieran
Future	querré, querrás, querrá, querremos, querréis, querrán
Conditonal	querría, querrías, querría, querríamos, querríais, querrían
Preterite	quise, quisiste, quiso, quisimos, quisisteis, quisieron
Imp. subj.	quisiera, quisieras, quisiera, quisiéramos, quisierais, quisieran
	quisiese, quisieses, quisiese, quisésemos, quisieseis, quisiesen
Imperative	quiere

Saber (*to know*)

Pres. ind.	sé, sabes, sabe, sabemos, sabéis, saben
Pres. subj.	sepa, sepas, sepa, sepamos, sepáis, sepan
Future	sabré, sabrás, sabrá, sabremos, sabréis, sabrán
Conditional	sabría, sabrías, sabría, sabríamos, sabríais, sabrían
Preterite	supe, supiste, supo, supimos, supisteis, supieron
Imp. subj.	supiera, supieras, supiera, supiéramos, supierais, supieran
	supiese, supieses, supiese, supiésemos, supieseis, supiesen

Salir (*to leave, go out*)

Pres. ind.	salgo, sales, sale, salimos, salís, salen
Pres. subj.	salga, salgas, salga, salgamos, salgáis, salgan
Future	saldré, saldrás, saldrá, saldremos, saldréis, saldrán
Conditional	saldría, saldrías, saldría, saldríamos, saldríais, saldrían
Imperative	sal

Ser (*to be*)

Pres. ind.	soy, eres, es, somos, sois, son
Imp. ind.	era, eras, era, éramos, erais, eran
Pres. subj.	sea, seas, sea, seamos, seáis, sean
Preterite	fui, fuiste, fue, fuimos, fuisteis, fueron
Imp. subj.	fuera, fueras, fuera, fuéramos, fuerais, fueran
	fuese, fueses, fuese, fuésemos, fueseis, fuesen
Imperative	sé

Tener (*to have, possess*)

Pres. ind.	tengo, tienes, tiene, tenemos, tenéis, tienen
Pres. subj.	tenga, tengas, tenga, tengamos, tengáis, tengan
Future	tendré, tendrás, tendrá, tendremos, tendréis, tendrán
Conditional	tendría, tendrías, tendría, tendríamos, tendríais, tendrían

Preterite	tuve, tuviste, tuvo, tuvimos, tuvisteis, tuvieron
Imp. subj.	tuviera, tuvieras, tuviera, tuviéramos, tuvierais, tuvieran
	tuviese, tuvieses, tuviese, tuviésemos, tuvieseis, tuviesen
Imperative	ten

Traer (*to bring*)

Pres. ind.	traigo, traes, trae, traemos, traéis, traen
Pres. subj.	traiga, traigas, traiga, traigamos, traigáis, traigan
Preterite	traje, trajiste, trajo, trajimos, trajisteis, trajeron
Imp. subj.	trajera, trajeras, trajera, trajéramos, trajerais, trajeran
	trajese, trajeses, trajese, trajésemos, trajeseis, trajesen
Pres. part.	trayendo
Past part.	traído

Valer (*to be worth*)

Pres. ind.	valgo, vales, vale, valemos, valéis, valen
Pres. subj.	valga, valgas, valga, valgamos, valgáis, valgan
Future	valdré, valdrás, valdrá, valdremos, valdréis, valdrán
Conditional	valdría, valdrías, valdría, valdríamos, valdríais, valdrían

Venir (*to come*)

Pres. ind.	vengo, vienes, viene, venimos, venís, vienen
Pres. subj.	venga, vengas, venga, vengamos, vengáis, vengan
Future	vendré, vendrás, vendrá, vendremos, vendréis, vendrán
Conditional	vendría, vendrías, vendría, vendríamos, vendríais, vendrían
Preterite	vine, viniste, vino, vinimos, vinisteis, vinieron
Imp. subj.	viniera, vinieras, viniera, viniéramos, vinierais, vinieran
	viniese, vinieses, viniese, viniésemos, vinieseis, viniesen
Imperative	ven
Pres. part.	viniendo

Ver (*to see*)

Pres. ind.	veo, ves, ve, vemos, veis, ven
Pres. subj.	vea, veas, vea, veamos, veáis, vean
Preterite	vi, viste, vio, vimos, visteis, vieron
Imp. ind.	veía, veías, veía, veíamos, veíais, veían
Past part.	visto

FORMAL COMMANDS - Mandatos formales

Formal commands (for persons you call **Ud**. or **Uds**.), both affirmative and negative, use the third person (singular or plural) forms of the subjunctive. Subject pronouns are often used with formal commands. Since in Spanish America **Uds**. is the plural of both **tú** and **Ud**., familiar and formal commands share the same forms in the plural.

Conjuga (tú) este verbo, por favor.>   **Conjuguen Uds. este verbo, por favor.**

Conjugue Ud. este verbo, por favor.>   **Conjuguen Uds. este verbo, por favor.**

Object pronouns are attached to affirmative commands and precede negative commands.

¿El diccionario? Dé*melo*, por favor	*The dictionary? Give it to me, please.*
¿Los libros? Póngan*los* Uds. aquí.	*The books? Put them here.*
¿La gabardina? No *la* cuelgue Ud., dóble*la*.	*The raincoat? Don't hang it, fold it.*
Los platos no *los* lave en el lavaplatos, láve*los* a mano.	*Don't wash the plates in the dishwasher, wash them by hand.*

(Use of **Ud/Uds**. with formal commands is optional. Some people use the pronouns because they think they make the commands more clear; others omit the pronouns because they think they make the commands sound too authoritarian and dry.)

FAMILIAR COMMANDS – Mandatos familiares

1. The affirmative familiar (**tú**) command for regular verbs has the same form as the third person singular of the present indicative.

Eduardo cuenta su historia.	*Eduardo tells his story.*
Eduardo, cuenta tu historia, por favor.	*Eduardo, tell your story, please.*
Mamá prepara el desayuno.	*Mom prepares breakfast.*
Mamá, prepara el desayuno, por favor.	*Mom, prepare breakfast, please.*

IRREGULAR FAMILIAR COMMANDS					
decir	di	poner	pon	tener	ten
hacer	haz	salir	sal	venir	ven
ir	ve	ser	sé		

2. Negative familiar commands use the second person singular (**tú**) form of the present subjunctive.

Eduardo, no cuentes tu historia, por favor.	*Eduardo, don't tell your story, please.*
Mamá, no prepares el desayuno, por favor.	*Mom, don't prepare breakfast, please.*

Object pronouns are attached to affirmative commands and precede negative commands.

Llámalo y explícaselo todo.	*Call him and explain everything to him.*
Necesito cien pesos. Préstamelos, por favor.	*I need a hundred pesos. Lend them to me, please.*
No se lo expliques a él.	*Don't explain it to him.*
¿Los cien pesos? No se los prestes.	*The one hundred pesos? Don't lend them to him.*

Commands for the plural form **vosotros** are used mostly in Spain. They are formed by replacing the **-r** of the infinitive with a **-d**: limpiar -> limpiad, poner -> poned, decir -> decid. Negative commands for vosotros use the second person plural form of the subjunctive: no limpiéis, no pongáis, no digáis.

The *NOSOTROS* COMMAND

The English expression *let's + infinitive* gives orders and suggestions that include the speaker as well as other people. In Spanish this can be expressed using:

1. The **nosotros/as** form of the present subjunctive.

(No) salgamos de aquí.	*Let's (not) get out of here.*
(No) ayudemos a abuelita en la cocina.	*Let's (not) help Grandma in the kitchen.*

The **nosotros/as** affirmative commands for **ir** and **irse** are **Vamos** and **Vámonos** (*Let's go*), while the negative commands for these verbs use the present subjunctive: **No vayamos** and **No nos vayamos** (*Let's not go*).

2. The phrase **vamos a** + *infinitive* (as an exclamation).

¡Vamos a ayudar a abuelita en la cocina!	*Let's help Grandma in the kitchen!*
¡Vamos a comer!	*Let's eat!*

Spanish–English

As an aid to students, the definitions herein are geared to specific contexts found in this book. The following classes of words have been omitted from this glossary:

a. recognizable cognates of familiar English words when the meaning is the same in the two languages.
b. articles; personal pronouns; demonstrative and possessive pronouns and adjectives.
c. numbers; names of the months and days of the week and other basic vocabulary.
d. adverbs ending in **-mente** when the corresponding adjective is included.
e. verb forms other than the infinitive, except past participles with special meanings when used as adjectives.
f. words found only in certain exercises involving the use of written accents.

Noun gender is not indicated for masculine nouns ending in **-o** and feminine nouns ending in **-a**.
Adjectives are given in the masculine form only.
Likewise, masculine nouns that have regular feminine forms (**o/a, ón/ona, or/ora**) are given in the masculine form only.

The following abbreviations are used:

adj	adjective	*Arg*	Argentina
f	feminine	*CA*	Central America
fig	figuratively	*Ch*	Chile
m	masculine	*Col*	Colombia
mf	masculine and feminine	*Mex*	Mexico
n	noun	*SA*	South America
pl	plural	*Sp*	Spain
s	singular	*Sp Am*	Spanish America
		Ur	Uruguay

STRATEGY: If you are seeking the meaning of a word group, look under the key word, which in most cases will be a verb if one is present; otherwise, a noun will usually be the key word.

A

a + *def art* + *period of time*   after + *period of time*

abatimiento   despondency

abollado   dented

abrasador   burning

abrigo   shelter; **ropa de abrigo**   heavy (warm) clothing

abrumador   overwhelming

acallar   to silence

acaparar   to monopolize

acariciar   to caress

acaso   perhaps

acceso   attack

accionista *mf*   stockholder, shareholder

acelerar   to hasten, speed up

acepción *f*   meaning

acera   sidewalk

acercar   to bring close; **acercarse a**   to approach

acero   steel

acertado *adj*   a good idea

achacoso   ailing

achaque *m*   ailment

acierto   good idea

acodado   with one's elbows on a surface

acogedor   welcoming

acolchado   quilted, padded

acometer   to attack

acondicionado: mal acondicionado   in bad condition

acontecido: lo acontecido   what happened

acontecimiento   (important) event

acorazonado   heart-shaped

acortarse   to become shorter

acosar   to hound, harass

acostado   lying

acotación *f*   stage direction

acrecentar   to increase

acribillar de   to cover with

activo *n*   budget

acto: en el acto   at once

actuación *f*   action; performance; behavior

actual   present, current

acuerdo: de acuerdo   in agreement

acumulador *m*   battery

acusador   accusing

acusar recibo de   to acknowledge receipt of, to be in receipt of

acuse *m* **de recibo**   acknowledgement of receipt

adelantado: por adelantado   in advance

adelantar   to move ahead

adelantarse   to go ahead

adelante   forward; **más adelante**   farther, further

adelgazar   to grow thin

además   in addition, besides

adepto   follower, fan

adivinar   to guess

adjunto *adj*   enclosed

adoquín *m*   cobblestone

adoquinado   paved with cobblestones

adormecerse   to nod off

adorno   trimming; adornment

adosado a   attached, fixed to something

aduana   customs

adulador   flattering

adulón   fawning

advertir (ie)   to warn; to point out; to observe; to realize

afecto   affection

afeitarse   to shave

aficionado: ser aficionado a   to be fond (or a fan) of

afirmar   to place firmly

afligido   aching

afluencia   abundance

agachado   crouching; stooped; bent over; bent down

agarrar   to grab; **agarrarse**   to seize

agobiar a burlas   to overwhelm with mockery

agolpado   compressed

agotador   exhausting

agradable   pleasing

agradecimiento   gratitude

agravarse   to grow worse

agredir   to assault, attack

agregar   to add

aguacate *m*   avocado

aguamanil *m*   washstand

aguantador   patient, capable of enduring

aguardar   to wait for

aguardiente *m*   liquor made from sugar cane

agudo   sharp

águila   eagle

aguileño   sharp-featured

agujereado   full of holes

agujero   hole

ahorrar   to save

ahumado   darkened by smoke

ahuyentar   to drive away, chase off

airado   angry

airoso   elegant

aislado   isolated

aislamiento   isolation

ají *m*   green pepper; chili

ajo   garlic

ajuar *m*   trousseau

ajuste *m*   adjustment

al cabo de + **período de tiempo**   after + period of time

al menos   at least

ala   wing

alabastrino   alabastrine, alabaster

alameda   street with poplar trees

alargar   to extend

alarido   shriek

albergar   to accommodate, to shelter

alcance *m*   scope; **al alcance de su mano**   within reach of one's hand; **de largo alcance**   long-range

alcanzar   to reach

aldea   village

alegre   cheerful

alejamiento   aloofness

alentar (ie)   to encourage

alineado   lined up

alfombra   rug

alfonsino   Alphonsine

algo *adv*   somewhat

algodón *m*   cotton

aliento   breath

alimentarse   to eat, consume

aliviado   relieved

aliviar   to relieve

alivio   relief

allanar   to break into (a house)

allí: de allí en adelante   from then on

alma   soul

almacén *m*   department store; warehouse

almohada   pillow

almohadilla   small pillow

alojamiento   lodging

alquilar   to rent

alquiler *m*   rent

alrededor (de)   around; **a su alrededor**   around one; **alrededores** *m pl*   vicinity

altar mayor *m*   main (high) altar

altavoz *m*   loudspeaker

alternar   to socialize

altiplano   high plateau

altitud *f*   height; altitude

altivez *f*   arrogance

altura   height; altitude; **quedar a la altura de**   to be equal to

alumbrar   to light

alunado   bad-tempered (*Arg & Ur*)

aluvión *m*   flood

alzarse   to raise

amanecer   to dawn; *n m*   dawn

amante *mf*   lover

amargo   bitter

amarillear   to get yellowish

amarillento   yellowish; pale; sallow

amarrar   to tie

ambientación musical *f* incidental music
ambiente *m* environment
amenaza threat
amenazante threatening
amenazar to threaten
amenguar to diminish
amo master, owner
amontonarse to pile up
amoroso loving
amoscadillo a little embarrassed
amparar to protect
anaquel *m* shelf
anaranjado orange-colored
anciano old person
andadura path
andamio scaffold
andanzas adventures; activities
andar to rummage, poke around
andén *m* sidewalk (*Col & CA*), platform
andino Andean
anegarse con to be flooded with
anexo enclosure
anfitrión host
angosto narrow
anguloso angular
angustia anguish
anillo ring
animar to enliven, give life to; to encourage, urge
anís *m* anisette, anise
anochecer *n* nightfall
ansia desire
ansiedad *f* anxiety
antaño long ago
ante + preposition faced with
anteojos glasses
antepasado forefather, ancestor
anteponer to place before
antigüedad *f* antique
antojársele a uno to feel like… to one
antro dump
apagarse to turn off
aparato machine, gadget
aparecerse to come to one's mind
aparecido *n* ghost
aparentar to look, appear
aparición *f* apparition
apartado; aparatado postal section; PO box
apartarse de to separate from
aparte de aside from, besides;
aparte de que aside from the fact that
a partir de beginning with
apedrear to stone, throw rocks at
apenas scarcely, hardly; as soon as
apestar to stink
apiñarse to crowd together

aplastado flattened, squashed
aplastante overwhelming, crushing
aplastar to crush, squash
aplazar to delay, put off
aplicación *f* use; implementation; diligence
apocado weak, timid
apodar to give a nickname to
apología defense; eulogy
aportar to contribute
aporte *m* contribution
apoyar to support;
apoyarse (en) to lean (on)
apoyo *n* support
apreciar to notice
aprecio esteem
apremiar to put pressure on someone
apresuradamente hurriedly
apresurarse to hasten, to rush
apretar (ie) to squeeze, clasp; to press
aprobado passing grade
aprobar (ue) to approve of
aprovechar to take advantage of
aproximarse to get closer
apuntar to jot down; to aim
apunte *m* note
apuñalar to stab
apurar el tranco to walk fast (*Ch*)
apurarse to worry; to hurry up
apuro problem; difficulty
araña spider
arañazo scratch
arboleda grove
árbitro umpire, referee
arbusto shrub, plant, bush
archivo file cabinet
arco iris rainbow
arder to burn
ardilla squirrel
arena sand
arepa cornmeal roll eaten in some countries like Venezuela and Colombia
arete *m* earring
argumento topic; plot
armar to set up, prepare; **armar escándalo** to make a lot of noise
armario closet
armazón *mf* eyeglasses frame
arqueado bowed, curved
arraigo *n* roots
arrancar to tear out; to start; to pull out; to pull up
arranque *m* rage
arrasar to level, raze, demolish
arrastrar(se) to drag; to lead, pull; to bring with it; to possess; to crawl

arrebatado vehement
arrebatar to snatch, grab
arreglo arrangement
arremeter to charge, attack
arrepentirse (ie) to regret, be sorry
arriba: de arriba abajo up and down
arribo arrival
arriesgado risky, daring
arriesgar to risk
arrimarse a to join; to cultivate; to get close to
arrinconado cornered
arroba 'at' sign (computer)
arrodillado kneeling
arrodillarse to kneel
arrogante imposing
arrojar to throw (away)
arrollador overwhelming; devastating
arruga wrinkle
arrugado wrinkled
arrullar to lull asleep
arrullo lullaby
artesanalmente skillfully; hand-crafted
artesanía craftsmanship; handicraft
asaltante *mf* robber
asaltar to break into, raid, hold up
asar to roast
ascender (ie) to promote
ascenso rise, increase; promotion
asediar to besiege
asegurar to insure; to secure;
asegurarse to ensure oneself of
asemejarse a to be similar to
asentir (ie) to agree
asesinato murder
asesino murderer
aseverar to assert
asfixiante asphyxiating, suffocating
así this way, in this manner
así como just as
asiento seat
asistencia attendance
asistentes *m pl* those present
asistir to attend
asomar(se) to appear; to stick one's head out
asombrar to astonish, impress;
asombrarse to be amazed
asombro astonishment
asombroso amazing
aspecto look(s); appearance
aspirante *mf* contender
asqueroso filthy
astucia: con astucia cunningly

asumir to take on (e.g., a responsibility)
asustar to frighten (off)
atajar to interrupt
atardecer *nm* nightfall
atareado busy
atascado stuck
atender (ie) to pay attention to
atentado attack, assault
atestado packed, cram-full
atinado wise, sensible
atracador/a hold-up person
atracar to hold up; to dock
atractivo *n* appeal, charm, attractiveness
atrasar to set back
atravesar (ie) to cross (over); to go through
atreverse to dare to
atrevido bold, daring
atrevimiento boldness, daring
audífono earphone
auditivo hearing
auge *m* increase, apogee; **en auge** flourishing
augurio omen
aula classroom
aullido howl(ing)
aumentar to increase
aún still; **aun** even
auxilio help, aid
avariento greedy
ave de rapiña bird of prey
avecinarse to come, approach
avergonzar (ue) to make one ashamed
averiado damaged
averiguar to find out
avinagrado sour
avisar to inform; to warn
avispa wasp
ayuntamiento municipal government
azabache *m* jet stone
azahar *m* orange blossom
azotea flat roof
azucena lily-like white flower
azulado bluish

B

bachillerato high school
badana (hat) sweatband
bagatela trinket
bajar to descend; to take down, take out; **bajarse** to bend over; to get off, get down
bala bullet
balbucear to stammer
balde: de balde (for) free
balneario health spa

bandeja tray
barba beard
barbaridad *f* nonsense; awful thing
barbudo bearded
bardo bard, poet
barrer to sweep
barrera barrier
barriga belly
barrio neighborhood; district
barro mud
barrote *m* bar
bastar to be sufficient
bastidor *m* stretcher for embroidering
bastón *m* cane
bata lab coat
baúl *m* trunk
beca scholarship
belleza beauty
berenjena eggplant
bermejo red
berrinche: olor a berrinche foul smell
bien visto: no ser bien visto not to be well-liked
bienestar *m* well-being
bienhechor *m* benefactor
bigote *m* mustache
billar *m* billiards
billetera wallet
bisabuela great-grandmother
bisabuelo great-grandfather
bisagra hinge
blancura whiteness
blando soft
blandura softness
boca de riego hydrant, fireplug
bocado mouthful
bofetada slap in the face
bofetón *m* slap
bohío Indian hut
boj spindle
bola lump
boliche tavern, bar (*Arg & Ur*)
bolsa bag, purse
bolsón *m* backpack (*Ch*)
bombero firefighter
bombón *m* piece of chocolate
bono bond
boquete *m* hole, narrow entrance
bordar to embroider
borde *m* edge
bordeando around
borrachera boozing
borracho drunk
borrador *m* rough draft
borrar to erase
boscoso wooded
bosque *m* forest, woods
botas de agua galoshes

bote *m* small boat; **bote de remos** rowboat; **bote de basura** garbage can
botica pharmacy
boticario pharmacist
botiquín *m* medicine chest
bóveda vault
bracero farm worker
bravucón *m* braggart, bully
brillante shining
brillo shine; brightness; sparkle
brindar to toast
broche *m* snap closure
broma joke
bronceado tanned
bruja witch
bruma mist, fog
bruto beast
buena gente: ser buena gente to be a nice person
buey *m* ox
bufanda scarf
bufete *m* lawyer's office
bufido snort
bullicio noise; bustle
burla taunt; joke; mockery
burlarse to joke
butaca armchair; orchestra seat in a theater
buzón *m* mailbox

C

caballeriza stable
caballo on horseback
cabecilla *mf* gang or revolt leader
cabizbajo with one's head down
cabo: al cabo de at the end of, after
cabra goat
¡cabro de moledera! damned kid! (*Ch*)
cacahuate *m* peanut
cachorro cub
cacique *m* Indian chief
cada cual each one
cadena chain
caer: caer de bruces to fall on one's face; **caer en la cuenta** to realize
café *adj* brown
caída fall, falling
cajamarquino from Cajamarca, Peru
cajero cashier; (bank) teller
cajón *m* crate; drawer
calco semántico false cognate
calenturiento feverish
callado quiet, taciturn
callejero of or in the street

callejón *m* alleyway, passage
callejuela alley
calmante *m* painkiller, tranquilizer
calvario sufferings
calvo bald
calzar to put on shoes; **calzarse** to put one's shoes on
camarero waiter, server
camarote *m* cabin in a ship
cambiante changing
cambio de miradas exchange of glances; **a cambio de** in return for; **en cambio** on the other hand, instead
camilla stretcher
caminante *mf* walker
camino de on the way to
camiseta T-shirt
camisón *m* nightgown
camote *m* sweet potato
campana dome
campaña campaign
cancha tennis court
candelero: estar en el candelero to be in vogue
cándido innocent
canela cinnamon
capataz (capataces) *m* foreman
capaz de able to, capable
capcioso artful, cunning
capilla chapel
carácter *m* temperament
carencia deficiency, lack
cargado de laden with, filled with; **cargado de espaldas** round-shouldered; having a stoop
cargar to carry (off); to load up with; to pester; **cargar con** to bear the blame for
cargo position, job; **a cargo de** in the hands of; **persona a cargo** person in one's care
cariño affection
cariñoso affectionate
carne *f* flesh; **en carne propia** by personal experience
carrera race; **hacer carrera** to get ahead
carreta wagon
carretilla wheelbarrow
carretera highway
carta letter
cartel *m* poster; sign
cartera purse; wallet
cartón *m* cardboard
casero *adj* in the home, domestic
castaño chestnut-colored, brown; chesnut tree

Castellana: la Castellana important avenue in Madrid
castigo punishment
catarro cold (illness)
cátedra professor's chair
catedrático professor
cauce *m* channel
cautiverio captivity
cavar to dig
cazador *m* hunter
cebolla onion
ceder to break, give way
cegador blinding
cegar (ie) to blind
ceiba silkcotton tree
ceja eyebrow
celda cell
celebrar to laugh at
celos *m pl* jealousy
cenicero ashtray
ceniciento ashen, ash-colored
centenar *m* hundred
centrarse to center on, concentrate on
centro comercial mall
cera wax
cercano nearby; close
cerco: poner cerco a to lay siege to
cerdoso bristly, stubbly
cerebro brain
cernirse (ie) sobre to hang over (in a threatening way)
cerro hill, peak
cesto basket
chal *m* shawl
chamuscado scorched
chanza joke
chapapote *m* tar, kind of asphalt
chapotear to splash
charco puddle
charla conversation
charolado polished, shiny
chicharra cicada
chichicastes nettles
chicotear *nm* flip-flop
chifladura craziness
chillar to screech
chinche *f* bedbug
chisme *m* gossip
chismoso *n* gossip(er); *adj* gossiping
chispear to throw off sparks
chiste *m* joke; cartoon
chistoso amusing, funny
chocante shocking
chocar to hit, collide; **chocar contra** to bump against
choque *m* shock; collision; clash
chorro stream
chubasco shower

chupar to suck
Cía (compañía) company
ciego blind
cielo heaven
ciempiés *m* centipede
científico *n* scientist
cierto certain
cifra figure, number
cima top, peak
cineasta *mf* filmmaker
cínico *adj* brazen, shameless; *n* cynic
cinta tape
cinturón *m* belt; **cinturón volador** flying belt
circundante surrounding
circunscrito limited
cirujano surgeon
cita appointment; engagement
citar to cite, quote; **citarse** to meet, to make a date
ciudadano citizen
clamar to cry out; to protest
claro *nm* opening, uncovered area; *adj* bright, well-lit; light-colored; *adv* of course
clavar to bury; to nail
clave *f* key
clavel *m* carnation
cobrador *m* conductor
cobrar to gain; to take on; to charge, get paid; to collect
cobre *m* copper
cobrizo coppery
cocina cuisine; kitchen
cocuyo glow worm
códice *m* codex
codo elbow
cogote *m* nape of the neck
cohete *m* rocket
cojear to limp
cola line
colchón *m* mattress
colegio primary or secondary school; association
colgar (ue) to hang
colilla cigarette butt
colina hill
colmillo eyetooth; fang
columna vertebral backbone
comandar to lead
comején *m* termites
comercio business establishment; store
comestibles *m pl* food, groceries
comilla quotation mark
comilón food-loving, fond of eating
cómo no yes, of course
como que since
cómoda bureau; chest of drawers

comodín all-purpose; useful but vague

compadre friend, pal

complacido pleased, satisfied

componerse de to consist of

comportamiento conduct, behavior

comportarse to behave

compra purchase

compraventa sale

comprensivo understanding

comprimir to press down on

comprobar (ue) to verify

comprometerse con to become engaged to

comprometido engaged (to be married); compromised, involved in an awkward situation

compromiso promise; obligation; engagement

computista *mf* computer operator

con todo in spite of all that

conceder to grant

concejal councilman

concepto concept; opinion

concertar (ie) to agree upon

conchabarse to conspire

conciencia awareness

conciliar el sueño to get to sleep

concurrencia audience

condecorar to decorate; to confer an honor on someone

condición *f* nature

conducir (zc) to lead to

confiado trusting

confianza confidence, trust; **dar confianza (a alguien)** to be friendly (with someone)

confiar en to confide in, trust

confidencia secret

conformarse con to agree with; to accept; to resign oneself to

conforme *adj* in agreement; *adv* as

congelado frozen

congeniar to get along (with)

congoja distress, anguish

conjunto whole; ensemble

conmovedor moving

conmovido moved

conocido *adj* well-known; *n* acquaintance

conque so

conquistar to conquer; to seduce, to win over

consciente: estar/ser consciente de to be aware of

conseguir (i) to get, obtain; to succeed in

consejo piece of advice; advisory board

conservar to keep

consiguiente: por consiguiente consequently

constar to be recorded; **constar de** to be composed of

consulta physician's office

consumido emaciated

consumirse to waste away

contabilidad *f* accounting

contactarse con to learn about

contado: al contado for cash

contador (de la luz) *m* (electric) meter

contar (ue) con to count on; to have; to include

contemplar to look at; to include

contentarse (reciprocal) to reconcile

contentillo appeasement

contigüidad *f* nearness

contiguo next

continuación: a continuación below, following

contrario: por lo contrario otherwise

contrarrestar to counteract

contratar to hire

contundencia forcefulness

conveniente appropriate

convenio agreement

convenir (ie) to be good for; to suit

conventillo tenement (*Arg & Ur*)

convivencia living together

convivir to coexist; to spend time with

cónyuge *mf* spouse

copa top (of tree); goblet; glass; **Copa** winner's cup, trophy

copal *m* medicinal resin

cordel *m* rope

cordón *m* ribbon; cord

coro chorus; a coro at the same time; **hacerle coro** to echo

corona crown

coronar to crown

correa strap

corredor de bolsa stockbroker

corriente running

cortador *m* cutter; producer

cortar to cut short

cortejo bridal party

cortinón *m* heavy curtain

cosecha harvest

costado side

costumbre *f* custom; habit; **de costumbre** usually

cotidiano everyday, daily

cotorra parrot

crecido developed

creciente growing

credo creed

credulidad *f* belief, acceptance

crepuscular *adj* twilight

cría baby animal

criar to raise

criatura child

criollo creole, native

cristalino crystalline; clear

criticón faultfinding, overcritical

crucigrama *m* crossword puzzle

cuadra block

cuadrado square

cuadro scene

cuajado full

cual like; as

cuando: de cuando en cuando from time to time

cuanto *adj* all the; *pron* all that, everything that; **en cuanto** as soon as; **en cuanto a** with regard to

cuarzo quartz

cubertería silverware

cubierta *n* deck (of boat)

cubierto *n* place setting; cutlery

cucharón *m* laddle, large spoon

cuenta: caer en la cuenta to realize; **de su propia cuenta** out of one's own pocket

cuentista *mf* short-story writer

cuentística short-story writing

cuerdo sane

cuerno horn

cuestión *f* issue; problem

cuidado care

culebra snake

culpa: tener la culpa to be at fault

culpar de to blame for, accuse of

culto *n* religion; cult; **rendir culto** to worship

cumbre *f* peak, top

cumplimiento fulfillment

cumplir + número de años to reach + *number of years* (of age); **cumplir con** to do, perform, carry out; **por cumplir** to fulfill one's obligation(s)

cuna cradle

cuñada sister-in-law

cuñado brother-in-law

cupulilla small cupola

cursi in bad taste, unstylish

cursiva: en cursiva in italics

cúspide *f* peak

custodiar to protect, guard

D

damnificado *n* victim

dando vueltas y vueltas tossing around (in bed)

dañino harmful

dar: dar a to open onto; to overlook; to lead to; **dar la vuelta** to return; **dar media vuelta** to turn around; **dar vueltas** to make turns; **darle igual a uno** to not matter to one; **darle la vuelta** to go around, change

darse cuenta de to realize; to take notice of

de golpe suddenly

deber *nm* duty

débil weak

debilidad *f* weakness

debilitar to weaken

decaer to decline

decano dean

decepcionarse to be discouraged, disappointed

decidido firm, strong-willed

decisivo overriding (e.g. consideration)

declaración de impuestos *f* tax form

decorado *n* décor, (theater) set

dedicarse to devote oneself

degustar to taste

dejar de to stop, cease

delantero *adj* front

delgadez *f* thinness

delicioso delightful

demanda suit

demandar to sue

demás: los demás others; other; **por lo demás** otherwise

demonios: qué demonios what the heck

demora delay

demostrar (ue) to prove, demonstrate

denominar to name

departamento apartment

dependiente *mf* salesperson, salesclerk

deporte *m* sport

depresivo depressing

deprimido depressed

derecho straight; erect

derecho *n* **(legal)** right

derramar to spill

derrocar to overthrow

derrota defeat

desabotonar to unbotton

desabrido tasteless, flat

desacostumbrado unusual

desafiar to challenge

desagradable unpleasant

desairar to offend

desalentador discouraging

desalentar (ie) to discourage

desalmado heartless, cruel

desamparo helplessness

desanimar to discourage; to depress

desarmado helpless

desarmar to take apart, dismantle

desarrollar to develop; to perform; **desarrollarse** to develop

desatender to neglect

descabellado wild, crazy

descalzar to remove someone's shoes

descalzo barefoot

descolgar (ue) to take down

descollar (ue) to be outstanding, stand out

descolorido pale

descompuesto distorted, twisted

desconchado chipped

desconcierto bafflement

desconfianza distrust

descongelar to defrost

desconsiderado inconsiderate

descoser to unstitch; to rip

descubierto uncovered; **al descubierto** exposed

descuidar to neglect

descuido negligence

desdibujado blurry

desdicha misfortune

desechable disposable

desechar to reject

desenchufar to unplug

desengaño *n* disappointment, disillusionment

desenlace *m* ending; outcome

desenmascarar to unmask

desenterrar (ie) to disinter, dig up

desenvolver (ue) to unwrap

desfavorecido disadvantaged

desfilar to file by

desgarrado brazen

desgarrón *m* big tear

desgarrador piercing

desgracia misfortune

desgraciadamente unfortunately

desgraciado *n* wretch; *adj* unhappy

desgreñado disheveled

deshacer to take apart, destroy; **deshacerse de** to get rid of; to break up; to come apart

deshielo thaw

deshojar to pull off (petals or leaves)

designio intention

desmesurado excessive

desmoronado collapsed, fallen down

desnudo naked

desorbitado bulging

despacho office

despavorido aghast

despectivo pejorative, disparaging

despedazarse to fall to pieces

despedida departure

despedir (i,i) to fire; **despedirse de** to say goodbye to

despegar to open; to separate

despenalizar to decriminalize

despertador alarm clock

desplazado unemployed

desplazar to take the place of

desprecio disdain; snub

desprendible detachable

destacado outstanding

destacar to emphasize

destacarse to stand out

destapar to open, uncork

desterrado outcast

desteñido faded

desteñir (i) to fade

destinatario addressee; recipient

destituido removed (from office)

destreza skill; cleverness

desvelar to keep awake; (*fig*) to worry

desventura misfortune

detenimiento care, thoroughness

determinado given; certain

determinante determining

devenir *n* future

devolución *f* return

devolver (ue) to return, give back

día: al otro día on the following day

dialéctico rational, logical

diagonal *f* slash (computer)

diario *adj* daily; *n* newspaper; diary

dibujar to draw

dibujo design

dicho *adj* said; *n* saying

diferenciarse to differ

dificultar to make difficult

difunto *adj* dead; *n* dead person

dignamente with dignity

digno worthy

diligencias *f pl* (legal) proceedings

dineral *m* a lot of money

dirección *f* address; position of manager

dirigirse a to address

disculpar to excuse; to forgive, pardon; **disculpe** I'm sorry

discusión *f* argument; discussion

discutir to argue; to discuss

disfrazado disguised; dressed

disfrutar de to enjoy

disfrute *m* enjoyment

disgustar to dislike

disimulado disguised

disimular to hide

dislocar to dislocate

disminuir to decrease

disparar to shoot

disponer de to possess; to arrange; **disponerse a** to prepare to

dispuesto a willing to

disuelto (pp of disolver, to dissolve) disolved

diván *m* low sofa

divisar to make out, see

dolencia ailment

doler (ue) to ache

dolorido aching

dominio mastery; **dominio de sí** self-control

dorado *adj* gilt, golden; *n* gilt decoration

dormilón *n* sleepyhead; *adj* fond of sleeping

dormitar to doze, nap

dormitorio bedroom

dudar to doubt; to hesitate

dueño owner

duradero lasting

durazno peach

dureza harshness; **con dureza** harshly

durmiente *adj* sleeping

E

ebrio drunk

echado lying down, stretched out

echar: echar (se) a to begin to; **echar de menos** to miss; **echar una carta** to mail a letter; **echarse** to lie down

echar llave to lock up

edificar to build

efectivo *adj* real; **en efectivo** in cash

efecto: a tal efecto to this end; **en efecto** in fact, in reality

eficaz *mf* effective

efusivo gushing

ejemplar *m* specimen

ejemplificar to exemplify, illustrate

elaborar to prepare, make; to elaborate, develop

elegir (i,i) to select

elogio praise

eludir to avoid

embarcación *f* vessel

embarrado covered in mud

embromarse ¡qué se embrome! it serves him/her right!

emisor/a *n* sender; transmitter

emocionado deeply moved

emocionar to touch, move; to stir

empalidecer to turn pale

empapelar to paper

empedernido confirmed, hardcore

empedrado cobblestoned

empeñado en determined to

empeorar to make worse; to get worse

empero nevertheless

empinado steep

emporio trading center

emprender to undertake; to start

empresa company; undertaking

empujar to push

empuñar to grasp, take up, hold

enagua petticoat; skirt

enamorar to woo, court

enarbolar to raise high

enardecido excited, inflamed

encajar to fit

encaje *m* lace

encanecer to get (turn) white (said of hair)

encantamiento spell

encanto charm

encaramado elevated

encarcelamiento imprisonment

encarecer to stress

encargado person in charge

encargarse to take care of; to undertake to

encarnar to play (perform as)

encastrado inserted

encender (ie) to light, turn on

encendido fiery

encierro *n* lock-up

encina evergreen oak

enclenque *adj mf* weak

encogerse de hombros to shrug one's shoulders

encontrado opposing

encontrar (ue) to run into

encuentro encounter; maneuver

enderezar to raise

endomingado all dressed up

enemistad enmity

energúmeno madman; wild man

enfadado angry

enfermizo sickly

enfermo/a *n* sick person

enfocar to focus on

enfoque *m* focus

enfrentarse to confront each other; to face

enfrente: de enfrente across the street

engancharse to get caught

engañar to deceive

engaño deception

engañoso deceitful; deceptive

enjoyar to bejewel

enlace *m* engagement, marriage

enloquecedor maddening

enloquecido mad

enojo anger

enojoso annoying

enredado tangled

enredador trouble-making

enriquecer to enrich

enrojecer to blush

enrollado complicated

ensamblar to assemble

ensayar to try

enseguida (en seguida) at once

enseñar to show

ensordecedor deafening

entablar to enter into

entender (ie) de to know all about

enterarse to find out

entereza integrity; honesty

entidad *f* entity; company

entierro burial

entonar to sing

entorno surroundings

entrante next

entre sí each other

entre sueños half asleep

entreabierto half-open

entreabrir to open

entrecortado intermittent

entrega delivery

entregar to deliver; **entregarse a** to indulge in; to deliver oneself up

entrenado trained

entretanto meanwhile

enumerar to list

envejecer to grow old

envenenamiento poisoning

envenenar to poison

envidioso envious

envilecido degraded

envuelto involved; wrapped

epistolar epistolary (in letter form)

equipaje *m* baggage, bags

equiparable comparable

equipo team

equivocarse to be mistaken, to err

erguido of erect bearing

erizarse to stand on end

errante wandering

errar to err

escalinata outside steps

escalofrío   shiver, chill
escalón *m*   step
escapárse(le) (a uno)   to miss
escaparate *m*   glass case
escarbar   to dig
escasear   to be scarce
escaso   scant; scarce
escenificar   to stage
esclavizar   to enslave
escogido   select
escolar *mf*   school child
escombros *m pl*   rubbish; debris
esconder   to hide
escritorio   office; desk
escritura   writing; deed, document
escudriñar   to scan
escuincle/a *m*   child, kid (*Mex*)
esforzarse (ue) por   to strive to
esgrimir un argumento   to use an
    argument
esmero   care
espalda(s)   back
espantar   to chase away; to
    frighten
espantoso   horrific, appalling
especie *f*   kind; **una especie
    de**   some kind of
especificativo   restrictive
    (e.g., clause)
espejo   mirror
espeso   thick, dense
espuma   foam
espumoso   sparkling (e.g., wine)
esquina   corner
esquivar   to avoid
establecimiento   establishment
estacionamiento   parking (area)
estadía   stay
estado   state; country; government
estafa   fraud
estallar   to burst out
estampa   picture or drawing
estancia   ranch (*Arg*)
estante *m*   shelf
estantería   shelves; bookcase
éste (ésta, éstos, éstas)   this one;
    the latter
estentóreo   booming
estéril   useless, sterile
esteta *mf*   aesthete
estimar   to think
estimulante   stimulating
estirar   to stretch, extend
esto: en esto   at this point
estrecho   narrow
estreno   premiere
estremecedor   alarming;
    shattering
estrepitosamente *adv*   with a very
    loud noise
estruendo   noise, din

estupefacto   astonished
estupidez *f*   stupidity; stupid thing
etapa   stage
evadir   to escape; to evade
evitar   to avoid
examinarse   to take a test
exceptuado   exempt
exclusividad *f*   sole agency
excomulgar   to excommunicate
exhalación: como una exhalación
    very rapidly
exigente   demanding
exigir (j)   to demand
existente   existing
éxito   success
expedir (i,i)   to issue
experimentar   to experience
explicarse   to explain oneself
exponer   to expose, show
expositivo   expository
expresividad *f*   expressiveness
extinguir   to suppress
extranjero *n*   foreigner
extrañado   puzzled; surprised
extrañar   to surprise; to miss

F

fabricante *mf*   manufacturer
facciones *f pl*   features
fachada   facade, front
factura   invoice, bill
facultad *f*   school/college of a
    university
facultativo   medical doctor
falda   slope (of a mountain); skirt
fallecer   to die
falsete: en falsete   with a falsetto
    voice
faltar (le) (a uno)   to lack, be
    without
familiar *n mf*   relative
fango   mud
fardo   bale, bundle
fastidiar(le) (a uno)   to annoy
    (one)
fatigoso   tiring; tiresome
febril   feverish
felicitar   to congratulate
fervoroso   fervent
festejo   feast, celebration
festivo   joyous
ficha   personal record;
    questionnaire
fidelísimo   very faithful
fiel *mf*   faithful; accurate
fieltro   felt (material)
figurado   figurative
figurar   to appear
fijar   to determine, decide
fijarse en   to notice

fijeza   firmness
fijo   fixed
fila   row; line
fin   end; purpose
fin: a fin de   in order to; **al fin y al
    cabo**   after all; **en fin**   finally
finca   farm; ranch; country house
fingido   fake
fingir (j)   to pretend
fino   refined
finura   politeness; refinement
firmeza   firmness
flaco   skinny
florero   vase
flotante   floating
flujo   flow
foco   light bulb
fogata   campfire
folletín *m*   serial
folleto   brochure
fondo   bottom; depth; background;
    fund; **sin fondo**   very deep
forastero   stranger, outsider
forjar   to create
formal   serious; reliable
formulario   form; application
formas: de todas formas   anyway
forro   lining
fortalecer   to strengthen
fortaleza   fortress; strength
fortuna: por fortuna   fortunately
fracasar   to fail
fracaso   failure
frasco   jar
fregadero   sink
fregar (ie)   to wash dishes;
    to scrub
frenar   to stop
freno   brake
frente *f*   forehead; **frente a frente**
    face to face; **al frente**   at the
    head, in charge; **de frente**
    face to face, in the eye
fresco   fresh, young
frescura   freshness
frijol *m*   bean
frotar   to rub
fuera de   outside, outside of
fuerte *nm*   strong point
fuerza   strength; **fuerzas
    armadas**   armed forces; **por
    fuerza**   necessarily
fugarse   to run away
fugaz   fleeting, brief
fulminar   to strike, to thunder
funcionario   official
fundador *n*   founder
fundido   burned out (bulb)
fundirse   to merge, blend
fundo   rural property (*Ch*)
fúnebremente   gloomily

G

gafas eyeglasses
galería gallery
galleta cracker; **galletita** cookie, cracker
galpón *m* shed
gama variety
gamuza suede
gana desire; **de mala gana** reluctantly
ganado (vacuno) cattle, livestock
ganador *m* winner
ganar to win; **ganar de mano** to anticipate (to another person)
ganchudo shaped like a hook
garganta throat
gastos *m pl* expenses
gato cat; jack (car, mechanical)
gazapo (young) rabbit; error
gemelo twin
gemir (i,i) to whine, whimper, (a person) to moan
génesis *f* beginning
genio genie; genius; **de mal genio** in a bad temper/mood
gentuza (human) trash, riffraff
gerente *mf* manager
gestión *f* effort, action
gesto gesture; expression
girar to spin
giro turn of phrase; expression
gitano gypsy
globo balloon
gobernante *mf* leader, ruler; *adj* ruling, governing
goce *m* enjoyment, pleasure, joy
golpe *m* banging, blow
golpeado battered
goma tire
gordo big, fat
gordura fatness
gorra cap (usually with a visor)
gorrión *m* sparrow
gorro cap
gota drop
gotear to drip
gozo joy
grabadora tape recorder, tape deck
grabar to tape
gracioso funny, humorous
grandeza greatness
grapa grappa (Italian brandy) (*Arg & Ur*)
grasa grease, fat
grasiento greasy; oily
grave serious
gringo Yankee (often pejorative), foreigner
gripe *f* flu

gris gray
gritar to shout
grito: a gritos (*fig*) anxiously, desperately
gritón *adj* screaming *n* screamer
grosería rudeness
grueso thick, heavy; *n* bulk
guapo *adj* handsome
guardar to protect
guayaba fruit of the guava tree
guión *m* script; hyphen
guisar to cook
gusano worm

H

hábil clever
habilidad *f* skill
habitación *f* room
habituarse to become accustomed to
hablador talkative
hace: hace + *period of time* + que + *verb in the present tense* = *present perfect progressive tense* + for + *period of time*; preterite tense* + **hace + *period of time* = *preterite tense* + *period of time* + ago;* **hacía** + *period of time* + que + *verb in the imperfect* = *past perfect progressive* + for + *period of time*.* (See Chapter 3)
hacendado landowner; rancher
hacer: hacer caso a to pay attention to; **hacer el juego** have the knack; **hacer falta** to be necessary; **hacer las veces de** to serve as
hacia *prep* toward
hada fairy
halagar to please, flatter
halagüeño endearing, flattering
hallazgo find
hamaca hammock
hambriento hungry
harapos *m pl* rags
harapiento ragged
harto a lot
hasta until; even; up to; **hasta llegada la noche** until nightfall
hecho *n* fact
hediondez *f* stench
hegemonía hegemony (political domination)
helado frozen; paralyzed
helar (ie) to freeze
heno Spanish moss
hereje *mf* heretic
herida wound

hermosura beauty
herramienta tool
hierbajo weed
hilar to spin
hilera string (of objects)
hilo thread, string
hincapié: hacer hincapié to emphasize
hincharse to swell
hipotecario *adj* mortgage
hiriente biting, stinging
hirviendo boiling, very hot
hispanohablante Spanish-speaking
hogar *m* home
hoguera bonfire
hoja leaf; blade (of sword); **hoja de vida** curriculum vitae
hombre-rana frogman
hombro shoulder
hondo deep; tight
honrado honest
hormiga ant
hornear to bake
horno oven
hortaliza vegetable
hotel de paso cheap hotel
hueco *n* cavity, space; *adj* hollow
huella mark; track; footprint
huérfano orphan
huerto garden; orchard
huida flight
huidizo shy; elusive; fleeting
huir to flee
hule *m* oilcloth; rubber
humildad *f* humility
humillante humiliating; humbling
humo smoke
hundir(se) to sink, bury
huracán *m* hurricane
hurtar to steal
huso spindle

I

idear to devise, invent
ignorar not to know
igual: al igual que just as, (just) like
ileso unharmed, uninjured
iluminado *adj* lit
ilusionado hopeful; excited; eager
impacientar to irritate
imparable unstoppable
impermeable *m* raincoat
impertinente *n* impertinent person; *adj* impertinent; inopportune

ímpetu *m* impulse
impiedad *f* lack of piety
imponente imposing
imponer to impose
impreso (*pp of imprimir*, to print) printed
impuesto tax
impulsar to drive, impel
impulso drive, impulse, urge
inabarcable immense
inadvertido unnoticed
inagotable inexhaustible
inalámbrico cordless
inaudito unheard-of
incansable untiring
incapacitado incapacitated; handicapped
incendio fire
inciso clause; parenthetical comment; sentence
incluso even
incoloro colorless
incomodidad *f* uneasiness
incomparable *mf* surpassing
inconforme nonconformist
incongruencia incongruity, something that lacks logic
inconsciente *mf* unconscious
inconstante fickle, changeable
incrédulo skeptical
indebido improper, wrong
indeciso indecisive
indecoroso unbecoming
índice *mf* indication
indígena native; Indian
indigesto indigestible
indigno unworthy
indolencia laziness
inefable indescribable
inequívoco unmistakable
inesperado unexpected
infeliz *n* poor devil
infiel *mf* unfaithful
infinidad *f* infinity; great quantity
informe *m* report
infusión *f* herbal tea
ingenuidad naïveté
ingeniero engineer
ingravidez *f* weightlessness
ingresar to enter, join
ingreso entrance; beginning; **ingresos** income
injuria insult
injusto unfair
inmediaciones *f pl* vicinity
inmundo filthy, disgusting
inmutarse to lose one's calm
innovador innovating
inofensivo harmless
inquietante *mf* disturbing

inquietar to make nervous or uneasy
inquietud *f* anxiety, concern
inquilino tenant
insatisfecho unsatisfied; dissatisfied
inscribirse to register; to enter; to enlist
inseguro insecure
insensato senseless
insoportable unbearable
insostenible unsustainable; untenable
inspirador inspiring
instaurar to establish
insultante insulting
integrar to blend, unite
intensidad *f* intensity
intentar to undertake; to attempt, try
intercalar to insert
intercambio exchange
intercomunicador *m* earphone
interesado *n* interested party, person concerned
interesarse por to ask about
interminable unending
internar to commit (to an institution)
interrogante *f* question mark
intruso intruder
inundado flooded; filled
inundar to flood
inversión *f* investment
invertir to invest
invertido reversed
involucrar to involve
invitado *n* guest
ira rage
irrespirable *mf* unbreathable, oppressive
isabelino Isabelline; Elizabethan
islote *m* small island, key

J

jabalín *m* boar
jactarse to boast
jamón *m* ham
jarra pitcher
jarrón *m* large vase
jaula cage
jerga slang
jícara bowl
jirón *m* shred; tatter
jocoso joking
joyero jeweler
jubilarse to retire
júbilo joy
juego gambling; game; set; **hacer juego con** to match

juez *m* judge
jugarle una mala pasada to play a nasty trick on someone
juguete *m* toy
juguetón playful
junco reed
juntarse to join
junto a next to
jurado jury
juramento oath
jurar to swear
justiciero righteous
justo exact
juventud *f* youth
juzgar to judge

L

labial *f* labial sound (made with the lips: b,*m*,p)
labrador farmer
labrar to carve
lacio straight
ladrar to bark
ladrido barking
ladrillo brick
ladrón *m* thief
lagaña secretion of the eyes, sleep
lagarto lizard
lámpara flashlight; **lámpara de quinqué** oil lamp
langosta lobster
languidecer to languish
lanzador pitcher
lanzar to send; to utter
¡Lárgate! Clear off! Go!
largo: a lo largo de throughout
lástima pity
lata *n* can
latir to beat (heart, pulse)
lealtad *f* loyalty
legado legacy
lejanía: en la lejanía in the distance
lejano distant, faraway
lema *m* motto
lentejuela sequin
lentitud *f* slowness
leña firewood
leso foolish (*Ch*)
levantar los hombros to shrug
leve light; slight
léxico *adj* lexical, of vocabulary
libreto script
lidiar to fight
ligar to tie; to link
ligeramente slightly
ligereza agility; speed
límpido clear
lino linen
linterna (eléctrica) flashlight

liquidación *f* sale; clearance sale
listo: estar listo to be all set; **ser listo** to be clever, intelligent
lívido (deathly) pale (with rage)
llama *n* flame
llamado *adj* so-called
llanto *n* crying
llave inglesa monkey wrench
llavero keyring
llevado: mal llevado unbearable
llevar: llevar a cabo to carry out, accomplish; **llevarse bien/mal** to get along well/badly
llorón crying; tearful; whining
lluvioso rainy
local *m* place; premises
locura madness
logogrifo puzzle
lograr to succeed (in); **lograr que** to get; to bring about that
loma hill, low ridge
lomito de ternera loin of veal
lona canvas
longitud *f* length
lontananza: en lontananza in the distance
loro parrot
lucha struggle
lucir to sport, show off
luego de *prep* after; **luego que** *conj* after
lugar *m* village; **dar lugar a** to give rise to
lúgubre mournful
lujo wealth, abundance, luxury
lujoso luxurious
luna de miel honeymoon
lustre *m* sheen, luster

M

macanear to lie (*Arg & Ur*)
maderita small piece of wood
madreselva honeysuckle
madrugada early morning
madrugador *adj* early-rising
madrugar to get up early
magistral masterful
magistralmente in a masterful way
magnate *m* tycoon
maíz *m* maize, corn
mala: de mala nota of ill repute
maldecir to curse
malestar *m* discomfort; uneasiness
maletero (car) trunk
maletín *m* overnight bag, briefcase
malos tratos abuse, ill-treatment

malvado evil
mamar to suckle
mamey *m* mamey (fruit of the Caribbean)
manada pack
mancha blotch; spot; stain
mandón bossy
maneras: de todas maneras in any case
manga sleeve; **en mangas de camisa** in one's shirt sleeves
manicomio asylum
mano: en propia mano in person, hand delivery
manta blanket
mantenerse to remain
manto shawl, cloak
mapache *m* raccoon
maquillaje *m* make-up
maraña jungle; tangle
marca brand, make
marcado strong; distinct
marcar to score; to establish
marco frame
marea tide
marear to make dizzy; **marearse** to get dizzy
maremoto tidal wave
margarita daisy
margen: al margen aside
marginación *f* isolation
mariposa butterfly
mármol *m* marble
marrón *mf* reddish brown
más: a más de in addition to
masaje *m* massage
máscara mask
mascota pet
mata plant
matón *m* killer
matrícula tuition
matrimonio husband and wife
mayor *adj* adult; **al por mayor** wholesale
mayoría de edad adulthood
mecer to make sway
media *n* average
mediados: a mediados de in the middle of
medida measure
medio: en medio de in the midst of; **por medio de** by means of
medroso frightened
mejor: o mejor or rather
mejorar to improve
membranoso soft, pliable
membrete *m* letterhead
menear to move; to shake; **menearse** to hustle

menos mal (que) thank heaven, it's a good thing (that)
menosprecio contempt
mensaje *m* message
mentiroso lying
menudo slight-built; **a menudo** often
mercado market
mercancía wares, merchandise
merecer la pena to be worthwhile
merendar (ie) to have a snack
mesero waiter, server (*Mex and CA*)
mestizo person of mixed blood
meta goal
meter preso to put in jail
mezcla mix, mixture
mezquino low
miedo fear
miedoso frightening; frightful
mientras tanto meanwhile
milimétrico *adj* pinpoint
mimoso pampered
minusvalía handicap
mira aim
mirada look, glance
miserable *adj mf* squalid
miseria dire poverty
misericordia mercy, compassion
mísero miserly
mitad *f* half
mitigar to alleviate, relieve
moda: de moda fashionable, popular
modernista *mf* modernist (member of the literary school called modernism)
módico (price) reasonable, modest
modismo idiom; expression
modista dressmaker
modorra drowsiness
modos: de todos modos in any case
moho rust
mojado wet
mojarse to get wet, soaked
moldura molding; adornment
moler a golpes to beat someone to a pulp
molestarse to bother; to take the trouble
molesto bothersome, annoying
monedero coin purse
mono *n* monkey; *adj* cute
montaje *m* assembly; mounting
montar cachos to cheat on someone (*SA*)
montículo mound
monto *n* total sum
morado purple

moraleja moral (of a story)
morboso gruesome
morder (ue) to bite
mortecino weak; failing; dim; faded
mosaico ceramic tile, mosaic
mosca fly
moscón *m* type of large fly
mostrador *m* counter; check-in desk
motivo motif
moza: buena moza good-looking girl
muebles *m pl* furniture
muelle *m* dock
muerto de hambre starving; very poor
muestra evidence; sign
muestrario collection of samples
mugir to moo
mullido soft
multa fine
multitud *f* crowd
municipio municipal office
muñeca doll; wrist
muñeco doll; toy; figure; effigy
muralla (outside) wall
murmurar to whisper
murmurador complaining; backbiting
muro wall
muslo thigh

N

naciente beginning
nada: en nada at all; **nada de eso** nothing like that; **de la nada** out of nowhere, as if by magic
nada más only
naturaleza nature
nave *f* ship
neblina mist
necesitado in need of
necio stupid, stubborn
negarse (ie) a to refuse to, not to accept to
negrita: en negrita in bold type
negrura blackness
nido nest
nieto grandchild
niñera nursemaid
niñería silly thing, nonsense
niñez *f* childhood
nítido clear
nivel *m* level
nobleza nobility
no obstante however, notwithstanding
noticia piece of news

nube *f* cloud
nublado cloudy
núcleo group
nuevamente again
nuevo: de nuevo again

O

obispo bishop
obrero worker
obsequiar to give (as a gift)
ocasión *f* opportunity
occidental western
ocultar to hide
ocupar to employ; **ocuparse de** to take care of; to deal with
oficial *mf* officer
oficina agency; bureau
oficinista office worker
oficio trade; job; position
ojeada glance, look
ojo: ojo morado black eye; **¡Ojo!** Watch out!
ola wave
olla pot
olvidadizo forgetful
olvido forgetfulness
onda wave
opacar to darken; to spoil
opaco gloomy
operario operative; worker
opinar to think, be of the opinion
oprimido (heart) filled with sadness
optar por to choose
oración *f* prayer
orar to pray
oratorio chapel
ordinariez *f* coarseness; lack of manners
ordinario coarse; rude; common
oreja (external) ear
orgullo pride
orgulloso proud
oriental eastern; Uruguayan (*Arg*)
originarse to originate; to be caused
orilla bank (of river)
ortiga nettle
ortografía spelling
oscilar to vary, fluctuate, range; to flicker
oscuro dark; **a oscuras** in darkness
ostentar to wear (something elegant or unusual)
ovalado oval
oveja sheep

P

padecer de to suffer from
padrino godfather
paisaje *m* landscape
paisano fellow countryman
paja straw
pajizo (made of) straw; straw-like
pala paddle; shovel; spade
palabra: tener la palabra to be one's turn to speak
palabrota bad word
paliativo palliative, mitigating
palidecer (zc) to grow pale
palillo toothpick
palmera palm tree
palo stick
paloma dove; pigeon
palpar to touch
pancarta banner; placard
panocha ear of corn (*Sp*)
pantalla screen
pantufla slipper
panzón *adj* with a big belly
pañuelo kerchief, head covering; handkerchief
papa potato
papiro papyrus
par: al par at the same time
parada *n* stop
parado standing
paraíso paradise; type of tree
paraje spot, place
parcela parcel of land
pardo brownish gray
parecer: a mi parecer in my opinion; **al parecer** apparently; **parecer mentira** to seem impossible
parecido *n* likeness; *adj* similar
pareja couple
parejo even
pariente *m* relative
párpado eyelid
parte: por otra parte moreover, on the other hand
particular *n* matter, point, detail; *adj* private, particular
partida departure; game
partidario follower
partir to leave; **partirse** to break; **partir de** to start from; **a partir de** starting
pasado mañana the day after tomorrow
pasaje *m* passage
pasajero passenger
pasar en limpio to make a clean copy of
pasársela + gerundio to spend one's time + *-ing* form

paseo   walk; stroll; ride
pasillo   corridor; passageway
paso   step; passage; **de paso** while (one) is at it; besides; **hotel de paso**   cheap hotel
pastel *m*   cake; pie; pastry; *fig* mess
pasto   grazing; pasture
pastor *m*   shepherd
pastoso   doughy
pata   paw; **a pata pelada**   without shoes (*Ch*)
patrón *m*   boss
patrulla   patrol
pauta   style; model; guidelines
pavor   great fear
payaso   clown
paz: dejar en paz   to leave alone
peatón   pedestrian
pecaminoso   sinful
peculiar   typical, characteristic
pedido *n*   order
pedimento (*legal*)   petition
pedir limosna   to beg
pedrería   precious stones
pegado *adj*   glued; **pegado a**   against, next to, leaning on, stuck to
pegajoso   sticky
pegar (le)   to hit
peinado   hairdo
peineta   ornamental comb
pelea   fight
peleado   at odds
pelear   to fight
peligroso   dangerous
pelos: ponérsele los pelos de punta   to have one's hair stand on end
pelotero   ballplayer
peluca   wig
peludo   hairy
pena   sorrow
penar   to do penance
pender   to hang
pendiente *f*   slope
penoso   painful; difficult
pensamiento   thought
percatarse de   to realize
perder (ie) la razon   to go out of one's mind
perderse (ie)   to miss; to get lost
pérdida   loss
perdido   missing
perecer (zc)   to perish, die
peregrinación *f*   wandering; pilgrimage
pereza   laziness
perezoso   lazy
perfil *m*   profile
periodismo   journalism
perjudicar   to harm, damage

perlado   pearly
perrero   dogcatcher
persecución *f*   pursuit
perseguir (i,i)   to pursue
perspectiva   perspective, point of view
perspicacia   perceptiveness, insight
persuasivo   convincing; persuasive
pesadamente   heavily; with great effort
pesadez *f*   heaviness; slowness
pesadilla   nightmare
pesado   heavy; hard
pesadumbre *f*   affliction, sorrow
pesar *nm*   grief, sorrow; **a pesar de**   in spite of
pescado   fish
pescante *m*   driver's seat; coachman's seat
pese a   despite; in spite of
pestaña   eyelash
piadoso   pious, devout
piafar   to paw the ground, stamp
picar alto   to aim high, be ambitious
pícaro *n*   rogue, rascal; *adj* mischievous
pico *n*   pick
pie: a pie   on foot; **al pie**   (of a photograph) caption; **al pie de**   next to; **al pie de la letra**   literally, to the letter; **de pie**   standing; **nacer de pie**   to be born lucky
piedad *f*   pity
pieza   part; room
pila: nombre de pila   first name
píldora   pill
pintar   to paint
pintoresco   picturesque
piragua   type of canoe
pisar   to step on
piso   apartment; floor
pisotear   to trample on
placer *m*   pleasure
plagio   plagiarism
planicie *f*   plain
planilla   printed form
plano   flat
planta   sole of the foot
planteamiento   presentation, exposition
plantear   to propose; to present
plata   money (*SA*); silver
platillo   dish
platillo volador *m*   flying saucer
plazo   period of time; time limit; (payment) date
plenitud *f*   fullness; abundance
plomizo   leaden; lead-colored
población *f*   settlement

poblador   inhabitant
poco: a poco   shortly after
poderoso   powerful
polémico   controversial
policía *mf*   policeman; policewoman; *f* police force
polvo   dust
polvoriento   dusty
poner: poner en marcha   to start (up); **poner la mesa**   to set the table; **poner pleito**   to sue; **ponerse**   to set (e.g., the sun); **ponerse a**   to begin to; **ponerse de acuerdo**   to come to an agreement; **ponerse de moda**   to become fashionable
populacho   mob
por encima de   over
por más que   no matter that
por todo lo alto   with no expense spared, in a big way
pórfido   jasper
porqué *nm*   reason
porquería   dirty trick
portarse   to behave
portazo: dar un portazo   to slam the door
portón *m*   entrance gate
posar(se)   to stop, rest
posterior *mf*   subsequent
postrado en una cama   bedridden
postura   position
potable   (water) drinking; drinkable
potenciar   to make possible
potrero   pasture
pozo   pit; well
prado   meadow, field
precavido   cautious
precipitado   hasty
precipitarse   to rush
preguntón   inquisitive
premio gordo   grand prize
prender(se)   to cling to, seize
prender fuego   to start a fire
preñar   to get someone pregnant
preocupación *f*   worry, concern
preocuparse de   to concern oneself with
prescindir (ie) de   to do without
presentar   to introduce
presentir (ie)   to foresee; to think one sees
préstamo   loan
prestar   to lend
presteza   speed
presumido   vain
presuroso   in a hurry
pretensiones: sin pretensiones   unpretentious
prieto   dark

principio: desde un (el) principio from the beginning
prisa haste
probarse (ue) to try on
productor producing, producer
prolijo long-winded
promocionar to advertise
prontitud *f* speed
pronto: de pronto suddenly
propicio *adj* propitious, favorable
propietario owner
propio same
proponerse to intend
propósito purpose
propuesta proposal
proseguir to continue, proceed
protector *adj* protecting; patronizing
proveedor/a provider
provocativo provoking; daring
recién pasado last
prueba proof
pudor *m* decorousness
puente *m* bridge
puerto port
pues since; so
pulido polished
pulmón *m* lung
pulsación *f* keystroke
puntal *m* pillar; support(er)
puntiagudo pointed
punto: a punto de on the point of; **un punto** (for) a moment
punzada shooting pain
puñado handful
puño fist
puré (de papas) *m* mashed (potatoes)
pureza purity
purpurino purple

Q

quebrar (ie) to go bankrupt; to break
quedar en to agree to; **quedarle a uno bien, mal, etc.** to look good, bad, etc. on one, to fit well; **quedarle chico a uno** to be too small for one; **quedarse con** to keep; **quedarse dormido** to fall asleep; to oversleep
quehacer *m* labor; activity; chore
queja complaint
quejarse de to complain about
quejido moan, groan
quemado burnt
quemante burning
quienquiera whoever
quieto still; motionless

quirúrgico surgical
quitar to take away

R

rabia rage
rabioso mad; rabid
radio row
ráfaga burst; streak
raído worn out
raíz: a raíz de shortly after
rajarse to crack
rama branch
ramo section; department
rancio ancient
rapidez *f* speed
rareza rareness; oddity
rasgo feature
rastro trace
ratero petty thief
rato: hace rato for some time; **a ratos** at times
razón *f* reason
raya line; streak; part; dash (in punctuation)
realizar to carry out; to attain, achieve
rebaño flock
rebeldía rebelliousness
rebotar to bounce
rebozo shawl
recalcar to stress
recato bashfulness, modesty
recepción *f* reception desk, front desk; check-in counter
receta recipe
recetar to prescribe
rechazar to reject
recién just, recently
recinto universitario campus
recipiente *mf* recipient; *m* container
reclamar to demand; to complain, protest
recobrar to recover
recoger to gather together; to pick up; to take in; to include
recomendada *adj* (letter) registered
recompensa reward
reconocer (zc) to examine
reconocimiento recognition
reconvención *f* reprimand
recorrer to travel over
recorrido journey
recortarse to stand out
recostado reclined
rectitud *f* straightness; honesty
recuerdo memory, remembrance
recurso device, trick
redactar to write (up)

redondear to make round
reembolso: contra reembolso COD
reemplazar to replace; to take the place of
referir (ie) to relate; to state; **referirse a** to refer to
reforzar (ue) to strengthen
refrán *m* proverb
refugiarse to seek refuge
regar (ie) to water; to wash, hose down
regateo haggling
regazo lap
régimen *m* regime, form of government
registrar to search; **registrarse** to occur; to be recorded
registros *m pl* files
regocijo joy, rejoicing, merriment
regreso return; **de regreso** back
rehuir to avoid
reinar to reign
reiterar to repeat
reivindicar to vindicate
reja railing
relación *f* story
relámpago lightning
relato story
remediar to correct, remedy
remedio solution; **no tener más remedio que** to have no choice but
remiendo mend; patch
remisión: sin remisión definitively
remitente *mf* sender
remordimiento regret
rendido overcome
rendirse to surrender
renta income from properties
renunciar a to resign
reojo: de reojo out of the corner of one's eye
repartir to distribute
repente: de repente suddenly
repentino sudden
replicar to reply
reproductor reproducing
requisito requirement
res *f* (*pl* **reses**) cattle; head of cattle
resaca hangover
resaltar to stand out
resbaladizo slippery
resbalar to slip
rescatar to rescue
reseñar to write, describe, review
resina resin
resistir to stand, put up with
resorte *m* means

respiro *n*   rest, break
resplandecer   to shine
resplandeciente   shining, glowing
resplandor *m*   gleam
respondón   impudent, sassy
respuesta   reply, answer
restante   remaining
restringir   to restrict
resuelto *adj*   bold, determined; **(pp of resolver, to resolve)**   resolved
resultar   to be, turn out to be, turn out
resumir   to summarize
retocar   to touch up
retorcer (ue)   to twist
retorcido   twisting
retratarse   to have one's picture taken
retrato   portrait
retroceder   to go back; to back out
retumbar   to shake
reunir   to collect, gather together; **reunirse**   to get together
revelador   revealing
reventar (ie)   to burst, rip
revestido   covered
revista: pasar revista   to review, go over
revolotear   to flutter
revolverse (ue)   to squirm
revuelo   commotion
Reyes Magos   the Magi, the Three Wise Men (Hispanic children receive gifts on Jan. 6, Día de los Reyes Magos.)
rezar   to pray
riente   laughing
riesgo   risk
rifa   raffle
rincón *m*   corner (inner)
risa   laughter
rocío   dew
rodar (ue)   to roll
rodear   to surround
rodillas: de rodillas   on one's knees
roedor *m*   rodent
rojizo   reddish
ropa blanca   household linens
ropero   closet
rosado   pink; rosy
rostro   face
rotativo   rotating
rozar   to graze
rudeza   plainness; coarseness; ignorance
ruego   request
ruinoso   dilapidated
rumbo a   on the way to

S

sabana   savanna, grassy plain
saber *nm*   knowledge
sabio *n*   wise person
sacarse la lotería   to win the lottery
saco   sack; jacket (*Sp. Am.*)
sacudir   to dust; to shake (off)
sagrado   sacred
sala de recepción *f*   hotel lobby
salado   salty; amusing; charming
saldo   balance
salida   exit
saliente   protruding
salir: salir a   to take after, look like; **salir adelante**   to get ahead; **salir al encuentro**   to halt
saltar   to come off, out; to jump
salto   jump
saludar   to greet
salvar   to rescue; to save (e.g., a life)
salvo   except
sanación   cure
sancionar   sanction (a law); to approve
sangrado   indented
sangriento   bloody
sanitario   hygienic
sazón: a la sazón   at the time
seco   dull; lean, thin
secuela   consequence, aftereffect
secuestrador   hijacker
seda   silk
sede *f*   seat; location
sediento   thirsty
seducir   to seduce
seductor *adj*   alluring; tempting; attractive
segregado   separated
seguida: en seguida (enseguida)   immediately
seguido   continuous
seguro *n*   insurance; **de seguro que**   surely
semáforo   traffic signal
semántico *adj*   semantic (of meaning)
semejante   such (a); *n* fellow man, fellow being
semejanza   similarity
semejar   to resemble
sencillez *f*   simplicity
sendero   path
sendos   one for each
senectud *f*   old age
sensatez *f*   good sense
sensato   sensible
sensible *mf*   sensitive
sentar   to establish
sentencioso   terse

sentido: perder (ie) el sentido   to lose consciousness
sentir *nm*   feeling; **sentir (i,i)**   to hear; **sentir ganas**   to feel like
señalar   to point out, point at
señorito   rich kid
ser *m*   being; **ser humano** *m*   human being
serie: en serie   in mass production
seriedad *f*   seriousness; **con toda seriedad**   seriously
seropositivo   HIV positive
servicial   obliging
servicio   bathroom
servir (i,i)   to fill (an order)
si   (in exclamations) but, why
siempre que   provided (that)
sien *nf*   temple (anat)
sierra   mountain range
siglo   century
siguiente   next; following
silbar   to whistle
silbido   whistling sound
sillón *m*   armchair
silvestre *adj mf*   wild
simpatía   liking
simpleza   simpleness; nonsense
simular   to simulate; to feign, pretend
sinonimia   synonymy (the quality or state of being synonymous)
sinsonte *m*   mockingbird
sinvergüenza *mf*   rascal, scoundrel
siquiera   even, at least; **ni siquiera**   not even
soberbio   magnificent
sobrar   to be more than enough
sobre *m*   envelope
sobrecoger   to move, to strike fear into
sobreponerse   to overcome
sobresaliente   outstanding
sobresaltar   to frighten, startle
sobresalto   fear
sobrevenir   to take place
sobriedad *f*   sobriety
socio   member; partner
soez *adj mf*   rude, obscene
sofocante   stifling, suffocating
solar *m*   empty lot
solariego   ancestral
soledad *f*   solitude; loneliness
solicitante *mf*   applicant
solicitar   to request
soliviantar   to stir up; to anger
sollozar   to sob, weep
soltar (ue)   to let loose; to come out with, tell, utter; **soltarse**   to get loose
soltero   single
soltura   ease, facility

solvencia financial stability; reliability
sombra shadow
sombrear to shade
sombrío somber
somnolencia drowsiness
sonriente smiling
soplar to blow
soplete *m* blow torch
soportar to endure, put up with
sordo deaf
sótano basement
subarrendar (ie) to sublease
subasta: a subasta at auction
subir to raise
súbitamente suddenly
súbito sudden
subrayar to underline; to emphasize
sucederse to come one after the other
sucedido: lo sucedido what happened
suceso event
sudar to sweat
sudor *m* sweat
suegra mother-in-law
suela sole (of shoe)
sueldo salary
suelto loose, relaxed
suerte *f* luck; trick; **de esta suerte** in this way
sujetar to hold
sujeto individual; subject (of sentence)
suma: en suma in short
sumadora adding machine
sumar to add; to total
sumiso submissive
sumo highest
suntuoso very elegant, magnificent
superar to surpass; to overcome; **superarse** to excel
superior *m* leader
supervivencia survival
suplir to make up for, to replace
suponerse to imagine, suppose
suprimir to suppress, get rid of; to omit
surgir to emerge, rise, appear, come up
suspenso *adj* bewildered, baffled
suspiro sigh
sustentarse to lean on, find support in
sustento support
susto fright
sutil *mf* subtle

T

tabla board; chart, table
tablero de llaves key rack
tablón *m* plank; **tablón de anuncios** bulletin board
tacaño stingy
tacón *m* shoe heel
taíno indigenous tribe from the Caribbean
tal such a
talla carving, sculpture
taller *m* workshop; repair shop
talón *m* heel
tamal *m* tamale
tamaño size
tambalearse to stagger
tanto: por (lo) tanto therefore; **otro tanto** the same; **tanto… como** both…and
tapar to block
tapete *m* rug; table cover
tapia outside wall
tapicería upholstery
tapiz *m* carpet; tapestry
tapizado (de) covered (with)
tardanza delay; slowness
tardar en to take (a long) time in
tarde: de tarde en tarde from time to time
tarima platform
tartamudez *f* stuttering
tasa rate
tazón *m* bowl
techo roof
teclado keyboard
tedio boredom
tejedor weaver
tejer to weave, spin; to create
tejido web; fabric; textile
tela cloth; web
telar loom
telenovela soap opera
televisivo *adj* television
telón *m* (theater) curtain; **telón de fondo** background
temblar (ie) to tremble, shake; to flicker
temblororso trembling
temible fearsome
temor *m* fear
tempestad *f* storm
templo church; temple
tenderete vending stand
tendida (bed) made
tendido lying on the ground; stretched out
tenedor de libros *m* bookkeeper

tener: no tener el ánimo not to be in the mood; **tener en cuenta** to consider, keep in mind
tenue dim, tenous
teñir (i,i) to dye, color
terapeuta therapist
tercero: un tercero *n* a third party
tercio: dos tercios two thirds
terciopelo velvet
terminantemente strictly
ternero calf (animal)
ternura tenderness
terrífico horrible
terroso earthy
tesoro treasure
testigo *mf* witness
tez *f* complexion
tibieza warmth
tibio warm
tiburón *m* shark
tieso stiff
tijeras scissors
tilde *f* written accent; diacritic mark as in ñ
timidez *f* shyness
tina bathtub
tinieblas *f pl* darkness
tinte *m* hair coloring
tinto red wine; (*Col*) black coffee
tío uncle; guy
típico picturesque; folkloric; characteristic
tipo guy; type
tirado lying
tirar to knock down, pull down; to throw; **tirar a** to go toward; **tirar de** to pull (on)
tocar a to correspond to; to knock
todo: del todo completely; **todo esto** all (of) this
toma de agua source of water supply; hydrant
tontas: a tontas y a locas without thinking
tontería nonsense
tonto silly
toparse con to encounter, run into
toque *m* touch
torcido twisted, crooked
tormenta storm
tornarse to change (into)
torno: en torno a around
torpe awkward, clumsy; dim-witted
torpeza clumsiness; stupidity
torta cake; tart; pastry
toser to cough
tostar (ue) to roast

traficante *mf* dealer; trafficker
trago liquor; drinking; swallow
traicionar to betray
trama plot
tramo stretch
tramposo crooked; tricky
tranquilo tranquil, calm, quiet
tranquilizador soothing; reassuring
transeúnte *mf* passerby
trapecio trapeze
tras (de) after, behind, following
trasero back
trasladar to move, transport; to shift
trastornado confused
tratado *n* treaty
tratamiento treatment
tratar to contract, hire, employ; **tratarse de** to be about, to be a question of
través: a través de through
trazado *n* depiction, description
trenza braid
trepar (por) to climb
tricota sweater (*Ur*)
trigo wheat
tristeza sadness
trocarse (ue) en to change (into)
trocito small piece
trofeo trophy
tropel *m* mob
trucado rigged
trueque *m* barter; **a trueque de** in exchange for
tul *m* tulle
tumba grave
tumbar to knock down
tupido dense, thick
turbar to confuse and embarrass
turnarse to take turns
turno appointment; turn
tutear to address with the familiar form **(tú, vosotros)**

U

ubicarse to be situated
ujier *m* doorman, usher
umbral *m* threshold
unir to join, combine
unos cuantos a few
urbanización *f* residential development
urticante *mf* rash-producing
usarse to be customary
usufructo: en usufructo vitalicio to receive benefits for life
utensilio tool, implement

V

vacilación *f* hesitation
vacilar to vacillate, hesitate
vagabundear to wander
vagancia idleness
vagón *m* car (of train)
vaho steam, vapor, mist
valer to be worth, to be worthy
valerse de to make use of
valija suitcase
valores *m pl* values
vapor *m* vessel, ship; vapor (steam)
vaquero cowboy
varón man
vecindario residents; neighborhood; area
vejez *f* old age
vela candle
velador *m* night stand; (person) watchman
velo veil
veloz *mf* rapid
vencido due, payable
vendar to bandage
veneno poison
venganza revenge
vengarse to avenge (oneself)
vengativo revengeful, vindictive
venirle bien a uno to suit, be convenient, to do good
venta sale
ventaja advantage
ventajoso advantageous
ventana trapdoor
ventanal *m* large window
ventanilla car window; teller's window
ventilador a retropropulsión *m* jet propulsion fan
ventura happiness
veranear to spend the summer
veras: de veras truly
verdugo executioner
verdura (green) vegetable
veredicto verdict
vergonzoso ashamed
vergüenza embarrassment
verosímil likely, probably
verse obligado a to be forced to
vertiente *f* side; slope
vertiginosamente dizzily
vestíbulo vestibule, lobby
vestidor *m* dressing room
vestimenta clothing
vetustez *f* old age
vez: a la vez at the same time; **a su vez** in turn; **de una vez**

finally, once and for all; this instant; **en vez de** instead; **una vez** once (when)
vía route; **Vía Láctea** Milky Way
víbora snake
vicuña South American ruminant
vidriera store window
vidrio glass
viga beam
vigilar to guard; to watch
vilo: en vilo in the air
virtud *f* power; **en virtud de** by virtue of
visera visor
vista *n* sight; **a simple vista** to the naked eye; **en vista de que** in view that, seeing that
visto: por lo visto apparently
vistoso showy
vitrina glass case
viuda widow; **viudo** widower
viveza liveliness, intensity
vivienda dwelling, housing
vivo *n* crafty person; living person; **vivo** *adj* intense
volador flying
volante *m* flounce
volcar (ue) to empty
volumen: a todo volumen at full volume
volver (ue) en sí to recover consciousness
volver (ue) a + inf to…again; **volverse** to turn (around)
vuelta *n* return; turn; **a la vuelta de** around
vulgar common; popular

Y

ya que since, because
yapa (ñapa) small gift given by merchants to customers, bonus
yerba silvestre (hierba) wild herb
yerno son-in-law
yerro mistake (from **errar**, to err)
yuca yucca

Z

zafarse to come off
zapatilla slipper
zarpar to set sail
zopilote *m* buzzard
zumbar to buzz
zurdo left-handed

English-Spanish

This glossary contains the vocabulary necessary to do all the English-Spanish exercises in the book and it is geared specifically to them. It also contains the vocabulary necessary to do the *Traducciones* from the 5th edition that are on the Book Companion Site. This glossary uses the same abbreviations used in the Spanish-English glossary. Gender of nouns is given except for masculine nouns ending in **o** and feminine nouns ending in **a**. Feminine variants of adjectives and past participles ending in **o** are not given. Stem changes are indicated for verbs.

A

to abandon   abandonar
able: (not) to be able (to)   (no) ser capaz (de); (no) poder (ue)
abortion   aborto
about   acerca de; (approximately) unos
absurd   absurdo
abundance   abundancia
to abuse   abusar (de), maltratar
academic   académico
accent   acento
to accept   aceptar
to accommodate   acomodar
to accompany   acompañar
to accomplish   realizar, lograr
account   cuenta; (report, exposition) relación *f*
account: on account of   a causa de
accounting   contabilidad *f*
accuracy: with great accuracy   con mucha exactitud
accurately   con precisión
accusation   acusación *f*
to ache   doler (ue)
to acquire   adquirir (ie)
act   acto
action   acción *f*
activity   actividad *f*
actress   actriz
actual   verdadero
actually   en realidad
A.D.   D.C. (después de Cristo)
ad (advertisement)   anuncio
adaptation   adaptación *f*
to adapt (to)   adaptarse (a)
addiction   adicción *f*
addition: in addition to   además de
address   dirección *f*
to adjust   ajustar(se)
admirer   admirador/a
to adopt   adoptar
to adore   adorar
advance *n*   adelanto

advanced *adj.*   avanzado
advantage   ventaja; **to take advantage**   aprovechar(se)
advice   consejos *m pl*; **(a) piece of advice**   (un) consejo
to afford   permitirse
afraid: to be afraid (of)   temer, tener(le) miedo (a), tener miedo (de)
after   después (de); **after all**   después de todo; **to be after + hour**   ser más de + hora
afterlife   vida después de la muerte
afternoon   tarde *f*
again   otra vez, de nuevo; **again and again**   una y otra vez
against   contra
age: old age   vejez *f*
ago: a few days ago   hace unos días; **not long ago**   no hace mucho tiempo
to agree (to)   acceder (a); acordar (ue); estar de acuerdo (con)
agreement: to be in agreement   estar de acuerdo
agricultural fields   campos de cultivo
agriculture   agricultura
ailing   achacoso
airline   línea aérea
airplane   avión *m*
alien   extranjero
alive   vivo
all   todo; **all over**   por todo
all of them   todos ellos
to allow   permitir
almost   casi; **almost + pret** casi, por poco + presente
alone   solo; solamente
along: (not) to get along   (no) llevarse bien; **along with**   junto con
already   ya
also   también
although   aunque

always   siempre
amazing   asombroso
ambitious   ambicioso
ambrosia   gloria (*fig*)
amnesia attacks   ataques de amnesia
among   entre
amount   cantidad *f*
to amputate   amputar
amusing   divertido
anger   ira, indignación; **red with anger**   rojo de ira
angry: to get angry   enfadarse, enojarse
animal lover   amante *mf* de los animales
another   otro; **another one**   otro
answer   respuesta
any   algún/alguna; ningún/ninguna; cualquier/a; **any other**   algún/alguna otro/a **in any case**   de todas maneras
any more   más
anyone   alguien; nadie
anyway   de todos modos, de todas maneras
apparently   por lo visto
to appeal   atraer
to appear   aparecer (zc)
apple   manzana
appliances: home appliances   electrodomésticos *m pl*
to apply   aplicar; **(for a job)**   solicitar
appointment: to make an appointment   hacer una cita; **to ask for an appointment**   pedir un turno
appropriate: to be appropriate (for one)   convenir(le) (a uno)
to approve of   aprobar (ue)
arduous   arduo
to argue   discutir, pelear; argumentar
argument   discusión

to arm oneself armarse

armchair sillón *m*

army ejército

around alrededor (de); **around here** por aquí; **around + date** por + fecha

to arrive (at) llegar (a)

artificial means medios artificiales

as como; a medida que; **as a general rule** por regla general; **as a result** como resultado; **as far as I know** que yo sepa; **as for** en cuanto a; **as long as** mientras (que), siempre que; **as soon as** tan pronto como, apenas; **as well** también; **as well as** así como

to ascertain averiguar

ashamed: to be ashamed (of) avergonzarse (ue) (de)

aside: to put aside dejar a un lado

to ask (a question) preguntar; **to ask for** pedir (i,i); **to ask (someone) out** invitar a salir

aspect aspecto

to aspire (to) aspirar (a)

aspirin: some aspirin unas aspirinas

assailant asaltante *mf*

to assign asignar

assistance: to be of further assistance ayudar(le) en algo más

assisted asistido

association asociación *f*

to assume suponer

astronaut astronauta *mf*

at en; **at least** por lo menos; **at once** en seguida, inmediatamente

athlete atleta *mf*

atmosphere ambiente *m*

atomic war guerra atómica

attached: to be attached (to) estar pegado (a), estar prendido (a)

attack ataque *m*

attention atención *f*; **to pay attention** prestar atención, hacer caso

to attract (one) gustar(le) (a uno); atraerle (a uno)

attractive atractivo

authorities autoridades *f pl*

available disponible *mf*

aware: to be aware (of) darse cuenta (de), estar enterado (de); ser (estar) consciente (de)

away (from) lejos (de)

awful terrible; *adv* muy mal

B

back(animal) lomo; **(book or house)** parte de atrás; **(book [spine])** lomo; **(chair)** respaldo; **(check or document)** dorso; **(hand)** dorso; **(person)** espalda(s); **to have one's back to the wall** estar entre la espada y la pared; **to have one's back turned (toward)** estar de espaldas (a); **to shoot (somebody) in the back** disparar(le)/ matar (a alguien) por la espalda; **to turn one's back (toward the other person)** dar(le) la espalda

back: to be back estar de regreso; **to call back** devolver (ue) la llamada; **to come (go) back** volver (ue), regresar; **to give back** devolver (ue); **to hold back** contener (ie) **back home** de regreso a casa

back *adj* trasero, de atrás, posterior; **back door** puerta de atrás; **back issue** número atrasado; **back pay** atrasos, sueldo atrasado; **back row** última fila

back: from (on) the back por detrás; **in back of the house** detrás de la casa; **in the back of the car** en la parte trasera del coche; **in the back of the room** al fondo de la habitación; **on one's back** de espaldas; **some months back** hace unos meses **to back: to back away** retroceder; **to back out (of an agreement)** cancelar; **to backpack** viajar con mochila; **to back up (a vehicle)** dar marcha atrás; **to back up (to support)** respaldar

background (of person) origen

backseat asiento trasero (de atrás)

backward sloping inclinado hacia atrás

backyard patio

badly mal

banking banca

to bark ladrar

basic básico

basis base *f*

bath: to take a bath bañarse

to be about + age tener unos + años

beach playa

bear oso

to bear llevar

beaten vencido, derrotado

beautiful hermoso

beauty belleza

because of a causa de

to become convertirse (ie) en; ponerse; hacerse; volverse; quedarse llegar a ser; **to become ill** ponerse enfermo, enfermarse

bed: to go (get) to bed irse a la cama, acostarse (ue)

bedroom alcoba, dormitorio, habitación

beer-drinking bebedor de cerveza

before antes (de); **(a tribunal)** ante

to beg rogar (ue)

to begin (to) comenzar (ie) (a), empezar (ie) (a)

beginning: at the beginning al principio

to behave comportarse, actuar

behavior comportamiento

behind detrás (de)

to believe creer

believed: it is believed se cree

believer creyente *mf*

belonging perteneciente, que pertenece

beloved querido, amado

benign benigno

besides además

best mejor *mf*; *adv* más

betrayal traición *f*

better mejor; *to get better* mejorar; **you'd better** es mejor que + pres. subj.

between entre

bicultural bicultural *mf*

billboard cartelera

bitter amargado

black: (dressed) in black (vestido) de negro

black beans frijoles negros *m pl*

to blame echar(le) la culpa

blanket manta, cobertor, frazada

blinds persianas *f pl*

blood-letting sangradura, sangría

board tabla

to boast (about) jactarse (de)

boat **(small)** bote; **(large)** barco

body cuerpo; **(dead)** cadáver *m*

bookkeeper tenedor/a de libros

border frontera

both los dos, ambos

bountiful abundante *mf*

box caja

boyfriend novio
brave valiente *mf*
to break romper; **to break in** entrar a la fuerza
breakfast: to have breakfast desayunar(se)
bright brillante *mf*
brilliant brillante *mf*
to bring into traer a
broadcast transmisión *f*
broken: my leg is broken tengo la pierna fracturada
brook arroyo, **(small)** arroyuelo
brutal brutal *mf*
bucket cubo, balde
buddy amigacho, amigote
to build construir
burden carga
to burn quemar
bush arbusto
buyer comprador/a
by: by day (night) de día (noche); **by the hand** de la mano

C

calculations: to make calculations sacar cuentas
calendar calendario
call llamada
to call llamar
called *(pp to call, llamar)* llamado
to calm down calmarse
calories calorías
campaign campaña
to campaign hacer propaganda
can (be able) poder; saber
canned enlatado
cap gorra
to capture capturar
care cuidado
care: to take care of encargarse de; **(a customer)** atender (ie)
Carib Indians indios caribes
to carry acarrear, llevar; **to carry out** llevar a cabo
case: to be the case ser el caso
to catch capturar, atrapar
cattle ganado
to cause causar; hacer que; **to cause the failure of** hacer fracasar
to cease to dejar de
cell phone (teléfono) celular
cellar sótano
Census Bureau la Oficina del Censo
center centro, medio
century siglo
ceremony ceremonia

to challenge desafiar
chance oportunidad *f*
to change cambiar (de); **to change into** convertir(se) (ie) en; **to change one's mind** cambiar de idea; **to change (someone) back** cambiar(lo) otra vez; **to change the subject** cambiar de tema
change *n* cambio
channel canal *m*
chapter capítulo
character: main character protagonista *mf* **characteristic** característica
charge: to be in charge (of) estar a cargo (de)
charming encantador/a
cheap barato
cheek mejilla
chicken pollo
childbirth parto
childhood niñez *f*
children hijos *m pl*
chili chile *m*
chlorine cloro
chloroform cloroformo
chlorophyll clorofila
choice: personal choices decisiones personales
choice: to have no choice but no tener más remedio que
choleric colérico
to choose escoger
civic cívico
classic clásico
to clean limpiar
clerk empleado
cloning clonación *f*
to close cerrar (ie)
closely con atención
clothes ropa
coal carbón
coal-and-wood burning stove cocina de carbón y leña
coast costa
coat abrigo, sobretodo
coffee plantation cafetal *m*
cold **(weather)** frío *n; adj* frío; **(illness)** catarro, resfriado
cold: to get cold enfriarse, ponerse frío
cold-fearing temeroso del frío
to collaborate colaborar
to collect coleccionar
college education educación universitaria
Colombian colombiano
to combine combinar

to come venir; **to come back** regresar, volver (ue)
to come forward ofrecerse
to come true realizarse
come what may pase lo que pase
comes: when it comes to cuando se trata de
comfort comodidad *f*
comfortable cómodo
commendable digno de elogio
commission comisión *f*
to commit oneself (to) comprometerse (a)
common común; **in common** en común
communist comunista *mf*
company compañía; **on company time** en horas de trabajo
to compare comparar
compassion: out of compassion por compasión
competition competencia
to complain (about) quejarse (de)
completely completamente, totalmente
computer computador *m*, computadora, ordenador *m*
concern preocupación *f*
concerning acerca de
to condemn condenar
to conduct dirigir
to confess confesar (ie)
confidential confidencial *mf*
to confirm confirmar
Congress el Congreso
to connect conectar
to consider considerar
conscientious concienzudo, responsable *mf*
to consist of constar de, componerse de, consistir en
constantly constantemente
constitution constitución *f*
construction construcción *f*
consulate consulado
to contact comunicarse (con)
to contain contener (ie)
contamination contaminación *f*
contemporary contemporáneo
to continue seguir (i,i), continuar
contrary: on the contrary por el contrario
to contribute contribuir
conveniences comodidades *f pl*
to convince convencer
cooling system sistema de enfriamiento
to cook cocinar
cool frío

copy copia; **(of painting)** reproducción *f*; **(of book)** ejemplar *m*

corner: on the corner de la esquina; **out of the corner of one's eye** con el rabillo del ojo, de reojo

corporation corporación *f*

cosmopolitan cosmopolita *mf*

to cost costar (ue); **to cost an arm and a leg** costar un ojo de la cara

cotton algodón *m*

to count contar (ue); **to count on** contar (ue) con

countless innumerables *mf pl*

country país *m*

countryside campo

couple par *m*; **(people)** pareja; **married couple** matrimonio

courage: to have the courage to tener el valor de

course: of course por supuesto

to court enamorar, cortejar

courteous cortés *mf*

to cover cubrir

covered: to be covered with estar cubierto de

coward cobarde *mf*

cowardly cobarde *mf*

cowboy vaquero

crazy: to go crazy volverse (ue) loco

to create crear

crop cosecha

crossed: to be permanently crossed quedar torcido permanentemente

to cross cruzar

crossed eyes bizquera

cry for help grito pidiendo ayuda; petición de ayuda

crying llanto *n*, el llorar

cuisine cocina

cultivated cultivado

cultural cultural *mf*

cure cura *f*

curtain cortina

custom costumbre *f*

customer cliente/a

cycle ciclo

D

damaging perjudicial *mf*

dance baile *m*

danger peligro; **to be in danger** estar en peligro

dangerous peligroso

to dangle hacer oscilar

to dare to atreverse a

dark oscuro

data datos *m pl*

date fecha

dawn amanecer *m*

day: in his day en su tiempo

dead muerto

deaf sordo; **Nobody is as deaf as he who will not hear** No hay peor sordo que el que no quiere oír

deafening ensordecedor/a

death muerte *f*

to debate discutir

debt deuda; **gambling debt** deuda de juego

deceased muerto, difunto

to decide (to) decidirse (a); **to be decided** estar decidido

to declare declarar

decomposed descompuesto

to decrease disminuir

deed obra

defect defecto

to defend defender (ie)

deficient deficiente *mf*

to define definir

degree grado

to delight encantar(le) (a uno)

delighted: to be delighted with encantar(le) (a uno)

to demand exigir

demanding exigente *mf*

demonstrate demostrar (ue)

demonstration demostración *f*

to deny negar (ie)

to depart partir

department departamento

departure partida

to depend (on) depender (de)

deposit depósito

depressed deprimido

to derail descarrilarse

to describe describir

deserted vacío, desierto

to deserve merecer (zc)

desolate desolado

destination destino

to destroy destruir

destruction destrucción *f*

to detest detestar

to develop desarrollar(se)

to devote oneself to dedicarse a

devoted: to be devoted to estar dedicado a

dialogue diálogo

to die morir (ue)

diet: to go on a diet ponerse a dieta

difference diferencia

different from each other diferente el uno del otro

difficult: to be difficult to + inf. ser difícil de + inf.

dinner cena, comida

to direct dirigir

dirty sucio

disaffection desamor *m*

to disappear desaparecer (zc)

to disappoint decepcionar

to disconnect desconectar

to discourage desanimar, desalentar (ie); **to be (get) discouraged** desalentarse

discourteous descortés *m*

discovery descubrimiento

to discuss comentar, discutir

disease enfermedad *f*

to disgrace desacreditar, deshonrar

dish plato

disheartened descorazonado

to disillusion desilusionar

dismissal despido

to distinguish distinguir

divided: to be divided estar dividido

divorced divorciado

to do without pasarse sin

dome domo, campana

Dominican dominicano

domotics domótica

door: next-door de al lado

doubt: no doubt sin duda

to doubt dudar

dozen docena

drawer gaveta, cajón *m*

to dream (of) soñar (ue) (con)

dressed: to be dressed (in) estar vestido (de)

drinking *n* bebida, trago

to drip gotear

to drive manejar, conducir (zc)

drunk: to be drunk estar borracho

drunken borracho

dry seco

during durante

E

each cada, cada uno; **each other** uno al otro

ear (inner) oído

early temprano

to earn ganar

Earth Tierra

east oriental *adj*

easy: easy to fool fácil de engañar

economic: a good financial position una buena posición económica

effort esfuerzo

egotistical egoísta *mf*

either tampoco *adv*
elaborate elaborado
elderly: the elderly los ancianos
election day el día de las elecciones
electric eléctrico
elevator ascensor *m*, elevador *m*
else: something else otra cosa
e-mail e-mail *m*, correo electrónico
embargo embargo
embroidered bordado
emotional emocionante *mf* (**situation**); emocionado (**person**)
to employ emplear
employee empleado
empty vacío
enclosed adjunto *adj*
encounter encuentro
encouraging alentador/a
end fin *m*, final *m*; **at the end of the week (the month, etc.)** a fines de semana, (de mes, etc.); **to put an end to** terminar (acabar) con
end: by the end of para fines de
to end terminar
endless interminable *mf*
enemy enemigo
energy energía
to enjoy disfrutar (de)
enjoyable agradable *mf*
enormous enorme *mf*
enough suficiente *mf*; **to have more than enough** sobrar(le) (a uno)
to enter entrar
enterprising emprendedor
entertainment entretenimiento
entirely enteramente
enthusiastic entusiasta *mf*
entitled: is entitled se titula
envelope sobre *m*
enviromental ambiental *mf*
envy envidia
errand: to run an errand hacer una diligencia; **(for someone else)** hacer un mandado
to escape escapar(se)
especially sobre todo
essential esencial *mf*, imprescindible
ethnic étnico
ethnic groups grupos étnicos
euthanasia eutanasia
even aun; hasta; **even if** aunque; **even so** aun así; **even though** aunque
even: to get even desquitarse
eventually al final
ever since desde que

everybody todo el mundo
every day todos los días; **everyday** *adj* diario, cotidiano
every year todos los años
everyone todo el mundo, todos
everything todo
everywhere por todas partes
evident evidente *mf*
exact exacto
exaggerate exagerar
to examine examinar
example ejemplo
exchange intercambio; cambio
executive ejecutivo
to exist existir
exit salida
to exit salir
exodus éxodo
to expect esperar
expecting: to be expecting estar embarazada, estar en estado
expedition expedición *f*
expert experto, perito
expired vencido
to explain explicar
extensive extenso
to extract extraer
extraterrestrial visitors visitantes extraterrestres *m pl*
extreme extremo
extremely: extremely difficult dificilísimo, sumamente difícil

F

face cara, rostro; **to fall on one's face** caer de frente (de bruces) **(literally)**
to face dar a
fact hecho
fail: (not) to fail to (no) dejar de
failure: to cause the failure of hacer fracasar
to fake simular, fingir
to fall in love (with) enamorarse (de)
fallen caído
false falso
familiar: to be familiar with estar familiarizado con
fantasy fantasía
far from lejos de
far: as far as I know que yo sepa; **so far** hasta ahora
farm worker trabajador/a del campo
farmer campesino/a
to fascinate fascinar(le) (a uno)
fascinating fascinante *mf*
fascination fascinación *f*

fast *adj* **rápido;** *adv* rápidamente; **as fast as I could** lo más rápido posible
faucet grifo, llave *f*
fault: to be one's fault tener la culpa
favor: to be in favor of estar a favor de
favorite favorito, predilecto
fear miedo
to fear temer, tener miedo (de)
feeding alimentación *f*
to feel (for) sentir (ie) (por), sentir (hacia); pensar (ie); **to feel attracted (to)** sentirse atraído (por); **to feel trapped** sentirse atrapado
feeling sentimiento
fellows amigos *m pl*
fence cerca
fertile fértil *mf*
fever: to have (run) a fever tener fiebre
few pocos/pocas
fewer: the fewer + noun... mientras menos + sustantivo...
fiancée novia, prometida
field campo
fifth quinto
film película
to fill llenar
filled: to be filled (with) estar lleno (de)
financial económico
find hallazgo
to find encontrar (ue)
finger dedo
fingertips: at our fingertips al alcance de la mano
to finish terminar; **to just finish** acabar de terminar
fire incendio, fuego
first primero; **first of all** en primer lugar; **at first** al principio
fish dish plato de pescado
fitting apropiado
to fix arreglar
to flash brillar
flashlight linterna
flat tire: to get a flat tire pincharse (a uno) una goma
to flee (from) escaparse (de)
flight vuelo
floor piso
florist florista *mf*
flourishing floreciente *mf*
to flower florecer
flower shop floristería, florería
flu gripe *f*
fluent que habla con fluidez
to fly (a plane) pilotear

flying saucer   platillo volador
to follow   seguir (i,i)
following   siguiente *mf*
food   comida, alimento; **foods** alimentos *m pl*
foot: on foot   a pie, andando, caminando
for instance   por ejemplo
to forbid   prohibir
to force (to)   obligar (a)
forehead   frente *f*
foreigner   extranjero
forever   por siempre, eternamente
to forgive   perdonar
form   planilla
frankly   francamente
frantically   frenéticamente
free   libre *mf*
freedom   libertad *f*
friendly   amistoso
from that moment on   desde (a partir de) ese momento
front: in front of   frente a
frustration   frustración *f*
to fulfill (requirements)   llenar
full   lleno
fun: to make fun (of)   burlarse (de)
furious: to be furious   estar furioso

G

gambler   jugador/a
game   juego; (match) partido
garden   jardín *m*
garlic   ajo
gas   gas *m*
gate   portón *m*, puerta
generally   por lo general (regular), generalmente
generic   genérico
gentleman   caballero
to get   lograr, conseguir; (a disease) coger; (**a letter**) recibir; (**to buy**) comprar; **to get (to a place)**   llegar a; **to get angry** enojarse; **to get along**   llevarse bien; **to get better**   mejorar; **to get home**   llegar a casa; **to get lost**   perderse; **to get nervous** ponerse nervioso; **to get off** bajar (de); **to get off (shoes)** quitarse; **to get on**   subir (a); **to get on (shoes)**   ponerse; **to get rid of**   deshacerse de; **to get to be**   llegar a ser; **to get worse**   empeorar
to get: (not) to get it   (no) comprenderlo

to get paid: I don't get paid   no me pagan
to get up   levantarse
gift   regalo
girlfriend   amiga
to give (someone) a hand ayudar(le), dar(le) una mano
to give (someone) a piece of one's mind   ajustar(le) las cuentas
to give out   proporcionar
to give up   renunciar (a)
glad   alegre *mf*, contento
glass   (drinking) vaso; (stem) copa; **glasses**   gafas, espejuelos *m pl*, lentes *m pl*
to glisten   brillar
to go: to go away   alejarse; **to go back**   regresar; **to go into**   entrar en (a); **to go on**   seguir (i,i), continuar; **to go off to**   salir para; **to go through**   pasar por; **to go well**   ir bien
to go to get   ir a buscar
to go to school   estudiar
God   Dios
gold   *adj* de oro, dorado
good-bye   adiós
gossip (person)   chismoso
government   gobierno
grandchildren   nietos
grandmother   abuela
grapes   uvas
great   grande *mf* (**gran before noun**)
the Great Recession   la Gran Recesión
greater: even greater   aun mayores (más grandes)
greatly   mucho
greedy   avaricioso
to grind   moler (ue)
ground: coffee grounds   granos de café
to grow(plants)   cultivar; (**a beard, a mustache**)   dejarse crecer
to grow up   crecer (zc)
to guard   custodiar, vigilar
gun-toting   que va armado, que lleva revólver
gurney   camilla

H

habit   hábito, costumbre *f*
hair   pelo, cabello
half: half an hour   media hora; **half a million**   medio millón (de); **half + adj. and half + adj.** entre + *adj.* y *adj.*
halfway: to be halfway there   estar a mitad del camino

Halloween   Día de las Brujas
hand: on the other hand   por otra parte, por otro lado
to hand   entregar
handicrafts   artesanías
handful   puñado
handsome   guapo
handwriting   letra
to hang   colgar (ue); (**a person**) ahorcar
hanging: to be hanging (on)   estar colgado (de)
to happen   pasar, ocurrir, suceder
happy   feliz *mf*; **to be happy (in a happy mood)**   estar contento
harbor   puerto
hard   difícil *mf*, duro
hard-working   trabajador/a
hardly: there was hardly anyone   no había casi nadie; **I can hardly**   me cuesta mucho trabajo
harsh   duro
to harvest   cosechar
haste   precipitación, prisa
to hate   odiar
haunted   embrujado, encantado
headache: to have a headache   tener dolor de cabeza; doler(le) (a uno) la cabeza
health   salud *f*; **health authorities** autoridades de la salud; **to be in good health**   gozar de buena salud
to hear   oír
heart   corazón; **by heart**   de memoria
heart-warming   conmovedor
heat   calor *m*
heating system   sistema de calefacción
heaven   cielo
to heed   hacer caso (de)
height   alto, altura; **in height**   de altura
hell   infierno
help *n*   ayuda
to hide   esconderse
high-backed   de respaldo alto
high school   escuela secundaria
highway   carretera, autopista
to hire   contratar, emplear, colocar
Hispanic *n*   (**person**) hispano
historian   historiador/a
history   historia
to hit   pegar, golpear
to hold   sostener (ie); (**to hold something) back**   contener (ie)

home hogar; **at home** en casa; **to go home** irse a casa; **to return home** regresar a (su) casa
home living vida de hogar
homeloving amante *mf* del hogar
to hope esperar; **I hope so** eso espero
hope esperanza
horrendous horrendo
horse caballo
horseback: on horseback a caballo
house casa
household familia
housework las tareas de la casa; quehaceres *m pl*
how much cuanto
however sin embargo
human being ser humano *m*
humble humilde *mf*
humiliating humillante *mf*
humming *n* zumbido
hundreds cientos
hurt: to get hurt lastimarse, herirse
husband esposo, marido; **husband and wife** marido y mujer

I

identical: to be identical (with, to) ser idéntico (a)
to identify identificar
identity identidad *f*
idle ocioso
illness enfermedad *f*
image imagen *f*
immediate inmediato
immediately inmediatamente
immigrant inmigrante *mf*
immigration inmigración *f*
immunization inmunización *f*
to impel impulsar
to impose imponer
imposing imponente *mf*; **a large, imposing house** un caserón, una casona
to impress impresionar
to improve mejorar
inappropriate inapropiado
inconvenience molestia
to increase aumentar
incredible increíble *mf*
indescribable indescriptible *mf*
Indian indio
to indicate indicar
individual *n* individuo
indoor plumbing plomería interior
infant bebé *mf*
ingredient ingrediente *m*

inhabited habitado
to inherit heredar
innocent inocente *mf*
innuendo indirecta
innumerable innumerable *mf*
to inquire (about) pedir (i,i) informes (de)
insect insecto
insensitivity insensibilidad *f*
to insert insertar
inside dentro (de)
instance: for instance por ejemplo
instead of en vez de
instructive instructivo
to insult insultar
Internet connection conexión de internet *f*
interview entrevista
invasion invasión *f*; **invasion force** la fuerza invasora
inviting atrayente *mf*
to involve envolver (ue), involucrar
iron plancha
ironic irónico
ironing planchar
irresponsible irresponsable *mf*
irrigate regar (ie)
irritating irritante *mf*
isolated aislado
issue problema, asunto
ivy hiedra

J

jail cárcel *f*; **to go to jail** ir a la cárcel
jealous celoso
jealousy celos *m pl*
jewel joya
job trabajo, empleo; **job interview** entrevista de empleo
to join unirse (a)
journalist periodista *mf*
jovial jovial *mf*
joy alegría, júbilo
judge juez/a
judicial judicial *mf*
just: to have just (done something) acabar de + inf.; **just as** lo mismo que

K

to keep quedarse (con); guardar; **to keep (on) + -ing** seguir + -ando, -iendo
to keep alive mantener vivo
to keep one's distance mantenerse a distancia

kerosene kerosina
key llave *f*
kid chico
kidding: to be kidding hablar en broma
to kill matar
kind clase *n*; bueno, bondadoso *adj*
kinds: all kinds of toda clase de
kiss beso
to kiss besar(se)
knitted tejido
to knock tocar a la puerta
to know saber; (**be acquainted with**) conocer (zc); **to know of** saber de

L

labor trabajo
to lack carecer (zc) de, faltarle (a uno)
lady dama
lake lago
lamp lámpara
land tierra
landing aterrizaje *m*
landscape paisaje *m*
large grande *mf*
last pasado; último *adj*
last: the last one el último
to last durar
late tarde; **a little late** un poco tarde; **to get late** hacerse tarde
lately últimamente
later después
latter: the latter éste
to laugh (at) reírse (de)
law ley *f*
leading character personaje principal
leap: Look before you leap Antes que te cases, mira lo que haces
to learn aprender; (**find out**) saber, enterarse (de)
learning opportunity oportunidad de aprender
leather cuero
to leave salir (de), marcharse; (**to leave someone or something**) dejar
to leave a space dejar un espacio
leg (**people or pants**) pierna; (**animal or furniture**) pata
legend leyenda
to lend prestar
less than menos de
to let dejar, permitir
to let (one) know avisar(le)

lethal injection   inyección letal *f*
letter   carta; **(character)** letra
license   licencia
lie   mentira
to lie   yacer
to lie down   acostarse (ue)
life   vida; **working life**   vida de trabajo; **life support**   apoyo a la vida
lifetime   vida
to lift   levantar
light   luz *f*; luces *pl*
lightning   relámpagos *m pl*
like   como
to like, (to like very much)   (a person) simpatizar con; encantarle
   (a uno)
likely: to be likely   ser probable
likewise   así
to limit (oneself) to   limitarse a
line   línea
lip   labio
list   lista
to listen to   escuchar; **(heed)**
   hacer(le) caso
lit: badly lit   mal alumbrado
little: a little   un poco; **little by
   little**   poco a poco
living *adj*   vivo; **all the people living
   in this house**   todas las personas
   que viven en esta casa
locate: easy to locate   fácil de
   encontrar
lonely   solitario
long   largo
longer: no longer   ya no; **the
   longer you wait**   cuanto más
   espere
look   aspecto
to look   (appear)   lucir (zc), verse;
   to look for   buscar; **to look
   like**   parecer (zc); parecerse a
Lords of Death   Señores de la
   Muerte *m pl*
to lose   perder (ie); **to lose weight**
   perder peso, adelgazar
lot: a lot   mucho; **a lot (of)**   un
   montón (de)
lottery   lotería; **lottery ticket**
   billete de lotería
love: to fall in love (with)
   enamorarse (de)
lover   amante *mf*
loving   amante *mf*, enamorado
luck   suerte *f*
lucky: to be lucky   tener suerte; **it
   was lucky**   fue una suerte
luckily   por suerte
lunch   almuerzo
luxury   lujo
lye   lejía
lyrics   letra

M

mad: to be mad with   estar loco de
magazine   revista
to mail back   devolver (ue) por
   correo
main   principal *mf*
maize   maíz *m*
major   (person) especialista *mf*;
   (studies) especialidad *f*
majority   mayoría
to make do   arreglárselas
to make out   divisar
malignant   maligno
mark   nota, calificación *f*
to mark   marcar
marriage   matrimonio; **(ceremony)**
   boda
married   casado; **to be married
   (to)** estar casado (con)
Martian   marciano
materialistic   materialista *mf*
matter *n*   asunto
matter: it's a matter of taste   es
   cuestión de gustos
to matter   importar(le) (a uno);
   **no matter what + present tense
   verb** = presente de subjuntivo
   + lo que + presente de subjuntivo (sea lo que sea, etc.);
   **no matter how hard they may
   try**   por mucho que lo intenten;
   **no matter how much it may
   cost**   por mucho que cueste
mature   maduro
to mean   significar, querer (ie) decir
mean-spirited   ruin *mf*
means: by means of   por medio de
meantime: in the meantime   mientras tanto
measure   medida
meat   carne *f*
medical   médico
medicine cabinet   botiquín *m*
to meet   conocer (zc); reunirse
   con
meeting   reunión *f*, junta
member   miembro
to memorize   memorizar
merchandise   mercancía
message   mensaje *m*
middle class   clase media
midnight   medianoche *f*
to migrate   migrar
millionaire   millonario
to mind   importar(le) (a uno)
mind   mente *f*
mine   mío
miniature *adj*   en miniatura
minutes: in a few minutes   dentro
   de unos minutos

to miss   (be absent from) faltar
   (a); **(fail to take advantage of)**
   perderse (ie); **(long for)**   echar
   de menos
mission   misión *f*
moan   quejido
**moment: from that moment
   on**   a partir de (desde) ese
   momento
moon   luna
more   más; **more or less**   más
   o menos; **the more... the less**
   mientras más... menos...
more than   más de
   **(+ quantity, not to be used for
   comparison)**
moreover   es más
most of   la mayor parte de, la
   mayoría de
mostly   principalmente, en su
   mayoría
to motivate   motivar
motive   motivo
motto   lema *m*
motorist   chófer *mf*
mountain road   camino
   montañoso
to mourn   llorar
to move   mover(se) (ue); **to move
   away from**   alejarse de
to move (to) (from)   mudarse (a)
   (de)
to move on   avanzar
movie star   estrella (artista) de
   cine
mud   fango, lodo
to murder   asesinar; **to be mur-
   dered**   ser asesinado
musician   músico
mustache   bigote *m*
mysterious   misterioso
mystery   misterio

N

nag (at)   pelear(le)
nail   clavo, puntilla
to name   nombrar
named   llamado
narrative   relato
native   nativo
near   cerca (de)
necessary; it is necessary   es
   necesario, hay que; **not to be
   necessary   (for one)**   no hacerle
   falta
necessity   necesidad *f*
neck   cuello
to need   necesitar; hacer(le) falta
   (a uno)
need   necesidad: **economic
   need**   necesidad económica

needed: is needed se necesita
neighbor vecino
neighborhood distrito, vecindad *f*, barrio
neither tampoco
nervous nervioso; **to make (someone) nervous** poner(lo) nervioso
never nunca
nevertheless sin embargo
news noticias *f pl*; **a piece of news** noticia; **news announcer** locutor de noticiero
newscaster reportero, locutor/a
next próximo
to be next to estar junto a
nice agradable *mf*
nicknamed apodado
nightmare pesadilla
nobleman noble *m*
nobody nadie
noise ruido
noon mediodía *m*
north norte *m*
northern del norte
to notice fijarse (en)
nourishment alimento
now ahora
nowadays hoy en día
number: a large number (of) un gran número (de)
numerous numeroso

O

object objeto
to object objetar
obsessed: to be obsessed with estar obsesionado con
to obtain obtener, conseguir (i)
to occupy ocupar
to occur suceder, ocurrir
of course por supuesto
offering ofrenda
often a menudo, frecuentemente
oil (motor) aceite *m*
old (former) antiguo
older generation la gente mayor
oldest *adj* **mayor** *mf*
olive aceituna
on (light) encendida *adj*
on my part de mi parte
on the other hand por otra parte
once una vez
one: the one about el de
to open abrir
openly abiertamente
operating room salón de operaciones, quirófano

operation operación *f*
opinion opinión *f*
opponent contrincante *mf*
optimistic optimista *mf*
option opción *f*, alternativa; **to have no other option but** no tener más remedio que
order: in order to para
to order (in a restaurant) pedir (i,i)
origin origen *m*
to originate originarse
others: the others los demás
ours el nuestro
outlet escape *m*
outside fuera
outstanding sobresaliente *mf*, destacado
overwhelming abrumador/a
owing to debido a
own propio
owner dueño, propietario

P

pace: slow pace lentitud *f*
package (cigarettes) cajetilla
paid pagado *adj*
painful doloroso
painting *n* cuadro
pale pálido
pants pantalones *m pl*
paper periódico; **the morning paper** el periódico de la mañana (matutino)
paragraph párrafo
paralyzed paralizado
to pardon perdonar
part: on the part of de parte de
part-time medio tiempo, tiempo incompleto
particularly especialmente
party fiesta
to pass (through) pasar (por)
passenger pasajero
passport pasaporte *m*
past pasado
patience paciencia
patient paciente *mf*
payment pago
peach melocotón *m*
peculiar extraño
pending pendiente *mf*
people gente *f s*; personas *f pl*
pepper pimiento
percent por ciento
perhaps tal vez, quizá(s)
period (time) época; período
to permit permitir
per se en sí

persistence persistencia, porfía
person: important person personaje *mf*
personable agradable *mf*
personality personalidad *f*
personnel empleados *m pl*; personal *m*
pharmacy farmacia
Philadelphia Filadelfia
phone call llamada telefónica
phonology fonología
physical físico
pianist: concert pianist pianista de concierto
to pick (fruit) recoger
picture (film) película
piece pedazo, pieza
piece of paper papel *m*
pill pastilla, píldora
pill-popping que toma drogas, drogadicto
pipe tubo
pity lástima
to place colocar, poner
to plan planear
planet planeta *m*
plantation plantación *f*
platonic platónico
to play jugar (a); (**music**) tocar; (**the role of**) hacer el papel de
pleasant agradable *mf*
plot argumento (lit); complot *m*
pneumonia neumonía, pulmonía
pocket bolsillo
point: at that point en ese momento; **at one point in** en un momento de
poison gas gas venenoso
to poison envenenar
policeman policía
political político
politician político
pool: swimming pool piscina
poor pobre *mf*
population población *f*
to portray representar
possibility posibilidad *f*
post poste *m*
powerful poderoso
prayer oración *f*
to pray rezar, rogar (ue)
to predict predecir
prediction predicción *f*
preferred preferido
prejudice prejuicio
to prepare preparar(se)
present presente *m*
to present presentar
present-day actual *adj*

to preside over presidir
press prensa
to press a button apretar/oprimir
   un botón
prestigious prestigioso
to pretend aparentar, fingir
pretty bonito, lindo, bello
to prevent (someone) from impedirle (a alguien) que + subj
price precio
pride orgullo
priest sacerdote
prior to antes de
priority prioridad *f*
prisoner prisionero
to prize apreciar
to proclaim proclamar
programmer programador/a
project proyecto
prominent prominente,
   destacado
to promise prometer
to prompt impulsar
prosperous próspero
postmaster jefe de (la oficina de)
   correos
protagonist protagonista *mf*
protection protección *f*
to protect proteger
to protest protestar
to prove probar (ue)
provide proporcionar
prudent prudente *mf*
psychopathic sicopático
psychosis sicosis *f*
psychotherapist sicoterapista *mf*
public buildings edificios
   públicos
public opinion opinión pública *f*
publish publicar
Puerto Rican puertorriqueño
to pull tirar de, jalar
to pull the plug (on
   someone) desconectar(lo)
pure puro
purple morado
purpose fin *nm*; **on purpose** a
   propósito
purse monedero, cartera
pursue seguir (i,i)
to put poner, colocar; **to put an**
   end to acabar con; **to put**
   on ponerse

Q

question pregunta
quickly rápido, rápidamente
quite bastante, muy
to quit dejar de

R

race raza
rain: to rain cats and dogs llover
   a cántaros
rain-soaked road camino mojado
   por la lluvia
rainy season estación de las
   lluvias
to raise (**people or animals**) criar;
   (**vegetables**) cultivar; (**to lift up**)
   levantar; (**prices**) subir; (**to col-**
   lect money) recoger, recaudar
raisins pasas; **raisin bread** pan
   de pasas
ranch rancho, hacienda
rancher ranchero, hacendado
rat rata
rather bastante, más bien; **but**
   rather sino que
to react reaccionar
reactionary reaccionario
to read (**document as subject**)
   decir (**The message I received**
   read: "I am waiting for you." El
   mensaje que recibí decía: "Te
   estoy esperando.")
reading lectura
ready: to be ready (to) estar listo
   (para)
real verdadero, real *mf*
reality: in reality en realidad
to realize darse cuenta de
really realmente
realm reino
reap: You reap what you sow El
   que la hace la paga
reason razón *f*; **for that (this) rea-**
   son por eso (esto)
to reassess redeterminar
rebellious rebelde *mf*
to recall recordar (ue)
receipt recibo
recent reciente *mf*
recently recientemente, hace poco
to recognize reconocer (zc),
   conocer (zc)
to recommend recomendar (ie)
record player tocadiscos *m s/pl*
to recover recuperar
to refer to referirse (ie) a
to refrain (from) abstenerse (ie)
   (de)
to refuse (to) negarse (ie) (a)
regarding sobre
regardless sin importar
to register matricularse
registration matrícula,
   inscripción *f*
to regret arrepentirse (ie) (de)

regularly con regularidad
rejuvenated: getting rejuve-
   nated rejuvenecerse (zc)
relations relaciones *f pl*
relative pariente
religious religioso
to relinquish renunciar a
to rely on confiar en
to remain quedarse; **to remain to**
   + inf quedar por + inf; seguir
   siendo
remains restos *m pl*
remark observación *f*,
   comentario
remedy remedio
to remind recordar(le) (a uno)
remote remoto
to rent alquilar
rent alquiler *m*
repeatedly repetidamente
repentant arrepentido
to replace sustituir, reemplazar
report informe *m*, reportaje *m*
representative representante
   n mf
repulsive repulsivo
request petición *f*
requested pedido
to require exigir, requerir (ie);
   obligar
required: to be required
   requerirse (ie)
research investigaciones *f pl*
to resemble parecer (zc)
reserved reservado
to reside residir
to resign oneself (to) resignarse
   (a)
responsible: to be responsible
   for ser responsable de
result resultado
to retire jubilarse, retirarse
return regreso *n*; de regreso *adj*
to return volver (ue), regresar
to revive revivir
to revolve girar
rice arroz *m*
rich rico
rid: to get rid of deshacerse de
right *n* (**a just claim or privilege**)
   derecho
right *adj* (**appropriate**) correcto;
   (**opposite of left**) derecho; **to be**
   right tener razón
right: right away inmediatamente;
   right here aquí mismo
Right to Die with Dignity
   Derecho a Morir con
   Dignidad
ring anillo

risk   riesgo; peligro
to risk   arriesgarse(a)
river   río
road   camino; carretera
to roast   tostar (ue)
roasted pork   lechón asado
rocket   cohete *m*
role: in the role of   que hacía el papel de
roommate   compañero de cuarto (de vivienda)
rough   rudo
round-faced   de cara redonda
routine *adj*   rutinario
rubber boots   botas de goma
to rule   determinar, decidir
to rule over   gobernar
to run   correr; (**said of colors**) correrse; (**said of a car or motor**) funcionar; (**synonym of to cost**)   costar; **to run for a public office**   ser candidato a, estar postulado para; **to run around**   rodear; **to run (said of the nose)**   gotearle (a uno) la nariz; **to run away** escaparse, huir; **to run into** tropezarse, encontrarse con; **to run up**   trepar; **to run from… to…**   ir de… a…; **to run out of a place**   salir corriendo (de); **to run over (as a liquid does)** derramarse; **to run out of something** acabárse(le) (a uno); **to run (a business)** estar al frente de, dirigir; **to run a fever**   tener fiebre; **to run over (an inanimate object)** pasar por encima de; **to run over (a person or animal)** arrollar, atropellar
in the long run   a la larga
on the run *adj*   fugitivo

S

sacrifice   sacrificio
to sacrifice   sacrificar
sad   triste *mf*; **to make (one) sad** ponerlo triste (a uno); **the sad part**   lo triste
saddle   montura, silla de montar
sadness   tristeza
safe   seguro *adj*
safflower   alazor *m*
sailor   marinero
sake: for the sake of   por el bien de
same: the same   el (lo) mismo; **the same way**   de la misma manera, del mismo modo

satisfied   satisfecho
to save   salvar
saying   refrán *m*, dicho, proverbio
scene   escena
scary   que da miedo
scatter   regar, esparcir
schedule   horario, programa
schizophrenic   esquizofrénico
science   ciencia; **science-fiction** ciencia-ficción
sclerosis   esclerosis *f*
to scold   regañar
scold *n*   gruñón/gruñóna
scratch   arañazo
to scream   gritar
sea   mar *m*
seafood   mariscos *m pl*
seat   asiento
seated   sentado
second   segundo
to seek   buscar
to seem   parecer (zc); parecer(le) (a uno)
self-employed: to be self-employed trabajar por cuenta propia
selfish   egoísta *mf*
to send   enviar, mandar
sense   sentido; **good sense** sentido común
sensible   sensato
sentence   (**gram**) oración *f*
to separate (from)   separarse (de)
servant   sirviente/a
to serve (as)   servir (i) (de)
service   servicio
to set   establecer
to set down   asentar
set: TV set   televisor *m*
to settle   asentarse
several   varios
shadow   sombra
to shake   moverse (ue), temblar (ie); sacudir(se)
to share   compartir
sheepherder   pastor de ovejas
shiny   brillante *mf*
shocking   impactante *mf*
shores   playas
short   corto; (person) bajo; **in short**   en resumen, en fin
to shorten   acortar
shot: to be shot   disparar(le) (a uno); matar de un tiro
should   deber
shoulder   hombro
to show   mostrar (ue); enseñar
shriek   chillido
sick   enfermo
side   lado
to sign   firmar

silly   tonto
similar   parecido
to simulate   simular
since   ya que; desde
sincerely yours   de Ud. atentamente
sincerity   sinceridad *f*
to sing   cantar
sinister   siniestro
sink   (kitchen) fregadero
sinner   pecador/a
site: at the site of the events   en el lugar de los hechos
situation   situación *f*
size   (**clothes**) talla
skeptic   escéptico *n*; **skeptical** escéptico *adj*
skull   cráneo
sky   cielo
to sleep   dormir (ue)
sleeping   dormido; durmiente
slow   lento
slow pace   lentitud *f*
smart   listo
to smell   oler (hue); **to smell of** oler a
smile   sonrisa
smiling *adj*   sonriente *mf*
to smoke   fumar
smoking *n*   fumar
smuggling   contrabando
snake   serpiente *f*
so   así; así que; **so far**   hasta ahora, hasta la fecha; **so on**   así sucesivamente; **so what?**   ¿y qué?
so: if you do so   si Ud. lo hace así
soaking wet   empapado
soap   jabón *m*
soap opera   telenovela
soccer game   partido de fútbol
social class   clase social *f*
soda: diet soda   refresco de dieta
soil   terreno
to solve   resolver (ue)
some   algún, alguno; (**an indefinite number**) unos
someone   alguien
something   algo; **something else** otra cosa
sometimes   a veces
somewhat   algo
son-in-law   yerno
song   canción, canto
soon   pronto; **soon afterward** poco después
soon: as soon as   tan pronto como, apenas
soot   hollín *m*
sorry: to be sorry (for)   sentir (ie) lástima (por)

southern *adj* del sur

space espacio; **Space Odyssey** Odisea del Espacio

spaceship nave espacial *f*

Spanish-speaking hispanohablante *mf*

sparingly con moderación

special: to be a special one ser especial

to specialize (in) especializarse (en)

species especie *f*

specimen ejemplar *m*

spectator espectador/a

spicy picante *mf*

to spend gastar; (time) pasar

sports *adj* deportivo

spring vacation vacaciones de primavera

square (town square) plaza

square dance contradanza

squeak chirrido

to stab apuñalar, dar una puñalada

stamp sello

to stand out sobresalir, destacarse

to stand up pararse, ponerse de (en) pie

star estrella

to starve to death morirse (ue) de hambre

state estado

to state declarar, afirmar

statistical *adj* de estadísticas

to stay quedarse

step paso; **to take steps** tomar medidas

stick palo

still todavía

to stir up revolver (ue)

stone piedra

stool banqueta

to stop parar; **to stop + pres part** dejar de + inf

store tienda

storm tormenta

story historia; **short story** cuento

strange extraño

street calle *f*

strength of will fuerza de voluntad

to stress recalcar, subrayar

strict estricto

strong fuerte *mf*

to struggle (to) luchar (por)

struggle lucha

stubborness testarudez *f*

student *adj* de estudiantes, estudiantil *mf*

study estudio *n*

subject (school) asignatura

subject: to change the subject cambiar de tema

to submit presentar

substitute sustituto

to substitute sustituir

substitution sustitución *f*

to succeed (in) conseguir (i,i); lograr(lo)

success éxito

such a thing as tal cosa como

such as tal como

sudden repentino

suddenly de repente

to suffer sufrir; **to suffer from (an illness)** padecer (zc) de

suffering sufrimiento

sugar beet remolacha

to suggest sugerir

suicide suicidio

suit (legal) pleito

to suit (one) convenirle (a uno), quedarle bien

suitor pretendiente

sum cantidad *f*

superficial superficial *mf*

supper cena

supporter defensor

Supreme Court Corte Suprema

sure seguro; **to be sure** estar seguro

surely de seguro

to be surprised at (by) sorprender(le) (a uno), extrañar(le) (a uno); sorprenderse de

surprising sorprendente *mf*

to surrender rendirse (i,i)

surrounded: to be surrounded by estar rodeado de

to survive sobrevivir

to suspect sospechar (de)

suspicion sospecha

sweet dulce *mf*

swimming pool piscina

swine (person) canalla *mf*

symptom síntoma *m*

system sistema *m*

T

to take tomar, beber; **to take a bath** bañarse; **to take advantage** aprovecharse; **to take a nap** dormir (ue) la siesta; **to take notes** tomar apuntes; **to take off** despegar; **to take out** sacar; **to take photos** sacar fotografías; **to take (someone) for a ride** llevar a pasear; **to take (someone or something someplace)** llevar; **to take a trip** hacer un viaje

to take after salir a

to take a heavy toll on costar(le) caro a

to take away quitar, llevarse

to take + time + inf tardar + tiempo + en + inf; **to take too long** tardar más de la cuenta

to talk on the phone hablar por teléfono

task tarea

taste *n* gusto

to taste like/of saber a; **to taste awful** saber muy mal, saber a rayos; **to taste wonderful** saber muy bien, saber a gloria

tax impuesto

team equipo

tear lágrima

technological advances adelantos tecnológicos

technology tecnología

teen club asociación de jóvenes *f*

to tell on (someone) acusar(lo)

to tell time decir la hora

temptation tentación *f*

tendency tendencia

tender tierno

tentacle tentáculo

term término

terminally ill desahuciado

terms: not to be on speaking terms with estar peleado con

terribly terriblemente

territory territorio

test prueba

theater teatro

theme tema *m*

themselves: between themselves and entre ellos y

there ahí, allí

therefore por lo tanto, por consiguiente

thing cosa; **(space being)** criatura

to think pensar (ie); **I don't think so** no lo creo

thinking: without thinking a tontas y a locas

third tercero

third-world countries países *m* del tercer mundo

thorn espina

those: those of los de; **those who** los que; **there are those who** hay quienes

thousand: a thousand mil

threat amenaza

to threaten amenazar

threatening amenazador/a

three-legged de tres patas

throat: to have a sore throat doler(le) (a uno) la garganta; tener dolor de garganta

through por; a través de

throughout por todo

throw away desechable *mf*

thus así, de esta manera; por lo tanto

to tie atar

tight apretado

tile azulejo, mosaico

time tiempo, hora; **a good time** un buen rato; **our time** nuestra época

time: all the time constantemente; **at the same time** a la vez, al mismo tiempo; **for the first time** por primera vez; **from time to time** de vez en cuando; **in no time** en seguida, en un momento; **this time** esta vez

time: to be time (to) ser hora (de); **to have a good time** pasar un buen rato, divertirse (ie); **when my time comes** cuando me llegue la hora

to tire cansar(se)

tired: to be tired (of) estar cansado (de); **to get tired** (of) cansarse (de)

title título

titled titulado

toaster tostadora

tobacco tabaco; **tobacco-related deaths** muertes relacionadas con el tabaco

Toltec tolteca

tonight esta noche

too (before adj or adv) demasiado; también

top (of a tree) copa; **(of a mountain)** cima

top *adj* de primera clase, importante; **top secret** secreto de estado

top: on top of encima de

topic tema *m*

torn desagarrado

touch tocar

touching conmovedor

tour gira

towel toalla

traditional tradicional *mf*

to train entrenar

train station estación *f* del tren

transcendence trascendencia

to transform transformar

transient transeúnte *mf*

to translate (into) traducir (zc) (al)

transmutation trasmutación *f*

transparent transparente *mf*

to trap atrapar

to travel (throughout) viajar (por)

traveler viajero

to treat tratar

trip viaje *m*

troop tropa

tropical rain forest selva tropical

trouble: to take the trouble (to) tomarse el trabajo (de)

true verdadero

to trust confiar (en)

truthfulness veracidad *f*

to try to tratar de

to turn on encender (ie)

turn: to turn to (into) convertir(se) (ie) (en); **to turn red** ponerse rojo, enrojecer; **to turn + age** cumplir + años

TV (set) televisor *m*

twin gemelo, mellizo

type clase, tipo

to type escribir a máquina/en la computadora

typical típico

U

unacceptable inaceptable

underground subterráneo

to understand comprender, entender (ie)

understanding *adj* comprensivo

undertaker empresario de pompas fúnerales

undocumented indocumentado

to undress desvestir(se) (i,i), desnudar(se)

uneducated inculto

unexpected inesperado

unfaithful infiel *mf*

unfortunately por desgracia

to unhook desenganchar

uninhabited deshabitado

unique único

unknown desconocido

unless a menos que

unlike a diferencia de

to unpack desempaquetar; (a suitcase) deshacer la maleta, desempacar

unpardonable imperdonable *mf*

unpleasant antipático, desagradable *mf*

unsolved sin resolver

to untie desatar, desamarrar

until hasta (que)

untiring incansable *mf*

unwilling: to be unwilling to no estar dispuesto a

upon al

upset nervioso, contrariado

upstairs (en el piso de) arriba

urban urbano

urgently con urgencia

to use usar

used: to be used (to) estar acostumbrado (a); **to get used (to)** acostumbrarse (a)

usually generalmente

V

vacation: to be on vacation estar de vacaciones

vacuum cleaner aspiradora

valid válido

valley valle *m*

valuable valioso

variety variedad *f*

vegetables hortalizas, verduras

vegetative vegetativo

very: the very day el mismo día

victim víctima

village pueblo

villager lugareño, aldeano

violence violencia

vision visión *f*

vocabulary vocabulario

voice: in a low voice en voz baja

vote votar

W

to wait for esperar

waiter camarero

to wake up despertar(se) (ie)

to walk through caminar por

wall pared; **(around a property)** muro, tapia

war guerra

to warn advertir (ie)

warning advertencia, aviso

to wash clothes lavar la ropa

to waste (time) perder (ie)

watch reloj *m*

water source abastecimiento de agua

watering riego

to wave saludar con la mano

way manera, modo; **by the way** a propósito; **the only way** la única manera; **the same way** del mismo modo; **this way** de esta manera, de este modo; **to do things one's way** hacer las cosas a su manera

weak débil *mf*

to wear llevar, usar, tener puesto

weather tiempo

weather balloon globo de investigaciones meteorológicas

website sitio en la red

weight peso; (for lifting) pesa

wierd horripilante *mf*

well bien; **as well as** así como, y también

well-to-do rico

Western world mundo occidental

wet húmedo, mojado

wheat trigo

where donde, adonde

whereas mientras que

wherever you go dondequiera que vaya

which el cual, lo cual, lo que

while mientras, cuando

whistling sound silbido

whom a quien

whose cuyo

widow viuda

will power fuerza de voluntad *f*

willing: to be willing to estar dispuesto a

willingly de buena gana

to win ganar; **to win the lottery** sacarse la lotería

windshield wipers limpiaparabrisas *ms pl*

wine list lista de vinos

winner: a winner un/a triunfador/a

winning *adj* ganador/a

wise sabio

to wish desear

wish deseo

with (+ physical characteristics) de

to wither marchitarse

to witness presenciar

womanizer mujeriego

to wonder preguntarse

won't: I won't no lo haré

wooden *adj* de madera

word palabra; **in other words** en otras palabras

to work (inanimate subject) funcionar

work trabajo, obra; **work of art** obra de arte; **at work** en el trabajo

worker obrero

world mundo

worse peor

worst: the worst thing lo peor

worth: to be worth it valer la pena

worthwhile valioso

worried: to be worried estar preocupado; **to get worried** preocuparse

wound herida

to wrap envolver (ue)

to wriggle retorcerse

wrinkled arrugado

writing: in writing por escrito

wrong (inappropriate) incorrecto; (mistaken) equivocado; **to be wrong** no tener razón, estar equivocado; **morally wrong** moralmente censurable

wrong: something was wrong algo andaba mal

Y

yet todavía; sin embargo

young: the young los jóvenes

youngest más joven, menor

youth joven *mf*

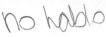

Text Credits

Chapter 1, page 2: "Agueda" by Pio Baroja. Reprinted by permission. Chapter 2, page 28: "Nuestros semejantes" by Antonio Muñoz Molina. Reprinted by permission. Chapter 3, page 56: "El hombre de plata" by Isabel Allende. Reprinted by permission. Chapter 4, page 88: "Réquiem con tostados" by Mario Benedetti, © Mario Benedetti c/o Guillermo Schavelzon & Asociados, Agencia Literaria, www.schavelzon.com. Reprinted by permission. Chapter 5, page 124: "Calvario de un fumador" by Juan David Medina. Reprinted by permission. Chapter 6, page 149: "La puerta condenada," *Final del juego,* by Julio Cortázar, © Herederos de Julio Cortázar, 2010. Reprinted by permission. Chapter 7, page 176: "Diez argumentos contra la euthanasia" by Pablo J. Gines. Reprinted by permission. Chapter 8, page 208: "Las telenovelas" by Manuel Méndez Román. Reprinted by permission. Chapter 9, page 235: "Espejo del tiempo" by José María Méndez. Reprinted by permission. Chapter 10, page 265: "La factura" by Elena Garro reprinted with permission of Patricia Rosas Reed. Reprinted by permission. Chapter 11, page 291: "Mensajes de texto, un nuevo lenguaje" by Doménico Chiappe. Reprinted by permission. Chapter 12, page 323: "La ruta de los mercados mayas" by Cristina Morato. Reprinted by permission. Chapter 13, page 350: "La amenaza latina" Claudio Ivan Remeseira. Reprinted by permission. Chapter 14, page 379: "El encaje roto" by Emilia Pardo Bazan. Reprinted by permission.